KB065877

한중 여성 트랜스내셔널하게 읽기

이 도서의 국립중앙도서관 출판예정도서목록(CIP)은 서지정보유통지원시스템 홈페이지(http://seoji.nl.go.kr)와
국가자료공동목록시스템(http://www.nl.go.kr/kolisnet)에서 이용하실 수 있습니다.
CIP제어번호: CIP2017013622

한중 여성

트랜스내셔널하게 읽기

지식, 인구, 노동

对韩中女性的跨国阅读: 知识、人口、劳动

Trans-national Reading of Korean and Chinese Women:

Knowledge, Population and Labor

성공회대학교 동아시아연구소 기획 | **김미란** 엮음

이 저서는 2007년 정부(교육과학기술부)의 재원으로 한국연구재단의 지원을 받아서 수행된 연구임
(NRF-2007-361-AM0005).

책머리에

2009년 첫 번째 책을 낸 뒤 6년 만에 다시 책을 내게 되었다. 6년의 시간이 흐르는 동안 한국 사회는 계층과 성별, 세대, 에스닉 사이에 이제껏 경험하지 못했던 갈등과 딜레마가 심화되고 있으며 '준비 없이' 장기 저성장기에 들어선 곤혹스러움을 곳곳에 노정하고 있다. 최소한 일본만큼의 준비할 시간(전후 25년)도 갖지 못한 채 고출산과 저출산이 맞붙어버린 '압축적 근대화'의 특성[1]이라 할 수 있을 것이다.

중국 연구자로서 2009년에 『현대 중국여성의 삶을 찾아서: 국가·젠더·문화』를 낼 때의 문제의식은 '개혁개방 이전과 이후'라는 두 세대로 나뉘어버린 중국의 현실에 대한 문제 제기라는 측면이 컸던 것 같다. 마치 1980년대 한국 사회가 사회주의 여성해방에 대한 환상을 중국 사회주의 경험에 투사해 중국 여성해방을 '이상화'했던 것처럼, 1980년대 이후에 태어난 중국 여성들이 "자신들의 어머니 세대를 시대에 적응 못하는 무능한 세대로 간주하고 마오쩌둥 시대를 '억압'으로 기억하는 것"(2009년판 서언)에 대한 불만이랄까. 그러나 그로부터 채 10년도 지나지 않은 오늘날, 양국의 여성학계는 '압축적'으로 간극

1 오치아이 에미코, 『근대가족, 길모퉁이를 돌아서다』, 전미경 옮김(동국대학교출판부, 2012), 13쪽.

을 줄이며 문제 인식의 공유 지점을 넓혀가고 있다. 그러면 오늘날 중국 여성(학)계가 처해 있는 상황은 어떠한가?

1995년 베이징에서 열린 세계여성학대회는 한국 여성학계에 있어서 1992년 한-중 수교에 맞먹는 '열림'의 장이었다. '사회주의' 중국 여성의 삶을 궁금해하던 서방과 동아시아의 여성 연구자와 활동가들이 중국 정부가 주도적으로 준비한 베이징 세계여성학대회를 통해 중국 사회를 들여다볼 수 있었기 때문이다. 그러나 폐막과 함께 중국 내 여성학 연구는 급격하게 소강상태로 빠져들었고 '대외 선전용'으로서 중국 여성해방의 효용은 거기까지였다.

그로부터 8년 후, 상하이에서 열린 한 국제회의에서의 경험은 중국 여성학계의 단면을 상징적으로 보여주었다. 2003년, 해외의 화인 여성학자들과 중국 내 여성학자들이 공동 주관한 사회성별(젠더) 관련 국제회의에서 지방대에서 왔다는 한 중국 여교수는 "젠더라는 게 우리가 서양한테서 배워야 하는 것이죠?"라고 조심스럽게 물었다. 그 순간, 20세기 초 반(半)식민지가 된 중국 현실을 부끄럽게 여기며 '선진 문명'인 서구 사상을 받아들이기에 여념이 없었던 '문명론자'들이 열심히 '과학'을 학습하던 장면이 겹쳐지며, 중국 여성학의 곤혹스러움이 손에 잡힐 듯이 다가왔다. 내부로부터의 자기 언어를 과감하게 드러내기보다는 '따라잡기'와 '토착화' 사이에서 동요하는 딜레마랄까.

최근에 부상하고 있는 또 하나의 장면이 있다. 2016년, G2로 세계 정치와 경제에 확고하게 존재감을 각인시킨 중국은 지금까지의 '서구 발전 모델' 따라잡기의 종식을 선언하고 '차이나 드림(china dream)'으로 상징되는 중국 버전의 '문명화'를 선언했다. '차이나 드림'의 부상은 '서양(洋)'에 대한 배척과 '토착(土)화'를 지향하며 그 핵심에 유교 부활을 통한 새로운 '기준 만들기', 즉 문화적 주도권을 쥐려는 욕망이 놓여 있는데, 이것은 여성주의자들에게 이중의 도전을 의미한다. '서양' 것으로서 페미니즘을 배척함은 물론, 과거 마오쩌둥 식 여성해방을 여성을 '과도하게' 해방시켰다고 비판함으로써 여성주의적 지식과 담론 공간을 위축시키고 시장화의 그늘인 복지 부족을 여성의 성 역할로 대체하려 하고 있기 때문이다.[2]

오늘날 중국의 여성주의 연구자들은 이처럼 사회주의 여성해방 경험, 서구 여성해방 사상, 전통 유교 사상의 부활이라는 3개의 거울 앞에 서 있다. 서로 다른 각도로 비추는 삼면경 속에서 중국 여성들은 자신을 어떻게 인식하고 성찰하며 미래를 모색하는가? 중국 여성학 연구의 선구자인 두팡친(杜芳琴) 교수는 이 상황을 다음과 같이 해석한다.

> 그럼에도(필요성을 인정함에도—옮긴이) 불구하고 여성학의 '토착화'는 퍽 민감한 사안으로 논쟁이 많은 지점이다. 이 개념은 '서구화'에 저항하는 민족주의 담론이 될 수도 있고 주류 학술, 심지어, 관변(정부)의 이데올로기를 대표해 여성학계에서 목소리를 내는 것이 될 수도 있으며, 심지어는 한 단계 나아가 본토 여성학을 구축하려는 유용한 전략이 될 수도 있다.[3]

두팡친 교수가 지향하는 '본토 여성학'은 서구적인 것에 대해서, 그리고 시장화 시대에 정부 입장을 대변하는 여성학계의 목소리에 대해서 거리를 두되, 중국 대 서양이라는 이원 구도가 아니라 반(半)식민의 역사를 공유하면서도 상이한 근대 경험을 지닌, '아시아'(로 불리는) 국가들을 참조 체계로 해서 중국

---

2 중국의 유가사상 홈페이지 전문 칼럼 '유가와 여성(儒家與女性)' 참조. http://www.rujiazg.com/category/type/9/small/53.

3 제1차 한-중 젠더 콜로키움(일시: 2009년 2월 12일, 주관: 성공회대학교 동아시아연구소·톈진사범대학교 사회발전과젠더연구센터) 자료집 『움직이는 아시아의 여성학을 찾아서: 국가·젠더·지식』, 32쪽.

의 여성학을 구축하고자 한다.

2016년에 제4회째를 맞은 '한-중 젠더 국제 컨퍼런스'는 이러한 문제의식을 지닌 한·중 여성 연구자들이 만나 8년간 학술 교류를 해온 장이었다. 그리고 이 책에 실린 글들은 2009년 이래 네 차례(2009년, 2010년, 2015년, 2016년)에 걸친 젠더 국제 컨퍼런스의 성과물을 모아 선별한 것이다. 2006년, 중국에서 가장 규모 있고 왕성하게 젠더 연구를 하고 있다는 추천을 따라 찾아간 톈진사범대학교의 사회발전과젠더연구센터(社會發展與社會性別硏究中心)의 두팡친 소장은 아시아 여성학자들 간의 교류의 필요성을 진작부터 느끼고 있었던 까닭에, 한국의 중국 여성 연구자와 중국의 여성 연구자 간의 정례적인 학술 교류 제안을 흔쾌히 받아주었고, 그 첫 결실이 2009년에 서울 성공회대학교에서 열린 제1차 한중 젠더 컨퍼런스이다.

제1차 컨퍼런스의 주제는 "움직이는 아시아 여성학을 찾아서: 국가·젠더·지식"으로 중국의 사회 발전과 젠더연구센터 소속 사회학·문학·역사학을 전공하는 젠더 연구자들과 성공회대학교 동아시아연구소의 중국 전공자들이 만났고, 이 첫 만남의 자리에 한성대학교의 윤혜영 교수님이 사회를 맡아주었다. 최근 『중국 근현대여성사』(2015) 출간을 통해 국내 중국 여성사 연구에 뚜렷한 획을 그어준 윤혜영 교수님의 후학에 대한 사랑을 느끼며 국제 컨퍼런스는 첫발을 떼었다. 1차 회의에서는 중국 여성학 발전 30년사를 쟁점별·시기별로 구분한 두팡친 교수의 글과, 아시아 여성학에 대한 중국 내 연구와 중국 현대사에서 일어났던 세 번의 싱글 붐 가운데 1970년대 문혁 직후 일어났던 여성 독신 붐에 대한 글이 발표되었고, 사회주의 여성노동에 대한 재해석이 시도되었다.

제2차 컨퍼런스는 "성별과 노동"이라는 주제로 한국과 중국이 교대로 개최한다는 원칙에 따라 2010년 중국 톈진사범대학교에서 개최되었다. 중국 사회주의 시기 남성과 여성의 노동을 섹슈얼리티와 사회주의 경험이라는 측면에서 논한 글과, 중국과 타이완 양국을 오가는 양안 결혼 이주자의 삶을 글로벌 돌봄노동과 탈냉전적 관점에서 분석한 글, 그리고 한국전쟁을 중국의 시각에서 여성 노동 동원이라는 관점으로 해석한 논문이 발표되었다. 제2차 회의까지는 '중국'이라는 지역을 중심으로 지식, 역사와 재현에 대한 분석을 위주로 했던 반면, 2015년에 개최된 제3차 한중 젠더 국제 컨퍼런스에서부터는 한국과 중국 간의 공통의 시대적 이슈를 선정해 양국의 상황에 대한 연구를 진행했다.

이 컨퍼런스는 출발 단계에서부터 한국과 중국 사이에 존재하는 지식-학술 교류의 일방향성, 비대칭성을 문제로 인식하고 이를 극복하기 위해 회의 성과를 한국과 중국에서 동시 출간하는 기획을 갖고 있었다. 3차 컨퍼런스는 취지에 맞게 주제 선정부터 비교연구, 참조 체계로서의 동아시아 연구 등이 고려되어, 한·중·일 삼국이 공통으로 직면한 저출산, 고령화 문제를 다루는 "인구, 몸, 장소: 저출산 시대 한·중·일의 인구정책과 젠더"라는 주제로 개최되었다. 한국 측에서는 백영경 교수가 1950년대부터 2000년대까지의 인구 담론을 분단 한국의 정치적 효과라는 측면에서 정교하게 분석해주었고, 중국 측의 왕샹셴(王向賢) 교수는 한국과 인도, 중국의 남성 피임 정책을 비교연구함으로써 명실상부한 아시아 국가의 트랜스내셔널한 연구의 지평을 열었다. 중국학자의 글이 비록 영문 자료를 기반으로 한국의 상황을 분석한 탓에 미흡한 점이 없지 않으나 한국의 상황을 비교연구 영역으로 포괄한 점은 본 회의의 취지에 부합하는 긍정적 성과라 할 수 있다. 중국의 한자녀정책을 분석한 김미란의 연구는 이원화된 중국식 호적 제도의 지속과 아시아 후발 국가의 공통 경험인 산아제한을 중국 인구정책의 특수성과 보편성이라는 측면에서 다루었다.

2016년에 열린 제4차 회의는 중국 톈진사범대학 주관하에 한국의 성공회대와 새롭게 계명대학교의 조주현 교수 일행이 동참함으로써 명실공히 한국과 중국의 여성학 교류의 장으로 발전했다. “젠더 시각으로 본 중·한 양국의 가정, 출산과 일 변화 연구(社会性别视野中的中韩两国家庭、生育和工作转型研究)”라는 주제하에 열린 4차 회의에서는 이론적 탐색, 재현과 현상 분석 등이 이루어졌다. 조주현 교수가 발표한 일-가정 양립을 위한 대안 이론인 ‘2인-부양자/2인-돌봄자 모델(dual-earner/dual-carer model)’은 남녀 모두가 동등하게 노동자와 돌봄자 역할을 맡는다는 내용으로 중국 측의 반향을 일으켰다. 돌봄노동을 탈여성화하기 위한 이론적·실천적 대안을 징병제와 관련해 모색한 안숙영 교수의 글도 신선하게 받아들여졌다. 한편 중국 측에서는 비혼 자녀를 합법화하기 위해 필요한 인식의 전환이 중국 사회에서 어떻게 가능한가에 대한 모색, 그리고 농촌 여성에게 출산이 지니는 의미, 시장화 30년이 흐른 오늘날의 배금주의와 가족에 대한 인식의 변화 등이 발표되었다. 4차 회의에서는 최근 양국이 경험하고 있는 급격한 사회변동이 논의됨으로써 젠더적 이슈에 대해 새로운 공감대가 형성되고 깊은 논의가 이루어질 수 있었다.

지난 8년 동안 한국 성공회대학교 동아시아연구소와 중국 톈진사범대학의 사회발전과젠더연구센터 사이에 축적되어온 학술적 신뢰와 우의는 향후 출간과 협력 연구로 심화·발전될 것이며, 그 첫 성과로 중국의 톈진인민출판사(天津人民出版社)에서 『생육, 결혼, 노동: 중국·한국 양국의 젠더 연구 선편(生育、婚姻与劳动: 中韩两国的性别研究选编)』이 이 책과 거의 동시에 출간될 것이다. 이와 함께 한국 측 학자가 중국의 기관 프로젝트에 결합하거나 현지 필드워크를 공동수행하는 등의 방식으로 학술 교류와 함께 협력 연구가 진행될 것이다.

총 4회, 8년에 걸쳐 진행된 한중 젠더 국제 컨퍼런스의 성과를 이 책에서는 지식, 인구, 노동 세 범주로 나누어 선별·수록했으며 간략히 내용을 설명하면 다음과 같다.

제1부 '지식'에는 한국과 중국의 여성학 지식의 발생과 발전, 이론 탐색에 대한 글들, 즉 두팡친의 「중국의 여성학 지식 생산과 교육: 30년의 회고, 성찰과 전망」, 최선향의 「중국의 아시아 여성 연구 동향: 30년 아시아 여성학계의 학술 교류 성과와 특징」, 조주현의 「여성운동의 성과와 사회적 실천의 변화: 후기 근대 한국 사회의 일-가정 양립 문제를 중심으로」, 이렇게 3편이 실렸다.

두팡친은 「중국의 여성학 지식 생산과 교육: 30년의 회고, 성찰과 전망」에서 여성학의 발전과 특징을 3단계로 나누어, 개혁개방 초기부터 1995년 제4차 세계여성대회 이전까지를 1단계로, 세계여성대회 전후부터 2000년까지 외국의 '여성학(women's studies)'이 소개되고 젠더 개념이 도입되어 '여성과 젠더 연구' 단계로 진입한 시기를 2단계로, 2000년 이후 현재까지 중국의 여성학이 대학 내에 학과로 제도화되고 교과과정이 만들어진 것을 3단계로 설명했다. 이 글은 개혁개방 이후 중국 여성학계가 서구 여성학을 수용함과 동시에 대학 내 학과로 정착시키기 위해 기울인 30년간의 노력을 한눈에 파악할 수 있게 보여줌과 동시에 시기별 쟁점을 적절히 짚어냄으로써, 중국 여성학의 발생과 발전을 이해하는 안내자와 같은 역할을 한다.

최선향의 「중국의 아시아 여성 연구 동향: 30년 아시아 여성학계의 학술 교류 성과와 특징」은 중국의 여성학 활동 기관과 인도 등 남아시아, 일본, 한국 등의 동아시아, 미국 등의 젠더 연구자와의 교류와 각 지역에 대한 중국 내 연구 성과를 총정리한 글이다. 중국의 여성학은 1980년대는 중국 자신의 문제에 골몰하다가 1990년대 이후에 아시아 연구로 시야가 확대되었으나, 필자는 '아시아 여성학'이라는 개념은 여전히 모호한 상태라고 보고, 연구 면에서 지구화, 신자유주의, 문화민족주의 등에 대한 인식이 미흡하다고 지적한다.

조주현의 「여성운동의 성과와 사회적 실천의 변화: 후기 근대 한국 사회의 일-가정 양립 문제를 중심으로」는 대부분의 근대적 프로젝트가 서구 중심성으로 인해 사회적 실천을 간과한 점을 문제라고 보고 '실현 가능한 유토피아'를 위한 대안으로 '2인-부양자/2인-돌봄자 모델'을 제시한다. 한국 여성들의 삶의 패턴에 대한 분석을 통해 후기 근대를 지배하고 있는 오늘날의 사회적 실천들이 어떻게 새로운 사회적 실천들로 변화될 수 있는가를 논했다.

제2부 '인구'에는 백영경의 「남한의 인구 위기론: 재생산의 위기와 공동체의 미래」, 김미란의 「2000년대 중국의 인구정책: '도시권'에 대한 배제, '유동하는 인구'의 재생산」, 왕샹셴의 「두자녀정책, 비혼 출산과 출산 관념의 변혁」, 거룬홍의 「중국의 제2차 '싱글 붐' 시기의 '지식청년세대' 여성 연구」, 장리의 「국가정책, 출산 제도와 민간의 윤리: 모옌의 소설 『개구리』를 중심으로」, 이렇게 5편이 실렸다.

「남한의 인구 위기론: 재생산의 위기와 공동체의 미래」는 한국과 같이 '국가=민족=공동체'라는 전제가 자연스럽게 받아들여지는 상황에서는 이런 등치 방식이 결코 자연스러운 것이 아님을 상기시킬 필요가 있다고 전제하고, 분단 이후 '영토'가 확정되지 않은 상황에서 대중이 남한을 독자적이고 안정된 정치체로 받아들이게 된 데 인구 담론이 중요한 역할을 했음을 보여주었다. 즉, 당시 남한이라는 안정된 단위가 있어서 인구정책을 남한 단독으로 실천하게 된 것이 아니라, 실제로는 남한을 단위로 한 인구 위기론과 인구정책이 실시되면서 남한을 독자적으로 보는 사고 자체가 공고화되었음을 보여주었다. 또한 저출산 시대에도 모두의 출산이 환영받는 것이 아니기 때문에 누군가의 출산은 장려되고 누군가의 출산은 환영받지 못하는 '재생산의 정치'가 더 명료해진다는 점을 논했다.

「2000년대 중국의 인구정책: '도시권'에 대한 배제, '유동하는 인구'의 재생산」은 1980년대 이후 시행된 한자녀정책에 대해, 그 이전과 이후라는 단절적

이해가 아니라 중국의 인구정책 자체가 작동 기반으로 하고 있는 사회주의 시기의 호적제의 연속성 위에서 재검토해야 한다는 전제하에, 시장화 이후 초과 출산의 주범으로 지목된 '유동 인구(floating population)'를 분석했다. 도시화에 수반되는 필연적 현상인 유동 인구는 이원 분리적인 호적제와 충돌하지만, 1957년부터 시행되고 있는 호적제는 유동 인구를 여전히 신체적·문화적으로 질 낮은 국민을 생산할 가능성이 높은 '열등한' 집단으로 정형화하고 있다는 점을 지적하고 그 원인이 사회복지를 포함한 '도시권'에 대한 도시인의 독점이라고 보았다.

「두자녀정책, 비혼 출산과 출산 관념의 변혁」은 2013년부터 중국의 인구와 출산 분야에는 한자녀정책이 두자녀정책으로 바뀌고 '비혼 출산 자녀와 혼인 출산 자녀의 평등'한 권리가 호적 신고 간략화에 따라 초보적으로 실현되는 변화가 있었다고 본다. 나아가 반드시 자녀를 낳아야 한다는 관념 자체를 넘어서야 한다고 주장함과 동시에, 저출산 문제 해결에 혼인 관계 외에서 발생하는 비혼 출산이 대안이 될 수 있다는 현실적인 돌파구를 제시한다.

「중국의 제2차 '싱글 붐' 시기의 '지식청년세대' 여성 연구」는 1970년대 문혁 후기에 집단적으로 출현한 여성 독신 붐을 다룬 글이다. 사회주의 시기에 "남자가 할 수 있는 것은 여자도 할 수 있다"라는 교육을 받고 한동안 남녀평등을 누리며 남성과 동일노동, 동일임금의 대우를 받았던 이 독신 세대는 양성평등이 아니라 정치 운동과 경제 건설의 필요에 의해 평등 교육을 받았다. 그러나 당시 교육이 남존여비 이데올로기의 근간을 흔들지 못해 싱글 붐을 이룬 지식청년 여성들은 성격상 완전히 분열된 이중성을 내재화하게 되어 공공영역에서와 사적 영역에서 전혀 다른 행위 방식을 보이고 있다고 분석한다.

「국가정책, 출산 제도와 민간의 윤리: 모옌의 소설 『개구리』를 중심으로」는 노벨문학상 수상 작가인 모옌의 장편소설 『개구리』(2009)를 분석한 글이다. 필자는 1980년 이래 중국 사회에 보편화된 '다산을 무지하고 야만적인 행위'로 인식하던 한자녀정책의 자녀관이 소설 『개구리』 발표를 전환점으로 해서 성찰의 계기를 갖게 되었다고 본다. 이 작품이 발표된 후에 비로소 중국 사회에서 생명의 존엄과 자녀에 대한 부모의 애정이라는 관점하에 30년 동안의 한자녀정책에 대한 비판이 가능해졌기 때문이다.

제3부 '노동'에는 사회주의와 시장화 개혁, 두 시기의 노동과 결혼 이주를 다룬 5편의 글이 실렸다. 장리의 「정권 의지, 민간 윤리와 여성 해방: 자오수리의 소설 『멍샹잉 해방』, 『가보 전수』를 중심으로」, 장리의 「자본·노동·여성: 정샤오충의 여성 노동자 주체로서의 사회/문학 이미지의 부상을 논함」, 왕샹셴의 「"공화국의 공업 맏아들": 남성성과 공장·광산 노동자의 노동」, 임우경의 「한국전쟁 시기 중국의 애국공약운동과 여성의 국민 되기」, 김미란의 「타이완의 젠더화된 신·구이민과 중국-타이완인 결혼」이다.

「정권 의지, 민간 윤리와 여성 해방: 자오수리의 소설 『멍샹잉 해방』, 『가보 전수』를 중심으로」는 대표적인 농민 소설가인 자오수리(趙樹理)가 형상화한 농촌 여성상에 대한 새로운 해석이다. 필자는 기존의 비평이 신구(新舊) 인물의 이미지를 "단순화", "이데올로기화"하고 "남성 중심적 사상" 등으로 묘사했다고 보는 관점에 문제를 제기하고, 작중 여성이 주요한 사회 노동력으로 강조된 점을 높이 평가했다. 즉, 1940~1950년대에 정권 의지와 민간 윤리 두 측면에서 '여성해방'을 위한 합법적 공간이 만들어진 점을 강조했다.

「자본·노동·여성: 정샤오충의 여성 노동자 주체로서의 사회/문학 이미지의 부상을 논함」은 여성 노동자 시인인 정샤오충(郑小琼)의 작품을 분석한 글로, 정샤오충은 최고의 영예인 2007년도 인민문학상을 수상하고 광둥성 인민대표회의의 대표로 발탁된 현존 인물이다. 여성 노동자가 광둥의 한 플라스틱 공장에서 작업 중에 손톱이 잘려나간 경험을 통해 몸의 고통과 자본, 계급 정체성을 깨달아가며 쓴 시들을 세밀하게 분석했다.

「"공화국의 공업 맏아들": 남성성과 공장·광산 노동자의 노동」은 '공화국의 공업 맏아들'로 상징되는 광산 노동자들의 남성성 형성 과정을 고찰했다. 광업 노동자들은 스스로를 도시와 농촌 어디에도 속하지 않는 제3의 집단이라고 생각하며 자긍심을 지니고 있었는데 이는 사회주의의 중공업 위주 정책, 자녀들의 직업 승계 등으로 인해 형성된 것이었으나, 시장경제와 지식경제 사회가 도래한 후 정리해고와 함께 광산 일이 고된 노동으로 격하되면서 승계 거부가 빈발하자 남성성은 거세되고 '맏아들의 영광'은 사라지게 되었다.

「한국전쟁 시기 중국의 애국공약운동과 여성의 국민 되기」는 1950년 한국전쟁이 발발한 후, 신생국가인 중화인민공화국이 전쟁 수행을 위해 추진한 '애국공약운동'을 여성해방의 관점에서 분석했다. 당시의 여성해방이 '애국'운동이었다는 점을 주목하고 그 운동의 조직 과정을 세밀하게 고찰함으로써 여성이 '국민'이 되기 위해 스스로 적극성을 띤 측면을 드러냄과 동시에 피동성을 염두에 두어 그 딜레마까지 읽어내고자 했다.

「타이완의 젠더화된 신·구이민과 중국-타이완인 결혼」은 1949년에 국민당을 따라 타이완으로 집단 이주한 국민당 퇴역병과 1992년 양안 수교 이후 중국 대륙에서 타이완으로 결혼 이주한 여성들의 결혼을 분석한 글이다. 병들고 가난한 퇴역 군인들을 돌보는 돌봄노동자 역할을 수행하는 '양안 결혼'은 현실 정치에서 보면 '국제'결혼에 속하지만 문화적으로 '중국인' 사이의 결혼이기 때문에, 양안 결혼 가정은 타이완을 국가로 인정하지 않는 중국의 입장과 타이완 사이의 힘겨루기로 인해 여타 국가의 국제결혼 여성이 겪지 않는 차별을 겪고 있다. 차별의 원인이 타이완의 민족/국가주의와 부계혈통주의에 있다고 보고 인터뷰와 정부 문서를 통해 정책과 담론을 분석했다.

이상의 연구 성과는 성공회대학교 동아시아연구소의 백원담 선생님의 변함없는 애정과 지지에 힘입어 시작될 수 있었으며, 동료인 임우경, 이선이 선생님의 도움이 없었더라면 사유의 진전과 학회의 지속적 개최가 힘들었을 것이다. 깊이 감사드리며 앞으로 학자로서 한 걸음씩 내디딜 때마다 아낌없는 비판과 조언을 기대한다. 또한 한국연구재단의 재정적 지원이 이 학술 사업의 기초가 되었기에 이 자리를 빌려 감사를 표한다.

2017년 5월

필자들을 대표하여 김미란

차례

|1부|

지식

01

중국의 여성학 지식 생산과 교육

30년의 회고, 성찰과 전망

두팡친(최선향 옮김 · 장수지 감수)

엄밀한 의미에서 여성학이란 대학 내에서 젠더를 가장 중요한 분석틀로 삼아 지식과 구조에 대한 비판을 재구축하고 지식을 생산하고 계승하는 연구 활동이자 교육 활동이다. 1980년대에 시작된 중국의 여성학은 단일한 교육 기관이 진행해온 연구와 교육에서의 지식 생산과 계승이 아니라, 여러 단체가 여러 현장에서 진행한 특색 있는 여성과 젠더에 관한 지식 생산과 사회적 실천을 가리킨다. 30년 동안 시대에 따라서 변화가 나타났으며 분과별 영역(예를 들면 여성학계, 사회과학계, 발전학계, 교육학계 등의 영역)에서 학리(學理), 개념과 명명, 이론적 유파에 이르기까지 서로 차이가 있었고 또한 21세기로 접어든 후에는 교육계에서 여성들의 주류화 과정에서 그 목표와 전략에 차이가 발생하면서 다원화되는 형세가 나타났다.

1. 회고: 발전 과정과 특징

1) 발전 과정: 3단계

제1단계는 개혁개방 초기로부터 1995년 제4차 세계여성대회 이전까지로 중국 여성학의 창립 단계이다. 이 단계에는 주로 외국의 '여성학(women's studies)' 개념을 소개하고 중국적인 맥락에서 여성학의 틀을 만들고 현실의 여성 문제를 연구하는 것이 중심이 되었다. 학과 건설과 교과과정 개설 등은 아직 주목받지 못했다. 제2단계는 세계여성대회 전후로 학계에 젠더 개념이 도입되면서 '여성과 젠더 연구' 단계로 진입했지만 여전히 현실 문제와 프로젝트 연구가 주를 이루었고 학과 건설은 부진했다. 제3단계는 2000년을 전후로 시작되었는데, 이 시기는 중국의 여성학이 진정으로 대학 내로 들어가 본격적으로 규모 있는 학과 건설을 탐색한 단계이다. 이 단계의 성과는 여러 가지 요소가 복합적으로 작용해 이루어진 결과이자 여성학자들이 점차 학과를 건설해야 한다는 의식을 가지고 노력한 결과이기도 하다. 여성학 '학과'를 건설한다는 것은 다음과 같은 매우 중요한 몇 가지 측면을 포함한다. 학술 연구, 단과대학의 체계화, 교수 양성, 교과과정 개발 및 이와 연관된 사회에서의 조직 체제와 자금 지원 등이 그것이다. 더욱 간략하게 말하자면 연구, 교과과정, 제도적 체계화 이 세 가지 요소는 밀접하게 관련되어 있으며, 어느 하나도 빠지면 안 된다. 굳이 이러한 것들을 구분해 얘기하자면, 연구는 지식 생산을 더욱 강조하는 것이고, 교과과정은 지식의 전달에 중점을 두며, 제도화는 이 두 가지 요소를 위해 인원, 장소와 운영을 보장해주는 것이다. 다음으로는 이 세 단계에 대해 간단히 서술, 분석하고 아울러 앞으로의 이론 탐색과 교육 주류화의 전략을 분석하기 위한 시공간적 맥락과 좌표를 제시하고자 한다.

(1) 시작: 여성 연구 단계(1979~1994)

1979년, 11기 3중전회는 중국의 사상해방과 개혁개방의 서막을 열었다. 1980년대 중반기에 이르러 개혁개방이 더욱 확대되면서 중국에는 여러 가지 여성 문제가 나타났는데 이런 현상은 국가와 활동을 회복하던 부녀연합[이하 부련(婦聯)] 조직의 특별한 주목을 받기 시작했다. 그리고 해외에서 빠르게 발전해온 여성학이 중국 내 학자들에게 좋은 반응을 불러일으켰다. 이 시기에 첫발을 내디딘 중국 여성 연구(학)는 제4차 세계여성대회를 베이징에서 개최하기에 이르렀는데, 이때를 분기점으로 해서 시작 단계부터 세계여성대회를 개최하기 전까지 여성학 연구는 수차례의 '냉각기(冷)'와 '고조기(熱)'를 겪었고 각각 다른 논쟁점이 부상했다.

① '세 가지 열기(3熱)'와 '세 가지 냉담함(3冷)'

학과 건설 열기

1982년, 학자들이 'Women's Studies'를 중국 내로 도입하던 초기, 중국어로는 '부녀학', '부녀 연구', '여성학' 등 각기 다른 용어로 번역되었다.[1] 그러나 'Women's Studies'를 진정으로 사회와 학계에 도입한 것은 부련과 학계가 시

---

1 학술지 ≪国外社会科学≫에는 일본어 간행물인 『科學人生觀』에 실렸었던 허페이중(何培中)의 번역 논문 「여성운동의 역사와 부녀학(妇女运动的历史与妇女学)」이 1982년에 실렸는데, 이것이 최초로 'women's studies'를 '부녀학'으로 번역한 사례이다. 1983년에 주홍(朱虹)이 『미국 여작가 단편소설선(美国女作家短篇小说选)』을 번역할 때 미국 대학에서 전개된 women's studies를 '부녀연구'라고 번역했다. 장핑(张萍)은 일본 학자 후지아야코(富士笃谷子)의 『여성학개론(女性學概論)』을 번역할 때 '여성학'이라 명명했다. 王政, 「当代中国妇女研究」, 余宁平·杜芳琴 編, 『不守规矩的知识』(天津: 天津人民出版社, 2003), p.189도 참고하기 바란다.

대적 추세에 맞춰 공동으로 노력한 결과였다. 부련 조직이 새롭게 가동된 지 얼마 안 된 1984년, 전국부련은 제1차 여성 이론 워크숍을 개최하고 각급 부련은 여성에 대한 이론 연구를 강화할 것을 호소했다. 당시 일부 학자들은 중국에 여성학을 만들어야 한다고 주장했다. 1986년, 전국부련은 제2차 여성 이론 워크숍을 조직했다. 1984년부터 일부 학자들은 중국 여성학의 체계와 틀을 계속해서 제시했는데, 단 5년 사이에 10여 종에 달했다.[2] 이어 개론서 성격의 여성학 논저들이 출판되었다.[3] 하지만 이러한 체계와 틀, 논저들은 당시 학계에서 붐을 이루고 있던 '학과 건설 열기'와 여성계의 문제 연구 열기에 묻혀버렸다. 당시 학과 건설 차원에서의 '부녀학'이라고 부를 만한 활동은 1985년 정저우(鄭州)대학교 여성학 정보교류회의 개최를 그 표지로 삼아야 할 것이다. 그때 지식 생산을 목적으로 하는 여성 연구가 학계의 주목을 받기 시작했으며 그 후 나온 '여성연구총서(妇女研究丛书)'는 이 시기 여성학 학과 건설의 성과를 대표한다고 할 수 있겠다.

'학과 만들기 열기' 가운데 제도 체계화의 시작은 부련이 한 것이었으며 대학의 역할은 상대적으로 늦었다. 전국부련은 조직이 회복된 후 각급 부련이 이론 연구를 강화하고 여성 문제에 관심을 가질 것을 호소했다. 1985년부터 1987년까지 7개 성(시)에 '부녀학회'를 설립했고, 12개 성시에 '부녀(이론) 연구회'를 설립했지만, 여성학연구센터를 세운 대학교는 단 하나밖에 없었다.

---

2 여성학의 틀과 체계를 제시한 학자는 10명 가까이 되는데 邓伟志(1984), 李小江·李敏(1986), 贺正时·秦均平·周學珍·徐金龙(1987), 王卫东(1988), 段火梅(1989) 등이 있다. 상세한 것은 孙晓梅 編, 『中国妇女学学科与课程建设的理论探讨』(北京: 中国妇女出版社, 2001), pp.136~139 참고.

3 그 예로 贺正时, 『妇女学概论』(1987); 李梅·王复康, 『中国妇女学』(1988); 段火梅 等, 『妇女学原理』(1989) 등이 있다. 이에 관해 刘宝莅, 「中国妇女学学科与课程建设的理论探讨」; 孙晓梅 編, 『中国妇女学学科与课程建设的理论探讨』, p.119 참고.

조직 붐

여기서 조직은 대학 내 여성 연구 조직을 말하는데, 조직화 붐은 세계여성대회가 중국에서 개최되기 전 조직 동원의 과정에서 출현했다. 세계여성대회의 영향을 받지 않고 설립된 대학 내 여성 연구 기구들 중 가장 앞선 것은 정저우대학교 여성학연구센터(1987)이다. 항저우대학교, 베이징대학교와 톈진사범대학교에서는 각각 1989년, 1990년, 1993년 초에 정식으로 설립되어 연구와 학술 활동을 벌이기 시작했다. '조직 열기'가 일게 된 직접적인 계기는 제4차 세계여성대회의 중국 개최였다. 1993년 12월, 국가교육위원회와 전국부련이 연합해 대학 내 여성연구센터 책임자와 학자들을 초청해 중난하이(中南海)에서 세계여성대회 준비를 위한 동원 대회를 열었다. 그 후 대학 내에 여성연구센터를 창립하려는 열기가 나타났다. 1999년 12월 말까지 전국 1000여 개 대학 중 여성연구센터를 창립한 대학은 34개로, 30개소가 늘어났다. 세계여성대회 준비가 바로 대학 내의 여성연구센터 건설의 열기를 지핀 것이다.[4]

문제 연구 붐

개혁개방과 사회 전환으로 인해 수많은 '여성 문제(가령 혼인 관계에서 친샹롄 같은 아내가 천스메이[5] 같은 남편한테 버림받는 문제)'가 생겼는데, 이는 1980년 새 혼인법이 더욱 느슨해진 이혼 조항을 시행하면서, 지위가 높아진 남편으로부터 여성이 버림을 받게 되는 혼인 문제가 나타난 것이다. 그리고 다추좡(大邱庄)의

---

4 2000년부터 2007년 7월까지 설립된 35개 여성연구센터를 합하면, 대학 내의 여성과 젠더 연구 기구는 거의 70개가 된다. 최근 1년 반 사이에 설립된 조직은 아직 통계가 나오지 않았는데 약 10개 정도일 것으로 추정된다.

5 중국의 극 「찰미안(铡美案)」에 등장하는 인물로, 장원급제한 뒤 황제의 사위가 되어 조강지처를 버린 남자이다. 통상 출세하고 난 뒤 변심한 남편을 일컫는다(옮긴이).

여성들이 '가정으로 돌아'간 것과 여성 노동자의 실업 등 취직 문제, 보편적으로 존재하는 여성 권익의 손상, 피살 등 각종 사건들의 법률적인 문제 등, 일련의 여성 권리 침해라 할 수 있는 현상들이 여성들의 '친정' 격인 부련 조직에 의해 발견되었다. 그리하여 '여성 권익의 수호'는 당시 부련 사업의 중요한 부분이 되었다. 그 후 부련은 여성 자신의 자질을 향상할 것을 요구했는데, 가령 '4自'의 구호를 제기하고 또 그것을 수정해나갔다. 이는 부련이 여성 문제에 대해 대책을 내놓은 것이었다.[6] 학계에서도 '여성의 출로'의 문제에 대해 여성들이 스스로 '여성 자아를 인지'하고 여성 의식(공동체 의식과 자아의식)을 고양하기 위한 교육을 제시하고, 한때 매우 활발히 진행되었다.[7]

교과과정 건설에 대한 낮은 관심

국내외 연구자들은 보통 정저우대학교 여성학연구센터의 창립(1987)을 중국 여성학의 발단으로 보고 있다. 1980년대 중·후반기에 중국 내에서는 여성 연구(학)의 학과 틀이 많이 구축되었지만 이 시기 교과과정을 개설한 대학은 거의 없었다. 제일 먼저 강의를 시작하고 또 이를 유지해간 대학은 베이징대학교(1987)와 톈진사범대학교(1988)밖에 없다. 정저우대학교에서는 여성학연구센터를 기초로 국제여자친목대학(国际女子联谊学院, 1993~1995)을 설립해 여성 이론, 문학과 역사 등 교과과정을 개설했지만 이 대학은 1995년 특별한 사정으로 인해 정지되었다. 전국 부련과 중국여성연구회가 여성/젠더 연구 훈련 기지로 지정한 13개 대학을 조사한 결과, 1985년부터 1994년까지 10년간

---

6 '4自'는 1983년 중국여성 제5차 전국대표대회에서 여성에게 제출한 요구, 즉 자존, 자애, 자중, 자강인데, 1988년 제6차 부녀대표대회에서 자존, 자신, 자립, 자강으로 고쳤다.

7 李小江, 『女性的出路』(沈阳: 辽宁人民出版社, 1989). 당시 리샤오장(李小江)과 량쥔(梁軍) 등은 전국적 범위에서 여성 자아 인지 교육을 전개한 대표적 인물이다.

단 6개 대학에서 19개 교과과정을 개설했는데, 그중 대학원생을 상대로 한 것이 6개, 학부생을 대상으로 한 것이 13개였다.[8]

제도화에 대한 낮은 열기

1987년부터 1994년 말까지 대학 내에 17개 여성 연구 기관이 창립되었지만 실체를 갖춘 기구는 하나도 없었다. 당시의 모든 기관은 이름만 있고, 겸직 교수나 자원자로 이루어져 있어 시스템도 없고 사무실도 없으며 운영자금도 없는 '3無' 기관이었다. 소수의 센터에서 학자들이 주요한 역할을 맡은 경우를 제외하고 대부분 학교의 센터 주임은 학교 내 여성 간부나 노조 여성 책임자가 겸임했다. 센터의 규칙과 취지를 보면 대다수가 현실 속의 여성 문제 연구를 주요한 목표로 설정했으나, 학술 연구, 학과 건설, 교과과정 설치의 제도화는 거의 언급하지 않았다. 따라서 여성학 연구 기관의 건설과 제도화는 오랫동안 정체되어 있었다.

기존 지식에 대한 반성과 비판 결여

이 당시 연구에서는 중국 여성에 관해 과거에 만들어진 지식을 정리하면서 흩어져 있거나 역사에서 누락된 여성을 되찾는 데 치중했을 뿐 반성과 비판적인 시각이 부족했는데, 이것은 당시 학자들이 여성주의 이론과 방법론에 대한 이해가 너무 부족했던 것과 관련이 있다. 연구자들은 기본적으로 중국 내의 마르크스, 엥겔스와 베벨 등 소수 마르크스주의의 대표적인 저작들을 통해 논하는 방식을 그대로 답습했기 때문에 분석 도구가 단일했다. 1990년대부터

---

8 杜芳琴·王珺, 「三十年妇女/性别研究的学科化」, 莫文秀 等 主编, 『妇女研究蓝皮书: 中国妇女教育报告』(北京: 社会科学文獻出版社, 2008), p.358.

국외의 여성학 이론 저서들을 번역, 수입하기 시작했는데 오랫동안 이론적 결핍으로 목말라 있던 연구자들은 외국의 이론을 그대로 받아들이는 데 급급해 중국 현장의 맥락과 외국의 이론을 결합하는 데는 서툴렀다. 또 한편으로 당시 '학과 건설 열기'의 영향을 받아 학자들은 체계를 구축하고 각종 여성학 개론서를 출판하는 일에는 정력을 쏟았으나 여성학의 중요한 사명인, 기존 지식에 대한 비판을 기반으로 새로운 지식을 생산하는 것에는 소홀했다. 이 단계 여성 연구의 대표적인 성과로는 리샤오장(李小江)이 편집한 '여성연구총서'가 있다. 이 총서는 학과를 기반으로 역사와 지식을 정리(재고찰)하는 것을 중시했을 뿐만 아니라 '본토(현지)적 특색'을 강조했다. 이 총서 15권 중 소수 몇 권[9]을 제외한 대다수는 역사와 지식에 관해 정리한 내용이 이론이나 방법, 혹은 지식 창조보다 훨씬 많았고, 기존 지식에 대한 의문이나 비판이 부족했다.

② **탐색과 축적**

이 시기는 제도의 체계화와 지식 생산이 이루어진 단계로서 열정적으로 미지의 지식 세계를 탐색한 단계이기도 하다. 이 뜨거움과 차가움이 교차되던 시기에 학과 건설의 목표를 명확하게 제기한 것은 가장 먼저 창립된 대학 내의 '4대 센터' 가운데 정저우대학교 여성학연구센터, 톈진사범대학교 여성연구센터와 베이징대학교 중외여성문제연구센터였다.

정점에서 적막으로

이 단계에 갑자기 등장한 것은 중원에 위치한 정저우대학교 여성학연구센

---

9 康正果, 『风骚与艳情』(上海: 沪文艺出版社, 2001); 孟悦·戴锦华, 『浮出历史地表』(北京: 中国人民大学出版社, 2004) 등.

터와 그 창시자인 리샤오장이 편집한 여성연구총서의 출판이다. 이곳은 연구, 출판, 교육, 훈련, 사회 활동과 국제 교류 등이 한데 모인 중심으로, 당시 중국에서 '여성'을 연구 범주와 대상이자 방법으로 삼은 본토의 '여성학'(당시에는 '여성 연구'라 불렸으며, 그 당시 '학'은 주로 연구로 이해되었는데, 정저우대학교는 당시 유일하게 연구 센터의 명칭에 '여성학'이라는 명칭을 달았던 대학이었다)이 최고 경지에 도달한 곳이었다. 아쉽게도 1990년대 중반기에 조직이 흔들리면서 이 연구 센터는 활동을 중지하게 되었다.

"에돌아(曲線) 흥학(興學)으로"

베이징대학교 중외여성문제연구센터와 톈진사범대학교 여성연구센터는 줄곧 여성학과를 건설하기 위한 노력을 기울여왔다. 경비 문제로 제한을 받고 외국 자금이 후원하는 '프로젝트'로 인한 고충이 있었지만, 여성학자들은 "에돌아 학술과 학과를 발전시키는" 길을 선택해 '학과'와 '프로젝트' 간의 밸런스를 잡기 위해 융통성 있는 전략, 즉 한편으로는 자금 지원자의 욕구에 맞춰 실천적인 프로젝트를 수행하고 다른 한편으로는 프로젝트를 수행해나가는 과정에서 이론과 방법론을 발전시키는 전략을 취할 수밖에 없었다.

톈진사범대학교 여성연구센터는 1993년부터 1998년에 이르기까지 줄곧 프로젝트 수행을 하면서 학과 건설을 추진해왔다. 이들은 1985년부터 여성 연구를 시작했는데 중국과 외국 여성사 연구 면에서 뛰어났다. 1993년부터 포드 기금회의 지원을 받아 '여성과 발전'이라는 프로젝트 연구를 수행했고, 워크숍을 조직하고 농촌 여성 발전과 젠더 훈련 프로젝트를 수행했으며, 2000년에 이르러 여성학 학과 건설 프로젝트에 착수했다. 베이징대학교 중외여성문제연구센터는 세계여성대회 준비 과정에서 명문대로서의 이점을 이용해 역사·문화와 관련된 일련의 워크숍을 조직했으며, 1998년에는 사회학과에서 처음으로 여성학 연구 전공의 석사생을 모집하기 시작했다.[10] 굴곡이 많은 과정을 밟아왔지만 이 시기 여성/젠더 연구가 이룩한 성과는 이후의 학과 발전에 인재들의 집적, 훈련, 학술적인 축적과 같은 영향을 주었다.

(2) 침체, 곡절, 역량 축적과 발전 준비의 시기(1995~1999)

일반적인 논리에 따르면 거대한 운동과 동원일수록 효과와 반응이 크다고 한다. 그러나 제4차 세계여성대회가 베이징에서 개최되면서 대학의 여성학자들을 동원해 참여하게 했지만, 이것은 중국의 여성학 발전을 자극하지 못했다. 오히려 회의 이후 교과과정은 전과 마찬가지로 극히 적었고 기구 건설에는 냉담해졌는데, 이는 국제 여성운동사에서도 특별한 사례이다. 당시 세계여성대회를 계기로 중국에 들어온 국제기구의 불균형한 자금 투입은 프로젝트 연구에 더욱 몰입하도록 만드는 반면, 교과과정이 침체되는 상황을 심화시켰다.

① 계속되는 프로젝트 열기와 침체된 교과과정

계속되는 프로젝트 열기와 연구 기구의 위축

세계여성대회 이후, 외국 기금은 점차 대학교에서 빠져나갔고 국내에서도 대학 내의 여성 연구에 대해 아무런 투자를 하지 않았다. 1998년에 이르러 포드 기금회의 지원을 받던 대학 내의 연구 기구는 5개에서 베이징대학교 하나로 줄어들었는데, 그 프로젝트는 "21세기 여성 연구와 발전"이라는 국제 워크

---

10 郑必俊, 「女性學學科建設在北京大學的建設實踐及思考」, 李小江 主编, 『文化、教育与性别: 本土经验与学科建设』(南京: 江苏人民出版社, 2002), p.17.

숍을 조직하는 것을 지원하는 프로그램이었다. 자리를 잡지 못하고 자금도 부족했던 많은 여성연구센터는 세계여성대회 이후 점차 문을 닫게 되었다.

침체된 교과과정의 더딘 발전

세계여성대회 이후, 몇 안 되는 대학 내의 여성연구센터마저 쇠퇴해가는 추세를 보였다. 유명무실해지거나 자취를 감췄고, 새로 설립되는 여성 연구 기관도 아주 적어서 4년 동안(1996~1999) 고작 10개의 연구 센터가 설립되었을 뿐이다. 기존의 24개 기관을 합하면 모두 34개의 연구 기구가 있었는데 10개의 연구소가 35개의 새로운 교과과정을 설치했다.[11] 자금 부족과 조직의 위기, 프로젝트 지향이라는 3중의 어려움으로 인해 교과과정의 개설이 어려웠는데, 실은 그것은 단지 외적인 요인에 지나지 않는다. 즉, 학과 발전 자체에 필요한 조건이라는 점에서 보자면, 당시 과목의 개설 여부, 누가 무슨 내용으로 어떻게 개설할 것인가 하는 문제를 해결하지 못했기 때문이다. 여성학자들마저 학과 건설이란 대체 무엇을 의미하는 것인지 진지하게 생각해본 적이 없었으며, 학교로 되돌아가 프로젝트 연구를 수행하지 않는 것이 연구이며 연구 자체가 바로 학과 건설이라고 생각했다. 여성학의 장소가 대체 어디에 있는지, 여성학과란 어떤 성격인지, 교과과정이 학과에서 어디에 자리 잡아야 하며 제도 시스템은 어떠한 것인지, 이 모든 것이 불분명했다. 이는 여성학의 학과화에 대해 이성적으로 파악하기에는 아직 더 시간이 필요하고 부단한 교류와 스스로의 탐구를 통해서 점차 명확해져간다는 것을 말해준다.

---

11 이 단계에서 새로 추가된 과목은 33개이다. 杜芳琴·王珺, 「三十年妇女/性别研究的学科化」, 莫文秀 等 主编, 『妇女研究蓝皮书: 中国妇女教育报告』(北京: 社会科学文獻出版社, 2008), p.348. 그 후 필자는 저장대학교와 화중사범대학교의 두 연구 센터가 각각 최소 교과과정 1개를 개설하였음을 알게 되었다. 따라서 신설된 과목은 약 35개이다.

② 국내외 학자들의 협력을 통한 여성학 발전 추진

이 단계의 여성학 학과 건설에 아무런 성과가 없었던 것은 아니다. 국내외 중국학자들이 협력해 워크숍과 독서 프로그램을 조직했다. 1993년 톈진에서 제1차 중국 여성과 발전 워크숍을 조직한 이후, 1997년과 1998년에 각기 난징(南京)과 청두(成都)에서 후속 활동들을 전개하고 출판물들을 간행했다.[12] 이들은 번역, 독서, 교류를 통해 새로운 개념, 새로운 범주, 새로운 방법을 도입하고, 이를 중국 본토의 연구와 실천 경험을 종합한 것과 결합해 이론과 실천의 결합 면에서 장족의 발전을 했다. 예를 들면 외국의 여성주의 이론 고전을 번역, 소개하면서 새로운 개념, 즉 사회성별(gender), 발전(development), 임파워먼트(empowerment) 등을 도입했고, 국내외 여성과 성별 연구 교류에 관한 전문 서적을 출판했는데 이는 모두 이후의 여성학 교과과정 건설에 주요한 참고서가 되었다.[13] 이 세 차례의 워크숍은 향후 여성학과화를 위한 지식을 축적하고 주축이 될 인재를 모았으며 학과 건설의 리더를 양성해냈을 뿐만 아니라, 여성학 지식 생산의 새로운 담지체인 독서 워크숍, 즉 교류를 통해 새로운 지식을 생산하고 공유하는 참신한 방법이 지속되도록 했다. 1999년의 중국 여성사학과 건설 독서 워크숍의 개최를 계기로, 사회발전이 여성학 프로젝트를 이끌던 방식에서 독립적인 여성학과 건설 프로젝트 수행으로 전환이

---

12 톈진 워크숍에 이어[그 성과는 杜芳琴 編, 『中国妇女与发展: 地位、健康、就业』(鄭州: 河南人民出版社, 1993) 참고] 제2차 중국 여성과 발전 워크숍은 1997년 7월에 난징에서 개최되었다[金一虹 等 主编, 『世纪之交的中国妇女与发展』(南京大学出版社, 1993) 참고]. 제3차 중국 여성과 발전 워크숍은 1998년 12월 청두에서 개최되었다[徐午·许平 等 主编, 『社会性别分析: 贫困与农村发展』(成都: 四川人民出版社, 2000)].

13 예를 들어 鮑曉蘭 編, 『西方女性主义简介』(1995); 李銀河·林春 編, 『妇女: 最漫长的革命』(1997); 王政·杜芳琴 等 編, 『社会性别研究選讀』(1998); 馬元曦 等 編, 『社会性别与发展译文集』(1999) 등이 모두 싼롄서점(三联书店)에서 출판되었다.

이루어졌다.[14] 이 시기 해외의 중국계 학자들은 여성학 지식을 전파하는 데에 중요한 교량 역할을 했다.[15]

여성주의 활동가들이 '젠더와 발전'을 중국에 도입하고 본토에서 실천을 해 나가던 과정에서, 학과적인 맥락과 이론적 지도하에 일련의 부빈(扶貧, 가난한 사람이나 가정 돕기), 출산 건강, 인구 유동 등을 의제로 수행한 프로젝트가 있었는데, 이것은 의학·인구학·사회학 영역에서 최초의 응용 연구가 되었으며 그들이 거둔 성과도 대학 내의 연구와 교과과정 발전에 생명력 있는 새로운 지식의 원천이 되었다.

이 시기에는 지역 여성학의 국제적 협력이 활발해지기 시작했다. '아시아 여성학'의 흥기는 중국 여성학이 급속도로 발전할 수 있도록 견인했다. 1996년부터 2006년까지, 한국의 이화여대는 '아시아 여성학 건설' 프로젝트를 토대로 8개국의 대학 내 학자들의 협동 연구를 수행해 아시아 여성학의 의제를 토론하고 교재를 편찬했는데 중국 학자들도 이 프로젝트에 참여해 중국 본토의 여성학 교재를 펴냈으며 연구 팀을 훈련했다. 더욱 중요한 것은 중국 여성학 건설이 더 이상 단일한 서구 여성학을 참조로 하지 않고 아시아 인근 국가의 경험을 더욱 많이 전수받고 참조로 할 수 있게 되었다는 점이다.

---

14 이 활동은 톈진사범대 여성연구센터와 해외중화부녀학회가 협력해 조직한 것으로 톈진 지셴(薊县)에서 개최되었으며 중국 여성학 학과 건설 대형 프로젝트의 시발점이 되었다. 이 과정에서 여성사 학과 건설이 여성학 학과 건설의 틀 안에서 진행되어야 한다고 논의되었다. 활동의 성과에 대해서는 蔡一平 等 編, 『赋历史研究以社会性别』 특집(내부 자료)(1999)을 참고.

15 해외중화부녀학회는 1989년 창립 시부터 학술 교류의 역할이 그들 학회의 중요한 사명임을 표명했다. 1992년부터 21세기 초반에 이르는 10년간, 초창기의 중요 인원들은 중미 여성학 교류의 사명을 거의 완수했는데 현재는 세대교체에 당면해 새로운 위치 설정이 필요해졌다.

(3) 학과화의 발전(2000~)

① 새로운 이념, 새로운 시각, 새로운 방법을 도입한 심화된 학술 연구

1990년대 초반부터 '젠더', '발전', '평등 참여', '다원성 존중', '취약 계층에 대한 관심', '여성 임파워먼트' 등의 개념과 이념을 도입하기 시작했다. 1990년대 말에 '젠더' 개념에 대한 이해가 점차 깊어지면서 여성/성별학의 학술 이론, 사고 방법과 교육 방법에 대해 더욱 명확한 인식을 갖게 되었다. 이때가 되어서야 중국의 여성학은 교육, 교과과정, 인재 양성과 더욱 많은 관련을 갖게 되었으며 외국의 'women's studies'와 비슷한 의미(교과과정과 제도 체계화를 포함해)를 갖게 되었고, 대화할 수 있는 공동의 담론과 맥락(예를 들면 사회성별, 지식 비판, 비판의 주요한 수단 그리고 어떤 맥락에서 지식 비판과 생산을 할 것인지 등)을 인식하게 되었다.

전국 부련의 촉진과 중외 여성학 간의 교류, 국제 기금의 지원, 특히 포드 기금회가 2000년부터 대학에서 이루어지는 여러 여성학 프로젝트를 지원하면서[16] 학과 차원에서의 여성/성별 연구를 크게 고무했다. 이 단계의 연구에서 주요한 성과는 다음과 같다.

첫째, 경험 문제 연구에서 지식론 연구로, 기존의 지식에 여성을 보충해 넣던 것에서 기존 지식에 대한 성찰과 비판으로 바뀌었다. 기존 중국 내의 초기 여성/성별 연구와 비교했을 때 가장 큰 변화는 전통적인 학과에서 '여성'을 찾

---

16 예를 들면 톈진사범대가 맡은 '중국의 여성과 사회성별학 추진' 프로젝트는 훈련, 교재 편찬, 교과과정 보급의 프로젝트로서(2000~2006), 이 프로젝트의 후속 연구 프로젝트는 2006년부터 여성학 전국 네트워크 구축을 지원하는 프로젝트로 이어졌다. 동시에 다롄 대학교, 베이징대와 서북, 서남, 중남 등 대학교의 여성학 학과 건설을 지원했다. 상세한 것은 杜芳琴·王珺, 「三十年妇女/性别研究的学科化」, 莫文秀 等 主编, 『妇女研究蓝皮书: 中国妇女教育报告』(北京: 社会科学文獻出版社, 2008), pp.356~357 참조.

아내거나 보충해 넣던 것으로부터, 지식론과 방법론의 각도로 각자의 연구 영역에서 점차 의식적으로 여성, 사회성별과 성에 대한 지식, 기존의 전통적 이해에 대한 비판과 반성으로 바뀌고, 국경과 문화를 초월한 다학문과 학제 간의 여성학과화를 시도하게 된 것이다.

둘째, 다학문적인 여성/성별 연구 중, 여성/성별사회학, 여성과 성별사, 여성문학과 여성교육학 등이 단독으로 프로젝트 신청에 성공해 중점 발전 영역이 되었다. 이를 통해 학과화를 실현하는 데 필요한 이론적 틀과 분석 범주, 연구 영역, 학술사 등에 관한 여러 가지 작업을 진행했으며 아울러 워크숍 조직, 번역, 출판 등의 사업도 했다. 여성인구학, 여성인류학, 여성경제학, 여성주의철학, 여성심리학, 여성법학, 여성국제정치학, 성별과 발전학 등 각 학과의 분과 영역의 학자들도 선구적인 탐구를 시작했다.[17]

셋째, 이 시기 여성/성별연구는 새로운 이념 도입과 함께 방법론이 점차 연구자들의 학술적 시야에 들어온다. 많은 여성/성별 연구자들은 방법론에서 오랫동안 이어져오던 '압박-해방' 모델류의 '지위(地位) 위주', '이슈 위주'의 분석틀을 벗어나 점차 가치 관념과 연구 결론에서 어느 정도 돌파를 하게 된다.

② **교과과정 수립과 교재·교육의 급속한 발전**

교과과정, 교재 수립, 교육개혁은 여성학 학과 교육에서 핵심적인 기본 수

---

17 이 시기에 학과 의미를 지닌 출판물들이 급속하게 증가해 톈진인민출판사, 광시사범대학출판사, 베이징대학출판사, 푸단대학출판사와 장쑤인민출판사는 이미 일련의 시리즈를 출판한 유명한 출판사가 되었다. 톈진인민출판사를 예로 들면, 2002년부터 '중국의 여성과 사회성별학 추진' 프로젝트의 자금 후원으로 출판한 '여성과 성별연구 시리즈'부터 2008년에는 '젠더 연구 시리즈'를 새로 펴내면서 이미 20여 권에 달하는 학술 저서(번역과 본토 연구 성과를 포함)를 발행했는데, 그중 '사회성별' 시리즈와 '아시아 여성학' 시리즈는 특색 있는 브랜드가 되었다.

단이다. 앞의 두 단계에서는 교과과정을 만드는 것이 중시되지 않았던 데 비해 제3단계에서는 많은 변화가 있었다. 필자가 중국여성연구회가 2007년 7월에 13개 대학 내의 여성인구 훈련기지(基地, 기본 거점 단위)에서 개설한 과목을 조사해본 결과, 13개 대학 내의 기지에서 학부생과 단과대 학생, 석사 및 박사 대학원생을 대상으로 개설한 총 과목 수는 282개였다. 그중 석사·박사 대학원생의 전공과목이 80개였는데, 이는 여성학, 사회학, 경제학, 철학, 미학, 법학, 역사학, 인구학, 인류학, 관리학, 심리학 등의 학과와 관련되었다. 교양이나 간학문적인 과목이 93개가 되었는데 이는 33%를 차지했다.[18] 최근에는 대학원생 교과과정의 체계적 발전과 같은 새로운 진전도 나타나고 있다.[19]

교과과정의 목표를 설정할 때, 대다수의 학자들은 여성학 교과과정의 설치가 당연히 여성/성별연구 자체가 지닌 가치 요구와 현실에 대한 관심을 충분히 구현해야 한다고 강조한다. 어떤 학자들은 '사회성별학' 과목을 개설하는 것은 학생들이 사회성별적 시각으로 생긴 새로운 지식을 갖추도록 양성하고 인류 사회와 자신의 상황에 대해 더 깊이 있게 이해하게 하고, 학생들의 비판적 정신과 독립적인 분석 능력을 길러 사회성별 의식을 향상시키기 위해서라고 주장한다.[20] 또 어떤 연구자는 우선 고려해야 할 점이 학생들의 장래의 직

---

18 杜芳琴·王珺, 「三十年妇女/性别研究的学科化」, 莫文秀 等 主编, 『妇女研究蓝皮书: 中国妇女教育报告』(北京: 社会科学文獻出版社, 2008), p.348.

19 한 예로 북경대학에서 여성학 대학원생들을 대상으로 개설한 과목으로는 여성학개론, 여성과 발전, 여성학 이론 경전 선독(영문), 여성주의 방법론, 여성 발전사 등이 있다. 톈진사범대학에서 개설한 과목으로는 성별사회학과 성별과 발전, 사회성별과 공공 정책, 성별과 발전 프로젝트 실무 등이 있는데 이 학교에서 여성/성별사 대학원생과 교수 훈련을 위해 설계한 과목으로는 학술여성주의, 여성과 사회성별사 개론, 중국 고대 고전 도서의 사회성별 해독, 단대사와 특별 주제로서의 여성/성별사 연구, 역사와 현실의 소통: 성별의 성찰 등, 세 종류의 과목이 이미 개설되었다.

20 王政, 「妇女学的内容与目标」, ≪思想战线≫, 2002(1).

업을 위한 기능 습득과 소질 함양이 아니라 남녀 학생들의 사회성별 의식이라고까지 주장한다.[21]

교과과정 내용에 대해 각 대학은 자신의 실제 상황과 각 학과의 특징을 근거로 해서 스스로 설계하고 기획한다. 교과과정의 설치와 교재 건설에서도 다양성과 풍부함이라는 특징이 나타났다. 여전히 학리상으로나 이 영역을 접한 시기적인 차이로 인해 교과과정에 일관성이 결여되고, 심지어 학리적 혼란스러움이 나타나기도 한다. 예를 들면 성별본질주의, 여자다움, 전통적인 성별 분업의 내용을 강의 내용에 포함시킨 학교가 있기도 하다. 그러나 더욱 많은 학자들은 자신의 엄밀한 학술 연구를 바탕으로 교과과정과 교재 내용에 대한 상세한 검토와 사회성별적 비판을 가하고 있으며, 각 학과의 지식을 재수립하기 위해 노력하고 있다. 즉, 인문·사회학 영역의 많은 문제들에 관한 심도 있고 면밀한 실증적인 연구를 통해 성별과 발전학, 사회학, 인구학, 경제학 등 영역에서 교과과정과 교육과정에 여성학적 지식관과 교과과정에 관한 관점을 분명하게 반영하기 위해 노력하고 있다.

그 외 중국 여성학 교과과정의 설치와 교재 수립도 다양하고 풍부하게 이루어졌다. 다양한 성격, 다양한 민족, 다양한 지역의 대학교 등은 자신의 실제 상황을 근거로 모두 깊이 있고 지속적인 탐색을 함으로써 각각 특색 있는 교과과정 체계와 교재 시스템을 갖추었다. 윈난(雲南), 신장(新疆), 지린(吉林), 옌볜(延邊) 등지의 민족대학교들도 민족여성학 연구와 교육에 전념해오면서 중국 소수민족의 현장 경험을 기반으로 한 교재를 편찬해냈으며 민족 커뮤니티에서 성평등을 이룩하기 위한 길과 방법을 탐색하고 있다.

여성학 교과과정은 대체로 여성주의 교육 방법에 대한 토론과 응용을 중시

---

21 揭艾花, 「规范性与现实性: 浅论课程设置与妇女学学科发展」, ≪妇女研究论丛≫, 2004(5).

한다. 그중 참여식 교육, 교수와 학생 간의 커뮤니케이션, 경험에 대한 인정과 공유 등은 교수들과 학생들이 선호하는 교육 방법이 되었다. 국내외 많은 여성학 학자들은 여성주의 교육론을 소개하고 실천하는 과정에서 현장 대학교육의 현실을 근거로 부단히 탐색해왔고 이미 일련의 아주 가치 있는 교육적 성과들을 획득했다.

③ 제도 내 체계화 구축의 현안화와 새로운 실천의 시작

학과 조직 체제 건설

여성학은 아직 중국의 학과 체계와 학위 체계에서 확실한 지위를 얻지 못했지만, 그것이 지식 전승을 위한 여성학자들의 노력과 효과를 막지는 못했다. 여성학자들은 전통적 학과 체계인 대학, 학부 등에 기탁해 성숙된 학과에 여성학을 침투시킴으로써 여성학 지식을 전파하고 인재를 배양했다. 1998년부터 베이징대는 사회학 전공 아래에 여성학 연구를 주제로 삼는 대학원(석사)생을 모집하기 시작했고 그 10년간 여성/성별연구센터를 기반으로 여성과 성별연구의 박사·석사생 양성 과정이 전국으로 확대되어 27개 대학교에서 개설되었으며, 그중 종합대학교가 12개, 사범대학교가 12개, 민족대학교가 2개, 방송대학교가 1개였다. 27개 대학교 중 석사생을 배출하는 학교는 3개[베이징대의 여성학 전공(사회학과에 의탁), 샤먼대학교 여성 연구 전공(관리학에 의탁), 난징사범대의 여성교육학(교육학에 의탁)]이며, 박사생 양성 과정은 15개(역사 4, 문학 3, 사회학 2, 관리학 2, 교육·관리·인구·법학 각 1개), 석사생 양성 과정이 39개(사회학 10, 문학 9, 역사 6, 교육 5, 관리 3, 철학 2, 방송·인구·경제·심리학 각 1개)이다.[22] 대

22 이 자료는 필자가 2009년 대학교 대학원생 모집 정보를 근거로 초보적으로 통계한 결과

학원생 양성 제도의 구축과 급속한 발전은 대학 교육 체계와 학위 수여 체계가 신속히 여성학을 수용할 수 있도록 하는 데 커다란 역할을 했다.

조직 기구 체제 건립의 다양한 경로 모색

이 단계에서는 여성/성별 연구 기구 건설의 새로운 고조기에 들어서서, 간학문적인 실체를 가진 조직 기구가 출현하기 시작했고 여성/성별연구 제도를 건설하는 다양한 경로를 실험함으로써 여성학은 행정적 합법화와 효율화 방향으로 나아가게 된다.

▪ 실체 없는 기구의 존속과 여성/성별연구센터들의 증설: 2000년부터 여성학 학과화의 붐이 다시 일어나면서 대학 내에 여성/성별연구센터를 건립하는 새로운 조류가 나타났는데 약 35개 센터(소)가 문을 열었다. 이때의 기구 설립의 열기에는 다음과 같은 특징이 있다. 첫째, 명칭으로 보면 '성별'이라고 명명한 기구가 '부녀' 혹은 '여성'이라 명명한 기구보다 많다. 원래 '부녀'라 명명했던 센터들 중에서도 '성별'로 새로이 명명한 곳들이 있는데, 이는 단지 명칭을 바꾸는 것만이 아니라 이념과 연구 핵심의 변화를 뜻하기도 한다. 둘째, 학과와 전공의 결합 면에서 성별과 기타 영역의 결합, 혹은 전공화 경향이 뚜렷하다. 예를 들면 성별과 민족, 사회발전, 경제, 문학, 법률 등의 결합은 그 명칭에서도 반영된다. 셋째, 한 대학 내에 2개 혹은 여러 개의 센터가 출현해 병존하는 국면이 나타난다. 넷째, 지역으로 보면 동부에서 중부, 동북, 서북, 서남, 남부로 확장되는 추세이다. 다섯째, 특히 주목되는 것은 소수의 여성/성별연구 기구가 실체를 가지고 제도 내 체계화 단계로 발전하고 있다는 점이다.

▪ 실체 있는 조직 체제 모색: 소위 실체는 편제가 있고 전담 연구, 교학, 관

인데 2007년 이후의 증가 속도가 가장 빠르다.

리 인원이 있는 여성학 기구를 말하는데, 현재 중국방송대, 톈진사범대, 둥베이사대와 옌볜대가 실체를 가진 기구의 대표라 할 수 있겠다. 그중 톈진사범대 여성연구센터는 2006년에 '톈진사범대학교 사회발전과젠더연구센터'로 이름을 고치고 대학 내의 독립적인 체계를 갖춘 간학문적인 실체를 가진 연구 기구로 거듭나 중국 여성학과가 대학 교육 체제와 접목되는 중요한 한 걸음을 내딛었으며, 이는 중국 대학 교육 체제 개혁 가운데 간학문(跨學科), 간영역(跨領域)을 실현한 새로운 시도라고도 할 수 있겠다.

- '허실(虛實)'이 결합된 조직 체제 모델: 조직 체제로 말하면 '허'의 형식을 취하지만 사업에서는 '실'의 행동을 취한다. 대학 캠퍼스를 기반으로 연구/교육, 교수/학생, 캠퍼스/커뮤니티의 협력과 커뮤니케이션을 실현할 수 있는 길을 모색한다. 2000년에 건립된 다롄대학교 성별연구센터는 '침투'와 '커뮤니케이션'의 이념을 견지해 실체가 없는(虛體) 조직 체제를 유지하고 있는데, 주요하게는 센터가 제창하는 학술 이념과 방법들이 효과적으로 캠퍼스에 진입해 제도화된 교육 궤도 위에서 합법성, 합리성, 지속적인 성장 공간을 쟁취하기 위해 노력했다.[23]

- 프로젝트 수행 모델: 이는 앞의 두 단계의 프로젝트 수행 모델을 이어받아 국제적으로 협력해 여성학 교육을 할 수 있는 형식을 취한다. 일례로 미국의 루스 기금회가 지원하는 미국의 미시간대학교와 중화여자대학, 홍콩중문대학은 연합해 여성학 학사 후 연구반(학사 학위를 취득한 이들이 여성학 교육을 받을 수 있는 반—옮긴이)(2002~2004)을, 푸단대학교와 미시간대학교가 연합해 여성학 박사 대학원생 교과과정반(박사 대학원생 혹은 박사 학위를 취득한 이들을

---

23 李小江 主编, 『文化、教育与性别: 本土经验与学科建设』(南京: 江苏人民出版社, 2002), pp.198~230.

대상으로 여성학을 강의하는 반—옮긴이)(2006~2008)을 만들었다.

▪ 독립된 조직 체제로서의 여성학과 창립: 중국에서 형식상 자치를 취하고 '학과'를 조직 체제로 건립한 것은 전국 부련에 속하는 대학교인 중화여자대학 하나밖에 없다. 이 대학은 다년간의 학과화 노력을 거쳐 이미 '여성학' 전공의 단독 학부생 모집을 위해 좋은 기초를 다져놓았다. 그리고 2006년 교육부의 비준으로 여성학과에서 정식으로 학부생들을 모집하기 시작했다.

2) 특징

30년간의 중국 여성학의 발전을 보면 다음과 같은 세 가지 현저한 특징과 득실을 파악할 수가 있다.

(1) 지식 비판과 생산의 정체

문제 지향에서 행동 지향에 이르는 일련의 과정은 사회 현실과 밀접한 관련을 가짐으로써 생존할 수 있는 공간을 획득했던 반면, 지식 비판과 지식 생산을 뒤로 미루도록 했다. 중국 여성학(연구)의 발생은 추상적인 이론적 추리에서 기원하거나 경험에 의해 추동된 것이 아니었으며, 분명한 '문제'에 이끌려 이를 주목함으로써 시작되었다. 이는 서구 여성운동이 학술여성주의가 대학 내에서 지식 비판과 지식 생산을 하도록 이끈 것과 다르며, 또 제3세계의 많은 국가들에서 후식민주의, 민족독립운동과 서로 영향을 받으며 발전한 것과도 구별된다.

중국 여성학은 중국의 개혁개방의 조류에 의해 싹이 트고 부침을 거듭했으며 이로 인해 오랫동안 여성/성별연구는 기본적인 학리 연구, 대학 내 교과과정 건설이 위주가 되지 못하고 응용 연구, 활동을 강조하는 프로젝트에 의해 대체되어 21세기 초반에 이르러서야 변화가 생겨났다.

발전의 동기는 사물의 발전 방향을 결정한다. 1980년대는 중국 사회의 전환기로서 개혁개방과 시장경제는 사상해방과 경제의 급속한 발전을 가져다 주었지만, 동시에 많은 여성 문제도 초래해 새로운 시대의 여성 연구의 탄생을 직접적으로 촉진했다. 사람들은 개혁의 심화와 개방의 확대와 함께 여성들에게 문제가 생긴 것이 아니라(이를테면 "자질이 부족하다"), 사회 전환기 경제 구조 조정 과정에 출현한 사회문제들이 여성에게 영향을 미친 것이라는 것을 발견하게 되었다(이를테면 "가정으로 되돌아가기", "실업", "권익 유지" 등). 그 후 세계여성대회가 중국에서 개최되며 중국이 국제사회와 '접목'하는 과정에서 성 주류화 과제를 받아들이게 되었고, 기존의 '여성 문제'는 '성별 어젠다'로 바뀌기 시작했다. '성 주류화'도 국제사회가 중국이 새로운 근대성을 향해 나가도록 촉진하고 요구하는 하나의 '요소'가 되어 많은 자금이 중국으로 밀려들어와 정부와 민간 조직이 빈곤 지원, 출산 건강, 정책 입법, 시민사회 등 행동이 필요한 프로젝트를 수행해나가도록 지원했다.

21세기에 들어선 이후에도, 설사 여성/성별 학과를 지지하는 프로젝트라고 하더라도 행동 위주의 경향이 뚜렷하다. 예를 들어 포드 기금회의 경우, 2006년부터 '여성과 사회성별학 발전 네트워크'의 구축을 지원했는데 기금은 여성학의 NGO화, 네트워크화, 제도의 체계화를 목표로 삼고 '행동하는 지식'과 '지식의 행동'을 총체적 지향으로, "실사구시, 창의, 참여식의, 지속 가능한, 보급하기 쉬운" 것을 방침으로 했다.[24] 이러한 지침은 여성학의 핵심인 지식 비판과 지식 생산, 전승과 발전에 관심을 기울이지 않고 행동에만 전념하는 특

24 포드 기금회 교육 프로젝트의 책임자는 여성학 운용에서 15자("实事求是、创新、参与式、可持续、宣推广"의 중국어 15자—옮긴이) 방침을 여러 차례 강조했다.

징을 띠도록 만들었다.

여성학, 즉 학술여성주의의 최종 목표는 지식 생산과 계승을 통해 사람들의 사고방식과 행위 방식, 관념을 변화시키는 것이므로 행동하는 여성주의와의 결합도 강조하기는 하지만 행동(실천) 자체가 목표인 것은 아니며 행동하는 지식이 자동적으로 학술의 질적 발전을 수반하지도 않는다. 학술은 축적이 필요하며 지식이 지나치게 실용적이거나 공리주의적일 경우에는 행동과 정책 결정에 효과적인 영향을 미치기 어려우므로 오늘날의 행동주의적 경향은 윈윈이 아니라 양쪽 모두를 손상시킬 가능성도 있다.

(2) 주체의 다원성, 이해의 병존

① 주체의 다원성

중국에서 여성학은 줄곧 주변화되어왔고 아직 학술과 교육의 주류로 진입하지 못했지만 여성학에 참여하는 주체가 다원화된 것은 눈에 띄는 특징이다. 여성학의 주도 세력과 기본 대오를 보면 다음과 같다.

기본 대오

외국에서 여성학을 추진해온 힘은 주로 대학 내 교수가 중심이었지만 중국에서는 네 방면의 연구 교육 인원으로 구성되었다. ① 부련 체계, ② 사회과학 연구 체계, ③ 대학교, ④ 중앙 및 지방의 각급 당교(黨校) 체계이다. 이 여러 갈래의 연구와 교육 집단(절대다수가 여성)은 중국의 독특한 체제의 산물이다. 여성학은 대학 내에서 진행되는 지식 비판과 지식 생산을 의미하는데 중국의 대학 교육은 교육 체계(보통 대학교)에만 국한되어 있는 것이 아니라 사회과학 연구 체계, 당교 체계, 부련 체계에도 분포되어 있다. 또 중국은 '성별 어젠다의 여성화', '여성 업무의 부련화(婦聯化)'라는 전통이 존재해왔기 때문에 부련이 주도하는 '4위 1체'의 여성 연구와 학과 추진이라는 상황으로 발전했다.

주도자

'4위 1체'의 여성/성별 연구의 상황은 점진적으로 형성된 것이다. 앞서 말한 바와 같이 1980년대 중반기 여성학이 중국에서 태동할 당시 부련이 앞장서서 전국에서 문제 연구를 조직했고 '여성학회'도 각 성의 부련에서 활약하기 시작했다. 세계여성대회 이후, 전국부련은 여성학 학과 건설을 추진하는 데 있어서도 점점 더 중요한 선도적 리더 역할을 하고 있다. 1999년 12월에 창립된 중국여성연구회는 전국부련에서 발기한 것으로, 부련의 고위층 간부가 정·부회장을 맡고 있으며, 사무총장은 전국부련 여성연구소 소장이 맡고 있다. 각 대학 내의 연구 센터는 단체 회원으로 가입되어 있다. 연구회는 창립된 후 여성/성별 연구가 국가 사회 기금 프로젝트(중앙정부에서 자금을 지원해 수행하는 최고 등급의 프로젝트—옮긴이)의 연구 주제로 선택되고 우수 연구 성과와 우수 박사·석사 논문으로 선정되도록 추진해왔으며 많은 성과를 거두었다. 2005년부터 전국 부련의 간부들은 부련, 당교, 사회과학원과 대학의 '4위 1체'의 여성/성별연구 기지의 구축을 추진하기 위해 힘써왔다. 신청과 선발을 거쳐 2006년 6월 9일 중앙당교에서 기지 간판 수여 의식을 가졌는데 처음으로 선정된 기지는 21개로, 그중 13개 대학교(그중 부련 체계의 여자대학 2개 포함), 당교 체계의 3개, 지방 부련 3개와 사회과학 체계의 2개 기지가 있다.

② 이해(利害) 분석: 지원은 효과적이나 제한적이며 집단은 방대해졌으나 결합이 어려움

'4위 1체'의 강점은 힘을 결집할 수 있고 풍부한 정보를 가져올 수 있다는 데 있다. 그동안 부련과 당교 계통의 참여는 학과 건설의 주류화와 학술 응용

등을 추진하는 데 중요한 역할을 했고, 사회과학 연구 계통의 학자들이 학술적 성과를 많이 축적하고 현실 문제를 면밀하게 주시해왔기 때문에 중국의 여성/성별 연구는 중국 현지에 뿌리내릴 수 있었다. 그러나 이와 같이 주체 구성이 복잡하고 임무가 달랐기 때문에 요구와 만족, 관심 분야 면에서 엇갈림이 발생했다. 여성학이 대학 내에서 수행해야 할 지식 생산/계승이라는 사명은 당교, 부련 체계의 정책 관여와 행동의 임무와는 완전히 어울리거나 동일할 수 없었기에 결합하거나 조정하기가 어려웠다.

주도적 입장에서 기지를 구축하는 일은 부련이 성별 주류화를 추진하는 과정(교육, 사회과학 연구, 입법, 정책 결정 등 영역)의 일부분일 뿐이며, 업무의 중점은 정책 결정과 입법 연구에 있다. 대학 내에서 진행하는 지식 생산과 계승은 경비 조달 혹은 행정 자원 등의 측면에서 지원을 받기가 어렵고 교육 주류로의 진입도 성과가 크지 않아 현재 '4위 1체'의 기지는 교육 부문(특히 교육부)의 확실한 지지를 얻지 못하는 상태이며, 경비 지원이나 학술 지위에 대한 인정 등은 더 언급할 것도 없이 어려운 상황이다.

(3) 체제 건설(교과과정 설치와 조직 체제 건설을 포함한)의 장기 정체

중국 여성학의 학과 체제에 대한 전반적인 무관심으로 그 건설이 지연되었다. 오랫동안 여성학의 제도화는 중시되지 못했으며 일부 학자들은 심지어 대학 내의 제도적 체계화를 미루어둔 채 여성학의 지속적 발전이라는 목표를 실현하려 하고 있다. 주지하는 바와 같이, 외국의 여성학은 여성학연구센터 혹은 학과가 책임지고 교과과정을 개설하고 학생들을 양성해왔는데 중국 대학 내의 여성/성별연구센터는 그 수가 적고 늦게 창립되었으며 지위도 모호하고 꽤 오랫동안 여성/성별연구의 전달자가 되지 못했을 뿐 아니라 지금도 실질적인 기구와 전담 직원을 갖추고 있는 기구는 극히 적다. 여성학의 제도 체계화는 학과 발전을 향한 욕구에서 많이 뒤떨어져 21세기에 진입한 후 여성학 학과 건설이 발전의 기회를 얻었을 때에도 단지 프로젝트를 수행하는 방식으로 학술 대오를 결집하고 모 학과와 간학문적인 워크숍, 독서회를 조직하는 방식으로 결합해서 연구와 교육의 핵심적 인재들을 훈련시켰고 역으로 이것이 여성학의 실질적인 조직 체제를 촉진하도록 했다. 오늘날까지 제도적 체계화에 관한 논의는 몹시 적으며 대다수의 여성학자들은 전문화, 실체화를 제도적 체계화의 중요한 수단이라 생각하지 않고 여전히 비실체와 삼투적 방식을 주류화를 위한 제도적 책략으로 간주하고 있다.

이와 같은 특징들이 중국 대륙의 여성학 발전의 방향과 현재까지 도달할 수 있었던 수준을 결정했다.

2. 성찰과 전망

1) 이론 탐색 중 초점이 되는 문제

여기에서는 이론과 관련된 문제들을 중점적으로 살펴보려 한다. 첫째는 외국에서 들여온 여성학의 개념과 용어의 번역(예를 들어 'Women's Studies'와 'gender')과 중국 현지의 필요로 인해 구축한 개념들(부녀/성별연구, 부녀/사회성별연구), 둘째는 어떻게 중국 현지에서 여성학의 이론을 촉진할 것인가 하는 전략 문제이다.

(1) 'Women's Studies'와 'gender' 개념의 번역, 의미 부여와 재창조

명명은 아무렇게나 할 수 있는 일이 아니다. 명칭의 배후에는 종종 각자가 지닌 상이한 이념과 전략적 차이가 반영되어 있다. 차이는 시간적 요소(단계마다의 변화)와 공간적 위치(각기 다른 학교와 센터) 등에 영향을 받아 형성되지만, 결과적으로는 발언하는 사람의 개인적 사고, 인식과 더 많은 관련이 있다.

앞에서 언급했듯이, 'Women's Studies'는 1980년대 초반기에 중국에 도입되기 시작할 때부터 '부녀학(연구)'과 '여성학(연구)'으로 다르게 번역되었다. 1990년대에는 젠더 개념이 중국에 도입되고 '사회성별'이라고 번역되었다. 간단히 '성별'이라고 번역한 이도 있다. 1990년대 말과 21세기 초에 이르러 젠더의 '사회성별'과 '성별'의 번역과 사용에 분기가 생겼는데 학과 용어에 '성별(연구)'과 '여성과 사회성별학'이라는 다른 명칭이 추가되었다. 이러한 명칭은 어떻게 번역되고 '만들어졌으며', 어떻게 사용된 것일까? 누가 이를 사용하고 있을까? 중국어 가운데 내포된 뜻은 무엇일까? 배후에 이를 지탱해주는 이론은 무엇일까? 어떠한 지식을 창조하고 전달하고 싶은 것일까? 이러한 물음에 대한 답을 찾아보는 것은 중국 여성학에서 지식 생산 과정의 복잡성을 이해하는 데 도움이 될 것이다.

① 'Women's Studies'에 관하여

여성학: 여러 가지 이념을 담다

'여성학'은 가장 흔히 볼 수 있는 명명이다. 오늘날 시대적 변화와 부녀학 대오의 세대교체에 따라 무릇 '여성학'이라고 칭하는 것이 '사회성별'과 연관되는 것으로 다들 인식하고 있다. 그러나 8년 전에는 '여성학'의 이념과 학과의 맥락에 대해서 의론이 분분했으며, 연구 대상, 목표와 분석틀 등에 모두 차이가 있었다. 여기에서는 주로 두 가지 예를 들어보기로 한다.

- '사회성별'의 틀: 1999년 톈진의 지셴(薊縣)에서 열린 워크숍은 '역사 연구

에 사회성별을 부여하기'를 슬로건으로 했는데 이는 사회성별을 개념틀로 한 중국 여성학의 시작을 의미하는 것이었다고 할 수 있다. 2000년에 '중국의 여성과 사회성별학 추진' 프로젝트가 가동된 후, 사회학·역사학·교육학·문학 등에 사회성별 개념을 도입하는 추세가 생겼다. 『사회성별과 여성 발전』[25]이라고 명명된 첫 교재도 이러한 이념 경향을 반영하지만 아주 명확하게 "사회성별(gender)을 사회현상을 연구하는 중요한 분석틀과 해석틀로 사용"한 것은 중화여자대학의 『여성학도론』[26]이었다. 이 책은 책 전체의 틀과 내용에 국내외의 여성학과 사회성별연구의 기본 범주와 성과들을 포함했다. 이 개론서 성격의 교재의 '여성학'은 실상 사회성별 시각으로 보는 부녀학 혹은 여성학이지만 여자대학 학생들이 받아들일 수 있도록 하기 위해 습관적으로 '여성학'이라 부른 것이다. 왜냐하면 여대생들은 정치적 의미가 짙은, 그리고 보통 기혼 여성을 뜻하는 '부녀'라는 단어에 거부감을 가지기 때문이다.

- '인간학(人學)'의 틀: 베이징대학교의 『여성학개론』[27]이 대표적이다. 이 책은 연구 대상에 관해 "여성학은 전(총)체로서의 여성의 본질, 특징, 존재 형태 및 그 발전 법칙에 관한 과학"[28]이라고 말하고 있다. 이어 무엇이 '여성'인가를 해석함에 있어 '여성'은 사회관계를 초월해 여자를 넓게 이르는 데 적당한 개념[29]이라고 본다. 이 책의 연구 시각은 "여성의 시각에서 보는 여성에 대한 재인식일 뿐만 아니라 인간이라는 시각에서 인간에 대한 새로운 해석"이라고 볼 수 있으며, 연구의 논리 구조는 "'사람'에서 시작해 '남자'를 참조로 하

25 郑新容·杜芳琴 主编, 『社会性别与女性发展』(西安: 陕西人民教育出版社, 2000).

26 韓賀南·張健 主编, 『女性学导论』(北京: 教育科學出版社, 2005).

27 魏國英 主编, 『女性学概论』(北京: 北京大學出版社, 2000).

28 같은 책, p.8.

29 같은 책, p.10.

며 '여자'에 초점을 두고" "(여자의) 완벽한 모습을 묘사하며" 나아가 "완벽"한 인류의 모습을 묘사함으로써 "인문과학을 재건"한다는 거대한 목표를 실현하고자 한다.[30] 이러한 목표하에 여성학의 내용이란, 곧 "일반적인 여성과 여성의 일반"을 포함한 지식을 만들어내는 것이 되는데 구체적으로 "여성이란 무엇인가?", "여성은 어떠한가(女性什么样)?", "여성은 어떻게 존재하는가?", "여성은 어떻게 발전하는가?"라는 네 가지 측면을 포괄한다.[31] 이것은 인간학의 틀 안에서 "과학"적이고 "총체"적이며, "일반"적이고 "본질"적인, "사회관계를 초월한" "규칙"의 여성에 의한 "여성학"을 추구한다는 전형적인 표현이다.

그 외에, 마르크스주의 여성관의 인도를 받는 여성학(마르크스주의여성학)과 진정한 '여성'을 위한 여성학(가령 "여자를 더욱 여자답게 한다", "삶을 더욱 아름답고 다채롭게 한다", 이를 위한 "여성의 패션과 화장, 여성의 삶과 이미지 설계" 등과 같은 교과과정)[32]이 있는데, 전자는 주류 이데올로기에 맞는 정치의 올바름을 강조하고 후자는 여성성, 여자답게 만드는 훈련의 실용성을 강조했다.

부녀학

중국적 맥락에서 '부녀'라는 단어는 특수한 의미를 지닌다. 그것은 여성운동, 여성해방과 관련되어 있어 정치적 색채가 몹시 강하며, 또한 '기혼'과 '가

---

30 같은 책, p.4.

31 같은 책, p.1.

32 예를 들면 서우두사범대학교에서 엮은 『여성학(女性学)』은 마르크스주의 여성관을 지도이념으로 삼은 대표적인 교재이다. 주필의 한 사람인 쵀이다펑(啜大鹏)은 "여성학은……반드시 마르크스주의 여성 이론의 지도를 받아야 한다"라고 했다. 王金玲·韓賀南 主编, 『婦女學教學本土化-亞洲經驗』(北京: 當代中國出版社, 2004), p.398. 또 다른 한 종류의 여성학인 여자를 더 여자답게 만들려는 교과과정에 관해서는 强海燕·韓娟, 「大陆高校性别意识教育的演进」, 莫文秀 等 主编, 『婦女研究藍皮書: 中國婦女教育報告』(北京: 社會科學文獻出版社, 2008), p.13 참고.

정 안'의 여자를 특정하게 지칭하기 때문에 현대의 신여성(여학생 포함)들은 그 호칭을 거부한다. 'Women's Studies'의 중국어 번역어인 '부녀학'(1982)은 최초에는 부련과 학계가 모두 받아들였는데 장핑(張萍)의 '여성학' 번역과 동시에 사용되었으며 그다지 충돌이 존재하지 않았다. 20세기 말~ 21세기 초에 이르러서야, 여성학자들은 비교적 명확하게 부녀학의 개념을 정의했다. ① 대학 교육에서 진행하는 부녀/성별에 관한 연구와 교육의 학술과 실천 활동이며, 목적을 갖고 계획적으로 진행되는 부녀와 성별에 관한 지식 생산과 재생산이다. 이는 연구, 교과과정, 제도 체계와 사회에 대한 헌신 등 일련의 절차와 과정을 필요로 한다. ② 윤리 가치관 면에서 평등, 협력과 조화로움의 사상을 제창하며 성차별을 없앨 뿐만 아니라 모든 차별화와 불평등을 없애고, 부녀와 인류의 존엄과 삶의 질을 높인다. ③ 지식론(인식론)에 관한 사유 모델의 변혁으로서 이항대립적이고 절대주의적이며 본질주의적인 보편주의적 사고 모델을 극복하고 다원 공존하는, 서로 이해하고 협력하는 유동적이고 다양한 방향으로 발산하는 인지 사고 모델을 구축한다. 이론과 실천을 결합할 것을 강조하고 인류의 궁극적인 배려(终极关怀)에 관심을 쏟는다.[33]

② gender의 중국어 번역: '사회성별'과 '성별'

gender는 1990년대 초반부터 중국어로 번역된 텍스트들에 출현했는데 모두 '사회성별'이라 칭했다.[34] 사회성별이라는 용어는 발전 영역, 학계와 여성

33 杜芳琴, 「全球視野中的本土婦女學—中國的經驗: 一個未完成的過程」, 『婦女學和婦女史的本土探索: 社會性別視覺和跨學科視野』(天津: 天津人民出版社, 2002), pp.18~19.

34 가장 처음으로 'gender'를 '사회성별'로 번역한 것은 해외중화여성학회가 톈진에서 열린 "중국 여성과 발전" 워크숍에서 강의를 하면서였다. 天津师范大学妇女研究中心 主编, 『中國婦女與發展: 地位、健康與就業』(郑州: 河南人民出版社, 1993), p.69 참고.

학계에 의해 폭넓게 사용되었다. 학계에서 이를 '성별'로 바꿔 사용한 이도 가끔 있었지만 갈등을 일으키지는 않았다. 21세기에 들어서면서 다롄대학교 젠더연구센터의 창시자인 리샤오장은 젠더를 '사회성별'이 아니라 '성별'로 번역할 것을 주장했다. 그 이유는 다음과 같다.

하나의 시각으로서의 성별

리샤오장은 '성별' 시각을 자신이 1980년대에 제기한 "성별이 있는 사람의 시각"과 동일시했다. 이는 사람의 "자연적이고", "사회적이며", "성별이 있는"이라는 세 가지 존재 방식을 주장하는 견해이다. 그러나 "'성별이 있는' 시각이란 여성주의와는 다른 것으로서 이는 하나의 정치적 입장이 아니라…… 하나의 세계관으로서 어떠한 성별 입장도 초월한, 인류의 '성'적 존재 방식에 대한 인식이다".[35]

단어 사용에 대해

구체적으로 단어 사용에 대해 그는 중국어 어휘 가운데 "원래 '성'과 '성별'이라는 두 단어가 있다"라고 설명하고, '성'은 "자연적이고", "생리적이며", "인간적인"이라는 뜻까지도 포함하지만, "'성별'은 주로 사회적이며 개별적 신분의 하나의 표식이며, 또 사회 질서의 기본 요소"라고 본다. 그렇기 때문에 그는 만약 젠더를 '사회성별'로 번역하면 '자연적인 성'을 배제할 뿐만 아니라 "개별적이고 자연적인 신분을 또 한 번 인위적으로 비가시화하게" 되며, 또 번거롭게 사족을 덧붙이는 것이 된다고 본다.[36] 반면, 미국으로 유학 간 학자 가

35 李小江 等, 『文化、教育與性別·導言』(南京: 江蘇人民出版社, 2002), pp.9~10.

36 같은 책, pp.4~6.

운데 왕정(王政)은 젠더를 '사회성별'로 번역할 것을 강력하게 주장하는데, 과거 중국의 단어 중 고대의 '남녀'는 성별적 함의를 가질 뿐이며 오늘날 우리가 이해하는 '성별'은 중국에서 하나의 생리적인 기호에 지나지 않기 때문에,[37] 사회성별만이 이 영어 개념의 풍부한 내용을 전달할 수 있다고 본다. 이러한 차이를 보면, 학술적 관점에서 비롯된 이론적 차이가 문화를 뛰어넘는 번역의 어려움보다 훨씬 크다는 사실을 알 수 있다.

③ '부녀학'을 둘러싼 학과 의의, 토착적으로 창조된 새로운 개념

여성/성별연구: '부녀'에서 '성별'에 이르는 '탈정치화'와 '보편적 진리'로의 회귀

리샤오장은 1987년 첫 부녀학연구센터를 설립할 때 '부녀'라는 명칭을 택했다. 2000년에 다롄대학교에서 기구를 창립할 때에는 '성별'로 센터의 이름을 정했는데 이는 gender의 중국어 번역어에 대한 그의 주장과 일치하며 기존의 자신의 경험을 종합한 것과도 연결된다. 그는 '성별연구'라는 명칭은 쉽게 남자 교수들을 흡수해 참여하게 할 수 있을 뿐만 아니라, 학과 자체로 보더라도 '부녀'에서 벗어나 '성별'로 나아갈 수 있고 '부녀학'의 과도한 정치성을 해소해 단일한 성별의 편협한 면을 타파할 수 있으며, 학술적 침투의 방법으로 다른 학과에 융합되어갈 수 있는 강점이 있다고 말한다. 이러한 변화의 원인에 관해 그는 만약 과거에 "부녀"와 "부녀 연구의 정치성"을 지키는 것이 "일종의 정치적 입장을 지키는 것"이자, "여성의 권리를 도모하고", "여성을 위해 학계에서 진지를 개척하는 것"이었다고 한다면, 오늘날 학계로의 진입은 "의도적으로 부녀연구의 정치성을 희석해 학술적인 차원에서 모든 학자들과 평등하고

---

37 荒林, 「中美比較的女權主義的現狀與未來: 密西根大學王政教授放談錄」, ≪文藝研究≫, 2008(7, 8).

객관적으로 문제를 논의하기 편하게 만드는 것이다"라고 설명한다.[38] 그는 부녀학의 정치성으로부터 거리를 두겠다는 결심을 솔직히 밝혔으며, '성별연구'를 '학술 노선'으로 접근하는 것은 평등하게 학계와 대화하기 위한 것이며 객관적으로 사물의 진실성을 연구하려는 것이라고 했다. 최근의 인터뷰에서 그의 이러한 관점은 더욱 체계적으로 이론화되었다. 그에게 부녀연구는 우회로로서 자신에게 '부녀', 곧 '나는 누구인가?'를 인식하기 위해 특정 집단으로서의 여성에 대한 연구를 해온 것이었는데 이때 남성을 다루지는 않았다. 그러나 궁극적으로 추구하려는 것은 계급, 연령과 성별을 나누지 않고 보편적으로 공유될 수 있는 진리였다. 그가 말하는 진실에 대한 추구, 진리와 객관성을 추구하는 인식론은 '성별 분석'을 방법 차원으로 귀결시키고 말았는데, 이러한 인식은 '젠더 분석'과는 구별된다. 그가 보기에 부녀연구는 여성을 연구 대상으로 하고 여성의 입장에 서서 여성의 해방을 쟁취하고 여성이 더욱 나은 삶을 살게 하는 것이 목표이다. 그런데 성별 분석은 더욱 높은 위치에 서서 사물을 보기 때문에 더욱 공정하게 볼 수 있는 것이다. 그 이유는 성별 분석이 우리가 말하는 계급 분석 방법이 편향적이지 않은 것과 마찬가지로 편향적이지 않기 때문이라는 것이다.[39] 이렇게 인식론상의 분기가 가장 근본적인 것이며 그로 인해 상이한 번역과 개념, 용어의 차이가 생겨나는 것으로 보인다.

여성과 사회성별학: 주체로서 '부녀'를 견지하고 성별과 더욱 많은 범주에서 권력관계를 보다

"중국의 여성과 사회성별학 발전" 프로젝트는 '여성과 사회성별학'이라는 명칭을 사용했는데, '부녀학'과 '부녀와 사회성별학'의 관계는 발전 단계이자

---

38 李小江 等, 『文化, 教育與性別』(南京: 江蘇人民出版社, 2002), pp.32~34.

39 刘宁·刘晓丽, 「從婦女硏究到性別硏究: 李小江教授放談錄」, ≪晉陽學刊≫, 2007(6).

인식상 깊이의 차이일 뿐이다. 여성학이 오늘까지 발전해오는 과정에서 점점 더 많은 학자들은 부녀만을 대상으로 부녀를 논해서는 안 되며 마땅히 성별 관계 및 기타 관계와의 관련을 보아야 한다는 것을 발견했다. '부녀와 사회성별학'이라는 명명 역시 해외 여성학 발전의 경험을 받아들인 것인데, 이 학과명은 한편으로는 부녀를 주목하지만 성별에 구애됨이 없이 남녀를 사회성별관계와 기타 체계와의 연관 속에 놓고 고찰한다. 다른 한편으로는 사회성별 관련 의제를 주목할 때 부녀에만 매몰되지 않도록 하며 성별 의제를 둘러싸고 형성된 여러 가지 권력관계를 보아내야 하며, 또한 이러한 사회성별이 관찰의 기본적인 시각과 분석 범주가 될 때에 기타 분석 범주(예를 들면 계급, 계층, 민족, 지역, 연령, 교육 등 요소)를 경시하지 않도록 주의를 기울여야 한다.[40]

이러한 인식은 사회성별 이론을 받아들인 학자들이 공통적으로 갖고 있는 생각이다. 부녀학과 사회성별의 결합은 실상 사회성별(gender) 개념을 이용해 현장의 부녀/성별 영역에 관한 지식 비판과 지식 생산의 과정 속에서 시종일관 부녀를 주체로 하고 중심적 위치에 놓는다. 이 개념은 여자를 타자로 간주하고 '여성성'을 선전하는 담론 그리고 분석도 없이 중국의 성별 관계를 '음양화합(陰陽合和)'이라고 주장하는 이데올로기에 대해서 의도적으로 경계를 분명히 하고 있음을 특별히 강조하는 개념이다.[41]

(2) 전 지구적인 것과 토착적인 것

여성학의 발전은 국제적인 학술 추세이며 바로 그런 관점에서 여성학의 전

---

40 杜芳琴, 「全球視野中的本土婦女學—中國的經驗: 一個未完成的過程」, 『婦女學和婦女史的本土探索: 社會性別視覺和跨學科視野』(天津: 天津人民出版社, 2002), p.13.

41 馮媛·杜芳琴 等, 「稱謂·理念·策略: 中國婦女與社會性別學五人談」, 杜芳琴·王政 主编, ≪社会性别≫, 2004(1), pp,12~13.

지구화에 대해 논하고자 한다. 지구화의 맥락에서 각기 다른 지역과 국가, 민족의 성별 문화와 문제 해결의 독특성도 강조하며 보편적인 유사성과 무한한 다양성 간의 연결점을 찾기도 한다. 중국에서 여성학은 이념상의 차이로 인해 여성학의 운용과 전략인 '토착화'와 연대 및 주류화에 대해 다양한 주장이 생겨났다.

① '토착'과 '토착화'

중국에서 중국의 여성학을 발전시키기 위해서는 서구의 여성주의 학술을 도입하거나 심지어 따라 배워야 한다는 사실을 부정하는 사람은 없다. 그럼에도 불구하고 여성학의 '토착화'는 퍽 민감한 사안으로 논쟁이 많은 지점이다. 이 개념은 '서구화'에 저항하는 민족주의 담론이 될 수도 있고 주류 학술, 심지어 관변(정부)의 이데올로기를 대표해 여성학계에서 목소리를 내는 것이 될 수도 있으며, 심지어는 한 단계 나아가 본토 여성학을 구축하려는 유용한 전략이 될 수도 있는 개념이다.

토착의 고수

토착을 고수하는 하나의 관점은 다롄대학교 성별연구센터의 '성별 포럼'이 대표적이며 『문화, 교육과 성별: 현장 경험과 학과 건설(文化、教育与性别: 本土经验与学科建设)』이라는 책에 총체적으로 서술되어 있다. 이 책은 서론에서 자신들이 견지하는 것은 "토착적인" 전략, 즉 '토착적 자원'을 이용해 성별연구를 발전시키는 것임을 강조한다. 소위 '토착 자원'이라는 것은 첫째로 "이 땅"의 고유의 역사 문화 전통을 뜻하는데, 전근대의 음양 조화와 상호 보완의 성별 관계, 근대 이래의 남녀가 공동으로 참여했던 여성해방과 남녀평등의 역사 유산을 의미한다. 둘째로는 '토착적 경험', 즉 세계여성대회 이전 "국제사회와 접촉"하기 전에 이미 "토착적인" 여성학의 경험을 창조했는데, 그것의 의미는 이론적으로 성별을 계급적 범주에서 분리하는 것, 조직적으로는 "순수 민간"적인 "아래로부터 위로"(정부와 경계를 분명히 함)의 방식으로 남녀 학자들이 공동으로 연구에 참여하는 것, 서구 여성주의와는 독립된 연구 성과(서구와 경계를 명확히 가름)들을 지칭하며, 나아가 2000년 이래 다롄대학에서 만들어낸, 여성주의 시각에 부합하는 대학 내의 교과과정과 활동에 도입한 경험까지를 포함한다.[42]

다른 하나의 토착 여성학은 보통 "중국 특색"으로 언급되는데 이러한 관점을 가진 학자들은 본토 여성학이 마땅히 "인간학(人學)의 일부분"이어야 하며 "하나의 이론과 지식 체계로서 전 인류 내의 전체 여성의 본질, 특징, 그 삶과 발전의 일반적인 규칙을 연구하는 과학"[43]이라고 주장한다. 이 두 가지 관점은 거대한 체계의 구축을 목표로 하는 여성학으로서 마치 이론적 시장이 있는 것같이 보이지만 학술 발전 추진의 성과는 미미하다.

토착화

필자는 여성학의 전 지구화, 지역화와 토착화는 연결되어 있다고 본다. 상이한 지역의 학자들은 서로 다른 지구화와 토착화를 주장할 수 있는데, 21세기의 중국 여성학계에서는 토착화를 둘러싸고 여러 가지 논점이 제기되었다.

▪ 특수성과 동일성 사이에 균형을 잡는 것: 일부 학자들은 토착화는 특수성을 강조하는 것이 아니라 보편적인 것과의 동일성을 발견해내는 것이라고 주장하는데, 이때 '화(化)'는 그대로 따라하거나 옮겨오는 것이 아니라 현장에서

---

42 李小江, 「50年, 我們走到哪里」, ≪浙江學刊≫, 2000(1).

43 李静芝, "中國特色與婦女學", ≪中國婦女報≫, 2002年 12月 16日, 第3版 "兩性論壇"; 魏國英 主編, 『女性學槪論』(北京: 北京大学出版社, 2000), p.4.

출발해 더욱 많은 경험을 배우고 참고로 하는 것이다.[44] 쉬제잉(許潔英)이 주장한 바와 같이 핵심은 무엇이 토착화인가를 정의 내리는 데 있는 것이 아니라 왜 현장화를 제기했는가에 있으며, "국가마다 상황이 다르다는 이유로" 외부의 경험을 거부해서는 안 된다. 여성학이 중국에서 발전하고 성장하려면 보편성(공동의 목표, 준칙, 즉 학리 부분)이 특수성(상이한 토양)에 적응되게 하고, 심지어 어떤 때는 토양을 개선해야 하기도 한다.[45] 본보기로 삼는 것을 거절하고 단지 "특색"만 강조하며, "일치"와 "관련"을 보려 하지 않으면 폐쇄와 경직에 빠지게 될 것이다.

▪ 중국 특색화: 한때 유행했던 관점이 있는데, 이는 "토착화는 민족화, 지역화, 특색화이며, 구체적으로 중국을 놓고 말하면, 중국 특색화이다"라는 것이었다. 무엇이 중국 특색인가? 어떤 논자는 "반드시 마르크스주의 여성해방 이론의 교육과 연구라는 상황을 견지해야 한다"라며 '상황'을 강조한다. 다음으로 토착화는 "다른 나라의 경험을 변화시켜 오는 것"이라는 시각이 있다. 이들은 우선 본국에 제공할 만한 배울 거리가 있고 나서야 본국에서 소개, 번역, 학습과 융합을 하는 것이라고 보는데, 이들처럼 "소화와 융합"을 강조하는 것은 "○○주의의 중국화"라는 것과 흡사하다.[46]

▪ 서구의 것을 변화시키는 것: 또 하나의 관점은 이른바 '토착화'를 '토착'을 강조하는 것이 아니라 '화'를 강조하는 것으로 보는 관점이다. 즉, 서구를 변화시키는 것이다. 서구의 가치 체계를 다른 땅과 사람들에게 보급하고 침투

---

44 馮媛·杜芳琴 等, 「称谓·理念·策略: 中国妇女与社会性别学五人谈」, 杜芳琴·王政 主编, ≪社会性别≫, 2004(1), pp.9~13, pp.16~25.

45 许洁英, 「共同目标, 不同的历程: 妇女学教学本土化的两点思考」, 王金玲·韓賀南 主编, 『妇女学教学的本土化:亚洲的经验』(北京: 當代中国出版社, 2004), pp.352~356.

46 潘锦棠, 『妇女学教学本土化: 亚洲的经验国际研讨会论文提要』(中华女子学院의 2002년 회의 내부 자료), p.9.

시키는 것이라고 생각해, 여성주의 토착화의 실천이란 바로 전면적 서구화를 애써 시도하는 것이라고 여긴다.[47] 그러나 이러한 우려는 불필요한 것으로 보인다. 오늘날 중국 여성학의 발전을 보면, 이미 진정으로 중국의 현장에 뿌리 내렸고 개념, 이론, 방법의 도입을 바탕으로 여성학이 토착적 개념, 이론과 방법을 창조해내었으며, 바야흐로 학술여성주의와 실천여성주의가 협력하는 방향으로 나아가고 있고, 또 간학문적이며 경계를 초월한 연구와 정책의 선도, 행위의 변화를 모색하기 위해 상호 결합을 시도하고 있기 때문이다.[48]

② '교량'과 '경계 넘기'

앞에서 언급한 바와 같이 중국 여성학의 건설 과정에서 해외의 중국계 학자들은 교량과 유대라는 특수한 역할을 해왔다. 이 여성학자들은 전 지구화의 맥락에서 학술과 이론의 국경을 넘나드는 여행을 하면서 서구에서 여성학을 배우고 '뿌리'는 중국에 두고 있는 교포로, 다중적이고 유동적인 신분을 갖고 있다. 중국 여성학의 발전 과정에서 적지 않은 규모의 이 학자 집단은 자신들의 역할을 끊임없이 조절해왔다. 1990년대 초반 해외중화학회(海外中华学会)는 국내 학자들과 협조해 일련의 워크숍을 조직했는데, 지금까지 각기 전문가의 신분으로 대학교나 부녀 조직과 협력해 연구하고 교육하며 프로젝트를 수행하고 있으며 그 방식은 다양하고 각각 특색이 있다. 단체로 교량의 역할을 하든, 개인으로 경계를 넘든 간에 이들 모두는 자신의 주체성을 갖고 있

---

47 李小江, 「50年, 我们走到哪里?」, ≪浙江学刊≫, 2000(1), p.277.

48 2008년부터 국가계획생육위원회가 지원하고, 중앙당교 여성/성별연구 훈련기지가 중심이 되어, 대학교, 당교, 사회과학 계통, 부련, NGO에서 온 학자, 교수, 활동가들이 공동으로 참여한 "여아에게 관심을 갖는 행동을 통한 젠더(사회성별)평등훈련" 프로젝트는 새로운 시험이라고 할 수 있다. 필자는 이후 이와 관련된 글을 써서 상세하게 소개할 계획이다.

으며 또한 동시에 각자의 한계를 지닌 채 선택과 적응, 호혜와 윈윈, 평등과 존중 같은 원칙을 견지하고 있다. 맹목적으로 거절하거나 자만하는 것은 원칙에 어긋나며 중국 여성학을 건설하는 협력 관계를 무너뜨릴 수도 있다. 최근에 잡지를 읽다가 우연히 다음과 같은 구절을 보았다.

> 학회가 성립될 때 우리는 동서양을 소통시킬 수 있는 교량이 되었으면 했는데 후에 나는 이 '교량'이 싫어졌다. 왜냐하면 이용당하는 도구가 되었기 때문이다. …… 나는 주체성 없이 완전히 도구로만 이용되는 것이 싫었다. …… 그럼에도 불구하고 '경계를 넘는다'는 것은 각양각색의 경계를 초월한다는 의미이기 때문에 나는 어떠한 경계도 넘어설 수 있다고 생각한다. 왜냐하면 나는 주체적인 사람이며 각종 어려움을 돌파하고 장벽을 뛰어넘는 여성주의 행동자이기 때문이다![49]

중국 여성학의 건설 과정에 몸담아온 사람이라면 누구나, 한 개인의 경계 넘기(越界) 때문에 국내외 중국 여성학자들이 공동으로 구축해온 우정과 교류의 교량이 파괴되는 것을 바라지 않을 것이다.

2) 전망: 여성학의 주류화, 목표와 전략

중국 여성학은 이미 근 30년의 역사를 겪었다. 대학 교육 체계로의 진입은 주류화 목표 중의 하나일 뿐, 사회를 위해 헌신하고 여성에게 행복을 가져다주며 인류에게 혜택을 안겨주는 것이야말로 여성학의 궁극적인 목표이다. 현재 여성학이 대학 교육으로 진입하려면 아직 멀고 먼 길을 걸어야 한다. 학자

49 荒林,「中美比较的女权主义的现状与未来: 密西根大学王政教授访谈录」, ≪文艺研究≫, 2008(7, 8).

들은 반드시 자신의 주요 사명을 알아야 하며 자신의 주체적 위치를 확고히 해서 서로 방해하는 일이 없이 협력해나가는 데 자신의 역할을 다해야 한다. 이 역할이란 주저함 없이 대학 교육의 주류로 진입하기 위해서 노력하고 지식 생산과 제도 체계화를 중심으로 학과 건설 및 학술과 행정, 사회에서의 합법성을 획득해 여성학이 대학 교육에서 세 가지 합법화를 실현하는 것을 자신의 책임으로 인식하는 과정이다. 지식 비판, 지식 생산과 계승을 견지해 여성학 학술의 합법화를 실현하고, 기구와 메커니즘의 혁신을 통해 여성학의 행정적인 합법화를 실현하며, 훌륭한 학술적 명망과 사회를 위해 헌신함으로써 여성학의 사회적 합법화를 획득해야 할 것이다.

(1) 주류화 목표

① 학술의 합법화: 지식 생산과 전승

이것은 무겁고도 장기적인 임무로서 세 측면에서의 노력이 필요하다.

기존의 지식을 정리하고, 의식적·무의식적으로, 혹은 겉으로는 중립적이지만 실은 여성과 성별 관계의 진상을 말살, 홀시하거나 곡해하는 현상을 경계해야 한다. 예로 "음양의 조화", "양성 간의 상호 보완" 등 전통적인 성별 권력관계 담론에 대한 비판을 뒤로하거나, 심지어 양성 간의 조화를 구축한다는 방식으로 지식 권력관계에 대한 비판을 대체하는 일 등을 경계해야 한다.

오늘날의 지식 생산 과정에서의 권력관계에 대한 경각심을 높여야 한다. 지구적·지역적·토착적인 여성학의 문화 여정에서 같음과 다름을 인식해야 하며 힘을 기울여 현재 정보의 비대칭성, 서구의 것은 많이 도입되었으나 인근 국가에 대한 이해는 적고 토착의 맥락에서 구축된 지식, 이론, 도구가 결핍되어 있는 현 상황을 개선해나가야 한다.

교육의 시장화, 상품화가 학술에 침투하고 여성을 상품화하는 경향을 반대해야 하며, 대학 내의 여성성에 대한 교육 열기(예를 들어 '숙녀 교육')와 여성 출판물이 거품이 되어버리는[泡沫化] 추세를 경계해야 한다.

② 행정의 합법화: 제도 체제화의 우선성

여성학의 지식 생산과 계승의 중요한 장소는 대학이다. 여성학이 생존, 발전해나가려면 반드시 대학 체제, 즉 학과, 교과과정과 교학 서열과 행정 체계로 진입해야 한다. 중국의 맥락에서 여성학의 주류화와 지속적 발전을 이루려면 대학 내의 조직 체제를 고치고 시스템을 변혁하며 그다음(혹은 동시에) 교육을 주관하는 부문의 인정을 받아내야 한다. 현재 행정의 합법화는 학술의 합법화보다 더 긴요한 일이라고 할 수 있다.

③ 사회에서의 합법화

앞서 말한 두 가지 합법화 과정을 통해 다각도의 질 높은 서비스를 제공할 수 있으며, 더 나아가 대학과 상급 교육 주관 부문의 인정을 받아 학생, 폭넓은 여성과 사회가 혜택을 받을 수 있도록 할 수 있고, 모든 협력자들과 지지자들의 이해를 얻어낼 수 있다. 사회에서의 합법화를 실현하는 것은 여성학의 최종 목표라고도 할 수 있다.

(2) 주류화 전략

① 학문적 이치와 행동 연구의 결합

학문적 이치(學理)의 합법화는 학과 합법화의 핵심인데, 학리상으로는 매우 복잡한 상황이라도 마땅히 가장 기본적인 학리를 인정받기 위해 노력해야 한다. 예를 들면, 연구 대상, 공인받는 전문 학술 용어와 방법론, 개념틀, 분석 범주 등이 기본적인 인정을 받아야 한다. 연구자는 이론에 관심을 갖고, 힘들지만 차분하고 면밀하게 기초적인 연구를 수행해서 진정으로 부녀/성별연구의 이론을 발전시키고 "부녀/성별연구가 학과로서의" 지위와 존엄을 끌어올려 그에 어울리는 학술 권력과 담론 권력을 갖도록 해야 하며, 여성학의 '학과화'를 추진하기 위해 튼튼한 학리의 토대를 닦아야 한다. 아울러 여성학 학자들은 사회에 관심을 기울이고 학술적 연구와 행동적 연구(정책 제안과 사회를 변혁하는 행동)를 밀접하게 결합시켜 대학과 커뮤니티, 정부 간의 협력 모델을 구축해서, 간학문적이며 경계를 초월한 중대한 사회적 어젠다에서 성평등과 공정함이라는 목표를 실현해야 한다.

② 교과과정 만들기

교과과정 만들기와 교육은 여성학 학과화 교육의 핵심이자 기본 수단이다. 여성학 학자들은 일찍이 교육에서 성차별을 철저하게 제거하려면 반드시 대학 내의 교과과정 중에서 여전히 지배적 지위를 차지하고 있는 기존의 지식 모델과 인지 패턴을 바꾸어야 한다는 것을 심각하게 느꼈다. 교과과정에는 여성의 목소리와 경험, 체험이 반영되어야 한다. 여성학 교과과정에 대한 개입과 영향 등을 통해 지식 영역의 성차별과 성적인 편견을 없애야 한다.

중국의 대학 교육이 엘리트 교육에서 대중화된 교육으로 바뀌어가는 과정에서 여성학 교과과정은 더욱 많은 문제에 직면하게 되었다. 예를 들면 맹렬한 기세의 상업화 물결 속에서 대학 교육이 어떻게 '시장 지식'과 '사회 지식'을 구별할 것인지, 또 취업 기회에서 생겨나고 있는 여성에 대한 새로운 차별에 대해 사람들이 단지 수동적으로 적응하며 눈앞의 이익이나 챙기는 식으로 상대적으로 쉽고 시장화된 전공(학과)을 선택하는 이때, 여성학의 교과과정

설계자와 지식 생산 전수자들은 시장 지식에 대한 반성과 비판을 통해 시장주의적 지식의 침식을 특별히 경계해야 한다. 그 외에 부녀/성별연구 교과과정이 대학 내로 진입하는 과정에서, 사회로부터 오는 전통 의식, 학술계 자체의 규칙 및 교육 체제 자체의 자기만족 등 갖가지의 요인이 교과과정 발전을 제약할 가능성이 있다. 오늘날 교육제도가 여전히 주도적인 위치를 차지하고 있는 상황에서, 부녀/성별연구 교과과정이 중국 대학 내에서 영향력을 넓혀 나가고 중국 대학 교과과정의 개혁을 추진해나가는 일은 여전히 우리 앞에 놓인 무거운 임무이다.

(3) 체제 전략

중국 여성학에서 가장 기본적인 학문적 논리 구축, 교과과정 건설을 추진하는 것 역시 매우 중요하며 필요하다. 전략 차원에서 보자면, "학과의 제도화"는 여성학의 제도화를 위해 학과의 합법성을 취득하는 것으로서 제일 긴요한 임무가 되어야 한다. 현재 중국의 여성학 학과화 과정에서는 '자치'나 '결합', '침투' 모두의 존재에 합리성이 있다. 중국 여성학의 제도화는 결코 동일한 모델을 따라 진행되지 않고 자신의 실제 발전 상황에 맞게 적합한 성장 공간을 얻어내고 있으며, 여러 가지 제도화 패턴이 병존하는 현 추세는 중국 여성학에 있어서 상당히 오랜 기간 지속될 것이다. 간학문적인 제도화가 부녀/성별연구의 간학문적인 학술과 사회적 사명감에 가장 적합한 제도화 건설 방식일 수는 있겠으나, 이처럼 학과에 속하지 못한 채 학과의 뒷받침을 받지 못하는 간학문적 제도와 기구는 향후 발전 과정에서 수많은 새로운 문제들에 직면하게 될 것이며 우리는 이런 문제에 대해 주의를 기울이고 심도 있는 토론을 해야 한다. 중국의 여성학은 여성학 학과의 제도적 구축을 위해 여전히 머나먼 길을 걸어가야 한다.

02

중국의 아시아 여성 연구 동향

30년 아시아 여성학계의 학술 교류 성과와 특징

최선향(최선향 옮김 · 조미원 감수)

중국 대륙의 여성학(women's studies)은 1980년대 중반에 시작되었는데, 문제 해결을 위주로 하는 연구 경향 때문에[1] 북경 세계여성대회 전까지 중국 학자들은 주로 중국 여성이 직면한 현실 문제에 관심을 쏟았다. 따라서 아시아 여성에 대한 연구는 거의 이루어지지 않았고, 중국의 아시아 여성 연구는 1990년대에 와서야 시작되었다고 할 수 있다.[2]

이 시기 학술 교류의 특징은, 중국 여성학 연구자들이 서구, 특히 미국 여성학계와 활발히 교류했다는 점이다. 그들은 중국 본토의 여성 문제에 대한 연

1 杜芳琴, 「妇女学在中国高校: 研究、课程和机制」, ≪云南民族大学学报(哲学社会科学版)≫, 2006(5).

2 1980년대에도 아시아 여성에 관한 연구 논문이 몇 편 있었다. 范若蘭, 「伊斯兰教与穆斯林妇女, ≪西亚非洲≫, 1989(6) 등. 논저로는 黎菱, 『印度妇女: 历史、现实、新觉醒』(北京: 世界知识出版社, 1986)이 있었으나 본격적으로 아시아 여성을 연구하기 시작한 것은 1990년대 중반에 들어와서이다.

구 외에 구미 여성주의 이론과 논저들을 번역, 소개하는 데 많은 노력을 기울였다. 아시아의 여성학자들과는 교류가 적었는데, 구미 학계와 교류하는 과정에서 일부 학자들은 구미 여성주의 이론만으로는 중국 현장의 문제를 온전히 해석할 수 없다는 것을 인식했고 중국 현장의 경험을 기반으로 한 이론과 연구 방법을 탐색하기 시작했다. 그러던 중 한국의 이화여자대학교, 일본의 조사이대학교 등의 아시아 여성학자들과 만나면서 그들과 교류를 하기 시작했다.

한국의 이화여대는 1995년 5월 아시아여성학센터를 설립하고 아시아 여성들의 경험과 정체성을 기반으로 한 여성학적 실천과 이론을 발전시키기 위해 노력해왔다. 1996년 5월, 두팡친 등 중국 대륙 여성학자들은 아시아여성학센터의 초청으로 "아시아 가부장제와 여성 의식의 성장" 학술 대회에 참석했고, 1998년부터 두팡친, 정신룽(郑新蓉) 등은 아시아여성학센터에서 주최한 "아시아 여성학: 교과과정 개발과 제도화" 프로젝트에 참여해 중국 대륙 측의 프로젝트를 책임지고 연구함으로써 본격적으로 아시아 여성학 연구 및 교류를 추진하기 시작했다.

중국에서 아시아 여성을 연구하는 연구자들은 대부분 대학 내 서로 다른 학과의 여성학자이거나 중국사회과학원 등에 소속된 사회과학 분야의 학자들로서, 자신의 전공에서 출발해 아시아 각국의 여성 문제를 연구했다. 그러나 아시아 여성학 연구와 아시아 각국 및 각 지역의 학술 교류를 추진해온 것은 여성학계의 학자 및 몇몇 대학의 여성연구센터들인데, 바로 북경대학교의 국내외여성문제연구센터, 톈진사범대학교의 여성연구센터,[3] 남경사범대학교의 금릉여자대학, 옌볜대학교의 여성문제연구센터[4] 및 부련과 사회과학원 소

3 2006년 10월, 사회발전과젠더연구센터로 이름을 고쳤다.

4 2000년 5월, 여성연구센터로 이름을 고쳤다.

속의 연구소 등이다. 이들은 중한, 중일한, 중조한(中朝韓), 중일 간의 국제학술회의를 여러 차례 조직해 아시아 여성학자 간의 협력과 교류를 추진했다.

이 장에서는 여성학 분야와 교육, 역사, 경제, 정치, 문학 등 두 방면으로 나누어 중국의 아시아 여성 연구와 교류 상황을 살펴보려 한다.

1. 여성학계의 노력과 공헌

1995년 한국의 이화여대 아시아여성학센터는 아시아 여성학 연구를 발의한 이후, 아시아 8개국 여성학자들을 초청해 아시아 여성학 교재를 집필하기 시작했는데, 중국에서는 두팡친, 정신룽 등이 중국 편 집필에 참여했다. 아울러 그들은 중국 학계에 아시아 여성학 연구의 성과를 소개했다. 두팡친은 중국에서 최초로 아시아 여성학을 논한 학자로서, 「지식 공유, 차이의 정치학과 아시아 여성학의 발전」[5]에서 아시아 여성학이 발전하게 된 내적·외적 요인, 즉 여성학의 지역화와 현장화 과정에서 여성학자들의 발의, 구미 여성학의 급속한 발전, 구미의 아시아학 열기 등을 고찰했다. 그리고 아시아 여성학은 단지 지정학적 지역 개념만이 아니라 더욱 중요하게는 문화 개념의 구성과 관련되어 있으며, 아시아의 맥락에서 여성의 삶의 조건 및 그 잠재적 창조력을 해석하고 공유하는 학문이라고 주장하면서 아시아 여성학은 절대적인 것이 아니라 열린 개념이어야 한다고 강조했다. 그는 전통적인 가부장제 사회와 근대화, 지구화 과정의 아시아 여성 간에는 줄곧 '같음'과 '차이'가 존재해왔음을 지적하고, 아시아 여성학은 지식과 사고 패턴의 변혁을 이룩해야 하며, 성평등

5 「在共享與差異中發展亞洲婦女學」, ≪婦女研究論叢≫, 2002(1).

을 실현하고 세계에 아시아 여성들의 목소리를 내는 데 공헌해야 한다고 했다. 그는 또 「이해, 비교와 공유: 아시아 여성학의 발전—'아시아 여성학 교재 시리즈' 논평」[6]에서도 국내에 한국과 중국, 대만, 태국, 필리핀, 인도네시아, 인도, 일본 등 아시아 8개 지역의 '아시아 여성학 교재 시리즈'의 출판 발행 상황 및 각 책의 주요 내용을 소개했다. 그는 전근대 시기의 아시아 가부장제, 근대 이래 민족·계급 및 젠더 어젠다와 여성운동, 오늘날 전 지구적 자본주의와 가부장제에 대한 저항 등 세 부분으로 나누어 처음으로 중국 내 아시아 여성학 연구의 추진 상황과 성과를 소개해 중국 학자들이 아시아 여성학 연구 성과를 응용할 수 있도록 했고 동시에 중국 내 아시아 여성학 연구도 추진했다.

대다수의 중국 여성학자들은 중국 여성을 연구하였을 뿐,[7] 아시아 여성에 관해서는 거의 연구하지 않았다. 하지만 그들은 국제 워크숍을 조직해 아시아 여성학 연구를 발전시켰고, 아시아 여성학 연구를 위해 학술 연구 및 국제 네트워크를 구축했는데 이제 이에 관해 논해보려 한다.

톈진사범대학교 사회발전과젠더연구센터는 두팡친 교수의 지도하에 중국 내에서 중국 여성학 발전과 아시아 여성학 연구를 개척하는 데 선구적 역할을 해왔다. 그들은 2006년 10월에 한국 이화여대 한국여성연구원과 함께 "경험 공유를 통한 젠더 지식 확대: 중한 여성학 학자 간의 교류"라는 학술회의를 조직했는데, 이는 중국에서 처음으로 아시아 여성학이라는 이름으로 개최된 국제 학술회의이다. 한국의 유명 여성학자 장필화, 허라금 교수 등 7명[8]과 중국 저명 여

---

6 「理解、比較與分享: 亞洲婦女學的屈起—'亞洲婦女學叢書'述評」, ≪婦女研究論叢≫, 2005(5).

7 중국 여성학자들이 중국 현장의 문제와 경험을 기반으로 해 중국 여성과 젠더 문제를 연구하는 것 역시 아시아 여성학 연구의 중요한 일부분이지만, 중국 여성학 연구 동향에 대해서는 두팡친 교수가 앞 장에서 이미 언급한 바 있기에 이 장에는 포함시키지 않는다.

8 한국 학자들이 발표한 논문으로는 장필화의 「대학 내에서의 여성학의 제도 체계화 과제」, 이주희의 「신자유주의와 한국의 여성노동」, 허라금의 「보살핌의 주류화를 위한 여성 정

성학자 두팡친, 정신룽, 장리시(张李玺), 진이훙(金一虹) 교수 등 9명이 논문을 발표했다.[9] 이 회의에서는 주로 중한 양국이 지구화와 사회변혁(여성과 일, 여성과 가정, 여성과 경제), 지구화와 문화(성별, 언어, 도시와 성별 공간, 여성과 문화 재현) 면에서 여성들이 직면한 현실 문제를 탐색함으로써 중국과 한국 간의 여성학 연구 교류를 도모했으며, 많은 학자가 중한 여성학 연구의 초점과 이슈 그리고 연구 방법의 모델을 접할 수 있게 했다. 특히 장필화 교수는 기조 발언에서 한국 학자들이 한국 여성학과 아시아 여성학을 발전시키기 위해 기울여온 노력과 성과를 소개했으며, 두팡친 교수는 아시아 여성학의 발전과 자신이 "아시아 여성학: 교과과정 개발과 제도화" 프로젝트를 수행한 과정에서 얻은 성과를 소개했다. 그는 또 이화여대 여성학과 김은실 교수가 제출한 '아시아'와 '아시아 여성'에 대한 개념[10]을 소개함으로써 더욱 많은 학자들이 아시아 여성학에 관심을 갖게 했다.

책의 모색: 경제 발전주의의 한계를 넘어」, 김정희의 「필리핀 네그로스 지역의 공정무역과 여성」, 오정화의 「이주 여성의 목소리: 『딕테(Dicée)』에 나타난 언어의 문제」, 윤혜린의 「아시아의 글로벌 시티와 성별화된 공간의 문제」, 양민석의 「문화 콘텐츠 산업을 통해 본 사회발전기 민족주의와 여성 재현」 등이 있다.

9 중국 학자들이 발표한 논문으로는 杜芳琴, 「为什么特别关注亚洲妇女学?」; 金一虹, 「全球化与妇女劳工: 中国经验」; 张李玺, 「一个神话的破灭: 家庭与事业间的平衡」; 陈澜燕, 「贸易对中国妇女的影响」; 郑新蓉, 「女性的社会境遇与生命周期: 西部女童教育障碍分析」; 王向贤, 「城市草根妇女: 在参与社区治理中创造公用空间」; 宋少鹏 等, 「韩国在中国: 对〈大长今〉在大学生中的收视调查与性别分析」; 王珺, 「中国(大陆)高等教育中的妇女学课程」; 대만 학자의 논문으로는 庄明贞, 「台湾国中小课程中性别议题之知识与权利分析」 등이 있다.

10 여기서 '아시아'는 보통 사람들이 말하는 '아시아적 가치(Asian Values)'가 아니라 서양인들이 구축해온 '아시아'라는 개념의 진정한 의미를 새롭게 발명하는 것이다. '아시아'는 지연적·정치적·경제적·문화적인 것이며 동시에 변화무쌍해서 종잡을 수 없을 만큼 열린 개념으로 수많은 의의를 부여할 수 있다. '아시아 여성학'은 아시아 여성주의 학자들이 독창적으로 만들어낸 개념으로서 네 가지 의미가 있다. ① 아시아에서의 여성학은 서구나 기타 지역의 여성학과 다르다. ② 아시아의 공통된 경험(식민지화, 민족 독립과 부흥, 근대화의 역사)을 지닌 학술 공동체는 서로 협력해 일할 수 있다. ③ 아시아는 각자가 서로 다른, 동시에 서구와 아프리카 등의 지역과도 다른 본국의 여성학을 창조할 수 있다. ④ 서로 다른 국가의 여성학의 경험을 공유함으로써 국경을 초월한 아시아 지역 여성 간의 연대를 실현한다.

2007년 11월, 남경사범대학교 금릉여성발전연구센터는 한국 이화여대 한국여성연구원, 일본 동해젠더연구소, 일본 국제기독교대학교 젠더연구센터, 일본 노령화연구소와 협력해 "지구와, 아시아 여성, 아시아 여성학 국제 워크숍"을 조직했다. 한국 측에서는 이상화, 허라금 교수를 포함해 6명[11]이, 중국 측에서는 두팡친, 류보홍(劉伯紅), 리후이잉(李慧英), 진이홍 교수 등 8명,[12] 일본 측에서는 다나카 와코(田中和子) 등 5명[13]이 논문을 발표했다. 이 워크숍에서는 주로 '지구화와 시장'(여성 노동자, 지구화와 유동), '지구화와 인구'(양육, 여성 건강과 보살핌, 노령화와 성별), '지구화와 문화'(여성주의와 민족주의, 다문화주의와 여성), 아시아 여성학의 문제 등에 대해 논의했는데, 일본 학자들까지 참여함으로써 중일한 삼국의 여성학자들 사이의 교류를 촉진했으며 다른 나라의 문제와 경험을 공유할 수 있는 기회가 되었다. 특히 이상화, 두팡친, 진이홍 교수의 논문은 아시아 여성학의 이론과 개념 등에 대해 직접 언급했다. 이상화 교수는 '아시아 여성학'은 '아시아'라는 구체적 현장에서 출발해야 하며, 다양한 차이를 지닌 아시아 여성 주체들의 연대적 실천에 입각한 새로운 여성주의 지식 생산 패러다임으로서 서구 대 비서구(아시아), 지구적인 것(global) 대 지역적인 것(local), 동일성 대 차이라는 이분법적 사유는 거부되어야 한다고

---

11 한국 학자들이 발표한 논문으로는 이상화의 「아시아 여성학에 대한 시론」, 허라금의 「여성주의 맥락에서 본 보살핌의 상품화」, 양민석의 「신자유주의와 한국 여성 노동의 현황」, 김영옥의 「한국 사회 내 새로운 '시민들'의 등장과 다문화주의 논의」, 윤혜린의 「문화 횡단의 맥락에서 본 문화 상대화와 문화 상대주의 사이의 개념적 공간에 대한 여성철학적 성찰」, 임우경의 「기억의 전쟁: 지구화 시대 민족 기억의 분열, 봉합 그리고 젠더」가 있다.

12 중국 학자들이 발표한 논문으로는 杜芳琴, 「亚洲妇女学: 回顾、思考与行动—与中国同行的分享」; 刘伯红, 「全球化与妇女健康」; 李慧英 等, 「中韩出生性别比失衡与性别文化的比较分析」; 金一虹, 「从两个女性群体个案看全球地方化过程对中国女性身份认同的影响」 등이 있다.

13 中田照子, 「日本的老年生活保障与社会性别」; 田中和子, 「性别研究在日本: 回顾与展望」 등 5편이 있다.

주장했다. 또 아시아 여성학은 탈식민주의 여성학 지식 생산의 범주로 설정되어야 하며, '현장여성주의'(localization feminism)의 실천을 위한 것이 되어야 하고, 차이/생성의 존재론에 입각해야 한다고 지적했다. 두광친 교수는 아시아 각국은 문화와 역사적 경험 혹은 여성 발전 과정에서 다른 점이 많지만, 아시아 가부장제와 식민화의 역사, 민족 독립 투쟁이라는 공통의 과정을 거쳐 왔기에 서구와는 달리 밀접하게 연관되어 있다고 지적했다. 그리고 아시아 여성학은 지역과 현장의 필요에 의해 발생해 국제 여성운동 및 풀뿌리운동의 목표를 실현하며, 아시아 여성주의 학술 공동체를 구축하고 지식과 경험을 공유하기 위해 노력해야 한다고 주장했다. 진이홍 교수는 역사적으로 '아시아'와 '아시아 여성'은 모두 서구에 의해 '타자화'되어 동일성을 가진 하나의 총체로만 인식되어왔을 뿐 그들 간의 차이는 간과되어왔다고 지적하면서, 전쟁에 관한 역사적 기억 그리고 아시아에서의 자본의 유동이 권력의 사슬을 만들어 아시아 여성들을 균열시키고 있다고 했다.

한편 북경대학교 국내외여성문제연구센터는 홍콩, 대만의 학자들과 밀접한 교류를 추진해왔고, 한국의 이화여자대학교, 명지대학교, 계명대학교 등과 공동 프로젝트를 수행함으로써 아시아 여성학자들 간 교류를 추진했다. 그들은 일찍이 북경 세계여성대회를 전후로 이화여대와 함께 공동으로 포럼을 조직했다(1994~1995년). 또한 2001년 10월 이화여대 역사연구소, 서울여자대학교 여성연구소와 협력해 북경대에서 "중한 유교 문화와 근대화" 워크숍을 조직해서 유교 사상과 문화가 여성의 생활에 미친 영향 등에 관해 논의했다.[14] 2003년

14 워크숍에서 발표된 논문으로는 이화여대 이배용 교수의 「조선시대의 유교 가치관과 여성」, 서울여대 이광자, 강문희, 박문자 교수의 「근대 한국 사회와 가치관의 변화: 여성과 가정의 관계를 중심으로」, 북경대 웨칭핑(岳慶平) 교수의 「中國傳統家庭與社會現代化」, 웨이궈잉(魏国英) 교수의 「中國當代知識女性角色選擇與儒家文化」 등이 있다.

11월에는 홍콩 중문대학교 젠더연구센터와 함께 홍콩 중문대에서 “지구화와 젠더: 세계경제 재구성이 중국과 동남아시아 여성에게 미치는 영향” 워크숍을 조직했고, 2005년 3월에는 한국 계명대와 협력해 한국에서 “근 50년간의 중한 가족, 혼인 정책의 변화 및 여성에 대한 영향”이라는 주제로 학술회의를 개최했다. 여기서 양국 학자들은 “중한 혼인, 가족정책 변화 및 여성에 대한 영향” 프로젝트의 공동 연구를 기반으로 논문을 발표했다.[15] 2006년 6월에 홍콩 중문대학교 젠더연구센터, 한국 계명대 여성연구센터와 협력해 “여성과 교육 문제” 학술회의를 조직했는데, 이 회의에서는 “여성학과 여성학 교과과정의 발전”, “양성평등 교육”, “여대생 교육”, “농촌 여성 교육”과 같은 전문 주제를 다루었다. 이는 한국, 홍콩 및 중국 학자들 간 교류를 한층 증진했다. 2007년 4월에는 “중한 여성 교육과 발전 포럼”을 조직했다. 그 밖에 북경대 학자들은 기타 아시아 국가에서 열리는 여성학 관련 학술회의에 참가했다. 가령 2008년 11월, 북경대학교 법과대학 여성법률연구와 서비스센터의 리잉(李莹), 장솨이(张帅) 교수는 태국에서 열리는 “젠더의 시각으로 보는 아시아 지역의 유동인구 연구: 개념, 방법과 정책 문제” 국제 학술회의에 참가했다. 요컨대 북경대의 여성학자들은 학교의 명성을 잘 활용해 국내외의 학자들과 밀접한 학술 교류를 가짐으로써 중국 내 여성학 발전과 아시아 여성학 연구의 발전을 촉진했다.

옌볜대학교 여성문제연구센터도 민족대학교라는 장점을 살려 북한, 한국 학자들과 밀접한 학술 교류를 추진해왔다. 1994년 이후, 그들은 한국 이화여대 한국여성연구원, 계명대 여성학연구소, 성덕대학교, 조선 김일성종합대학

---

15 중국의 웨이궈잉, 마이난(马忆南), 왕춘메이(王春梅) 교수는 논문 「中国婚姻家庭政策变迁及其对妇女的影响」을 발표했고, 한국의 유영주 교수는 「한국의 여성과 가족 정책의 변화: 문제와 비전」을 발표했으며, 김숙자 교수는 「한국 여성의 법적 지위의 변화: 건국 초부터 오늘에 이르는 50년간의 법적 지위」를 발표했다.

과 교류하면서 8차에 달하는 국제 학술회의를 조직했다. 그중 1999년 9월에 개최된 "21세기를 향한 동북아 여성 문화 발전과 비전" 워크숍에는 북한, 한국, 중국 학자들이 참석해 여성 문화 건설, 여성 입법, 여성 인구문제 등의 주제에 대해 토론했다.[16] 또 2002년 12월에는 동북사범대학교 여성연구센터, 한국의 이화여대, 북한의 김일성종합대학과 협력해서 "현대 사회 경제 문화 건설 과정에서의 여성의 역할"을 주제로 국제 학술회의를 조직했다. 2004년 7월에는 "여성 발전과 문화" 국제 학술회의를 조직했는데, 한국 및 일본의 학자들과 중국의 10여 개 대학의 여성학자들이 참석했다. 또 2007년 12월에는 한국 이화여대, 북한 김일성종합대학과 함께 중조한 국제 여성학 학술회의 "여성연구의 발전과 시대적 과제"를 개최했다. 옌볜대학교는 지역과 민족 문화의 장점을 살려 중국과 북한, 한국 여성의 문화에 대한 비교연구를 수행했으며, 이화여대 한국여성연구원과 자매결연을 맺어 교수들을 이화여대로 연수 보내(그중 2명은 여성학 박사공부를 하고 있다) 중조한 여성학 연구와 교류를 추진함과 동시에 차세대 여성학 연구자들을 육성하고 있다.

앞서 언급한 대학교들 외에 중국사회과학원 아시아태평양연구소는 일본 조사이국제대학교와 함께 1995년 6월 북경에서 중일 여성학 비교 워크숍(中日女性學比較硏討會)을 조직해 중일 양국의 여성과 문화 문제, 여성운동과 여성 문학, 사회 발전 과정에서 여성의 지위와 작용, 여성과 개발, 여성과 가정, 여성과 혼인, 여성의 권익을 쟁취하기 위한 문제 등에 대해 논의했다. 중일 여성학 학술회의는 이후에도 지속적으로 열렸는데 1998년 9월에는 중국사회과학원 아태연구소, 일본연구소가 일본의 조사이국제대학교와 협력해 북경에서 제3차 중일 여성학 워크숍(第3屆中日女性學硏討會)을 조직했다. 중국, 일본, 미

---

16 김화선, 「21세기를 향한 동북아 여성 문화의 발전과 비전」, ≪여성연구논총≫, 1999년 4월.

국, 홍콩의 50여 명 학자들이 참석해 여성학과 교학, 여성과 마케팅, 여성과 발전, 여성주의와 문학, 여성 교육, 여성과 대중매체 등의 주제로 토론했다. 일본의 여성학 연구자들 중에는 여성주의 이론과 방법론을 활용해 도전적인 관점을 제기한 이가 상당수 있었지만,[17] 중국 학자 중에는 소수[18]를 제외하고는 여성주의 분석틀을 활용한 이가 거의 없었다.[19] 그 뒤 2000년 11월 30일~12월 1일, 전국부련 여성연구소는 일본 조사이국제대학교와 협력해 북경에서 "아시아 여성학의 신세기: 여성학 교육의 동향(亞洲女性學的新世紀: 女性學教育的動向)"을 주제로 제5차 중일 여성학 워크숍을 조직했다. 이 워크숍에서는 "여성학 교육 방법 구축(面向女性學教育方法的構築)", "대중 매체와 여성 재현(媒體和女性的再表現)", "몸과 성(身體與性)"이라는 세 가지 주제로 논문을 발표했다. 또 2007년 12월에는 화남사범대학교 여성연구센터와 조사이국제대학교 젠더·여성학연구소가 협력해 화남사범대에서 중일 여성학 워크숍을 조직했다. 회의에 참석한 중일 학자들은 보살핌 노동과 성별 차이, 중국의 여아 교육, 대학생들에게 젠더 의식을 보급하기 위한 교과과정 개발, 성평등 주제

---

17 예를 들면, 일본 조사이국제대학교의 하세가와 케이(张谷川启) 교수는 「전쟁 문학과 여성: 일본의 침략 전쟁과 여성 작가(戰爭文學與女性: 日本的侵略戰爭和女性作家)」라는 제목의 논문을 발표했는데, 일본이 일으킨 침략 전쟁 가운데 일본 여성의 전쟁 책임을 검토했을 뿐만 아니라 세계적인 민족주의와 성별 간의 관계도 논했다. 그는 일본의 전쟁 시기의 여성 문학을 성찰하며 당시 여성 작가들이 민족주의에 매료되어 국가가 여성의 능력을 사용한 것을 여성해방이라고 잘못 이해함으로써 여성들을 전쟁에 동원했으며 그 결과 협애한 민족주의에 빠져들게 되었다고 지적했다.

18 예를 들면, 전국 부련 여성연구소의 류보홍 교수는 논문 「中國電視廣告中的女性形象研究」를 통해, 중국에서 성차별적인 광고의 주요 특징인 여성성과 남성성에 대한 전통 사상, 여성에 대한 성적 대상화, 서구화된 여성상과 복고 추세 등을 분석하고 중국의 대중매체가 남녀평등의 성별 의식을 제창함과 동시에 수많은 전통적인 여성상을 복제해 여성을 종속적이고 주변화된 타자로 만들어 사회 문화의 개혁과 양성평등의 발전에 불리한 요소가 되고 있다고 강조했다.

19 劉伯紅, 「第三屆中日女性學研討會」, ≪婦女研究論叢≫, 1998(4), p.51.

와 조화로운 문화 건설 등의 주제들을 논의했다. 중일 쌍방의 여성학자들은 이러한 일련의 회의를 통해 양자 사이에 존재하는 문제를 이해하게 되었고 양국 간의 여성학 교류를 추진했다. 그 밖에 중국사회과학원 법률연구센터는 2006년 12월 북경에서 "아시아 지역의 성별과 법률 비교 워크숍(亚洲地区性别与法律比较研讨会)"을 개최했는데, 태국과 몽골 등 아시아 국가의 대표들이 참석해 「국제인권공약」에서 수립한 성평등 기준, 법률, 원칙과 국내의 대책, 법학 영역에서의 주류화 문제 등에 대해 논의했다. 이 회의에서 발표된 논문은 후에 논문집[20]으로 출판되었다.

앞서 서술한 중한, 중일한, 중조한, 중일 학술회의는 중국 여성학자들에게 시사하는 바가 많았다. 중국 여성학은 한국, 일본 등에 비해 연구 시작이 늦었고, 서구에 나가 여성학을 전문적으로 배우고 돌아온 여성학 연구자도 거의 없었으며, 충분한 연구가 이루어지지 않은 상황이었다. 그런데 앞서 언급한 일련의 여성학 워크숍을 통해 중국 학자들은 한국, 일본 등 인근 국가의 여성학 연구 이슈와 최신 연구 동향 등을 이해했고, 비슷한 유교적 문화를 지닌 국가의 여성주의 연구 성과를 활용해 중국 현장에 맞는 연구를 수행해나갈 수 있었다. 이는 이후 중국의 아시아 여성학 연구가 발전해나가는 데 중요한 기초가 되었다.

2. 기타 영역 학자들의 연구

여성학계의 학자들은 아시아 여성학 학술 교류를 추진하고 여성학 연구의

20 薛寧蘭 編, 『國際視野本土實踐: 亞洲地區性別餘法律硏討會論文集』(北京: 中國社會科學出版社, 2008).

이론과 방법틀을 발전시키는 등 큰 공헌을 했지만, 중국 여성 외에 아시아 여성을 직접 연구한 사람은 아주 적다. 아시아 여성을 구체적으로 연구한 학자는 교육과 역사, 경제, 정치, 문학 등 기타 영역의 학자들(절대다수가 여성)이었다. 그들은 자신의 전공 분야를 연구하던 과정에서 아시아 여성 문제에 관심을 갖게 되었고, 점차 아시아 각국 여성의 현실 생활과 역사 등을 연구하기 시작했다. 그들은 한국, 일본 등 동아시아 국가와 인도네시아, 말레이시아 등 동남아시아 국가, 인도 등 남아시아 국가와 서아시아의 아랍 국가 여성들을 연구했는데 연구의 폭이 상당히 넓다. 그들 가운데 혹자는 문학과 언어학의 시각에서 여성 문학과 언어를 연구했고, 혹자는 경제 발전의 시각에서 여성의 취직 문제와 빈곤 문제를 연구했으며, 혹자는 교육학의 시각으로 각국의 여성 교육을 연구했고, 혹자는 여성 정책과 법률을 연구했다.

필자는 중국 지망(知罔, 인터넷에서 학술 논문을 검색할 수 있는 사이트—옮긴이)의 중국 학술지, 중요한 신문, 박사 학위논문, 우수 석사 학위논문, 중요한 회의 논문 등이 들어 있는 데이터베이스에서 아시아 여성, 동아시아 여성, 남아시아 여성, 중동 여성, 무슬림 여성, 동남아시아 여성, 아시아 여성과 일본, 한국 등 아시아 각국 여성 등을 키워드로 1990년부터 2008년까지의 논문을 검색한 결과 200여 편의 논문을 찾아냈다. 다음으로는 이 논문들을 지역과 연구 주제 등으로 나누어 아시아 여성에 대한 연구 동향을 살펴보겠다.

1) 동아시아 여성 연구

(1) 일본 여성 연구

중국의 아시아 여성 연구 중 가장 많이 이루어진 것이 일본 여성에 관한 연구로 80여 편의 논문과 몇 권의 저서가 있다. 대표적인 연구자로는 중국사회과학원 일본연구소의 후평(胡澎)[21]과 산동대학교의 왕후이룽(王慧榮)[22] 등이 있다. 일본 여성에 관한 연구는 주로 여성 교육(16편의 논문과 2편의 박사 학위논문, 1편의 석사 학위논문과 저서 1권)과 여성 취직(20여 편의 논문과 석사 학위논문 1편)에 집중되어 있다.

① 여성 교육

일본은 아시아에서 가장 먼저 근대화의 길로 나아간 국가로서 경제가 급속하게 발전해 여타 아시아 국가보다 훨씬 먼저 선진국 행렬에 들어섰다. 중국 학자들은 일본이 선진국으로 발전할 수 있었던 중요한 요소의 하나가 교육이라고 보았기에 자연히 일본의 여자 교육에 관심이 많다. 여성 교육과 관련한 주요 연구 논문이 다수 있는데,[23] 이 논문들은 대개 메이지 유신에서부터 제2

---

21 후평은 많은 논문을 발표했는데 주요 논문으로는 「近现代中日社会妇女地位的变化」, ≪当代亚太≫, 1999(1); 「从'贤妻良母'到'新女性'」, ≪日本学刊≫, 2002(6); 「近年日本妇女的政治参与浅析」, ≪日本学刊≫, 2003(3); 「日本在鼓励生育与促进妇女就业上的政策与措施」, ≪日本学刊≫, 2004(6); 「日本侵略战争中妇女团体的作用」, ≪日本学刊≫, 2005(4); 「性别视角下的'慰安妇'问题」, ≪日本学刊≫, 2007(5); 「日本社会变革中的'生活者运动'」, ≪日本学刊≫, 2008(4) 등이 있다. 그 외 저서로는 『战时体制下的日本妇女团体(1931~1945)』(吉林大学出版社, 2005)가 있다.

22 현재 산동대학교 외국어대학 일본어학과 조교수이다. 그의 논문으로는 「论日本女训中的儒家女性观」, ≪妇女研究论丛≫, 2005(6); 「日本女训中的贞节观探讨」, ≪妇女与社会性别学通讯≫, 16(2005); 「从女子教育学看古代日本的女性形象」, ≪江漢論壇(增刊)≫, 2005年 11月; 「从日本中世的女子教育看武家社会的女性观」, ≪社会科学战线(增刊)≫, 2005年 11月 등과 박사 학위논문 「近代日本女子教育研究」(南开大学, 2006)이 있다. 그의 박사 학위논문은 이미 『近代日本女子教育研究』(中国社会科学出版社, 2007)로 출판되었다.

23 黄育馥, 「当代日本妇女与教育」, ≪国外社会科学≫, 1992(3); 张德伟·徐蕾, 「日本儒教的贤妻良主义女子教育观及其影响」, ≪东北师大学报≫(哲社版), 1996(4); 杜学元, 「日本女子高等教育的发展以及给我们的启示」, ≪四川师范大学学报≫(哲社版), 1997(4); 屈书杰, 「日本高校的女子教育」, ≪日本问题研究≫, 1999(1); 赵叶珠, 「日本女性高等教育的发展及原因探析」, ≪外国教育研究≫, 1999(3) 等.

차 세계대전 및 전후의 일본 여성 교육의 발전 상황을 고찰한 것들이다. 그중 두쉐위안(杜學元)의 「일본 여자 고등교육의 발전과 그것의 중국에 대한 시사점(日本女子高等教育的发展以及给我们的启示)」은 메이지 유신에서부터 2차대전 및 전후의 일본 여자 대학 교육의 발전 상황을 고찰한 글로, 저자는 일본의 여자대학 교육이 급속히 발전했지만 여성 인력 배양에 현모양처 관념이 스며들어 있고, 여대생들이 대부분 교육, 보건, 가정학 등 실용적인 학과를 선택하기 때문에 남성 교육과 비교해볼 때 여전히 불평등한 위치에 있다고 보았다. 남존여비 사상, 교육 체제와 사회 인력 고용 제도 등은 일본 여자대학 교육의 발전을 저해하는 요소라고 지적했다. 취수제(屈書杰)는 「일본 대학의 여성 교육(日本高校的女子教育)」에서 주로 2차대전 이후의 일본 대학 내의 여자 교육을 고찰했다. 그는 명문대와 이공·농대 등에 여성의 비율이 낮고 여성은 주로 전문대학에 집중되어 있다는 사실에 주목해, 일본 대학의 여성 입학률은 증가했지만 남녀가 교육 면에서 여전히 불평등한 지위에 있다고 보았다. 또한 전통문화와 관념, 즉 부모들이 아들과 딸에 대해 다른 기대를 갖고 있는 점, 취업기회, 그리고 교육제도상 사립대가 많고 국공립대가 적은 점, 교과과정 개설, 여성들 개개인의 원인 등으로 여성이 교육 면에서 불평등한 위치에 처하게 되었다고 분석했는데, 이러한 분석에는 필자의 여성주의적 시각이 드러나 있다.

그 밖에 일본 유학생 오하마 케이코(大濱慶子)의 박사 학위논문 「중일 근대 여자 교육 비교연구」[24]와 왕후이롱의 박사 학위논문 「근대 일본 여자교육 연구」[25]가 있다. 왕후이롱은 사료와 통계 데이터 등 많은 자료를 수집해 근대 일본 여자 교육의 교육 사상, 교육정책, 교육 내용, 실시 효과 등을 고찰했으며,

24 「中日近代女子教育比较研究」(北京师范大学, 1998).

25 「近代日本女子教育研究」(南開大學校, 2006).

메이지 유신에서부터 2차대전까지의 여자 교육의 발전 과정, 발전의 특징 및 후세에 끼친 영향 등을 4단계로 나누어 고찰했다. 특히 일본 근대의 현모양처 사상이 여자 교육에 미친 영향을 중점적으로 분석했으며 이 논문은 일본 근대 여자 교육에 대한 중국 최초의 거시적이고 체계적인 연구이다.

그 밖에 일부 학자들은 중일 여자 교육을 비교연구했다. 예컨대 구위(谷峪)의 논저 『근현대 중일 여자 학교교육 비교연구』[26]는 근대 이래 학교 제도의 변혁을 중심으로 중일 양국의 근현대 여자 학교교육의 발전 과정을 고찰했으며 현대의 중일 여자 교육에 존재하는 문제점들을 분석했다. 자오예주(赵叶珠)의 논저 『미국, 중국, 일본 3국 여자 대학 교육 비교』[27]는 많은 사실과 데이터 자료를 근거로 미국, 중국, 일본 3국의 여자 대학 교육의 산생, 발전 경로와 내용, 사상과 목표 등을 고찰했으며, 3국의 여자 대학 교육의 특징을 분석해내었는데, 이러한 연구는 여자 교육의 비교연구를 촉진했다.

② 여성 취직

성별 분업에 관한 전통적 의식 및 '현모양처' 사상의 영향을 받고 있는 일본 여성의 취직 상황 역시 학계가 관심을 가진 문제였다. 이 부분에 대한 주요한 연구로는 「노령화와 일본 여성 취직」,[28] 「일본 여성의 취직 상황의 변화와 그 원인 분석」,[29] 「일본 주부들의 재취직」,[30] 「일본의 출산 장려 정책과 여성 고용을 추진하기 위한 정책과 조치」[31] 등이 있다. 이 논문들은 주로 일본의 경제

26 『中日近现代女子学校教育比较研究』(吉林教育出版社, 2002).

27 『美中日三国女子高等教育比较』(厦门大学出版社, 2007).

28 尹小平·趙儒煜, 「高齡化與日本女性就業」, ≪外國問題研究≫, 1998(3).

29 趙芳·鄧智宁, 「日本婦女就業狀況變化與原因分析」, ≪日本學論壇≫, 1999(4).

30 王俊英, 「关于日本主妇再就业的思考」, ≪日本问题研究≫, 2003(4).

발전의 특징과 노령화 사회, 여성 고용 간의 관계를 고찰했다.

③기타

문학과 언어학의 시각에서 일본의 여성 문학과 여성 용어를 연구한 논문들도 있는데 이 분야의 연구자는 대부분 대학 내의 여교수들이다.[32] 그 밖에 일본 사회의 현모양처 사상과 경제, 정치, 가정생활 등을 다룬 논문들이 있는데,[33] 그중 남개대학교 리줘(李卓) 교수의 논문 「근대 일본의 여성관(近代日本女性观)」은 역사학 시각에서 근대 일본 여성관의 기본 내용, 즉 현모양처 관념의 발생과 발전 과정 및 메이지 유신 초기·중기와 청일전쟁 직후 2차대전 시기의 현모양처의 기준을 고찰해 메이지 계몽기의 현모양처 사상에서 전시 군국주의 현모양처 사상에 이르기까지 현모양처와 국가의 이익을 관련지어 논의한 글이다. 그는 현모양처 사상이 개명한 진보적 의의를 지니고 있던 것으로부터, 점차 유교적이고 내셔널리즘적인 군국주의의 방향으로 나아갔음을 지적했다. 아울러 현모양처 사상의 근본적인 출발점은 전통적 가족 도덕과 남성 중심 사회의 욕구를 충족하고, 여성을 가정 안으로 제한하며, 여성이 불평등한 위치에 처하게 하는 것이었지만, 현모양처 사상이 여자 교육 사업의 발전을 촉진하고 가정 내 여성의 지위를 향상시켜 여성이 근대국가의 국민이

---

31 胡澎, 「日本在鼓励生育与促进妇女就业上的政策与措施」, ≪日本学刊≫, 2004(6).

32 주요 연구로는 孙树林, 「当代日本女性文学中的"母性"问题及其他」, ≪日本学刊≫, 1994(1); 崔霞, 「论日语中女性言语行为及其文化底蕴」, ≪河海大学学报≫(哲学社会科学版), 2004(4); 王宗杰, 「试论当代日本女性文学的特征」, ≪东北师大学报≫(哲社版), 2005(5) 등이 있다.

33 李卓, 「近代日本女性观」, ≪日本学刊≫, 2000(4); 胡澎, 「近现代中日妇女社会地位的变化」, ≪当代亚太≫, 1999(1); 胡澎, 「从"贤妻良母"到"新女性"」, ≪日本学刊≫, 2002(6); 胡澎, 「近年日本妇女的政治参与浅析」, ≪日本学刊≫, 2003(3); 胡澎, 「性别视角下的"慰安妇"问题」, ≪日本学刊≫, 2007(5); 胡澎, 「日本社会变革中的"生活者运动"」, ≪日本学刊≫, 2008(4).

될 수 있도록 자각시켜준 긍정적 의미도 있다고 지적했다.

후평의 논문 「'현모양처'에서 '모던걸'로(从"贤妻良母"到"新女性")」도 19세기 말 20세기 초에 출현한 용어인 '현모양처'와 '모던걸'을 고찰한 글로, 그는 이 두 용어가 당시 일본 사회의 여성 생존 패턴에 대한 서로 다른 두 사상을 반영했음을 지적했다. 그는 이 두 용어는 서로 연관되면서도 모순되는 개념이라고 보아, 리쥐 교수와 마찬가지로 현모양처 사상이 일본 여성의 교육 수준과 가정에서의 지위를 향상시켜 일본 여성이 주체 의식을 갖도록 했지만 여성의 활동 공간을 가정으로만 제한한 한계가 있다고 지적했다. 또한 후평은 현모양처 사상은 '모던걸'을 대표로 하는 여성해방 사상이 산생될 수 있었던 토양이었다고 보아, 1911년 ≪청탑(靑鞜)≫[34]이 창간된 후 '모던걸'은 이를 중심으로 모였으며 서구 여성운동에서 많은 영향을 받았다고 본다. 즉, '모던걸'은 현모양처 사상을 취지로 한 여자 교육이 발전되어 나온 것으로 현모양처 사상을 흡수해 성장했지만 현모양처 교육을 반대하는 길로 나간 반전통적인 여성들이었으며, 이 여성들은 여자를 가정 안에만 묶어두는 것에 반대하고 정치, 사회에서 자신의 위치와 가치를 찾아야 함을 주장했다고 보았다. 이와 같이 현모양처 사상과 '모던걸' 사상이 여성의 주체 의식과 권리 의식을 향상시켰고 근대 여성해방 사상의 탄생을 예고하였음을 강조했다. 후평은 또한 논문 「일본 사회변혁 중의 '생활자 운동'(日本社会变革中的"生活者运动")」에서 1965년부터 오늘에 이르기까지 소비, 지방 정치와 행정, 커뮤니티 건설 등의 영역에서 전개된 '생활자 운동'을 고찰했다. '생활자 운동'은 주부들이 주로 참여해 추진한 사회운동으로서 새로운 소비 이념과 생활 방식을 제창하고 새로운 노동 방식을 시험한 것이며, 일본의 정치·지방 행정의 민주화 과정을 추진하고 여성

34 'blue stocking'의 일본 번역어.

이 정치·경제와 사회생활에 참여하는 길을 개척한 것이라고 보았다.

후펑의 저서 『전시 체제하의 일본의 여성 단체(1931~1945)』[35]는 당시 일본 여성 단체에서 출간한 신문이나 잡지, 여성 간부가 발표했던 글과 연설, 그리고 전쟁과 젠더, 민족과 젠더, 국가와 젠더 간의 관계를 고찰한 것으로, 전쟁이라는 특정한 역사 시대의 일본 여성과 여성 단체의 지위와 역할을 분석했다. 그는 일본 여성과 여성 단체가 전쟁에 참여하게 된 배경에 수동적인 측면도 있지만 주체적인 면도 있다고 지적하고 그들은 침략전쟁의 피해자인 동시에 가해자이기도 하다고 보았다. 즉, 전통적 요인과 내셔널리즘, 민족주의 등의 사상은 전시 체제를 통해 일본 여성 단체를 통제해 민간 여성 단체도 관변 여성 단체로 편입시켰으며 민간 여성 단체는 정부를 견제하는 역할을 하지 못했고 전쟁을 저지하려는 반전운동을 벌이지도 않았다고 기술했다. 후펑의 저서는 중국에서 처음으로 풍부한 사료를 기초로 해서 젠더의 시각으로 일본 여성 단체를 연구한 선례가 되었으며 이를 통해 아시아 여성 연구가 촉진되었다.

(2) 한국 여성 연구

한국 여성에 대한 연구는 주로 한국 학자들의 논문을 번역, 소개한 것이 많다. 가령, 위닝핑(余宁平)과 두팡친이 엮은 학술 서적, 『파격적인 지식(不守规矩的知识)』에는 이화여대 여성학자 장필화 교수의 논문을 비롯해 여러 논문들이 번역, 수록되었다.[36] 그리고 중국사회과학원 한국연구센터 산하의 ≪당대한국

35 胡澎, 『戰時體制下的日本婦女團體(1931~1945)』(吉林大學出版社, 2005).

36 장필화, 「한국의 여성학」(蔡凌平 譯); 김승경, 「대기업은 기혼 여성을 거절한다: 한국 여성 노동자가 받는 압박과 임파워먼트」(施园 譯); 조순경, 「한국 여성운동의 한계와 가능성」(刘丽丽 譯) 등이 余宁平·杜芳琴 編, 『不守规矩的知识』(天津: 天津人民出版社, 2003)에 실렸다.

(当代韩国)≫을 비롯한 간행물들에 한국 학자들의 논문이 여러 편 실렸고,[37] 한국 이화여대 중문과 정재서 교수의 저서『동아시아 여성의 기원: 여성주의 시각으로 보는「열녀전」』[38]이 중국어로 출판되었다. 이러한 연구서들은 중국 학자들이 한국의 여성학 연구 성과를 이해하고 인용할 수 있도록 했다.

그 밖에도 한국 여성의 취업, 교육, 사회적 지위, 중한 양국의 문화심리 비교연구 등에 대한 글들이 중국에 소개되었는데,[39] 한국 여성에 관한 연구는 주로 여성운동과 여성 정책, 여성 교육과 여성 지위 등에 집중되어 있다.

2) 인도 및 남아시아 여성 연구

인도 학자들의 연구 논문을 번역, 소개한 것이 몇 편[40] 있다. 일부 중국 학자들은 인도 여성을 직접 연구하기도 했는데, 주로 현실 생활 속에서 부딪히는 여성들의 문제를 논했다. 리링의 저서『인도 여성: 역사, 현실과 새로운 각

---

37 지윤희,「북경 세계여성대회 이후 한국의 여성운동」, ≪當代韓國≫, 2000(2)가 발표되고, 이혜경의「한국 여성문화예술운동의 현실과 전망」과 오미경의「한국 여성운동의 동향」과 강이수의「한국 여성의 취업 동향과 전망」이 ≪當代韓國≫, 2000(3)에 , 이영자의「한국 여성의 취업과 대학생의 취업 의식」이 ≪婦女研究論叢≫, 1999(4)에 실렸다.

38 鄭在書,『东亚女性的起源: 从女性主义角度解析≪烈女传≫』(北京: 人民文學出版社, 2005).

39 张晓霞,「韩国已婚妇女就业与家务劳动模式」, ≪当代亚太≫, 2005(12); 张妍,「代韩国女性的社会地位」, ≪东北亚论坛≫, 2001(4); 蔡美花,「中韩女性文化心态比较研究: 以婚姻和性观念为中心」, ≪延边大学学报≫(社会科学版), 2001(3); 任明·王艳秀,「韩国妇女社会地位问题探析」, ≪人口学刊≫, 2004(4); 刘伯红,「韩国提高妇女地位机制的建立与发展: 兼论对中国提高妇女地位机制的启示」, ≪妇女研究论丛≫, 2006(2); 金香花,「中韩女性教育比较研究」(东北师范大学博士学位论文, 2007).

40 范若兰,「國外對印度婦女現狀研究琮述」, ≪高教社科信息≫, 1995(4); Vina Mazumdar,「教育與農村婦女」, 余宁平·杜芳琴 主編, 黃河 譯,『不守规矩的知识』; 陳義華,「印度後植民婦女史與婦女研究的互動」, ≪中華女子大學學報≫, 2006(4) 등.

성』[41]과 몇 편의 논문이 있는데, 주요 논문으로는 중국사회과학원 아태연구소 왕샤오단의 「당대 인도 여성」[42] 등이 있다. 후자는 여아를 포함한 인도 여성의 교육 상황과 인도 교과서 속의 여성상, 교육과 여성의 관계 등을 고찰한 글이고 그 외 다수의 논문이 있으며[43] 이 논문들은 주로 인도 여성들의 교육, 경제, 가정생활 등을 다루었다. 그중 화중사범대학교의 타오샤오훙(陶笑虹)은 논문 「인도 여성의 가정에서의 지위(印度妇女在家庭中的地位)」에서 독립 이후 인도 정부가 인도교신자혼인법, 무슬림전문혼인법, 혼수품금지법 등의 법 제정과 정책 시행, 사법 영역에서 여성의 평등한 권리와 지위를 수호하기 위해 노력해온 과정을 고찰했으며 인도 여성들이 실제로 가정에서 처한 상황도 분석했다. 그는 인도 정부가 여러 가지 정책과 법률을 제정하고 실행했음에도 그 효과가 미미해서, 지식인 여성의 지위가 현저하게 변화된 것 외에 전체적으로 보아 기타 여성들은 여전히 불평등한 지위에 있음을 밝혔다. 또한 경제적 빈곤과 국가 재정의 한계, 전통적인 가부장제 이데올로기와 엄중한 남존여비 사상, 여성의 낮은 사회적 지위, 사회 전체의 발전 수준 등이 인도 여성이 가정에서 불평등한 지위에 머물게 되는 원인이라고 분석했다.

---

41 黎菱, 『印度婦女: 歷史、現實、新覺醒』(北京: 世界知識出版社, 1986).

42 王曉丹, 「當代印度婦女」, ≪南亞研究≫, 1994(4).

43 P.Krishnamurthy·B.Charles·LakshuiBai, 「印度女性性工作者HIV/AIDS的了解及安全性行为」, ≪浙江学刊≫, 1998(1); 陈义华, 「印度后殖民妇女史与妇女研究的互动」, ≪中华女子学院学报≫, 2006(4) 등. 중국 학자의 인도 연구는 인도 여성들이 현실 생활에서 직면한 문제들에 집중되어 있으며, 『印度妇女: 历史、现实、新觉醒』이 대표적이고 논문으로는 王晓丹, 「印度妇女与教育」, ≪南亚研究≫, 1994(4); 安双宏, 「印度女性接受高等教育的机会」, ≪比较教育研究≫, 2001(7); 陶笑虹, 「英属印度妇女运动的两种趋势: 兼论传统观念对社会现代化进程的影响」, ≪华中师范大学学报≫(人文社科版), 2001(3)과 「印度妇女在家庭中的地位」, ≪南亚研究≫, 2002(2) 등이 있다.

3) 동남아시아 여성 연구

동남아시아 여성에 관한 연구는 외국 학자들의 논문을 번역한 것[44]과 중국 학자들의 논문이 있는데 그 양이 매우 적다. 방글라데시, 말레이시아, 싱가포르 등의 여성에 관해서만 짧은 논문 몇 편이 있을 뿐, 나머지 논문들은 동남아시아라는 넓은 범위에서 동남아시아 여성의 현황에 대해 논술한 논문들이다. 대표적 학자로 중산대학교의 판뤄란(范若兰)[45]이 있으며 그 외에 쑨샤오잉과 리원의 석사 학위논문 등이 있다.[46] 이 중 판뤄란의 저서인 『이민, 성별과 화인 사회: 말레이시아 중국계 여성연구 1929~1941(移民、性别与华人社会: 马来西亚华人妇女研究 1929~1941)』는 말레이시아 중국계 화인(華人)들을 연구한 사회사로, 1930년대 경제와 화인 사회의 중대한 변혁이 말레이시아 중국계 사회에 미친 영향, 말레이시아 중국계 여성들이 처한 상황 등을 중점적으로 고찰했는데, 이는 중국에서 처음으로 해외 이민 여성을 연구한 저서이다.[47]

4) 서아시아 여성 연구

중국 학자들은 서아시아 여성에 관해 적지 않은 논문을 발표했는데, 대표

---

44 多德, 李國强 編譯, 「馬來西亞婦女的經濟地位」, ≪婦女研究論叢≫, 1994(2); Najma chowdhury, 李國彤 節譯, 「盟加拉婦女研究簡述」, ≪婦女研究論叢≫, 1994(3); 法利达, C.可汗, 「盟加拉的性别暴力與發展話語」, ≪國際社會科學雜誌≫(中文版), 2006(2).

45 주요 연구로 「近年新加坡婦女就業狀況」, ≪東南亞縱橫≫, 2000(1)과 「試論東南亞婦女參與高等教育的前提和背景」, ≪東南亞≫, 2000(1)이 있으며 전문 저서로 『移民、性別与华人社会: 马来西亚华人妇女研究(1929~1941)』(北京: 中國華僑出版社, 2005)가 있다.

46 孫小迎, 「东南亚妇女的法律意识」, ≪当代亚太≫, 1999(7); 李文, 「20世纪初期海洋亚洲华人社会中的妹仔」(北京大学硕士学位论文, 2006).

47 杜芳琴, 「三十年回眸: 妇女/性别史研究和学科建设在中国大陆的发展」.

적 학자로는 천징(陳靜)과 우칭링(伍慶玲)이 있다. 서아시아 여성 연구는 쿠웨이트, 이란, 아랍에미리트, 사우디아라비아 등 개별 국가의 여성의 지위와 생활 등을 다룬 논문들도 있기는 하나,[48] 중동, 걸프 국가, 아랍 세계 등을 범주로 한 거시적 연구가 더 많다.[49] 그중 우칭링이 박사 학위논문을 보완해 출판한 『현대 중동의 여성 문제』[50]는 이란, 사우디아라비아, 아프가니스탄, 쿠웨이트 등 주요 이슬람 국가의 여성 문제 및 여성 문제를 낳게 된 사회적 이유와 여성의 사회생활 참여 등을 고찰했는데, 이는 중국에서 중동 여성 문제를 체계적으로 연구한 선례가 된다. 천징의 박사 학위논문인 「당대 중동 여성 발전 문제 연구」[51]는 통계 분석 방법을 활용해 전면적이고 체계적으로 2차대전 이후 아프가니스탄, 터키, 이란, 사우디아라비아 등 중동 여러 나라 여성의 발전 상황 및 변화 과정과 특징, 지구화 시대에 그들이 직면한 도전과 기회에 대해 논했다. 특히 2차대전 이후 중동 여성들에게 나타난 종교, 문화, 경제, 법률, 정치, 교육, 고용, 정치 참여, 건강 등의 방면에서 발전의 원인을 고찰했다. 싱구이민(邢桂敏)의 박사 학위논문인 「1900년~1981년의 중동의 여성주의와 민족주의 간의 관계 연구」[52]는 이집트와 이란의 여성운동과 관련해 19세기 후반기에 탄생한 중동 여성주의의 발전 과정을 고찰했으며, 여성주의의 변화 발전 과정이 민족주의와 불가분의 관계를 맺고 있음을 고찰했다.

---

48 주요 논문으로는 黃民興, 「沙特阿拉伯婦女地位的演變」, ≪阿拉伯世界研究≫, 1992(4); 伍慶玲, 「科威特婦女的社會地位」, ≪阿拉伯世界≫, 1996(4); 邢桂敏, 「沙特阿拉伯性別隔離制産生的根源初探」, ≪內蒙古民族大學學報≫(社會科學版), 2004(6) 등이 있다.

49 주요 논문으로는 佟應芳, 「高等教育對中東婦女政治經濟地位的影響」, ≪雲南教育≫, 2001(26); 邢桂敏, 「1900~1981年的中东女性主义与民族主义关系研究」(博士学位论文, 2003) 등이 있다.

50 伍庆玲, 『现代中东妇女问题[M]』(昆明: 云南大学出版社, 2004).

51 陈静, 「当代中东妇女发展问题研究」(西北大学博士学位论文, 2003).

52 「沙特阿拉伯性別隔離制産生的根源初探」, ≪內蒙古民族大學學報≫(社會科學版), 2004(6).

3. 맺음말

중국의 아시아 여성학 연구는 주로 여성학계의 연구자와 대학 내의 여성연구센터, 그리고 사회과학과 부련 소속 연구소의 연구자들이 함께 추진해왔다. 그들은 여러 차례 국제 워크숍을 조직해 아시아 여성학자들과의 교류를 활발히 전개했으며, 학술 연구의 국제적 네트워크를 구축하고 아시아 여성 연구를 위한 이론과 방법의 틀을 마련했다. 그 밖에 역사, 교육, 경제, 정치, 문학 등 기타 영역의 학자들은 자신의 연구 분야에서 아시아 여성을 주목하게 되었으며 이와 관련된 연구를 수행했다.

중국의 아시아 여성 연구를 돌아보면, 대다수가 아시아 여성을 연구 대상으로만 삼았을 뿐 여성주의 입장이나 젠더의 시각으로 수행한 연구는 매우 적다. 중국 내 아시아 여성 연구에서 나타난 미흡한 점과 향후 연구 방향 등에 대한 필자의 생각은 다음과 같다.

첫째, 중국 내의 아시아 여성 연구는 아직 아시아 여성학의 개념과 연구 범주를 명확히 하지 못했고, 아시아 여성 연구 이론과 방법에서 미숙한 점이 많다. 대부분의 학자들이 전통적인 이론과 방법으로 연구할 뿐, 여성주의 이론과 젠더 분석 방법을 이용한 연구는 적다. 대부분의 논문은 문제나 현실을 기술하거나 아시아 여성의 생활, 지위, 교육 등을 소개하는 데 그치고 있으며, 거시적인 연구가 주를 이루고 있어 구체적이고 깊이 있는 미시적인 연구는 찾아보기 어렵다. 특히 동남아시아, 남아시아 지역의 여성에 관한 연구는 매우 적다. 이러한 미흡한 점을 보완해나가기 위해서는 향후 아시아 여성학 연구자들의 공동의 노력이 요청된다.

둘째, 아시아 여성 연구는 대부분 여성 교육, 고용, 지위와 여성운동 등 한정된 주제에 집중되어 있다. 향후 연구 영역을 확대하고 주제를 심화하며 다양화해야 할 것이다. 특히 오늘날 지구화와 신자유주의, 문화민족주의 등의 영향하에 여성들이 부딪히게 되는 현실 문제에 대한 연구가 적어 학술 연구가 시대성이 떨어지며 미래 지향적인 면이 부족하다.

셋째, 향후 국제 학술 교류의 폭을 넓혀야 한다. 그간 여성학계에서 여러 차례 워크숍을 조직하기는 했지만 대부분 한국, 일본 등 동아시아 학자들과 교류해왔을 뿐, 동남아시아, 남아시아, 서아시아 학계와는 교류가 거의 없었다. 향후 이 지역의 학자들과 교류해 아시아 여성 연구를 위한 학술 네트워크를 더욱 넓혀가는 것이 국내 아시아 여성 연구를 한층 발전시키기 위해 필요한 일이다.

넷째, 현재 중국 대학 내 여성 연구 기관 중 톈진사범대 사회발전과젠더연구센터와 옌볜대학교 여성연구센터에 상근 연구 인원이 있을 뿐 기타 연구 센터는 상근 연구자나 사무실, 재정 등이 없다. 따라서 중국의 아시아 여성학 연구의 발전을 위해서 국내 학자들은 적극적으로 관련 기관에 연구 기구의 설립을 요구해 연구 인원을 증가시키고 자금을 투입하도록 설득할 필요가 있다.

다섯째, 차세대 여성주의 학자들을 육성하기 위해 노력해야 하며 그들에게 더욱 많은 연수와 지속적인 연구의 기회를 제공함으로써 그들이 아시아 여성학 연구를 이어갈 수 있는 예비군으로 성장할 수 있도록 도와주어야 할 것이다. 또한 본격적인 연구를 수행할 수 있도록 연구 팀을 결성해 협동 연구를 할 수 있는 토대를 마련해야 한다.

비록 중국 내 아시아 여성 연구는 관련 논문과 논저가 많지 않고 아직 가치 있는 연구가 이루어지지 않은 상태이지만 앞서 말한 연구들은 향후 아시아 여성 연구를 위해 기초를 닦아놓았다고 할 수 있다. 조만간 여성주의 이론과 학술 연구의 영향을 받으며 성장한 중국 학자들이 이를 토대로 여성주의 입장과 이론, 방법 등에 입각해 아시아 여성학을 발전시켜나갈 수 있으리라 믿는다.

03

여성운동의 성과와 사회적 실천의 변화

후기 근대 한국 사회의 일-가정 양립 문제를 중심으로 *

조주현

1. 문제 제기

지금의 한국 사회를 한국적 후기 근대(late modernity)라고 부르든 신자유주의적 탈산업사회(post-industrial society)라고 부르든, 한국 사회는 1997년 아시아 금융 위기를 기점으로 그 사회적 성격이 근본적으로 변한 것으로 보인다. 한국 사회는 1980년대까지 역사적으로 그 유래를 찾아볼 수 없을 정도로 빠른 속도로 경제적 근대화와 정치적 민주화를 이루어냈지만, 그렇게 이룬 경제적·정치적 성과를 바탕으로 형식적인 제도들의 효율적 작동에 필요한 사회적 실천들을 재구성할 시간을 확보하지 못한 채 1997년 금융 위기를 맞게 되

* 이 장은 중국 톈진사범대에서 개최한 "2016년 사회성별 시각으로 보는 중·한 양국 가정, 출산과 직장 전환 연구회의"(2016.7.12)에서 발표된 초고를 수정·보완한 것이다.

었고, 이후 그것이 적절한 것이었는지 지금까지도 의문이 제기되는 이른바 IMF가 요구한 신자유주의적 사회 재편 과정을 겪게 되었다. 이후 아이러니하게도 가장 진보적인 정권이 될 것으로 기대를 모았던 김대중 정부(1998~2003년)와 노무현 정부(2003~2008년) 시기에 신자유주의적 사회 재편이 가장 빠르게 진행되었고, 그 결과 이명박 정부(2008~2013년) 초기의 촛불시위로 대변되는 새로운 미시 정치적 저항에 대한 희망에도 불구하고, 대부분의 한국인들은 신자유주의적 논리를 스스로 체화해, 필자가 '신자유주의적 개인화' 혹은 '한국적 개인화'라고 부르는 사회적 적응 전략을 자연스럽게 구사하는 상황이 전개되었다.

반면에 한국 여성 정책의 법적 제도화는 바로 이러한 신자유주의적 재편 과정에서 IMF가 그 충격을 완화하기 위해 동시에 요구했던 기초적인 사회복지제도의 도입과 함께 빠르게 진행되었다. 이 과정에서 특히 여성 정책이 빠르게 진행될 수 있었던 것은 그 정책이 김대중 정부와 노무현 정부가 상대적으로 적은 정치적 부담을 가지고 자신들의 진보적 성향을 드러낼 수 있는 몇 안 되는 출구였기 때문이었을 것이다. 그러나 이 같은 급속한 여성 정책의 법적 제도화만으로 젠더 평등이 구현될 수 있는 것은 아니다. 젠더 평등이 구현되기 위해서는 새로운 법적 제도화에 걸맞은 사회적 실천들의 변화가 반드시 동반되어야 하는데 그러한 사회적 실천의 변화는 제도가 바뀐다고 저절로 따라오는 것이 아니기 때문이다. 서구의 근대화 이론은 정치적·경제적 변화를 설명하는 데 있어 제도와 조직의 역할을 중요시하고, 그 변화가 개개인의 행위를 통해 발현되기 위해 필요한 사회적 실천의 역할의 중요성에 대해서는 등한시하는 경향이 있다. 서구의 근대화 방식에서는, 그것이 영국식의 점진적 변화이든 프랑스식의 혁명적 변화이든 간에, 구성원들이 그 변화에 걸맞은 역사적·문화적 유산을 공유하고 있으므로 따로 사회적 실천의 역할을 부각시킬 필요가 없기 때문이다. 그러나 한국처럼 급속한 제도화를 통해 근대화를 진행하는 경우에는 그 제도화에 걸맞은 사회적 실천들을 기존의 실천들을 기반으로 새롭게 구성하는 과정이 매우 중요해진다. 실천은 사회의 구성원들이 오랜 기간에 걸쳐 체득한 생존 전략을 결정하는 삶의 규칙이기에 한 사회에서 오랜 기간 유지되어온 실천을 변화시키기 위해서는 구성원들 간에 많은 협상이 있어야 하며 일반적으로 긴 시간이 걸리는데, 제도화가 더 효율적으로 작동하기 위해서는 궁극적으로 바로 그러한 실천의 변화가 있어야만 한다.

현재 한국 사회는 급속한 근대화를 통해 풍요로움과 자신감을 얻었지만 그것을 기반으로 한 사회적 실천들을 조절하고 협상할 수 있는 충분한 시간적 여유를 잃어버린 결과로, 이 시대 한국적 후기 근대의 풍경은 퇴행적이고 삭막한 것이 되었다. 신자유주의가 내세우는 최대 장점인 개인화의 창의성은 그것이 전제하는 사회적 실천들의 다양성이 결여된 탓에 사라져버렸고, 각 개인은 자신이 동원할 수 있는 모든 사회적 자본을 총동원해서 각기 진지전을 펼치는 형국이 되었다. 특히 이 시기에 교육은 새로운 사회적 실천의 형성에 필요한 규범적 판단 능력을 지닌 시민을 양성하는 곳이 아니라, 소수의 좋은 일자리 쟁탈에 유리한 조건을 갖추기 위해 가족 단위로 경쟁하는 장이 되어버렸다. 그렇다면 이렇게 황폐화된 사회에서 우리가 바라는 사회는 어떤 것이며, 그 사회가 안정적으로 유지되는 데 필요한 사회적 실천은 어떻게 형성될 수 있겠는가? 무엇보다도 그 사회가 젠더 평등을 구현하기 위해서는 어떤 제도와 사회적 실천들이 필요하며, 그러한 사회로의 변화는 어떤 과정을 통해 이루어질 수 있을까?

여성의 일-가정 양립 정책은 급속한 여성 정책의 법제화로 이룬 형식적 젠더 평등이 실질적 젠더 평등으로 정착되기 위해 가장 먼저 해결되어야 할 과제이며, 저출산·고령화 문제를 포함해 한국 사회가 해결해야 할 핵심적 과제들의 중심축을 이루는 것이다. 그러나 여러 학자들이 지적하고 있듯이, 일-가정 양립과 젠더 평등 문제를, 지금까지 해왔듯이 정부의 다양한 정책 중 하나인 여성 정책의 대상으로만 국한한다면 근본적인 해결책은 고사하고 실질적인 개선 효과마저 기대하기 어렵게 될 것이다. 그리고 이러한 상황은 설령 일-가정 양립을 복지 정책의 일환으로 간주한다 하더라도 크게 달라지지 않을 것이다.[1] 일-가족 양립 정책의 성공 여부는 정책의 도입 자체에 있는 것이 아니라 사회적 실천의 변화를 통해서 이루어질 수 있는 것이기 때문이다. 현재 한국 사회에서 전개되고 있는 후기 근대적 풍경은 적어도 표면적으로 보기에는 모든 선진산업사회(advanced industrial societies)가 직면해 있는 저출산·고령화 문제를 훨씬 강화된 형태로 노출하고 있는 것일 뿐이다. 그러나 서구의 선

1 Gosta Esping-Andersen, "Women in the New Walfare Equilibrium," *The European Legacy*, 8:5(2003), pp.599~610; 김혜영, 「기로에 선 가족정책, 어떻게 할 것인가」, ≪한국여성학≫ 28:3(2012), 63~94쪽; 요스타 에스핑-안데르센, 『끝나지 않은 혁명: 성 역할의 혁명, 고령화에 대응하는 복지국가의 도전』, 주은선·김영미 옮김(나눔의집, 2014); 배은경, 「젠더 관점과 여성정책 패러다임: 해방 이후 한국 여성정책의 역사에 대한 이론적 검토」, ≪한국여성학≫, 32:1(2016), 1~45쪽. 필자는 젠더 레짐(gender regime)이나 복지국가 레짐(welfare-state regime), 혹은 거버넌스(governance) 개념이 도입되는 이유는 이러한 정책들이 다양한 사회적 실천들에 의해 작동되고 그 효과도 이들 실천들의 효율성에 의해 결정된다는 사실을 반영하기 위해서라고 판단한다. 교차성(intersectionality) 개념을 차용하는 것도 궁극적으로는 이러한 정책들이 사회적 실천들로 구성된 문화 속에 깊숙이 매몰되어(embedded) 있다는 점을 강조하기 위한 것이다(배은경, 같은 글). 프레이저는 젠더 평등의 방향을 모색하는 데 있어 평등과 차이 중에 어떤 것을 강조할 것인가와 관련해 페미니스트들의 논의가 교착상태에 빠져 있음을 지적하면서 이를 벗어나기 위해 젠더 평등 개념의 복잡성을 인정하고 더 다원적인 원리들의 결합으로 설명해 나갈 것을 제안했다. Nancy Fraser, "After the Family Wage: Gender Equity and the Welfare State," *Political Theory*, 22:4(1994), pp.591~618. 필자는 실천 이론이 이러한 다원적인 원리들의 결합을 목표로 하는 방법론적 전략을 체계적으로 구현할 수 있는 이론이라는 것을 여성의 종속과 행위성의 역설을 예로 들어 보여준 적이 있다. 조주현, 「한국의 신자유주의적 지구화와 여성 주체성의 변화: 실천이론의 관점」, 조주현 엮음, 『동아시아 여성과 가족 변동』(계명대학교출판부, 2013), 71~97쪽.

진산업사회가 오랜 기간의 산업화 과정을 통해 효율적인 사회적 실천을 구축할 수 있었고, 그것에 기반을 두고 개인의 자유 공간의 확대를 다양하고 풍요로운 삶의 상상과 실현으로 이어질 수 있게 하는 상황에서 이 문제에 직면했다면, 한국의 경우는 효율적인 사회적 실천으로의 변화를 시도할 수 있는 시간조차 주어지지 않은 상태에서, 따라서 저출산·고령화 문제를 완화할 수 있는 이렇다 할 수단도 없이 이 문제에 부딪쳐야 하는 상황이라고 할 수 있다.

후기 근대화의 장점은 개인의 자유 공간의 확대이고 이것이 우리가 후기 근대화를 돌이킬 수 없는 비가역적 과정으로 받아들이게 되는 원인이지만, 한국의 경우에는 이것이 개인에게 주어진 선택의 다양함과 소극적 자유 공간의 확대로 나타날 뿐 다양한 삶의 상상과 실현이라는 적극적 자유 공간의 확대로 이어지지 못하고 있다. 필자는 바로 이 점이 한국 사회가 ICT(정보통신기술)의 발달로 더욱 가속화되고 있는 창의적 지식사회의 구현을 점점 더 먼 나라의 꿈으로 여기게 만들고, 고학력에도 불구하고 저임금·고노동의 방식으로 생산성을 메우는 복고적인 노동 방식에 더욱 집착하게 하는 가장 핵심적인 원인이라고 생각한다.

현재 일-가정 양립에 대한 선행 연구들은 여성 정책이나 복지 정책을 더 넓은 관점에서 계획하고 운영할 것을 제안하고 있지만 실제로 더 확장된 맥락에서 일-가정 양립 정책이 실현되는 기제에 대한 구체적인 이론이 부재하기 때문에, 반복적인 비판에도 불구하고 변화에 대한 기대는 크지 않은 것이 현실이다. 물론 구체적인 변화 기제에 대한 이론이 주어진다고 해서 급속한 변화가 보장되는 것은 아니지만 현재처럼 비판만이 반복될 뿐이라면 개혁을 원하는 구성원들의 무기력감은 점점 더 심화될 것이다. 반면에 구성원들에게 어떤 기제에 의해 변화가 이루어지는지를 분명히 보여주는 모델이 제공된다면, 그리고 개혁을 원하는 구성원들이 어떤 노력을 통해 변화를 유도할 수 있고 어떤 지표로 변화를 확인해야 하는지 알 수 있게 된다면, 구성원들은 비록 개혁이 서서히 이루어지더라도 지속적인 지지와 노력을 기울일 수 있을 것이다. 이를 위해서는 먼저 개혁의 목표가 무엇인지, 즉 라이트(Erik Olin Wright)의 말을 빌리자면 '실현 가능한 유토피아(real Utopia)'는 어떤 것이며 그 목표에 도달하려면 각 사회 구성원들은 어떤 도구를 갖추고 있어야 하는지가 분명히 제시되어야 할 것이다.[2] 또한 그 도구들을 활용해 목표에 이르는 과정이 어떤 적응적 과정을 통해 이루어지는지 다양한 시나리오들을 제시하는 것도, 변화의 가능성을 확신하는 데에 도움을 줄 수 있을 것이다.

실현 가능한 유토피아가 어떤 사회여야 하는지에 대해서는 현재 연구자들 사이에 상당한 논의와 동의가 이루어져 있다. 이 장은 일-가정 양립 정책이 실현될 수 있는 구체적인 변화 경로를 제시하는 것을 목표로 하며 그에 따라 다음과 같이 논의를 전개한다. 2절은 먼저 일-가정 양립 정책이 실현되기 위해 사회가 갖추어야 할 조건들을 선행 연구들을 중심으로 요약, 제시하며 (일반화된) 경제적 효율성 관점으로 그 논거를 제시하는 것의 장점을 설명한다. 3절은 2절에서 제시된 사회에 도달하기 위해 사회 구성원들이 동원할 수 있는 수단들에 대한 체계적인 이론을 제시한다. 4절은 1997년 아시아 금융 위기 이후 한국 여성들의 삶의 변화를 인구통계와 선행 연구 분석들을 중심으로 그려본다. 5절 결론에서는 2~4절의 분석을 이용해 일-가정 양립과 젠더 평등이 현재 한국 사회에서 성공적으로 진행될 수 있는 시나리오를 간략히 구성해보겠다.

---

2 Eric Olson Wright, "Forward," in *Gender Equality: Transforming Family Divisions of Labor*, ed. J. C. Gornick and M. K. Meyers(Verso, 2009), vii~viii.

2. 실현 가능한 유토피아

일-가정 양립 정책이 추구해야 할 목표는 '2인-부양자/2인-돌봄자 모델(dual-earner/dual-carer model)'이라고 할 수 있다. 즉, 남녀 모두가 동등하게 노동자와 돌봄자 역할을 맡는 것이다.[3] 2인-부양자/2인-돌봄자 역할은 북구 유럽 모델을 기반으로 한 것인데 이 모델이 진정한 젠더 평등을 구현할 수 있으려면 양육 의무, 특히 최소 생후 2년간의 양육 의무와 노인 돌봄 의무가 평등하게 분담되어야 하고, 공공 탁아 시설과 노인 요양 시설이 충분히 제공되어야 한다. 그리고 이를 위해서는 직장뿐 아니라 사회 전반의 문화를 구성하는 실천들의 적응적 변화가 동반되어야 한다. 예컨대 근무시간의 최소화와 젠더 평등적 육아휴직이 활성화되어야 하며 교육적 동질혼에 따른 양극화를 줄이기 위한 부의 재분배에 대한 동의도 있어야 한다.

그런데 이러한 일-가정 양립 정책의 필요성에 대한 논거를 제시하는 방식은 크게 두 가지로 구분될 수 있다. 첫 번째는 일-가정 양립 정책이 젠더 평등이라는 당위적 목표를 실현할 수 있음을 피력하는 방식이고, 두 번째는 일-가정 양립 정책이 경제적 효용성을 향상할 수 있음을 강조하는 방식이다.[4] 이

---

3 Nancy Fraser, "After the Family Wage: Gender Equity and the Welfare State"; Gosta Esping-Andersen, "Women in the New Walfare Equilibrium"; Janet C. Gornick and Marcia Meyers, "Institutions that Support Gender Equality in Parenthood and Employment," in *Gender Equality: Transforming Family Divisions of Labor*, ed. Janet C. Gornick and Marcia Meyers(Verso, 2009), pp.3~66; 김혜영, 「기로에 선 가족정책, 어떻게 할 것인가」; 이주희, 「여성의 평등한 노동권을 위한 고용과 복지의 재구조화: 월스톤크래프트 딜레마의 극복을 위한 대안」, ≪한국여성학≫ 28:3(2012), 35~62쪽; 요스타 에스핑-안데르센, 『끝나지 않은 혁명』; Patricia Boling, *The Politics of Work-Family Policies: Comparing Japan, France, Germany and the United States*(Cambridge University Press, 2015).

중 일반적으로 첫 번째 방식의 논거가 선호되는데, 그 이유는 경제적 효용성이라는 것이 한 사회의 권력관계에 따라 비대칭적으로 가중치가 부여되기 쉽고 그 결과 피억압집단이 선호하는 가치를 기반으로 한 효용성은 무시되는 경우가 많기 때문이다. 평등이나 정의에 대한 요구를 당위적 인권(human rights)이나 사회적 권리(social rights) 개념으로 제시하는 것도 바로 이러한 비대칭성에 대한 우려 때문이다. 이러한 우려는 기존의 권력관계가 용인하는 가치를 기반으로 한 효용성에 과도한 신뢰를 보내는 신자유주의가 횡행하는 한국 사회의 경우, 특히 수긍이 가는 점이기도 하다.

그러나 다른 한편, 현재 한국 사회는 페미니스트 관점이 적어도 상당수의 여성들에게 당연한 것으로 받아들여지고 있는 상황이기에, 경제적 효용성 관점이 가지는 설득력을 고려할 때 이 두 번째 관점도 제시할 만한 가치가 있다고 판단된다.[5] 무엇보다 이 두 번째 관점에서 보면 일-가정 양립 정책을 복지 정책과 같은 더 넓은 맥락에서 다루어야 할 이유가 더욱 분명히 드러나기 때문이다. 예컨대 낸시 폴브레는 일-가정 양립 정책이 저출산 문제 해결과 연결될 뿐 아니라 부모가 양육에 투자한 시간이 다음 세대의 노동의 질 향상으로 이어지고, 그 결과 고령화 문제를 해결하는 데 필요한 재원 확충이 해결되는 선순환 구조가 형성될 수 있음을 강조한다.[6] 또한 에스핑-안데르센(Esping-

---

4 우리가 좁은 의미의 경제학적 효용성 개념을 확장해 젠더 평등이 주는 삶의 만족감을 효용성 개념에 포함할 수 있다면, 젠더 평등 논리는 광범위한 효용성 논리의 특수한 예로 볼 수도 있게 된다. 그러나 젠더 평등의 가치를 충분히 인식하지 못하는 사회에서는 이 두 논거 방식이 각기 별개의 것이 된다.

5 이미 20년도 더 전에 페미니스트 경제학자인 폴브레는 페미니스트들이 이러한 효용성이나 효율성을 기반으로 한 분석적 접근법의 사용을 과도하게 꺼린다는 점을 지적하고 변화의 필요성을 강조했다. Nancy Folbre, "Macro, Micro, Choice, and Structure," in *Theory on Gender/Feminism on Theory*, ed. Paula England(Aldine Publishers, 1993), pp.323~330.

Andersen)은 일-가정 양립 정책이 부부의 역할 분담으로 가사노동의 효율성을 증대하고, 가사노동의 외주화에 따른 경제적 부양 효과를 가져오며, 희망출산율과 실제 출산율의 간극을 줄여주는 효과가 있음을 강조한다.[7]

그러나 무엇보다 중요한 것은 신자유주의의 영향으로 개개인이 다양한 효용성을 고려해 결정하는 능력이 더욱 정교해지는 후기 근대 사회에서는 일-가정 양립 정책이든 복지 정책이든 모든 정책의 지속 가능성이 효율성에 의해 결정되는 경향이 강해진다는 것이며, 그 결과 정책에 대한 실제 개개인들의 호응도 그 효율성에 의해 결정되게 마련이라는 것이다. 즉, 근대화 과정에서 계급, 인종 그리고 젠더 불평등과 같은 사회의 분명한 불평등들이 대부분 확인되고 그 해결책에 대해 상당 부분 사회적 합의가 이루어진 선진산업국가들은 더욱 다양화되고 있는 불평등의 유형들 간의 경합을 효과적으로 다루어나가야 하는 후기 근대적 상황에 직면해 있는데, 이런 상황에서 효율성을 기반으로 한 논거를 활용하지 않는다면 그 사회는 점진적 개혁을 하는 데 가장 중요한 도구를 포기하는 셈이 된다는 것이다.

특히 한국 사회는 서구 사회와 달리 최단 시간에 경제적 근대화와 정치적 민주화를 이루었고, 젠더 평등에 대한 요구는 곧 이어진 신자유주의적 사회재편과 맞물려서 정책적으로 수용되어온 사회다. 이런 한국적 상황에서 여성운동이 첫 번째 논거인 여성 정체성의 정치를 지속한다면 오히려 그에 대한 반발(backlash)로 지금까지 이루어놓은 젠더 평등이 퇴행적으로 변화될 수 있

---

6 Nancy Folbre, *Valuing Children: Rethinking the Economics of the Family*(Harvard University Press, 2008). 폴브레는 자녀 출산 및 양육의 공공재적 성격, 즉 자녀 출산 및 양육에 드는 비용은 대부분 부모가 부담하지만 아이가 건전한 시민-노동자로 자랐을 때 얻는 이익은 많은 부분 사회 구성원 전체에게 혜택이 돌아간다는 점을 지적한다.

7 요스타 에스핑-안데르센, 『끝나지 않은 혁명』.

는 가능성이 있는 반면, 두 번째 논거인 젠더 평등을 기반으로 한 일-가정 양립 정책이 사회적 효용성을 가능하게 해준다는 점을 강조한다면 사회 구성원들에게 훨씬 더 큰 설득력을 가질 수 있을 것으로 생각된다. 현재 한국 사회는 남녀 모두 신자유주의적 경쟁에 내몰려 있고 좁은 의미의 효율성을 추구하는 데 익숙해져 주어진 경쟁 규칙이 제대로 지켜지는지에 대해 모두가 매우 민감하게 반응하는 상황이다. 따라서 일-가정 양립 정책의 경우처럼 비효율적인 경쟁 규칙의 변화를 통해 사회가 넓은 의미의 훨씬 더 높은 효율성을 달성할 가능성이 있다는 논거가 설득력을 얻게 된다면, 경직되고 시야가 좁은 신자유주의적 실천의 변화를 이끌어내는 사례로 큰 의미를 가질 수 있다.[8]

경제적 효용성 관점으로 사회적 실천의 변화를 유도하는 논거는 다음과 같다. 즉, 형식적 제도와 비형식적 규범을 포함한 모든 사회적 실천의 변화를 유도하는 방식은 복잡적응계(complex adaptive system)인 사회계[9]가 하나의 국소적 평형상태(local equilibrium)에서 새롭고 더 효율적인 국소적 평형상태로 이동하게 하는 것이다. 이때 이 이동 경로상에 위치하는 사회는 일반적으로 효율적 평형상태에 있다고 할 수 없기에 효율적 평형상태에 도달하기 위해서

---

8 예를 들어 한국 사회에서 1999년에 위헌 판정을 받고 폐지된 군가산점제도(7급 및 9급 공무원 시험 및 공기업 취업에 응시하는 군필자 남성에게 2%의 추가 점수를 보정해주는 보상 제도)에 대한 재논의에서부터 서서히 달아오르기 시작한 여성에 대한 역차별 의식은 현재 '여성 혐오'라는 용어를 거리낌 없이 사용할 정도의 수준에 이르렀는데, 이러한 현상도 이상의 두 종류의 논거 제시 방식의 맥락에서 재조명될 필요가 있다.

9 인지과학과 진화심리학적 연구는 인간이 다른 동물과 구분되는 다양한 행동을 할 수 있는 것은 인간이 유전적-문화적 진화를 통해 복잡한 자연적·사회적 환경에 적응적으로 대응할 수 있는 능력을 갖춘 복잡적응계(complex adaptive system)이기 때문이라고 설명하고 있다. 즉, 복잡적응계는 변화와 자기 조직화를 특징으로 한다. 사회과학은 그 자신이 복잡적응계인 이러한 인간들의 상호작용을 통해 구성되고 변화해가는 사회계, 즉 일반 복잡적응계와는 질적으로 다른 2차 복잡적응계를 연구 대상으로 한다.

는 구성원들의 동의를 끌어낼 수 있어야 하는데, 그 방식은 우리가 확보할 수 있는 효율성 향상을 분명히 제시한 후 협상과 설득을 통해 기득권의 조정을 유도하는 과정을 필수적으로 마련하는 것이다. 후기 근대사회는 구성원 개개인이 자기 자신의 삶을 추구하는 개인화를 가장 중요한 특징으로 하는 사회이기에, 우리가 추구하는 새로운 사회가 개개인들에게 제공하는 더욱 다양하고 확장된 문화적 틈새 공간(niche)을 이러한 효용성 향상의 제일 중요한 효과로 제시하는 것이 중요하다. 또한 이렇게 해서 달성된 사회에서 가능해진 개인의 창의성과 삶의 다양성을 적극적으로 활용하는 것만이, 바우만(Zygmunt Bauman)이 현란하게 묘사한 액체근대의 암울함[10]을 벗어나 코널리가 펼쳐 보인 창의적이고 생동하는 성찰적 근대[11]를 즐길 수 있는 길이라는 점을 강조할 필요가 있다.

일-가정 양립 정책이 추구해야 할 목표가 2인-부양자/2인-돌봄자 모델이라는 주장은, 이 모델이 특정한 사회적 조건하에서는 최적 평형상태가 된다는 것, 즉 이 모델을 채택한 사회의 각 구성원이 다른 어떤 모델을 채택한 사회로의 변화도 원하지 않는다는 것을 뜻한다. 물론 변화와 자기 조직화를 특징으로 하는 복잡적응계인 사회계의 특성상, 이 2인-부양자/2인-돌봄자 모델이 최적 평형상태가 될 수 있는 사회적 조건이 무엇인지를 완벽하게 제시할 수는 없다. 다만 가장 중요한 필요조건만 제시하고 나머지는 적응적 조정 과정을 통해 지속적으로 조절을 해나가는 것이 필수적이다. 그리고 이 조절 과정은 사회계가 효율성을 유지하려면 지속적으로 이루어져야 한다. 지금까지 학계에 제시된 2인-부양자/2인-돌봄자 모델이 최적 평형상태가 될 수 있는 가장

---

10 지그문트 바우만, 『액체근대』, 이일수 옮김(강, 2009).

11 William E. Connolly, *Neuropolitics: Thinking, Culture, Speed*(University of Minnesota Press, 2002).

중요한 필요조건들을 요약해본다면 먼저 가사노동, 특히 육아를 포함한 돌봄노동의 평등한 부담이 이루어져야 하고, 이를 위해 직장 문화뿐만 아니라 사회생활 전반에서 젠더 평등이 규범으로 정착되어야 한다. 즉, 남녀출산휴가가 자연스러운 것으로 받아들여져야 한다. 그리고 이를 위해 한국식 업무 수행 방식에 변혁이 일어나야 한다. 특히 장시간 직장 근무시간이 대폭 축소되어야 한다.

그러나 신자유주의의 기본 원리는 공정한 경쟁을 통한 효율성 달성이지만, 후기 근대 한국 사회에서는 경쟁의 결과에 너무 많은 것이 걸려 있기 때문에 대다수의 구성원들은 경쟁을 두려워하며, 또 경쟁의 규칙을 왜곡해서라도 유리한 위치를 차지하려고 한다. 그리고 이러한 상황은 비생산적인 근무시간 연장으로 이어지고, 또 노동시장 분절화를 통해서라도 자신의 위치를 강화하려는 상황으로 이어진다. 반면에 2인-부양자/2인-돌봄자 모델은 돌봄노동의 평등한 부담을 의미하고, 이는 양육과 노인 돌봄노동이 사적으로 이루어지는 것이 불가능하다는 것을 분명하게 인식시켜서 공공 탁아 시설과 노인 요양 시설의 필요성에 대한 사회적 동의가 이루어지게 하는 것이다. 이렇듯 2인-부양자/2인-돌봄자 모델이 정착되기 위해 필요한 사회적 선결 조건들은 한국적 후기 근대의 상황을 지극히 비효율적이며 병리적인 상태로 유지시키는 대부분의 왜곡된 실천들의 변화와 연쇄적으로 연관되어 있다. 그리고 이것이 바로 필자가 2인-부양자/2인-돌봄자 모델이 한국 사회에서 실현 가능한 유토피아의 중심점 역할을 할 것이라고 주장하는 이유다.

그러므로 이상과 같은 논리를 따라가보면, 결국 2인-부양자/2인-돌봄자 모델을 중심으로 하는 최적 평형상태의 사회가 구현되는 데 가장 중요한 필요조건이 마련될 수 있으려면 한국 사회의 형식적·비형식적 실천 전체의 변화가 요구된다는 결론에 이르게 된다. 그렇다면 이것은 어떻게 가능한가? 다음 절에서는 사회적 실천과 그것으로 구성된 문화의 변화가 일어나는 기제를 다루려고 한다.

3. 사회적 실천은 어떻게 변하는가: 문화의 동력학

역사적으로 근대사회는 국가와 시장이라는 2개의 축으로 운영되어왔으며, 인간다운 삶이 이루어지는 문화적 공간인 '사회적인 것(the social)'은 국가 정책과 시장을 매개로 해서만 작동할 수 있다고 보았다. 국가로 대변되는 정치권력과 시장 기제를 기반으로 한 '시민사회(civil society)'[12]에 속하지 않는 '사회적인 것'이 관심의 대상이 된 시기는 19세기 초로서, 유럽에서 실업자 문제를 질서를 위협하는 불안 요소로 보기 시작하면서였다. 시민권에 '사회적 요소(social elements)'를 포함한 '사회적 권리(social rights)' 개념은 이러한 불안 요소들을 해결하기 위해 복지국가로 이행하는 과정에서 나온 것이다.[13] '사회적인 것'의 영역은 이처럼 처음 등장했을 때부터 사회의 안정을 위협하는 영역으로 의심받았고, 그 이후 아렌트(Hannah Arendt)에 이르러서는 개인의 정치적 행동을 무력화하는 영역으로 폄하되기도 했다.[14]

---

12 19세기에 사용된 '시민사회'라는 용어는 개인적 욕구를 충족할 목적으로 시장을 통해 작동했던 경제적 활동 영역을 뜻하는 것이었다. 시민사회라는 용어 안에 '사회적인 것'이 포함되는 것은 20세기 들어서이다. George Steinmetz, *Regulating the Social: The Welfare State and Local Pollitics in Imperial Germany*(Princeton University Press, 1993), pp.55~59.

13 '사회적 요소'란 "약간의 경제적 복지와 안전에 대한 권리에서 시작해 사회적 유산을 최대한 공유하고 그 사회의 일반적 기준에 비추어 문명화된 삶을 살 권리에 이르는 전 영역"을 말한다. George Steinmetz, 같은 책, p.31.

14 피트킨은 아렌트가 지적한 인간의 자유를 집어삼키는 사회적인 것의 특징을, 모든 것을 집어삼키는 외계 괴물을 지칭하는 블로브(Blob)로 묘사하기도 했다. Hanna Fenichel

필자는 후기 근대에 이른 현재까지 사회학자들이 '사회적인 것'의 영역에 대한 두려움과 의심을 떨치지 못하는 이유는 사회학 이론의 결함 때문이라고 생각한다. 즉, 사회학에는 행동경제학자인 긴티스가 지적했듯이, 경제학에서 핵심이론(core theory) 역할을 하고 있는 '합리적 행위자 모델'이나 그 수학적 체계화 이론인 '게임 이론'과 같은 이론이 부재하다.[15] 필자는 사회학의 핵심 이론이 될 수 있는 강력한 이론이 '실천 이론(practice theory)'이라는 형태로 이미 존재하며, 사회학자들이 이 이론을 기반으로 기존의 사회학적 이론들을 적절히 변형해 재배치한다면 완결된 형태의 사회학 이론을 구성할 수 있다고 생각한다. 이 절에서 필자는 선행 연구[16]에서 이미 제시했던 실천 이론을 간략히 설명하고, 이 실천 이론이 제시하는 문화의 동력학이 일-가정 양립 정책을 중심으로 한 젠더 평등 사회 구현이라는 실현 가능한 유토피아로 나아가는데 어떤 이행 경로를 제시하는지 설명하려고 한다.

'실천 이론'은 서로 연관되지만 개념적으로 전혀 다른 세 가지 이론을 기반으로 한다. 그 세 가지 이론은 사회과학적 실천 이론, 철학적 실천 이론(또는 실용주의) 그리고 복잡적응계 이론이다. 첫째, 사회과학적 실천 이론은 부르디외(Pierre Bourdieu), 기든스(Anthony Giddens), 푸코(Michel Foucault), 가핑클(Harold Garfinkel) 등이 사회현상을 개인들의 행위로 구성된 다양한 실천들로

Pitkin, *The Attack of the Blob: Hannah Arendt's Concept of the Social*(The University of Chicago Press, 1998).

15 Herbert Gintis, "A Framework for the Unification of the Behavioral Sciences," *Behavioral and Brain Science*, 30:1(2007), pp.1~61.

16 조주현, 「'사회적인 것'의 위기와 페미니스트 정체성의 정치: 린다 제를리의 대안」, ≪사회와 이론≫, 17:2(2010), 53~84쪽; 조주현, 「실천이론으로 본 비판사회학과 페미니스트 정치학의 문제」, ≪경제와 사회≫, 88(2010), 68~93쪽; 조주현, 「사회적 실천은 어떻게 변하는가?: 후기 근대사회에서의 정체성의 정치와 아고니즘 정치」(한국사회학회 2014년도 전기사회학대회 자료집).

이루어진 문화의 동력학으로 설명하기 위해 구성한 이론이다. 여기서 실천은 일시적인 유행, 사회 관습, 규범, 권력 등을 포함한 느슨한 개념으로 사용되며 세 가지 이론 중 가장 폭넓은 적용 범위를 가진다. 둘째, 철학적 실천 이론은 20세기 전반부터 노이라트(Otto Neurath), 하이데거(Martin Heidegger), 비트겐슈타인(Ludwig Josef Johann Wittgenstein), 셀라스(Wilfrid Sellars) 등 실용주의 계열 철학자들이 주로 언어적 실천을 설명하기 위해 구성한 이론이다.[17] 철학적 실천 이론은 실천을 수행하는 개개인들의 규범적 판단(normative judgment) 능력이, 실천이 자기 조절적으로 변화하며 안정성을 유지하는 데 핵심 요소라고 판단한다. 규범적 판단 능력은 인간의 고유한 지적 능력으로서, 각 구성원이 묵시적인(tacit) 형태로 이해하고 있는 실천의 규칙(rules)이나 기준(criteria)에 따라 사회적 실천을 구성하는 각 수행(performance)의 적절성 여부를 판단하는 능력이다. 이 과정에서 중요한 것은 평가 대상에 구성원들의 수행뿐 아니라 판단의 근거가 되는 규칙이나 기준 자체도 포함된다는 것이다. 이 후자에 대한 평가는 대개는 규칙이나 기준을 준수하는 것으로 끝나지만 가끔은 규칙이나 기준에 의문이 생길 때가 있고 이 경우 좀 더 직접적인 평가 과정인 숙고(deliberation)로 이어지게 되며, 나아가 다른 구성원과의 토론으로 이어지게 된다. 실천의 규칙이나 기준에 대한 긍정적인 평가는 실천을 안정적으로 유지하는 핵심 행위로서, 이러한 판단과 평가가 없는 현상들은 실천을 구성할 수 없다. 그러나 다른 한편 실천의 규칙이나 기준에 대한 부정적인 평가 역시 실천의 또 다른 핵심적인 행위로서, 이어지는 숙고와 토론을 통해 실천을 외부 조건의 변화에 적응적으로 변화시켜나갈 수 있기 때문에 부정적 평가 역시

---

17 쿤(Tomas Kuhn) 등이 독립적으로 발전시킨 과학적 실천 이론은 사회과학적 실천 이론과 철학적 실천 이론에 각각 공통의 특징을 갖고 있지만, 필자는 철학적 실천 이론의 지류로 볼 수 있다고 생각한다.

실천의 효율성을 유지하는 데 필수적이다. 셋째, 실천의 안정성과 (적응적) 변화 가능성은 복잡적응계의 일반적인 구성 원리이기도 하다. 복잡적응계는 많은 구성 요소로 이루어진 복잡계이면서 구성 요소 간의 상호작용에 의해 자기 조절적으로 자신의 정체성을 유지하는 계를 말한다. 복잡적응계는 실천 이론이 대상으로 하는 사회적 실천뿐 아니라 물리학적 복잡계와 세포, 뇌, 생명체 등 대부분의 생물학적 계 그리고 사회적 곤충들로 이루어진 계까지 포함하는 광범위한 개념이다.[18]

필자가 제시하는 실천 이론은 철학적 실천 이론을 중심 요소로 하되, 주로 언어적 실천에 국한되었던 분석 대상을 사회과학적 실천 이론이 분석 대상으로 했던 실천들로 크게 확장하며, 이 과정에서 언어적 실천에 대한 철학적 실천 이론의 어떤 부분을 어떻게 확장할 것인가에 대한 길잡이 역할을 복잡적응계 이론이 맡도록 구성된 이론이다. 아직 만족할 만한 수준의 구체적이고 체계적인 형태로 완성되지는 못했지만 현재의 형태만으로도 이 연구의 이론적 틀 역할을 충분히 할 수 있다고 생각한다. 즉, 우리가 실천 이론을 통해 분석할 일-가정 양립 정책을 포함한 젠더 평등적 복지 정책들이 구현될 실현 가능한 유토피아는 다양한 사회적 실천들로 구성된 젠더 레짐과 복지 레짐의 적응적 변화를 통해 이루어질 수 있으며, 이 과정의 실행 가능성은 실천 이론이 제시하는 사회적 실천의 동력학을 통해 분석할 수 있다는 것이다.

'사회적인 것'이 한편으로는 사회의 안정성을 위협하는 것으로, 다른 한편으로는 정치적 행동을 통해서만 이룰 수 있는 것으로 간주되어 사회적 변화를

---

18 필자는 이러한 광범위한 복잡적응계들과 사회적 실천을 구분하기 위해 사회적 실천을 '상징적 복잡적응계(symbolic complex adaptive system)'라고 부를 것을 제안한다.

무력화하는 것으로 의심을 받는 이유는, '사회적인 것'을 구성하는 사회적 실천이 이처럼 특정 구조가 없는 무형체의 괴물로 여겨져서 그 사회적 실천의 안정성이나 방향성을 예측할 수 없는 것으로 보았기 때문이다. 그러나 사회적 실천의 핵심적인 특징인 구조적 안정성과 적응적 변화 가능성은 모든 구성원 각각의 규범적 판단 능력과 숙고와 토론을 통해 실천의 적응적 변화를 끌어내는 능력으로 설명될 수 있다. 뿐만 아니라 구성원 각각의 규범적 판단 능력을 통해 실천의 동력학 또는 다양한 실천들로 구성된 문화의 동력학을 구성할 수 있다.

이러한 문화의 동력학의 가장 단순한 형태이자 진화론적 원천이 바로 수렵채취사회(hunter-gatherer society)가 안정적으로 작동하도록 해주던 사회적 규범의 동력학이다.[19] 이 원시적인 사회적 규범은 폭력을 동반한 가혹한 것이었고 그 적응적 변화 가능성은 최소화된 형태였지만, 인류는 문화적 진화 과정을 통해 이 사회적 규범의 동력학을 진화시켰고 과학기술의 발전에 따른 생산력의 혁신으로 초기의 생존을 위한 경직된 실천 형태에서 벗어나 후기 근대의 창의성을 극대화하는 형태로 실천의 동력학을 자유롭게 구사할 수 있게 되었다. 생산력의 혁신은 문화의 동력학이 더 이상 자연적인 제한 조건에 구애받지 않을 수 있도록 했고 이제 유일한 장애는 문화적 타성이나 편견뿐이라는 낙관적인 희망도 가질 수 있게 되었다. 그러나 문화적 타성이나 편견은 사회적 실천을 구성하는 2개의 축 중에서도 가장 중요한 안정성이 비정상적으로 오래 유지된 것일 뿐이라는 점, 즉 사회적 실천 또는 가장 단순한 예인 사회적 규범에 대해 구성원들이 보내는 맹목적 믿음은 진화적인 기반을 가진 현상이

---

19 Robert Boyd and Peter J. Richerson, *Culture and the Evolutionary Process*(The University of Chicago Press, 1985); Samuel Bowles and Herbert Gintis, *A Cooperative Species: Human Reciprocity and Its Evolution*(The University of Chicago Press, 2013).

고 사회적 실천의 변화 가능성은 실천이나 규범의 이러한 특성을 분명히 이해하는 데서 출발해야 한다는 것이 강조되어야 한다.

결국 실천의 동력학 관점에서 본다면 실천의 효율성은 안정성과 변화 가능성이라는 두 가지 상반된 요구가 어떤 지점에서 절충되는가에 달려 있다. 문제는 이 절충의 최적점은 국가가 중앙 집중적인 방식으로 각 구성원에게서 정보를 취합해서 결정할 수 있는 것이 아니라는 점이다. 절충의 최적점은 각 구성원이 실천의 동력학을 충분히 이해하고 자신의 규범적 판단 능력을 향상시키는 것을 통해서만 획득될 수 있다. 즉, 각 구성원은 자신의 규범적 판단 능력이 성장 과정에서 자신이 받은 다양한 '훈련' 결과로 형성된 것이며, 이러한 훈련은 많은 경우 우연적 조건에 의해 형성된 것이라는 점을 이해해야 한다. 사회적 실천의 동력학을 효율적으로 작동시키기 위해서는 각 구성원이 자신의 판단 능력의 향상을 위해 노력하고 자신이 원하는 사회가 어떤 것인지, 즉 자신이 꿈꾸는 실현 가능한 유토피아가 무엇인지 생각할 수 있어야 한다. 중요한 것은 실현 가능한 유토피아는 정부 관료나 조직이 주도해서 세세한 정책을 수립하고 집행하는 방식으로는 결코 달성될 수 없다는 것이다. 그러한 방식은 후기 근대의 개별화된 개인화가 가지는 창의성을 포기하는 셈이 될 것이며, 무엇보다도 개인의 행위성이 주는 해방감을 이미 만끽하고 있는 젊은 세대에게 그러한 방식은 지극히 암울하게 여겨질 것이다.

결국 실천 이론이 내리는 결론은 유토피아의 실현 가능성이 그 사회 구성원의 역량과 상상력에 달려 있다는 것이다. 이 말은 유토피아의 실현이 구성원들의 행위성에 달려 있다는 긍정적 관점과, 출중한 지도자나 엘리트 집단의 주도로 혁명적인 변화를 통해 단시간에 이룰 수 없는 것이라는 부정적 관점을 동시에 함의한다. 이 긍정적 관점과 부정적 관점 중 어떤 관점이 주도적 관점이 되는가 역시 구성원들의 상상력에 달려 있다는 것은 분명하다. 따라서 구성원들의 규범적 판단 기준의 변화를 통해서 사회적 실천을 적응적으로 변화시킬 경우, 최종 목표인 2인-부양자/2인-돌봄자 모델이 제시하는 젠더 레짐은 다양한 실천들로 구성되어 있고 각 실천은 형식적인 규칙이나 모델로 명확하게 규정되어 있는 것이 아니라 구성원들이 끊임없이 내리는 판단을 통해 다른 실천들을 포함한 외부적 조건의 변화에 적응적으로 변화하는 자기 조직적 계라는 사실이 강조되어야 한다. 즉, 실현 가능한 유토피아는 구성원들의 상상력만이 그 변화의 한계를 결정하는 상징적 복잡적응계이며, 구성원들의 토론과 상호작용을 통해 끝없이 진화할 수 있는 것이다. 이런 의미에서 실현 가능한 유토피아는 동적 평형상태(dynamic equilibrium)라고 할 수 있다. 다음 절에서는 한국적 후기 근대의 상황에서는 2인-부양자/2인-돌봄자 모델이 제시하는 젠더 레짐으로의 이행 과정이 어떻게 전개될 수 있는지를 지금까지의 이론적 논의를 기반으로 분석해보겠다.

4. 한국적 후기 근대와 한국 여성들의 삶의 변화

근대성의 중심축을 출산율 감소로 보고 현대사회의 구조 변동을 출산율 감소와 연계해 분석한 오치아이(落合惠美子)에 따르면, 한 사회의 근대성 단계는 출산율 감소 수준에 따라 1차 근대화와 2차 근대화로 나뉜다.[20] 1차 근대화는 인구재생산이 유지되는 출산율 2.0명까지의 1차 출산율 감소 시기를 말하고, 2차 근대화는 인구 감소가 본격화되는 출산율 1.5명 이하(연구자에 따라 초저출

20 오치아이 에미코, 「21세기 초 동아시아의 가족과 젠더 변화의 논리」, 조주현 엮음, 『동아시아 여성과 가족 변동』, 신영희 옮김(계명대학교출판부, 2013), 101~143쪽.

산율인 1.3명 이하)의 2차 출산율 감소 시기를 말한다. 오치아이는 서구 사회의 경우 1차 출산율 감소 시기에는 핵가족이 보편화되고 전업주부화 현상이 나타나며 성역할 규범이 강화되지만, 2차 출산율 감소 시기에는 핵가족이 해체되기 시작하고 탈전업주부화 현상이 나타나며 성역할 규범이 약화되면서 개인화 시대가 시작되는 것으로 보고 있다. 오치아이에 따르면, 서구 사회의 경우 1차 출산율 감소가 1880~1930년대에 나타났고 2차 출산율 감소가 1960년대 말 이후에 나타남으로써 두 시기 사이에 약 50년간의 안정적인 인구재생산 시기가 있었다면, 일본은 1950년대에 1차 출산율 감소를 경험했고 2차 출산율 감소가 1970년대 중반 이후에 나타나면서 약 25년간의 안정적 인구재생산 시기를 경험한 데 비해, 일본을 제외한 동아시아 국가들은 1970~1980년대에 1차 출산율 감소를 경험한 후 곧이어 2차 출산율 감소를 경험함으로써 핵가족 문화가 안정적으로 정착할 수 있는 시기적 여유가 없었다.[21]

그렇다면 일단 오치아이가 제시한 근대화 기준에 따라 한국 여성들의 삶의 패턴을 살펴보도록 하자. 한국은 1984년에 출산율 2.0명을 기록하면서 1차 출산율 감소를 경험했고, 1998년에 출산율 1.5명으로 2차 출산율 감소 시기에 진입했으며, 2001년부터는 출산율 1.3명 이하로 초저출산 시대에 들어섰다(〈표 1〉 참조). 이것은 한국이 1차 출산율 감소에 이어서 14년 만에 2차 출산율 감소 시기로 들어서는 것으로, 특히 IMF 금융 위기 이후인 2000년대에 이르면 1차 근대화와 2차 근대화의 특징들이 혼재해서 나타나게 된다는 것을 의미한다. 한국의 연구자들은 IMF 금융 위기 이후 이러한 한국적 후기 근대의 삶의 특징들을 '압축적 근대화',[22] 혹은 '압축적 개인화'[23]로 명명하면서 핵

---

21 오치아이 에미코, 같은 글, 122~124쪽.

22 장경섭, 『가족·생애·정치경제: 압축적 근대성의 미시적 기초』(창비, 2009); Chang, Kyung-Sup and Min-Young Song, "The Stranded Individualizer under Compressed

표 1 **합계 출산율(단위: 명)**

연 도	1970	1975	1980	1985	1990	1995	2000	2005	2010	2014
합계 출산율	4.53	3.43	2.82	1.66	1.57	1.63	1.47	1.08	1.23	1.21

자료: 통계청, 「인구동향조사」. 주재선·송치선·박건표, 『2015년 한국의 성인지통계』(2015), 108쪽에서 재구성.

표 2 **25세 이상 여성의 학력 구성비(1980~2010년)(단위: %)**

연도	학력				합계
	초졸 이하	중졸	고졸	대졸 이상	
1980	67.0	16.5	12.9	3.6	100.0
1990	43.0	20.3	28.4	8.3	100.0
2000	30.4	14.3	37.3	18.0	100.0
2010	20.0	13.7	34.2	32.1	100.0

자료: 통계청, 「인구총조사」. 주재선·송치선·박건표, 『2015년 한국의 성인지통계』(2015), 184쪽에서 재구성.

가족의 보편화와 핵가족의 해체가 동시적으로 작동하는 현상, 즉 가족주의와 개인화가 공존하는 현상을 분석해내려고 했다.

한편 한국 여성의 교육 수준은 2000년대 이후 초저출산 시대에 급격하게 고학력화되었다. 〈표 2〉를 보면, 25세 이상 한국 여성 중 초졸 이하 여성이 1980년 67%에서 2010년 20%으로 30년 사이에 무려 47%p 감소한 반면, 대졸 이상 여성은 1980년 3.6%에서 2010년 32.1%로 구성비가 수직 상승했다. 즉, 2010년 현재 25세 이상 한국 여성 중 단지 33.7%만이 중졸 이하일 정도로 한국 여성의 교육 수준은 고학력화되었다.

그러나 한국 여성의 높은 교육 수준이 바로 취업과 연결되는 것은 아니다.

Modernity: South Korean Women in Individualization without Individualism," *British Journal of Sociology*, 61:3(2010), pp.539~564.

23 홍찬숙, 『개인화: 해방과 위험의 양면성』(서울대학교출판문화원, 2015).

표 3 여성의 교육 정도별 경제활동 참가율(1990~2015년)(단위: %)

연도	학력			
	중졸 이하	고졸	전문대졸	대졸 이상
1990	45.6	47.5	66.2	53.1
2000	43.6	49.4	64.4	57.8
2010	35.9	52.6	64.9	62.2
2015	34.0	55.5	67.1	64.4

자료: 통계청, 「경제활동인구연보」. 주재선·송치선·박건표, 『2015년 한국의 성인지통계』(2015), 233쪽에서 재구성.

표 4 여성의 혼인 상태 및 교육 정도별 경제활동 참가율(1990~2015년)(단위: %)

혼인 상태	연도	교육 정도			
		중졸 이하	고졸	전문대졸	대졸 이상
미혼	1990	15.7	66.1	87.1	78.8
	2000	7.1	54.0	87.0	81.3
	2010	4.5	46.9	87.2	80.5
	2015	3.8	48.3	87.7	81.7
기혼	1990	57.3	34.7	44.0	39.6
	2000	57.6	46.7	42.6	46.3
	2010	49.4	53.6	50.2	52.7
	2015	46.9	56.6	53.5	55.8

자료: 통계청, 「경제활동인구조사」. 주재선·송치선·박건표, 『2015년 한국의 성인지통계』(2015), 234~235쪽에서 재구성.

OECD 국가의 2010년 기준 대졸 여성 경제활동 참가율이 82.4%인 데 비해,[24] 한국의 2010년 기준 대졸 여성 경제활동 참가율은 62.2%에 머물러 있기 때문이다(〈표 3〉 참조). 그러나 〈표 3〉과 〈표 4〉를 좀 더 자세히 살펴보면 일괄적으로 규정할 수 없는 한국 여성들의 삶의 변화가 드러난다. 〈표 3〉을 보면 한국 여성의 교육 정도별 경제활동 참가율은 중졸 이하 여성이 1990년 45.6%에

24 강이수·신경아·박기남, 『여성과 일』(동녘, 2015), 124쪽.

서 2015년 34.0%로 11.6%p 감소한 반면, 고졸 여성은 1990년 47.5%에서 2015년 55.5%로 8%p 증가했고, 대졸 이상 여성은 1990년 53.1%에서 2015년 64.4%로 11.3%p 상승했다. 즉, 서구에 비해서 여전히 낮은 수준이긴 하지만, IMF 금융 위기 이후 고학력 여성들의 경제활동 참가율이 상승하고 있는 것이다. 이러한 현상은 특히 혼인 상태별로 여성들의 경제활동을 구분해서 보았을 때 확연하게 드러난다.

〈표 4〉를 보면, 전문대졸과 대졸 이상 미혼 여성들의 경제활동 참가율이 2015년 기준 각기 87.7%와 81.7%로서 고학력 미혼 남성들의 경제활동 참가율과 큰 차이를 보이지 않을 만큼 높은 수준을 유지하고 있다. 반면에 저학력 미혼 여성들의 경우 중졸 이하는 1990년 15.7%에서 2015년 3.8%로 취업이 불가능하다고 말할 수 있을 정도로 경제활동 참가율이 격감했고, 고졸 미혼 여성들도 1990년 66.1%에서 2015년 48.3%로 17.8%p나 경제활동 참가율이 격감했다. 즉, 미혼 여성의 경우 고졸 이하의 저학력과 전문대졸 이상의 고학력 간 취업 격차가 갈수록 커진다는 것을 알 수 있다. 반면에 기혼 여성들의 경제활동 참가율을 보면 고학력 여성의 경우 전문대졸이 1990년 44.0%에서 2015년 53.5%로 9.5%p 증가했고, 대졸 이상이 1990년 39.6%에서 2015년 55.8%로 16.2%p 증가했다. 또한 고졸 기혼 여성들의 경우도 고졸 미혼 여성들과 달리 1990년 34.7%에서 2015년 56.6%로 무려 21.9%p나 증가했다. 이것은 기혼 여성의 경우 핵가족 전업주부화 현상이 주도하던 1980~1990년대에서 벗어나 IMF 금융 위기 이후 저학력 기혼 여성들은 가정경제에 도움을 주어 핵가족을 유지하기 위해 직업을 갖는 것으로, 반면에 고학력 중산층 기혼 여성들은 자기 자신의 삶을 추구하기 위해 직업을 갖는 개인화 현상이 나타나기 시작한 것으로 각기 이해할 수 있다.

그러나 한국 기혼 여성들의 취업 이유가 가정경제를 위한 것이든, 자기 자

표 5 여성 임금근로자 고용 형태별 분포(1990~2015년)(단위: 천 명, %)

연도	임금근로자 계	상용직	임시직	일용직
1990	4,190(100.0)	1,577(37.6)	1,659(39.6)	954(22.7)
2000	5,397(100.0)	1,679(31.1)	2,496(46.2)	1,222(22.6)
2010	7,230(100.0)	3,421(47.3)	2,973(41.1)	837(11.6)
2015	8.382(100.0)	4,731(56.4)	3,019(36.0)	686(8.5)

자료: 통계청, 「경제활동인구연보」. 강이수·신경아·박기남, 『여성과 일』(2015), 127쪽에서 재구성.
주: 1)상용직: 고용계약 기간이 1년 이상인 정규직원.
2)임시직: 고용계약 기간이 1개월 이상 1년 미만인 자.
3)일용직: 고용계약 기간이 1개월 미만인 자.

표 6 맞벌이 가구의 1일 평균 시간 배분(1999~2014년)(단위: 시간)

구분	1999			2004			2009			2014		
	일	가사	합계	일	가사	합계	일	가사	합계	일	가사	합계
아내	5:54	3:42	9:36	5:14	3:28	8:42	5:06	3:20	8:26	4:52	3:13	8:05
남편	7:19	0:27	7:46	6:34	0:32	7:06	6:20	0:37	6:57	6:11	0:41	6:52

자료: 통계청, 「생활시간조사」. 강이수·신경아·박기남, 『여성과 일』(2015), 383쪽에서 재구성.

신의 삶을 추구하기 위한 것이든 한국 여성들의 고용 형태는 전반적으로 불안정하다. 한국은 IMF 금융 위기 직후인 2000년 기준 여성 임금근로자 중 상용직 비율이 31.1%에 불과했던 것에서 알 수 있듯이, 저학력 기혼 여성들이 임시직과 일용직에 대거 분포하면서 여성들의 고용 형태는 학력과 결혼 상태에 따라 더욱더 격차를 보이기 시작한다(〈표 5〉 참조).

한편 취업 주부들은 가사 및 돌봄 노동에서 남편과 역할 분담을 하지 못하는 것으로 나타난다(〈표 6〉 참조). 취업 주부의 1일 평균 가사 및 돌봄 노동 시간은 1999년 3시간 42분에서 2014년 3시간 13분으로 15년 사이에 29분이 감소했고, 취업 남편의 경우는 1999년 27분에서 2014년 41분으로 14분이 증가했지만, 심지어 맞벌이 가구의 경우에도 가사 및 돌봄 노동이 기본적으로 여성의 일로 진행되고 있다는 점에는 변함이 없다. 여성의 일로 진행되는 가사

표 7 취업 주부와 전업주부의 가사 분담 견해와 실태(2010년)(단위: %)

구분	가사 분담에 대한 견해			가사 분담 실태		
	부인 주도	공평하게 분담	남편 주도	부인 주도	공평하게 분담	남편 주도
취업 주부	62.3	36.4	1.2	86.5	11.3	2.1
전업주부	71.3	26.7	2.0	89.9	8.4	1.7

자료: 통계청, 「사회조사」(2010); 통계청, 「2012 통계로 보는 여성의 삶」(2012). 강이수·신경아·박기남, 『여성과 일』(2015), 477쪽에서 재구성.

표 8 25~44세 성별 미혼 인구 비율(1990~2015년)(단위: %)

성별	연도	연 령			
		25~29	30~34	35~39	40~44
여성	1980	14.1	2.7	1.0	0.5
	1990	22.1	5.3	2.4	1.1
	2000	40.1	10.7	4.3	2.6
	2010	69.3	29.1	12.6	6.2
남성	1980	45.2	7.3	1.8	0.7
	1990	57.3	13.9	3.8	1.5
	2000	71.0	28.1	10.6	4.9
	2010	85.4	50.2	26.7	14.4

자료: 통계청, 「인구주택총조사보고서」; 문유경, 『1995 여성통계연보』(1995), 57~59쪽. 주재선·송치선·박건표, 『2015년 한국의 성인지통계』(2015), 107쪽에서 재구성.

및 돌봄 노동은 여성의 고용 형태에 영향을 끼치고, 그 결과 여성은 임시직 및 시간제 노동 등의 비정규직 취업을 통해 일-가정 양립을 병행하는 조정을 거치게 된다. 그러나 일-가정 양립에서 취업 주부들이 택하는 이러한 조정은 자발적인 선택의 결과가 아니다.

〈표 7〉은 주부들의 가사 분담에 대한 견해와 가사 분담 실태 사이의 격차를 보여준다. 취업 주부들의 36.4%가 가사 노동을 남편과 공평하게 분담해야 한다는 생각을 갖고 있지만 현실은 11.3%의 취업 주부들만이 남편과 공평하게 가사 노동을 분담하고 있었다. 가사 분담에 대한 견해와 현실 간의 이러한

격차는 전업주부보다 취업 주부의 경우에 더욱 크게 나타난다. 따라서 고등 교육을 받은 여성이 직업을 통해 자기 자신의 삶을 기획할 때 결혼은 성역할 규범으로 인해 자기 자신의 삶을 기획하는 여성에게 위험이 될 수 있으며, 고학력 여성이 결혼을 미루는 것은 이러한 위험을 피할 수 있는 하나의 방법이 된다.

실제로 IMF 금융 위기 이후 많은 여성들이 결혼을 미루는 선택을 했다. 〈표 8〉을 보면 25~29세 미혼 여성 비율은 1990년 22.1%에서 2010년 69.3%로 20년 만에 무려 47.2%p나 증가했다. 그뿐만 아니라 30~34세 미혼 여성 비율도 1990년 5.3%에서 2010년 29.1%로 23.8%p 증가했다. 결혼을 미루거나 하지 않는 여성의 비율이 40~44세 미혼 여성들 중에도 1980년 0.5%에서 2010년 6.2%로 상승해, 비혼이 한국 여성들에게 하나의 삶의 유형으로 자리 잡고 있음을 알 수 있다.

한편 미혼 인구의 증가는 가구 유형에서도 1인 가구의 증가와 함께 핵가족의 감소를 가져왔다. 〈표 9〉는 전체 인구 중 1인 가구에 속하는 비율이 1990년 9.0%에서 2010년 23.9%로 14.9%p 증가했음을 보여준다. 반면에 부모와 자식으로 구성된 2세대 가구에 속하는 인구는 1990년 66.3%에서 2010년 51.3%로 15%p 감소했다.

이상과 같이 제시된 표와 논의에서 드러나듯이, 오치아이의 개념을 기반으로 하면 한국적 후기 근대에서 한국 여성들의 삶의 패턴은 1차 근대화와 2차 근대화를 질서정연하게 거쳐간 서구 여성들과 달리, 1차 근대화와 2차 근대화의 특징들이 혼재된 형태를 보이는 것으로 나타난다. 그러나 이것은 오치아이가 제시한 1차 근대화와 2차 근대화의 개념이 서구와 일본의 경우를 중심으로 구성되었기 때문에 그렇게 보이는 것뿐이다. 오히려 좀 더 정확하게 표현하자면, 한국의 근대화는 서구의 근대화 과정과 근본적으로 다른 과정을

표 9 **가구의 세대별 분포(1980~2010년)(단위: %)**

연도	1인 가구	비혈연 가구	세대별 가구				합계
			1세대	2세대	3세대	4세대	
1980	4.8	1.5	8.3	68.5	16.5	0.5	100.0
1990	9.0	1.5	10.7	66.3	12.2	0.3	100.0
2000	15.5	1.1	14.2	60.8	8.2	0.2	100.0
2010	23.9	1.2	17.5	51.3	6.1	0.1	100.0

자료: 통계청, 「인구총조사」. 주재선·송치선·박건표, 『2015년 한국의 성인지통계』(2015), 124쪽에서 재구성.

거쳐서 진행된 것이라고 할 수 있다. 예컨대 한국의 경제적 근대화나 정치적 민주화의 경우 모두 형식적인 제도나 조직은 서구의 것을 차용한 것이지만 사회계 변화의 주 원천은 이러한 형식적인 제도나 조직이 제대로 작동할 수 있도록 해주는 사회적 실천들인데, 이 사회적 실천들은 급속한 근대화 과정 때문에 새로운 제도와 조직에 걸맞은 변화를 이룰 시간적 여유가 없었던 것이다. 따라서 한국의 사회적 실천들은 한국의 문화적 유산들에 기반을 두고 역사적 조건에 따라 적절하게 급조될 수밖에 없었다.

3절에서 설명했듯이 실천의 동력학은 비교적 빠르게 변화시킬 수 있는 형식적인 제도나 조직의 경우와 달리 훨씬 오랜 시간에 걸쳐 진행된다. 또한 실천의 가장 중요한 구성 요건이 안정성이기 때문에 서구의 실천을 쉽게 차용할 수 있는 것도 아니다. 그러므로 서구의 경우에 맞춰 구성된 이론이 한국 사회에 깔끔하게 적용될 수 없는 것은 오히려 당연하다 하겠다. 다른 한편 필자는 이렇게 구성된 한국적 실천이 반드시 비효율적인 상태로 남아 있어야 할 이유도 없다고 본다. 실천의 동력학은 무한한 방식으로 전개될 수 있기 때문에 전혀 다른 경로를 거쳐 (더 나은) 효율성을 달성할 수도 있기 때문이다.

통계 자료에 나타난 현재 한국 여성의 삶은 다른 선진산업국가 여성의 삶과 많은 특징을 공유하고 있다. 한국의 형식적인 정치적·경제적 제도들은 이미 서구의 방식을 차용해 상당히 긴 기간 동안 운용되어왔고, 이러한 형식적 제도들을 실질적으로 작동시키는 사회적 실천들 역시 최근 20년간에 걸친 신자유주의화로 선진산업국가의 것들과 유사한 형태로 빠르게 수렴하고 있기 때문이다. 특히 신자유주의는 형식적인 제도들이나 비형식적인 문화를 포함한 사회적 실천들의 변화를 통해 효율성을 달성하기보다는 개인 단위의 적응적 변화를 통한 최적화 과정에 집중하는 방식이기 때문에, 한 사회에 작동하고 있는 사회적 실천들의 대부분을, 특히 임의로 선택된 주도적인 선진산업사회의 사회적 실천들과 다른 실천들의 경우에 규제나 장애물로 간주하고 해체하는 전략에 의존한다. 그 결과 신자유주의적 개인화는 경제적 발달의 결과인 고령화와 맞물려 이러한 수렴화 과정을 가속화하고 있다.

앞에서 지적했듯이 주로 형식적인 제도 개혁만으로 이루어진 근대화 과정 이후 비형식적인 사회적 실천들의 적응적 변화 과정이 이어져야 했지만, 한국 사회는 아시아 금융 위기로 형식적 제도 개혁과 비형식적 사회적 실천들의 변화 과정이 급속하게 단절되었다. 이러한 상황에서 신자유주의적 개인화는 오히려 각 구성원들의 시야를 급속히 좁혀서 오직 경쟁에서 우위를 점하기 위한 개인과 가족 단위의 전략에만 골몰하는 방식으로 발현되었고, 그러한 경쟁의 결과는 잠재적인 사회적 효율성에 훨씬 못 미치는 효율성 향상에 그치는 것으로 나타났다. 그 결과 각 개인은 개인 단위의 경쟁을 통한 효율성 제고라는 신자유주의적 기치가 무색하게 경쟁의 규칙을 왜곡해서라도 경쟁에서 우위를 장악하거나 유지하려는 경향을 강화하게 되고, 이는 곧 진정한 경쟁에 대한 두려움으로 이어진다. 이러한 두려움은 다시 제도나 규범을 포함한 사회적 실천의 변화를 통한 효율성 향상의 가능성을 더욱 낮아지게 만든다. 이러한 상황은 기존의 비정상적 사회적 실천의 유지를 통해 현재의 계층적 지위가 주는 혜택과 이득을 지속할 수 있는 상위 계층뿐만 아니라, 사회적 실천의 효율적 변화를 통해 더 나은 삶을 누릴 가능성이 훨씬 높은 하층계급의 경우에도 변화보다는 기존의 위치에서 누릴 수 있는 혜택과 이득에 더 집착하게 만든다. 또한 이것은 불확실한 변화에 대한 인간의 본능적 기피 성향을 더욱 강화하는 경향이 있는데, 특히 한국처럼 근대화 과정에서 달성한 경제적 여유를 기반으로 다양한 사회적 실천을 상상하고 시도해서 그를 통해 해방감과 실질적인 사회적 효율성 제고를 경험해본 적이 절대적으로 부족한 경우에는 더욱 그러하다.

이러한 경향은 사회 발전에서 사회적 자본의 역할, 특히 신뢰의 역할에 대한 콜먼(James Coleman), 부르디외 그리고 대중적인 형태로는 후쿠야마(Francis Fukuyama) 등의 연구에서 어느 정도 분석된 현상이다. 그러나 한국의 경우에는 이 문제가 후기 근대 한국 사회를 황폐하게 만든 가장 중요한 요인임에도 이에 걸맞은 사회적 관심이나 분석은 부족한 상황이다. 필자는 분석이 제대로 이루어지지 않는 주요 이유가 사회적 실천에 대한 구체적인 이론의 결여 때문이라고 지속적으로 주장해왔다. 사회적으로 중요한 이슈는 그 현상을 적절한 용어로 포착할 필요가 있기 때문에, 필자는 이 현상을 '신자유주의적 개인화의 덫'이라고 부르겠다.

이 신자유주의적 개인화의 덫은 한국 여성의 삶에 다양한 형태로 나타나고 있다. 특히 군가산점제 논란에서 이미 나타난 성별 간 공정한 경쟁의 문제는 '여혐' 현상과 그에 대한 반발로 얼룩진 상태로 나아가고 있는데, 이는 소위 '좋은 직업'의 수가 경제 불황과 IT 기술 발달로 인해 급격하게 줄어든 상황에서 새로운 상황에 적합한 사회변혁을 통해 놀라운 사회적 효율성을 달성할 수 있는 상상력과 창의성 발현의 기회를 제쳐두고 각 개인 스스로가 치고 또 유지하는 덫에 갇혀 헤어나지 못하는 형국을 잘 보여주는 사례다. 이러한 현상의 추동력이 신자유주의적 개인화라는 것은 〈표 8〉과 〈표 9〉에 나타난 25~44세 성별 미혼 인구 비율과 가구의 세대별 분포가 남녀 모두에게 가해지고 있는 신자유주의적 개인화를 잘 반영하는 지표라는 점에서도 엿볼 수 있다.

5. 맺으면서: 실현 가능한 유토피아로 가는 길

필자는 한국 사회가 목표로 해야 할 실현 가능한 유토피아로, 2인-부양자/2인-돌봄자 모델이 효율적으로 작동할 수 있도록 최적화된 상태로 변화된 사회적 실천들이 작동하는 사회를 제시하고자 한다. 이러한 사회는 단순히 일-가정 양립 정책이나 젠더 평등 정책의 실현을 위해서만 필요한 것이 아니다. 이러한 사회는 앞 절에서 지적했듯이 급속한 신자유주의적 재편에 대응해 개개인이, 혹은 가족 단위로 생존을 위해 전력을 다한 결과, 효율적인 사회적 실천의 구성에 필수적인 자유 공간이 사라지게 된 이 시대 한국 사회를 새롭게 구성하기 위한 사회적 조건을 구축하기 위해서도 필요한 것이다.

유토피아의 실현 가능성은 토론과 설득을 통해 얼마나 많은 사회 구성원들의 동의를 끌어낼 수 있느냐에 달려 있다. 또한 더 이상 혁명적인 변화가 사회 구성원들의 가슴을 설레게 하지 않는 후기 근대의 상황에서 상당수 사회 구성원들이 2인-부양자/2인-돌봄자 모델을 실현 가능한 유토피아로 받아들이기 위해서는, 그 이행 과정에 따르는 희생과 저항이 최소한일 수 있어야 한다. 그러므로 이를 위해서는 먼저 경제성장 방식에 대한 인식의 전환이 있어야 할 것이다. 압축적 근대화 시대에 유효했던 전략인바, 생산성 향상을 동반하지 않고도 고학력 노동자들이 저임금·장시간 노동으로 경제성장을 할 수 있었던 그 전략에 대한 편집증적 집착은,[25] 이제 삶의 질에 대한 욕구가 강해진 후기 근대 한국 사회에서 심각한 문제점을 드러내고 있다. 새로운 삶의 방식은 그것이 새로운 경제성장 전략을 기반으로 한 것이든, 인공지능을 비롯한 과학기술의 발달로 대부분의 사회 구성원이 노동 부담을 덜고 자기-자신의 삶을 추구할 수 있도록 하는 기본소득제의 도입을 기반으로 한 것이든, 사회적 실천의 변화에서 출발해야 할 것이다.

사회적 실천이 효율적인 것이 되려면 그 사회적 실천이 목표로 하는 사회적 조건에 대해 구성원들이 공감할 수 있어야 하고, 그 사회적 조건이 가능하게 해줄 실현 가능한 유토피아에 대해 구성원들이 구체적으로 이해하고 있어야 하며, 그 과정은 지속적으로 적응해가는 것이어야 한다. 즉, 구성원들이 원하는 목표가 무엇인지에 대해 지속적으로 조정이 이루어지고, 그렇게 변화된 목표로 나아가기 위해 각 구성원이 자신의 수행과 평가 기준을 조정하는 과정이 반복적으로 이루어져야 한다. 그리고 무엇보다도 이러한 과정이 제대로 이루어지기 위해서는 구성원들의 공감을 끌어낼 수 있는 목표 설정도 중요하지만, 가장 중요한 것은 구성원들이 구사하는 규범적 판단 능력이다.

규범적 판단 능력은 실천의 목표를 효율적으로 달성하기 위해 자신과 다른 구성원의 수행에 대해 적절한 평가를 내리는 능력을 말한다. 구성원 개개인이 자신이 옳다고 생각하는 목표를 위해 자신과 다른 구성원의 수행에 대해 엄격하다 못해 가혹한 평가를 내려서 실천을 안정적으로 유지하는 데 몰두할 것인지,[26] 아니면 다른 구성원이 목표로 하는 실천이나 사회의 모습이 다양한

---

25 한국과 일본을 비롯한 동아시아 국가들의 경제성장 전략에 대한 대표적인 분석으로 크루그먼을 들 수 있다. 크루그먼은 동아시아의 저임금·장시간 노동 전략이 1920년대 이후의 소련 그리고 그 후의 동구 유럽 성장 전략과 쌍둥이라고 할 수 있으며 궁극적으로 한계를 드러낼 수밖에 없다고 주장한다. Paul Krugman, "The Myth of Asia's Miracle," *Foreign Affairs*, 73:6(1994), pp.62~78.

26 그러나 이러한 안정성 유지를 위한 평가 행위도 현재 한국 사회에서와 같이 지역, 젠더,

방식으로 경합하는 상태를 관대한 읽기(hermeneutics of magnanimity)를 통해 자신의 목표를 적응적으로 변화시키는 기회로 삼되 적절한 범위를 벗어나는 수행에는 냉정한 평가를 내릴 수 있을지는 바로 이 규범적 판단 능력에 달려 있다. 그리고 이 규범적 판단 능력이야말로 시민인 구성원에게 요구되는 가장 중요한 자격 요소라고 할 수 있다. 한 사회가 얼마나 많고 다양한 창의성을 발현할 수 있는가는 이러한 창의성에 대해 각 구성원의 규범적 판단 능력이 얼마나 열려 있느냐가 관건이기 때문이다. 그러므로 사회의 구성원들에 대한 교육은 그 사회가 구사할 수 있는 실천의 효율성에 가장 큰 영향을 미친다.

앞에서도 언급했듯이 2인-부양자/2인-돌봄자 모델이 작동하기 위해서는 부모의 장기간 육아휴직과 공적 탁아 시설의 확충이 지속 가능한 형태로 운영될 수 있어야 하며, 한국의 경우에는 과도한 입시 경쟁의 문제도 해결되어야 한다. 그런데 이러한 것들이 실현되기 위해서는 사실상 한국 사회의 거의 모든 사회적 실천들의 변화가 동반되어야 한다. 하지만 여기서 한 가지 중요한 사실은 그 각각의 변화들이 적어도 서로 모순되는 것들은 아니라는 점이다. 오히려 변화를 가로막는 사회적 실천들은 서로 가족 유사성을 보이고 있기 때문에, 2인-부양자/2인-돌봄자 모델을 실현 가능한 유토피아로 인지하는 순간 그 사회적 실천들은 해체될 가능성이 크다고 할 수 있다. 한국 사회에서 변화를 가로막는 사회적 실천들은 근대화 이전부터 지속되어오던 사회적 실천들 중에 한국적 근대화 전략과 양립 가능한 요소들을 재조합해서 급조된 것들로서 근대화의 성공으로 과도한 신뢰가 부여된 것들이라고 보는 편이 옳을 것이다. 따라서 이러한 기형적인 사회적 실천들의 경우, 실현 가능한 유토피아가

계층, 세대에 따라 서로 다른 목표를 설정하고 있는 경우에는 결코 그 목표를 달성시킬 수 없을 것이다.

제시되는 순간 어쩌면 급속하게 수세에 몰릴 가능성도 크다.[27]

마지막으로, 2인-부양자/2인-돌봄자 모델을 중심으로 한국 사회 전체를 위한 실현 가능한 유토피아를 제시하는 작업이 성공하기 위해서는 여러 여성학자들이 지난 수십 년간 질타해왔듯이 관료들의 젠더 평등에 대한 무지, 무관심 또는 거부감을 계속 지적하는 대신에,[28] 신자유주의적 사회 재편으로 과도하게 경쟁에 내몰린, 그래서 이제는 스스로 신자유주의적 논리의 잣대를 거리낌 없이, 아니 오히려 능숙하게 들이대는 젊은이들 사이에 실현 가능한 유토피아에 대한 숙고와 토론 그리고 논박이 이루어질 기회를 늘리는 것에 초점을 맞추어야 한다. 특히 젊은 남성들은 (왜곡된 것이긴 하지만 그래도 어느 정도의 위안을 주는) 가부장제에 기대어 자긍심을 유지할 마지막 가능성마저 박탈당한 채 신자유주의적 경쟁 체제에 내몰려 있기에, 이들은 오히려 가부장제의 잔재인 '남성 1인 생계부양자' 역할을 수행하지 못하는 자괴감에 노출되어 있는 경우가 많다. 이들 젊은 남성이 2인-부양자/2인-돌봄자 모델을 실현 가능한 유토피아로 받아들이는 순간, 우리가 바라던 사회적 실천의 변화는 "압축적"으로 일어날 것이다.

---

27 한국 사회에서 변화를 가로막는 사회적 실천들이 과도하게 수명을 연장하고 있는 이유 중 하나는 세대 간 교육 수준이나 삶의 가치 등이 엄청난 차이를 보이기 때문이다.

28 필자의 견해로는 관료 집단은 실현 가능한 유토피아를 가장 나중에 인정할 집단이 될 것이다. 이들은 적어도 자신들에게는 현재 한국 사회가 '실현된' 유토피아인 것처럼 행동하고 있기 때문이다.

|2부|

인구

04

남한의 인구 위기론 *

재생산의 위기와 공동체의 미래

백영경

1. 들어가는 말

"한국은 2018년 이후 인구 절벽 아래로 떨어지는 마지막 선진국이 될 것이다." 경제예측 전문기관 덴트연구소의 해리 덴트 소장은 그의 저서 『2018 인구절벽이 온다』에서 이같이 밝혔다. 해리 덴트는 인구통계학에 따라 출산 정점에서 47년 후 소비 정점에 이르고 그 이후에는 소비가 줄어드는 인구절벽에 이르게 된다고 주장한다. 이 이론에 따르면 1971년이 출산 정점인 한국은 2018년이면 인구절벽에 도달할 것으로 예상된다 …… 정부도 인구 감소에 따른 대책 마련에 고심하고 있다. 지난 10일 정부는 '제3차 저출산고령사회 기본계획(2016~2020)'을 심의·

---

* 이 장은 「미래를 위협하는 현재: 공동체, 위기, 그리고 시간성」, ≪KNOU 논총≫, 61호(2016), 227~238쪽을 확대·보완한 것이다.

확정하고 34조원을 추가로 투입하겠다고 밝혔다. 제3차 기본계획은 늦게 결혼하거나(만혼) 아예 결혼을 포기하는 것(비혼)을 저출산의 원인으로 바라봤다. 이에 정부는 노동개혁으로 향후 5년간 37만 개 청년 일자리를 창출하고 주택문제 해결을 위해 신혼부부에게 행복주택 등 공공임대주택 13만 5000호를 공급하겠다고 밝혔다. 또 난임 부부에 대해 2017년부터 난임 시술에 드는 모든 비용을 건강보험에서 지원하고, 3일간 휴가를 쓸 수 있는 '난임휴가제'를 도입한다. 아울러 내년부터 국민건강보험공단과 연계해 기업이 부당하게 출산휴가와 육아휴직을 제한하지 않는지 감시하는 등 출산휴가·육아휴직제도를 강화할 계획이다.[1]

"많이 낳아 고생 말고 적게 낳아 잘 키우자"(1960년대), "딸·아들 구별 말고 둘만 낳아 잘 기르자"(1970년대), "하나씩만 낳아도 삼천리는 초만원"(1980년대). "덮어놓고 낳다 보면 거지꼴을 못 면한다"는 다소 거친 표어로 시작된 인구억제정책은 '무서운 핵폭발, 더 무서운 인구 폭발'이라는 공포로 이어졌다. 그만큼 땅이 좁고 인구밀도가 높은 한국에서 인구 증가는 두려움의 대상이었다. …… 1963년 서울 남산 적십자사 강당에서 열린 제1차 전국가족계획대회에서 발표한 선언문의 첫 구절은 "20세기에 들어서 인류가 지혜롭게 다루어 잘 조절하지 않을 경우에는 폭발하여 인류의 멸망을 초래할 수 있는 두 가지 무서운 에너지가 있으니 하나는 원자에너지요, 또 하나는 성(性) 에너지이다"였다.[2]

다소 길지만 인용문에서 보듯이 남한에서 인구에 대한 위기감의 역사는 매

1 "2018년 인구절벽 맞는 한국 '대책이 없다'", ≪시사저널≫, 1367호(2015.12.25).

2 "60년대 '거지꼴 못 면한다'→요즘 '혼자는 싫어요'", ≪국정브리핑≫(2005.9.18).

우 오래된 것이다. 인구문제로 인해 공동체의 미래가 위기에 처해 있다는 인식의 역사 역시 1950년대부터 지금까지 이어져오고 있다. 이러한 인식은 한국의 경우에만 나타나는 것이 아니며, 문제가 되는 내용은 다를지라도 세계의 다른 여러 나라에서도 인구문제가 그 사회나 국가 전체의 미래가 달린 사안이라는 생각이 널리 발견된다.

이러한 상황이 가능해지는 것은 사회과학적 개념으로서 인구가 자명한 실체로 받아들여지는 매우 익숙한 개념으로 전제되고 있기 때문이기도 하다. 대체로 인구라고 하면 어느 사회나 지역, 국가 내에 살고 있는 주민과 동일시되며, 따라서 인구라는 단어는 사회나 주민, 국민 등의 단어를 대체할 수 있는 대용품으로서 문장 내의 동어반복을 피하기 위한 수단으로 사용되기도 한다.

그런데 이러한 관행은 인구라는 문제의 틀이 사실은 특정한 사회적·정치적 상상을 전제로 하고 있으며, 인구문제를 논의하는 과정 속에서 사회적·정치적 경계가 만들어질 수도 있다는 사실을 은폐하기도 한다. 예를 들어 한국의 경우, 한국전쟁 이후의 베이비 붐으로 인한 인구 폭발과 현재 출산율 저하로 인한 저출산 위기를 다시 물을 필요가 없는 자명한 사실로 간주하는 경향이 있다. 하지만 가족계획이 실시된 것이 한국전쟁이 끝난 지 채 몇 년 되지 않아 남북으로 갈라진 국가가 얼마나 오래 지속될 것인지 가늠하기 어려웠던 시점임을 되새겨본다면, 가족계획사업이 인구문제와 해결의 단위를 남한으로 국한했다는 사실은 지금과는 달리 누구나 동의할 수 있는 정책은 아니었을 것임을 짐작하기 어렵지 않다. 한편 21세기 들어 이주가 일상화되었음에도 앞으로도 계속 낮은 출산율이 지속된다면 한반도에 아무도 살지 않게 되는 미래가 조만간 닥칠 듯 이야기하는 것 역시, 한반도 안에는 한민족만 살아가는 것을 당연한 전제로 삼지 않는 한 객관적인 미래 예측이라고 볼 수만은 없다는 사실도 드러난다.

결국 인구에 대한 불안은 공동체의 범위를 특정한 지리적 공간이나 민족 범주 안에서 상상하는 정치적 상상력과 떼어서 볼 수 없으며, 그런 점에서 특정한 공동체의 경계를 지키고자 하는 열망과 맞닿아 있는 것이다. 이러한 사실은 분단국가로서 공동체의 경계가 특히 불안정하다고 할 수 있는 남한에서 왜 인구 담론이 특히 더 강한 영향력을 발휘하는지를 이해하는 데 도움이 된다. 공동체의 경계를 지키고자 하는 욕망과 경계가 불안하다는 데 대한 공포는 동전의 앞뒷면을 이룬다고 할 수 있으며, 경계의 불안정성을 특징으로 하는 분단국가에서는 인구에 대한 불안 역시 자주 출현할 가능성이 높은 것이다.

실제로 인구 담론은 그 자체로 매우 정치적이면서도 상대적으로 덜 정치적으로 제시될 수 있는 영역이었으며, 인구문제에 대한 개입은 국가의 다른 정책에 비해서 저항을 덜 받을 수 있었다. 그럼에도 불구하고 인구에 대한 불안이 특정한 방식으로 드러나게 되는 과정이나, 그 과정에서 제기되는 당면 문제의 설정 방식, 미래의 좋은 삶에 대한 상상은 모두 매우 정치적일 수밖에 없으며, 특정한 종류의 사회·정치적 상상을 기반으로 하고 있다고 봐야 할 것이다.

하지만 이제까지의 연구에서 인구 담론이나 인구문제를 통한 개입이 전제하는 사회·정치적 상상과 그 시간성을 충분히 문제 삼아왔다고 보기는 어렵다. 이는 마찬가지로 특정한 사회적·정치적 상상을 기반으로 하고 있는 현재의 저출산 담론에 대한 문제 제기가 주로 저출산의 원인과 결과, 바람직한 개입 방식에 머무를 뿐, 저출산이라는 문제 설정 자체에 대해서는 그대로 받아들이는 경우가 많다는 데서도 확인할 수 있다.

특히 한국과 같이 국가=민족=공동체라는 전제가 자연스럽게 받아들여지는 상황에서는 그런 등치 방식이 결코 자연스러운 것이 아님을 명확히 상기할 필요가 있다. 오늘날의 시점에서야 남한에서 한국=남한이라는 것이 더 자연스럽고, 남한을 남한이라고 특정해서 이야기하지 않는 경우가 더 많아졌지만,

분단 이후 시점에서는 대중이 남한을 독자적이고 안정된 정치체로 받아들이게 되는 과정이 결코 저절로 된 것이 아니다. 남한이라는 안정된 단위가 있어서 인구정책을 남한 단독으로 실천하게 된 것이 아니라, 실제로는 남한을 단위로 한 인구 위기론과 인구정책이 실시되면서 남한을 독자적으로 보는 사고 자체가 공고화되었다는 발상의 전환이 필요한 것이다.

이렇게 인구 위기론과 그에 입각한 여러 정책적 개입이 사회적 몸에 대한 특정한 방식의 상상과 실천 없이는 불가능했음을 살펴보는 것은 이후의 역사를 볼 때도 큰 의미가 있다. 특히 이후 인구 위기론에 이은 재생산 통제 정책들이 때로는 인구문제를 해결한다는 목적 그 자체보다도 국가 발전의 목표를 앞세우기도 했었음을 감안한다면, 특정한 인구 지표가 어떻게 공동체의 위기로 만들어지는지 그 과정도 살펴볼 필요가 있다. 따라서 이 글에서는 인구와 그 인구를 산정하는 단위가 되는 정치체를 자연스럽게 동일시하는 사고를 탈피해, 현재의 인구가 공동체의 미래를 위태롭게 한다는 담론이 어떠한 사회·정치적 상상력을 전제로 하고 있는지, 이러한 담론을 통해서 어떠한 정치적 개입이 이루어져왔으며, 또 어떤 정치적 단위를 자연화하고 있는지의 문제를 역사적으로 살펴보고자 한다.

2. 인구, 사회적 몸, 공동체

인구는 19세기 이후 통계학의 발전과 개인보다는 인구를 규제하게 된 통치 기술의 변화에 힘입어 중요하게 등장하면서, 사회적 몸(social body)을 상상하는 중요한 방식 중 하나가 되었다.[3] 실제로 인구란 국가의 개입과 함께 개인들의 협상이 이루어지는 공간이기도 하고, 한 공동체가 과거에 대해서 해석하고 현재의 문제를 분석하며 미래를 기획하는 중요한 공간이 되기도 한다.[4] 19세기 유럽에서 통계학의 발전을 통해 공동체나 민족, 국가 등 집합적 삶을 인구라는 개념을 통해서 보는 것이 익숙해지면서 인구는 사회적 몸을 상상하는 중요한 방식의 하나가 되었다. 또한 당시 발전하는 생물학과 사회과학의 담론들은 수사학적으로 질병과 정치적 반대파들의 경계를 흐리게 만들었고, 인종주의와 민족주의의 융합을 가져왔으며, 개인들과 인구, 사회와 국가의 경계가 흐려지게 되었음을 의미했다.[5] 신체에 대한 지식과 마찬가지로 하나의 유기체로서의 사회에 대한 지식을 통해서 통치를 한다는 개념이 자리 잡게 된 것이다. 19세기 유럽은 정치적으로 개인주의와 자유주의에 기반을 두고 있었으나, 정치 문제를 인구라는 유기체에 대한 위협으로 보는 수사학은 전체를 위해 인구 내의 특정 부분을 제거하거나 교정해야 한다는 논리를 가능하게 해주는 것이었다.[6]

그런데 사회적 몸을 상상하는 방식으로서 인구가 가지는 특징은, 인구에 대한 개입이 실제로는 매우 정치적임에도 불구하고 비정치적인 것으로 포장될 수 있는 가능성에 있다. 사회적 몸으로서의 인구는 나치즘하의 독일뿐만

---

3 이진경, 「한국 '가족계획사업'의 생체정치학」, ≪문화과학≫, 통권 제3호(2003), 181~206쪽; 이진경, 『역사의 공간』(휴머니스트, 2010).

4 A. Anagnost, *National Past-Times: Narrative, representation, and power in modern China*(Durham and London: Duke University Press, 1997).

5 D. Horn, *Social Bodies: Science, reproduction and Italian modernity*(Princeton, NJ: Princeton University Press, 1994); P. Wagner, "An Entirely New Objects of Consciousness, of Volition, of Thought: the Coming into Being and (Almost) Passing Away of Society As a Scientific Object," in Daston, L. ed. *Biographies of Scientific Objects*, pp.132~157(Chicago: University of Chicago Press, 2000).

6 M. Foucault, *Abnormal: Lectures at the Collège de France, 1974-75*(New York: Picador. 2003).

아니라, 국가 주도의 인구정책이 시행된 곳에서는 어디에서나 정치적이고 신체에 대한 개인의 권리나 자율적 개체로서의 개인이라는 관념을 침해하고는 했다. 다시 말해 노골적으로 자유주의 논리를 부정하지 않을 뿐 아니라, 실제로 종종 자유주의에 기반을 두고 있으면서도, 동시에 자유주의적 권리를 제한할 수 있는 수단이 될 수 있었던 것이다. 이는 인구가 정치의 영역이 아닌 경제 발전에 부합하는 가장 적정한 사람의 수를 산출하고 수명과 건강을 관리할 수 있도록 하는 객관적 지식의 문제로 받아들여졌기 때문이었다. 실제로 근대사회에서 과학적으로 연구된 자연적 질서는 사회적 질서를 정당화하는 데 사용되어왔으며, 과학사가인 셰이핀과 셰퍼가 지적하듯이 "지식의 문제란 결국 사회 질서의 문제"[7]였던 것이다.

또한 사회적 몸으로서의 인구를 이해하는 것은 인구의 재생산에서 중요한 시사점을 주는데, 인구가 단지 수나 질에 대한 문제가 아니라 공동체의 미래와 관련해 강한 상징성을 가진다는 점과 결부되어 있기 때문이다. 재생산은 과거와의 연속성 및 전통의 계승을 상징하는 동시에 미래에 대한 가장 강력한 상징이라고 할 수 있는데, 과거와 현재, 미래를 동일선상에서 이해할 수 있도록 해주는 재생산에 대한 기존 관념은, 인구라는 개념과 만나서 특정한 사회적 몸이 "지속적"으로 생산되는 것으로 보는 생각을 강화해준다. 즉, 하나의 정치적 단위를 어제와 오늘, 그리고 내일 사이에 지속되는 것으로 보는 과정에서 공동체의 생존을 보장하기 위한 수단으로서 인구라는 지식과 실행이 중요한 역할을 하는 것이다.

사실 인구에 관련된 지식은 실제로 그 지식이 생산된 맥락을 떠나서 볼 수

---

7 S. Shapin. & S. Schaffer. *Leviathan and the Air-Pump: Hobbes, Boyle, and the Experimental Life*(Princeton, N.J: Princeton University Press, 1989).

없으며, 특히 인구를 셈하는 단위의 문제와는 결코 떼어서 생각하기 어렵다. population이라는 용어가 지역의 주민이라는 말과 호환되어 사용될 수 있는 영어의 용법에서도 볼 수 있듯이, 특히 일반적으로 국가의 지식으로 간주되는 통계학에서 특정해서 이야기하지 않는 한 "인구"라는 것은 국민국가 단위의 합법적 거주자를 의미하는 경우가 많다. 결국 인구라는 것은 국민국가에 의한 지식인 동시에 그 경계를 따르는 지식이라고 볼 수 있는 것이다. 이 장이 강조하고자 하는 것은 바로 이러한 인구에 대한 실행 자체가 사회적 몸 자체를 특정한 방식으로 상상하게끔 만드는 하나의 기제가 된다는 것이다.

특히 단위(unit)의 문제에서 특정한 사회적 몸을 상상하는 기제로서의 인구 지식-실행, 그중에서도 인구 위기론의 수행성이 잘 드러나며, 앞서 예를 든 1950~1960년대의 인구 위기론이 그 중요한 사례이다. 현 시점에서 잊기 쉬운 것은 1950년대의 남한은 한국전쟁이 멈춘 지 채 10년도 되지 않았으며, 1945년의 분단이 갓 10년을 넘긴 시기였다는 점이다. 현 시점에서는 한국이라고 하면 남한을 떠올리며, 남북관계를 이야기하는 맥락이 아닌데도 굳이 한국을 남한이라고 칭하는 것이 어색하거나 심지어 불온하게 여겨진다. 그러나 1950~1960년대의 "남한"이라는 정치적인 단위는 결코 정치적으로 안정적이라고 보기 어려운 단위였으며, 이에 대한 반발도 만만치 않았고 통일에 대한 실감이 지금과는 매우 다른 시대였다. 이 상황에서 이루어진 베이비 붐 이후의 인구 조절에 관한 논의는 대개가 남한을 단위로 하고 있었으며, 경제개발 역시 남한을 단위로 한 것이었다. 자식을 낳아 기르고, 이후 잘 먹고 잘 살 방안을 찾기 위한 미래에 대한 계획 전망이 남한이라는 단위로 한정되었다는 것은 매우 중요한 시사점을 지닌다. 결국 이러한, 그 자체로는 노골적으로 정치성을 표방하지는 않았던 담론과 실천들을 통해 남한은 점차 확고한 정치적 단위로 인지되어갈 수 있었고, 남한을 단위로 해서 정치적이고 행정적인 실행들이 이루어지는 것이 가능해졌던 것이다.

다른 한편 2000년대 이후 현재 한국의 인구 위기론은 정동의 수행성 차원이라는 차원에서 흥미롭다. 현재 한국은 실제로 인구의 출입이 활발하게 이루어지는 글로벌 시대의 국가이다. 흔히 2050년의 인구를 예측하고, 2500년 한반도에 아무도 안 살 수 있다는 식의 언설이 행해지지만, 실제로 한국의 국적 제도, 병역 제도, 이민 제도, 이주 정책, 교육 제도, 통일의 전망 등 많은 조건을 떠나서 이런 식의 인구 예측은 의미가 없을 수도 있고 또한 인구 위기론 역시 출산율로만 표상되는 간단하고 자명한 문제는 아닌 것이다. 그럼에도 불구하고 현재 남한 국가를 암묵적 단위로 한 채 인구 위기론을 끝없이 반복하는 것은 그 자체로 유동적인 하나의 정치적 단위와 사회적 몸을 위기라는 정동 속에서 또다시 재생산하게 되는 것을 의미한다. 인구 위기론 속에서 한국, 한국인, 한국 가족 등의 개념은 사회의 다른 영역에서 일어나고 있는 변화를 반영하지 않은 채 매우 규범적이고 정형화된 형태의 논의에 갇히는 경우가 많다. 그런 의미에서 현 한국 사회의 인구 위기론은 변화하고 있는 한국인 개념이나 한국 가족에 일어나고 있는 변화, 글로벌 시대의 유동성 등을 회피하면서 특정한 종류의 사회적 몸에 대한 상상을 지속해주고 있는 기제로 읽을 수 있을 것이다.

결론적으로 말하면, 인구가 사회과학에서 자연스러운 단위로 여겨지는 만큼 인구 위기론이라고 할 때 일단 그 위기의 내용이 되는 인구 지표는 사실로 받아들여지고는 하지만, 그러나 어떠한 인구 지표도 그 자체로는 위기감을 자아낼 수 없으며 따라서 그 단위와 효과 측면에 주목하지 않으면 안 된다는 것이다.

3. 1950~1960년대의 인구 위기론 ①: '남한'의 공고화

이번 절에서는 남한의 인구 위기론과 공동체의 정치적 미래에 대한 상상이 구체화되어가는 과정을 1950~1960년대에 초점을 맞춰 살펴볼 것이다. 앞서 말했듯이 남한이라는 단위가 공고화되고, 근대국가로서의 일상적 통치를 수행할 수 있는 기구가 마련되고 실천이 가능해졌던 것은 이 시기였다. 현재 남한 국가의 제도적 기틀이라는 것이 마련된 것 역시 한국전쟁 이후 1960년대까지의 시기라고 할 수 있으며 인구적 실천을 위해 필요한 인력과 기구, 지식체계 자체 역시 이 시기를 통해 형성되었다고 할 수 있다.[8] 따라서 이 시기의 인구 정치가 특정한 종류의 정치적 상상을 기초로 하고 있었다는 것을 밝히는 것은 중요한 의미가 있다.

물론 한반도에서 근대적 통치의 대상으로서 인구에 대한 관심이 시작된 것은 더 이른 시기로 거슬러 올라간다. 연구자들은 대체로 일제하 시기부터 맬서스에 대한 관심을 비롯한 인구 위기론도 출현하기 시작했다고 본다.[9] 물론 조선 시대라고 해서 국가가 인구에 대한 관심이 없었던 것은 아니다.[10] 실제로 세금을 낼 수 있는 사람의 수를 늘리고 질병을 관리하는 것은 근대국가가 아니라고 하더라도 해온 일이기는 하지만, 인구 자체가 통치의 관심사이자 대상이며 권력의 정당화 기제로 자리 잡게 되었다는 점에서 근대의 통치는 그 이전과 차별성이 있다고 보는 것이다. 그러한 맥락에서 일제강점기의 일본은

---

8 조은주, 「인구, 국가, 개인: 한국 가족계획사업과 통치의 앙상블」(연세대학교 박사 학위논문, 2012).

9 소현숙, 「일제 식민지 시기 조선의 출산통제담론의 연구」(한양대학교 석사 학위논문, 1999); 조은주, 「인구, 국가, 개인: 한국 가족계획사업과 통치의 앙상블」.

10 이태진, 『의술과 인구 그리고 농업기술』(태학사, 2002).

제국을 위한 노동력과 병력을 생산하는 데 치중했고, 따라서 적극적인 출산 장려 정책을 시행했다는 점에서 인구정책을 적극적으로 시행한 근대적 측면을 보인다. 이러한 정책적 기조는 가족계획사업이 진행되던 시기까지도 상당한 영향력을 유지하고 있었다.

여기서 흥미로운 것은 종전 이후 일본이 산아제한 정책을 도입했고 1940년대 이래로 국제 인구 관련 기관들이 모두 가족계획 프로그램의 도입을 권고했음에도 불구하고 이승만 정권과 장면 정권은 각기 다른 이유로 모두 이에 소극적이었다는 사실이다. 일반적으로 이승만은 경제개발과 인구 사이의 관련을 이해하지 못했으며, 장면은 독실한 가톨릭 신자였기 때문에 가족계획에 무관심했다는 식으로 설명되어왔다. 그렇지만 이승만 역시 가족계획의 필요성을 완전히 부정하지는 않았다. 가족계획의 도입을 주장한 고황경 등 미국 유학계 인사들과 가까운 사이이기도 했으므로 이승만의 무관심을 단지 무지나 근대적 통치성에 대한 몰이해로 해석하는 것은 곤란하다.[11]

이를 달리 볼 수 있는 방법은 이승만이 가족계획 자체를 부정한 것은 아니지만 남북한 총선거에서 승리해 통일을 이룬 이후에 할 일이라고 보았다는 것이다. 다시 말해 인구 비례에 따라서 이루어지는 선거에서 인구로 북한을 압도해 우선 통일을 이룬 후에야, 가족계획의 도입을 고려해볼 수 있다는 것이 이승만의 생각이었다. 또한 이는 이승만만의 생각도 아니었다. 실제로 1960년 4·19 이후 통일운동이 활성화되면서 중립국이나 UN 감시하에 남북총선거를 시행해야 한다는 것은 당시 야당의 주장이기도 했다. 통일은 당장 이루어야 하며 실제로 이루어질 수도 있고, 그런 의미에서 분단은 일시적인 상황일

---

11 대한가족계획협회, 『가협 30년사』(대한가족계획협회, 1991); 한국보건사회연구원, 『인구정책 30년』(한국보건사회연구원, 1991).

뿐이라는 사고는 현재 관점에서 볼 때 상당히 급진적으로 들릴 수도 있을 것이다. 그러나 앞서 이야기했듯이 1950~1960년대 초반의 시점에서 보면 분단은 불과 10년여가 지난 사건이었을 뿐이며 한국전쟁의 정전 역시 10년 안쪽의 일이었다. 이러한 통일을 둘러싼 논의들은 당시 중요한 담론의 장이었던 잡지 ≪사상계≫에서도 쉽게 찾아볼 수 있으며, 이승만이 대표적이지만 이승만에 국한되지 않는 예로서, 남북 사이의 관계나 통일을 어떻게 전망하는가에 따라 인구문제에 대한 시각이나 해결 방안 역시 달라질 수 있음을 보여준다.

우선 뚜렷하게 드러나는 것은 시간의 흐름에 따른 차이이다. 한국전쟁 종전이 이루어지던 1953년 6월 무렵의 글은 인구를 많을수록 좋은 인적 자원으로 보는 일제의 관점을 그대로 계승하고 있음을 보여준다.

> 인구수는 민족 흥망을 결정하는 가장 중요한 인소라 아니할 수 없다. …… 현금 우리나라에 있어서의 인구문제 해결의 긴요성은 병원 충실을 위하는 인구 자원의 응급적인 과제가 아니고 금후 이십 년 이후, 즉 장래의 우리 민족의 운명을 담당한 민족 성원의 신장에 관한 중대한 문제인 것이다. 그런데 현대의 총력전에 있어서 일반 장병뿐만 아니라 전쟁을 유리하게 전개시키기 위해서 직접 전쟁에 관계되는 업무에 종사할 인원수는…… 일선 장병 수의 약 10배 필요하게 된다. 따라서 각국에서는 인구 자원과 가의 소질에 전쟁이 미치는 영향을 고려하여 전시는 물론 평시부터 인구정책에 유의하여 산아를 장려하고 소질 향상에도 힘쓰는 법이다.[12]

산아를 장려하고 소질 향상에 힘쓰는, 다시 말해 인구의 질과 량이 모두 중

---

12 변시민, 「인구정책론」, ≪사상계≫, 3호(1953).

요하다고 보는 관점이며, 이는 인구 비례에 따른 총선거 혹은 총력전이라는 정치적 전망에 입각해 있었다고 볼 수 있다.

이러한 견해들은 1960년대에 들어 변화를 겪게 된다. 이는 인구가 적은 북한이 현실적으로 인구 비례에 따른 총선을 받아들일 리가 없으며, 높은 실업률이 남한 내부의 불만 세력의 기반이 되고 있어서 실제로 인구가 많다고 해서 반드시 남한에게 유리한 것도 아니라는 인식에 따른 것이다. 물론 1960년대에 들어서도 인구의 수를 중시하는 사고는 계속 지속되고 있었다. 심지어는 가족계획을 원칙적으로 찬성하는 경우에도, 국방의 문제에서 북한뿐만 아니라 주변의 강대국과 비교해 규모를 유지해야 할 필요성에 대한 주장도 만만치 않았다. 그에 비해 인구의 감소가 취약한 국방으로 이어질 수 있는 가능성 대해 반론이 되었던 것은 핵무기로 상징되는 새로운 시대론이었다. 이제는 인구의 증가나 병력의 규모에 의해 국력이 결정되는 시대는 지났다는 것이며, 원자탄과 수소탄, 혹은 전략적 두뇌와 같이 새로운 과학기술에 의해 승패가 결정된다는 논리가 인구의 수에 기반을 두고 부국강병을 추구하는 논리에 맞서게 되었던 것이다.

이렇게 경합하던 두 가지의 논리는 총선거를 통한 전망이 점차 멀어지면서 특히 군사 쿠데타를 계기로 해서 경제발전을 통해 북한을 이겨야 한다는 인식이 승기를 잡게 되었다. 북한은 남한에 비해 공업이 발달해 있는 상태였고 북한에 비해 실업률이 높았던 남한에게는 경제발전이라는 과제가 더 절실한 것이었다. 특히 남한과 북한이 이미 각각 독립적인 단위로서 분화하고 있다는 인식이 확산되면서 그 이전의 중립화론은 그 힘을 잃게 되었고 어차피 각기 독립된 국가를 수립할 수밖에 없다면 자체 역량을 기르지 않으면 안 될 것이라는 인식이 자리 잡게 되었다. 결국 통일에 대한 전망은 멀어지는 중이었으며, "가족계획에 관한 사항을 많은 사람들이 알게 된 것은 군사혁명 이후의 일"[13]이라는 사회학자 이만갑의 회고가 가능한 것은 군사 쿠데타를 통해서 단정의 전망이 수립되기 이전에는 가족계획이란 당시의 정치 전망 속에서 큰 의미를 가지기 어려웠기 때문이었다.

남북한이 각기 독자적인 정부를 수립하고 분단의 상태가 장기화할 것으로 전망되는 상황에서 남한 정부에게 가장 큰 문제는 경제개발이었고 농촌의 과잉노동력을 흡수할 수 있는 일자리를 만들어서 도시의 실업률을 낮추는 문제였다. 이 문제에서도 1950년대와 1960대 사이의 인식 변화는 뚜렷했다. 1950년대 농촌이 우수한 인력을 도시에 보급해주는 존재로 인식되었다면, 1960년대 경제개발 담론 속에서는 대책 없이 자녀를 낳아 교육도 시키지 못하면서 제 먹을 것은 타고난다는 관념에 빠진 낙후된 존재가 농촌이었다. 따라서 농촌을 어떻게 근대화할 것인가, 농촌의 과잉인구 문제를 어떻게 해결할 것인가는 1960년대의 인구에 관한 논의를 가로지르는 중요한 주제였던 것이다.

4. 1950~1960년대의 인구 위기론 ②: '선진국'의 꿈

한편, 인구에 대한 논의는 남북한의 정치적 미래를 상상하는 공간이었을 뿐 아니라, 선진국과 후진국이란 무엇이며 발전이란 무엇인지를 상상하는 공간이기도 했다. 인구에 있어서 경제적인 능력이 있는 나라들이 오히려 출산율이 낮다는 사실은 모순으로 느껴졌으며, 1950년대에는 인구문제를 동양인들에 대한 서양인들의 두려움으로 보는 논의가 실리기도 했지만, 1960년대의 언론 공간에서는 발전되고 서구의 도움에 의해 갑자기 낮아진 사망률로 인해

13 이만갑, 「한국에서의 가족계획 인구문제의 합리적 해결은 무엇」, ≪사상계≫, 39호(1964).

인구 폭발을 일으켜 하나의 유기체를 이루고 있는 세계에 폐를 끼칠 수 있는 염치없는 동양인이라는 오리엔탈리즘이 주조를 이루게 되었다. 그런 면에서 인구는 한국 사회의 문제를 바라보는 오리엔탈리즘적인 렌즈였지만 동시에 다른 나라에 대한 시선을 결정하는 요인이 되기도 했다. 인도는 인구가 많아서 못 산다거나, 유럽이나 미국은 질병과 생식력을 모두 잘 통제하는 데 반해서 후진국들은 선진국 발전의 혜택만 볼 뿐 본능을 자제하지 못해서 가난하다는 식의, 지금까지도 우리에게 낯익은 담론들은 그 이전부터도 존재하기는 했지만 특히 이 시기를 통해서 자리 잡았다고 보아도 무방하다.

그런가 하면 인구 통제와 가족계획은 인간다움이 무엇인지, 윤리가 무엇인지를 협상하는 장이기도 했다. 인구 통제를 주장하는 사람들에게 최근의 인구 폭발 현상은 인간이 초자연적인 존재가 되었다는 것을 의미하며, 여기에서 지성의 힘을 통해 인격적인 방법으로 인간의 생식을 조절할 수 있다는 것에서 "하나님의 아들인" 영적인 존재로서의 인간의 가치를 찾고 있다. 인간은 큰 인류 공동체의 일부로서 자연재해나 전염병 등의 문제가 있을 때 도움을 받을 수 있는 존재로 그려지고 있다. 결국 산아제한은 인간이 인도적인 인류 공동체의 일부이기 때문에 해야 할 일이며 또 할 수 있는 일이 되는 것이다. 한편 이 조절과 통제라는 관념의 허구성을 지적하면서 자율과 통제라는 개념이 실패에 대한 낙인을 초래하게 되고, 그 결과 낙태를 증가시킬 것이라는 가톨릭 쪽의 주장은 부족한 존재로서의 인간됨, 스스로를 내세우기보다는 하나님의 뜻에 따라야 할 존재로서의 인간을 주장하는 것이다. 가족계획을 둘러싼 다른 입장 속에서 인간다움의 개념이 부딪히는가 하면 인류라는 개념이 구체화되기도 하는 것이다.

낙태의 경우에서 보듯이 인구를 통제하고 생식을 조절한다는 것은 현실적으로 개인에게 많은 제약을 가져올 수밖에 없는 것이었지만, 인구 조절이라는 행위가 인간의 영적인 가능성을 실현하는 것으로 의미화되는 상황에서는 제약의 의미가 표면으로 드러나지 않게 된다. 결국 인구 담론의 위력은 바로 객관적인 지식의 지위를 통해서 남한이라는 정치적 단위를 공고화하는 것에서부터 빈곤의 원인에 대한 특정한 시각을 내면화하는 일, 과거를 해석하고 현재의 삶을 만들어나가며 동시에 미래를 기획할 수 있는 방식에 영향을 끼치는 일, 그리고 인간이라는 존재와 윤리적 삶의 방식을 규정하는 일에 이르기까지, 다양하면서도 때로는 서로 모순되는 현상들을 가능하게 했다는 데 있었던 것이다.

인구를 통제하고 산아를 제한한다는 행위는 인간이 스스로의 운명을 결정할 수 있으며, 빈곤에서 탈출할 수 있게 해준다는 의미에서 자유로 다가왔다. 특히 1960년대부터 보급되기 시작한 여러 가지 피임 약제는 새로운 사회가 도래했음을 보여주는 것이었다. 빈곤에서의 해방을 의미하는 경제개발, 공산주의와 대비되는 자유로운 남한, 임신과 출산에서 벗어난 자유로운 성, 자연적인 삶의 굴레에서 벗어난 영적인 인간, 자신의 삶을 기획할 수 있는 현대적인 여성 등은 각각 동일한 내용이 아니었지만 1960년대의 지형 속에서 겹쳐 나타나면서 가족계획사업의 성공에 힘을 실어주게 되었던 것으로 보인다.

이러한 변화는 인구가 점차 정치가 아닌 객관적 지식의 지위를 얻어갔기 때문에 가능한 것이었다. 사회적 몸으로서의 인구가 단위가 되면서 근대화가 가져올 수 있는 자유의 확장과 개인의 자유를 존중하는 자유주의를 신봉하면서도 개인의 자유와 재생산을 제약하는 것이 가능할 수 있었던 것이다.

5. 저출산 시대의 인구 위기론: 2000년대 이후

이번 절에서는 현재 한국에서 진행되고 있는 인구 위기론과 그 효과에 대해 살펴보고자 한다. 앞서 말했듯이 인구 위기론의 힘은 이 문제가 이해관계를 초월한 사회 전체의 문제라고 설정된 데서 나오는 것이었다. 사실 합계출산율이 이미 1980년대 초반 이후 인구대체율인 2.1 이하로 내려간 상태였으나, 1990년대까지도 저출산 현상은 한국이 선진국에 진입했음을 나타내는 하나의 증표이자 어쩔 수 없는 일로 받아들여지고는 했다. 이에 따라 인구수보다는 인구의 질을 향상시킬 필요성이 제기되었을 뿐 출산 장려로 급격히 전환하는 것에 대해서는 여러 가지 우려가 있었다. 그러다가 2000년대 들어서면서 저출산이 국가적인 위기로 인식되기 시작한 까닭은 처음 제시한 신문 기사의 어조에서 볼 수 있듯이 경제 위기를 가져올 생산 인구의 감소에 대한 우려 때문이었다. IMF 경제 위기 이후의 남한에서 중단 없는 성장 경제라는 신화에 대한 신뢰감이 사라지고 미래에 대한 불안이 자리 잡게 되었던 것이다. 공동체의 미래를 담지하고 있다고 간주되는 아이들이 더 이상 충분히 태어나지 않는다는 사실은 한국 사회가 당면한 여러 종류의 문제들을 포괄적으로 상징하게 되었으며, 대한민국이 늙어가고 있고 이를 책임질 세대가 존재한다는 사실은 그 자체로 사회불안을 만들어내는 요소가 되었던 것이다.

결과적으로 볼 때, 당시 저출산이 전면에 문제로 부각되긴 했으나 한국 사회에 만연한 저출산에 대한 위기감은 가족 구조의 변화, 도시와 농촌의 격차, 농촌의 초고령화 현상, 인구 집중, 이주 인구의 증가, 노인 빈곤 등 다양한 것을 포괄하는 것이었다. 실제로 이렇게 다양한 문제의식이 저출산 대책이라는 이름으로 포괄되고 대중에게 인지되게 된 현상은 한편으로는 저출산이라는 의제가 가지는 힘을 크게 키운 원동력이기도 했지만, 동시에 저출산 대책에 대한 주도권을 경제 부처가 장악하고 국가 경제의 논리로 평가하게 만드는 질곡이 되었다. 사실 저출산 대책으로 제시된 안들은 매우 다양했지만, 저출산이 복합적인 사회현상의 결과였던 만큼 개별적으로 봐서 출산율 상승에 분명한 효과가 있는 정책은 드물 수밖에 없었고, 실행 과정에서 효과를 의심받거나 파기되는 경우도 잦았다. 애초에 저출산 위기는 한국 사회의 미래 전망과 경제 성장 자체의 위기를 상징하는 것이었으나, 출산율만 높인다고 해서 모든 문제를 해결할 수는 없다는 점에서 저출산 위기는 그 자체로 모순적인 것이었다.

실제로 낮은 출산율이 문제가 되는 상황에서도 출산율만이 문제가 아니라는 사실은 저출산 위기론 속에서도 모두의 출산이 환영받는 것은 아니라는 데서 알 수 있다. 오히려 공동체의 위기 국면에서 누구의 출산을 장려하고 누구의 출산은 환영받지 못하는가라는 재생산의 정치는 더 명료하게 드러난다. 실제로 저출산이라는 이름으로 묶여서 표출되지만 그 내용을 상세하게 들여다보면 그 속에는 이주자들의 증가 현상에 대한 우려도 있으며, 장애 여성의 출산은 우려스러운 것으로서 여전히 환영받지 못한다.

현대 사회에서 출산을 장려하는 것은 출산을 통제하는 것보다 더 어려운 측면이 있고 이는 결국 국가가 개입할 수 있는 재생산 영역, 즉 규범적이지 않은 재생산 행위에 대한 통제를 집중시키고 있다. 그 한 예가 '낙태', 인공임신중단을 둘러싼 논란이라고 할 수 있다. 2009년 2월, 전재희 당시 보건복지부 장관은 한 해 35만 건으로 추정되는 낙태를 반으로만 줄여도 출산율 증가에 큰 도움이 될 것이라는 의견을 피력했고, 이어서 "낙태 줄이기 캠페인" 및 "낙태 안 하는 사회 환경 조성"을 저출산 대책의 일환으로 삼겠다고 발표했다. 한편 일부 산부인과 의사들은 낙태 근절 운동을 선언하면서 낙태를 시술하는 병의원들을 고발하기도 했으며, 그 과정에서 낙태를 시술한 의사와 낙태를 의뢰한 여성들을 처벌하기 시작했다. 한국에서는 여성들이 낙태를 실제로 행할 수 있는 가능성은 넓게 열려 있었지만 이는 여성들의 권리라기보다는 국가의 시책에 순응하고 사회나 가족이 원하지 않는 임신을 스스로의 책임하에 중단해온 재생산권 부재의 반증이었다. 그 결과 국가 시책의 방향이 출산 장려로 바뀌면서 낙태에 대한 입장도 처벌 쪽으로 선회하게 되었던 것이다. 낙태를 처벌하고 출산을 장려하기로 하면서 10대 여성들이나 비혼 여성들의 임신에 대해서 어떻게 지원할 것인지, 피임 교육을 어떻게 할 것인지에 대해서 국가가 전향적인 입장을 취하게 되었다는 점에서 긍정적인 측면이 아주 없지는 않다고도 할 수 있다. 그러나 개별 사안에 따라 저출산이라는 설정으로 도움을 더 받을 수 있는 것도 있고 더 곤란한 영역도 있겠으나, 결국 저출산을 전제로 받아들이고 나면 출산율에 도움이 되느냐 도움이 되지 않느냐에 대한 실효성 논란에서 벗어나기는 어렵다. 출산율에 도움이 된다는 입증 책임을 여성 스스로 지게 되는 순간, 이는 헤어나기 어려운 굴레가 되어버린다.

6. 나가는 말

적정 인구를 산출하고 경제에 미치는 효과를 예측하는 인구 관리 행위는 그 자체로 국가의 단위, 발전에 대한 개념, 빈곤의 원인을 진단하고 진보를 상상하는 방식 등과 밀접하게 관련되어 있다는 점에서 매우 정치적인 문제임에도 불구하고, 이는 거의 자연과학의 영역과 마찬가지로 취급되어왔다. 그렇게 볼 때 정치적 단위가 불안하지만 자유민주주의와 미국식 경제 발전을 미래의 경로로 의심하기 어려웠던 남한에서는 인구 위기론이 미칠 수 있는 영향력이 더욱 컸던 셈이다. 따라서 남한에서 인구 위기론과 그것을 기반으로 한 정치적 개입이 큰 효과를 발휘하고, 결국 가족계획의 과도한 성공의 결과로 현재 낮은 출산율을 경험하게 된 측면도 없지 않다. 불안한 공동체가 인구 위기론을 통해 그 경계를 확고하게 하고자 했다면, 인구 위기론에 입각한 효과적인 개입이 실제로 재생산의 위기를 가져오고 있는 상황인 것이다.

재생산이 그저 사회의 구성원을 충원하는 행위가 아니며, 한 사회의 가치와 문화를 생산하는 과정이라고 본다면,[14] 남한에서 이루어져온 인구에 대한 논의 역시 그 논의 과정에서 공동체의 단위부터 가치까지 삶의 다양한 측면을 생산하는 과정이었다. 따라서 우리가 기억해야 할 것은 인구과잉을 내용으로 하던 시절에도, 현재와 같이 인구 감소를 우려하는 시기에도 인구 위기론은 '객관적'인 지표에 대한 합리적인 대응만은 아니라는 사실이다. 미래를 위협하는 현재, 위기에 처한 공동체라는 상상, 그리고 이를 해결하기 위한 재생산 통제는 모두 특정한 시공간 속에서 실천을 통해 만들어지는 과정에 있었던 구성물이다. 우리가 매우 익숙하게 생각하는 남한이라는 정치 단위 자체, 그리고 남한이 성취했다고 이야기되는 경제 발전을 진보로 간주하는 사고방식 자체도 인구 담론을 통해 특정한 종류의 정치적 미래를 반복 상상하는 과정을 통해 공고해진 역사적 산물인 것이다.

---

14 R. Rapp, & F. Ginsburg., *Conceiving the New World Order: the Global politics of reproduction* (Berkeley, CA: University of California Press, 1995).

05

2000년대 중국의 인구정책

'도시권'에 대한 배제, '유동하는 인구'의 재생산

김미란

1. 왜 '유동 인구'의 재생산인가?

1) 계획생육에 대한 최근의 비판

'한자녀정책'이 전면 재고되던 2013년, 중국 정부는 지난 30여 년간 한자녀정책을 통해 4억 명의 인구를 덜 태어나게 함으로써 급속한 경제 발전을 이룩할 수 있었다고 자평하고, 또한 지구상의 인구가 60억에 도달하는 시점을 5년 늦출 수 있었다고 발표했다.[1] 유엔의 '세계인구전망'(2004) 역시 억제 정책으로 인해 중국의 인구가 성공적으로 통제되어 2030년에 이르면 인구가 14.46

---

1 "中共中央国务院关于全面加强人口和计划生育工作统筹解决人口问题的决定", ≪人民日報≫, 2007年 1月 23日.

억 명 정점을 찍고 점차 감소할 것이라고 예측했다.[2]

그러나 같은 시기, 중국 내 다수의 인구학자들은 한자녀정책의 성과보다는 그로 인해 야기된 문제의 심각성을 지적하는 데 목소리를 높였다. 남녀 간 성비 불균형이 심각해져서 2020년에는 3000여만 명의 청년이 배우자를 구하지 못하게 되었으며 저출산으로 고령화가 심각해진 것은 물론,[3] 더욱 비참한 사례로 출산 능력을 상실해버린 중년의 부부가 외동 자녀를 잃어 영원히 자녀를 가질 수 없게 된 '실독(失獨, 외동 요절)' 가정이 만들어졌다고 지적한다. 실독 가정은 이미 100만 명에 이르렀는데,[4] 비판자들은 이러한 문제점들이 경제적·문화적 고려 없이 '한 자녀'에 기준을 두어 행정 처벌과 낙태를 주요한 억제 방법으로 택한 무리한 정책의 결과라고 보고 정부가 즉각 한자녀정책을 폐지할 것을 촉구했고,[5] 이미 폐지 자체가 늦었다고 비판했다.[6]

1940~1950년에 이미 저출산 사회에 진입한 영국 등 유럽 국가가 복지 정책을 통해 고령 사회에 대응해온 것과 달리, 2차대전 이후 인구가 폭증했던 아시아에서 다수의 국가는 산아제한을 경제 발전을 위한 주요 전략으로 택했다. 1950, 1960년대에 중국, 소련 등 사회주의국가에서는 냉전적 대치로 인해 인구를 노동력과 국방의 주요 자원으로 보고 인구 억제를 정책으로 택하지 않았

---

2 顾宝昌, 「实行生育限制的理由已不复存在」, ≪人口与社会≫, 第31卷 第2期(2015), pp. 10~11.

3 陈友华, 「关于生育政策若干问题」, 顾宝昌·李建新 主编, 『21世纪中国生育政策论争』(北京: 社会科学文献出版社, 2010), p.174.

4 刘芳·马明君, 「我国失独家庭现状与对策的研究综述」, ≪重庆师范大学学报≫(哲学社会科学版), 第2期(2014), p.102.

5 顾宝昌, 「实行生育限制的理由已不复存在」, ≪口与社会≫, 第31卷 第2期(2015), pp. 10~11.

6 「现在放开计划生育, 已经太晚了!」(2015.1.23), http://bbs.tianya.cn/post-develop-1982790-1.shtml(검색일: 2015.8.5).

던 반면, '가난한 나라가 공산화할 것을 우려'했던 미국은 한국, 타이완, 인도 등을 대상으로 기술과 자금 지원을 통한 산아제한(가족계획)을 추진하도록 했으며 그중 한국과 타이완이 대표적인 '성공' 사례에 속했다. 그러나 인도는 점차 자국이 가족 노동력에 의지해 경제가 유지되는 농업사회임을 깨닫고 1970년대 후반, 인도 현실에 부합하지 않는 미국의 인위적인 산아제한 요구를 거부하며 "경제 발전이 최상의 피임 방법"이라고 입장을 밝혔다.[7]

그러면 개혁개방 이후 실시된 중국의 한자녀정책에 대한 작금의 비판론자들의 폐지 요구는 인도의 경우처럼 중국도 "경제 발전이 최상의 피임법"이므로 정부가 계몽과 기술 보급만을 하면서 경제 발전에 따라 출산율이 자연스럽게 떨어질 때까지 기다려야 했었다는 의미인가? 그렇지 않다. 비판론자들은 인구 억제는 동의하지만 한자녀정책이 실시되기 직전인 1970년부터 1979년까지 사회주의 중국에서 시행되었던 10년간의 '성공적인' 인구 억제 경험을 상기시키며 1980년대 이후의 '방법'을 비판했다.

사회학과 교수 리젠신(李建新)은 1970년대가 비록 정치적으로 혼란한 시기였음에도 불구하고 1949년 건국 직후 5억 4000만 명이던 인구가 1970년에 8억 명으로 폭증하자 정부가 "하나가 가장 좋고, 최대로 둘, 터울은 3년 이상(最好一个, 最多两个, 生育间隔三年以上)"이라는 구호 아래 "(결혼 연령을) 늦추고(晩),

7 1951년 세계에서 처음으로 전국적인 가족계획사업을 추진한 인도 정부는 1959년부터 강제적으로 정관수술을 추진하며 가족계획사업을 국가 제1의 과제로 적극 추진했다. 그러나 1977년에 인도의 가족계획사업은 자발성의 원칙을 표명하며 강도가 낮아지기 시작해서 1996년부터 피임 조치의 수량적 지표를 세우지 않기에 이르렀다. 왕샹셴, 「한·중·일의 인구정책과 젠더국가의 가족계획운동과 남성성: 저출산시대 중국, 한국, 인도의 정관수술 비교연구」, 『제3차 한·중 국제 학술회의: 인구, 몸, 장소 』, 성공회대학교 동아시아연구소, 톈진사범대학교 사회발전과젠더연구센터 공동 주관(2015년 8월 20~21일) 국제회의 자료집, 5쪽.

터울을 길게(稀), 숫자를 적게(少) 낳도록" 하는 방법을 택해 10년 만에 합계출산율(Total Fertility Rate, 한 여성이 평생 동안 낳는 자녀 수)을 5.8명에서 2.2명으로 낮추었다는 사실을 강조한다.[8] 건국 직후에 만들어진 '혼인법'(1950)의 혼인 연령은 남녀 각각 20세, 18세였는데, 그는 정부가 1970년대에 혼인 연령을 대폭 끌어올려 남 25세, 여 23세로 늦추고 출산 간격을 벌림으로써 출산율을 떨어뜨릴 수 있었다고 하며 특히 출산율이 2.2명으로 떨어지는 과정에서 전혀 성비 불균형 문제가 발생하지 않았다는 점을 강조한다. 1970년부터 10년 동안 추진된 인구정책의 점진성과 융통성을 높이 평가한 그는 1980년대 이후 한자녀정책의 '일률적 통제(一刀切)'가 문제적이라고 비판한다. 그렇다고 해서 그가 인구 억제 정책 자체를 비판하지는 않았는데 왜냐하면 "경제 발전이 최상의 피임법"이라고 하는 것은 영국과 같은 구미 선진국의 경우에나 적용된다고 보았기 때문이다.[9]

극히 드물게 허야푸(何亞福)와 같은 자유기고가가 중국의 저발전은 자원 부족이 아니라 내수 부족이라고 보고 도시의 인구 억제 정책을 비판했다. 그는 자녀를 기르는 비용이 자녀가 성장해서 사회에 기여하는 비용보다 적기 때문에 출산을 억제해서는 안 된다고 보았으며 그 예로 상업의 귀재인 원조우(溫州) 상인들의 다자녀관을 제시했다.[10] 그러나 이런 견해는 극히 예외적인 경우에 속했으며, 1980년대 이후 중국 사회에서 인구는 '소비하는 입(人口)'이지 '일손(人手)'이 아니라는 인구 부담론이 지배적이었다.

2013년 이후 급부상한 한자녀정책 폐지론은 평균 출산율이 이미 인구대체율(2.1)에 못 미치는 1.4라는 점을 근거로 해 한자녀정책을 당장 폐기한다 해

---

8 李建新, 「七、八十年代中国生育政策的演变及其思考」, ≪人口学刊≫(1996.1), pp. 47~48.

9 같은 글.

10 何亞福, 『人口危局』(北京: 中國發展出版社, 2013), pp.85~88.

도 급격한 출산율 반등은 일어나지 않을 것이라고 주장하고 한 걸음 나아가 '국민의 재생산 선택권'에 입각해 한자녀정책이 더 이상 개인을 엄하게 처벌하는 것이 아니라 공민의 '기본권'으로 인식되어야 한다고 했다.[11] 2000년 이후에 전국적으로 확산된 '인간적인(人性化的) 계획생육 관리 방법'으로의 변화는 이러한 요구가 반영된 결과인데 기존의 '행정 처벌 위주'에서 '인간 중심, 서비스 위주'로의 변화에서 간취해야 할 것은 아시아에서 산아제한을 실시했던 여타 국가들이 재생산권을 궁극적으로는 개인의 선택 문제로 인식했던 것과 달리, 중국에서는 출산 행위에 대한 제도적 처벌이 일상 속에서 용인되는 일관된 특성을 보여왔다는 점이다. 그렇기 때문에 오늘날의 중국학자들은 1960년대 타이완의 '가정계획(家庭計劃)'이 그 실행 과정에서 "신혼의 즐거움을 위해" 피임이 필요하다고 대상자들을 설득하고 지식과 의료 설비를 지원하되 친밀성을 기반으로 했다는 것을 알고는 자신들의 경험과 비교하며 놀라워한다.[12] 중국의 식자들이 개인의 재생산권에 눈을 뜨면서 누구나 누려야 할 기본 인권으로서 '공민권'[13]이라는 관점에서 '국가계획(birth control)'을 '가정계획(family planning)'으로 되돌려야 한다고 새롭게 인식하게 된 것인데,[14] 이것은 계획생육 30년 만에 새롭게 등장한 최근의 목소리이다.

---

11 黄文政, 「鼓励生育将是逆水行舟」, ≪人口与社会≫, 第31卷 第2期(2015), p.40.

12 "大陆计划生育与台湾计划生育有什么不同", http://heyafu.blog.sohu.com/111706723.html(검색일: 2015.3.1).

13 여기에서 공민권은 재생산권이 더 이상 국가의 경제적 목표에 기반한 통제식 행정관리 대상이 아니라 누구나 누려야 할 '모든 가정의 사적인('每个家庭的私事')' 기본 인권이라는 의미이다. 梁中堂·梅岭, 「我国人口政策的历史和发展」, ≪社会科学论坛≫, 第9期(2010), p.97.

14 何亚福, 「"计划生育"应转变为"家庭计划"」(2009), http://heyafu.blog.sohu.com/111706723.html(검색일: 2015.7.30).

2) 호적제와 인구 이동 사이의 긴장

중국의 인구 억제 정책은 1970년부터 오늘날까지 사회주의 시기에 확립된 도-농 이원제인 호적제(戶口制, household registration system)의 기반 위에서 추진되고 있다. 1957년에 제도화된 호적제는 도시와 농촌이라는 장소를 기준으로 구성원을 '농업인구'와 '비농업인구'로 나누고 후자에게는 의료, 교육, 취업, 주택 분배에서 전자보다 훨씬 우월한 자원 분배를 하는 제도이다. 이와 같이 이원분리적인 1958년의 '중화인민공화국 호구등기조례(中華人民共和國戶口登記條例)'가 실시되자 그 이전까지 자유로왔던 개인들의 이동은 금지되었으며 사회주의 시기는 물론 최근까지 호적제는 중국 공민들의 삶에 가장 큰 영향을 미치는 제도가 되었다.[15]

호적제의 기능은 크게 '공민의 신분증'이자 '인구 관리를 위한 행정용 정보 제공'이다. 한자녀정책 실시 이전의 호적제는 정치적인 '불순분자'(예를 들어 출신 성분 기록)를 식별해내려는 정치적 목적이 농후했던 반면, 도시화가 진전된 1990년대 이후에는 농촌인구의 도시 유입을 억제하는 데 핵심적인 기능을 담당했다. 그러나 이원 분리적인 호적제는 산업화에 필연적으로 수반되는 도시로의 인구 집중과 근본적으로 양립할 수 없기 때문에 2000년 이후에 변화된 양상을 보였다. 2001년에 시행된 '소규모 성진 호적제도개혁 추진에 관한 의견(關于推進小城鎮戶籍制度改革意見)'은 도시로의 인구 유입을 완화하면서 점진

---

15 Xiaogang Wu and Donald J. Treiman, "The Household Registration System and Social Stratification in China: 1955~1996," *Demography*, Vol.41, No.2(May, 2004), p. 363. 이 논문은 해당 시기 도시호구를 취득하는 결정적 두 요인이 교육과 공산당원이었다고 설명하는데 이 언급은 시장화 시기에 도시호구 취득 조건이 주택 구입과 친척집에 호적을 올리는 두 가지 방법이 허용되었던 것과 구별된다는 것을 보여준다.

적으로 이주를 허용하는 내용으로, 농민의 도시 호적 취득을 주택(住房)과 직업(收入) 상황에 따라 허용하는 '조건부 전입허용(准入條件)'제를 실시했다. 2000년 이후 광동성의 대도시를 선두로 해서 외지인의 도시 전입은 점차 완화되는 추세를 보이고 있다.[16]

이처럼 도시화는 호적제와 충돌하기 때문에 개혁개방 이후 매년 증가하는 도시로의 인구 이동은[17] 호적제의 근간을 흔들고 있다. 도시화율이 50%를 넘어선 오늘날(2014년 기준) 호적제는 도시의 거주 인구를 '호적 인구'와 '유동 인구'로 구분하며 이때 유동 인구는 과거에는 존재하지 않았던 새로운 명칭으로, '유동인구의계획생육공작관리방법(流动人口计划生育工作管理办法, 1998)'[18]에 따르면 '사람과 호적지가 분리된(人戶分離)' 집단을 가리킨다. 유동 인구라는 명칭이 계획생육 관련 법규에 처음으로 등장한 것은 1991년 '유동인구계획생육관리방법(流动人口计划生育管理办法)'이지만 오늘날까지도 이 호칭에 대한 합의된 정의는 없으며 통용되는 개념을 정리하면 다음과 같다. ① 일정 기간 자신의 호적지를 떠나 있고(人戶分離), ② 도시에서 생업을 위해 체류하고 있으나 도시 호적을 가지고 있지 않으며, ③ 영구 거주가 아닌 임시 거주자로 언젠가는 호적지로 돌아갈 농업호적자(農業戶口)이며, 이 세 조항의 공통점은 '유동성'을 강조했다는 데 있다.[19] 유동 인구라는 호칭은 도시화가 진행된 1990년 이후로 비로소 자주 사용되었으며, 그 이전에 이들은 '농민공' 혹은 '외지인' 등으로 불리었다.

---

16 編輯部, 「戶籍制度50年」, ≪人口硏究≫, 第32卷 第1期(2008), pp.44~46.

17 李玉俊, 「社会管理创新视角下的流动人口生育服务管理研究: 以昆明市东川区为例」(云南大學碩士學位論文, 2012), p.1.

18 1998년 9월 22일 국가계획생육위원회가 반포한 문건이다.

19 武俊青·姜综敏·李成福·李昊, 「我国流动人口的避孕节育现况」, ≪人口与发展≫, 第14卷 第1期(2008), p.56.

오늘날 호적 제도는 유동 인구에게 '임시거주증(暫住證)'이라는 과도기적 신분증을 발급함으로써 실질적으로 도시 거주자인 이들에게 거주 기간과 의료, 자녀의 피교육권에 제약을 가하고 있으며 이러한 제약은 도시공공재(urban public goods, 교육·주택·문화 등)를 사용할 수 있는 '도시권(城市權利)'에서 이들을 배제하는 것이다. 한편, 서구에는 호적제가 없기 때문에 유동 인구라는 개념 자체가 존재하지 않으며 그렇기 때문에 서구학자들은 중국의 유동 인구 집단을 '국내 이민(internal migration)'이라 지칭한다.[20]

중국의 대표적인 인구학자 구바오창(顧寶昌) 역시 여타 학자들과 마찬가지로 중국 공민을 차별화하는 호적제를 비판한다. 그는 중국의 유동 인구가 총인구의 10%를 훨씬 넘어 이미 세계 최대의 인구 이동인 멕시코와 주변국 사이에서 벌어지는 멕시칸의 미국 불법 이민(undocumented migration) 수를 추월했다는 점을 상기시키며, 이 거대한 인구 유동이야말로 "억이 넘는 광대한 농민이 수천 년간 살아온 향토 사회와 철저한 고별을 하는 근본적인 행위"라고 규정했다.[21] 구바오창의 지적처럼 오늘날 1.5억에 달하는 방대한 도시 안의 농민호적자들이 이미 '토지와 고별한' 사람들임에도 불구하고 호적제는 이들을 여전히 농민으로 간주해 관리하고 있다. 그러므로 중국의 도시 내 인구 억제 정책을 이해하는 관건은 호적제를 통해 인구를 '장소'에 결박함으로써 도시로의 이입을 억제하는 시스템을 이해하는 데 있다고 하겠다.

20 같은 글, p.3.

21 顧寶昌, 「新時期的中國人口态势」, 『21世纪中国生育政策论争』(北京: 社会科学文献出版社, 2010), p.18.

3) '유동 인구' 독법

기존의 유동 인구의 재생산에 대한 연구는 주로 경제, 사회, 인구학적 차원에서 진행되어왔다. 이 연구들은 '지속 가능한 발전'이라는 발전주의적 관점에서 인구 재생산을 어떻게 '관리'할 것인가에 초점을 맞추고 있는데 구바오창과 리젠신이 엮은 『21세기 중국생육정책논쟁(21世紀中國生育政策論爭)』(2010)이 대표적인 자료집으로, 중국 인구의 발전 추세, 정책 평가, 여타 국가와 중국의 인구정책 비교 등이 실려 있다. 국내의 중국 유동 인구에 대한 연구로는 호적제와 유동 인구의 관계를 다룬 이민자의 『중국 호구제도와 인구 이동』(2007)이 있으나 저자는 도시 안의 '노동자'라는 관점에서 유동 인구를 분석했다. 또한 중국의 산아제한(계획생육)에 대해서는 국내 인구학과 여성학 쪽에서 관심을 기울여왔으나 소략한 비교연구 수준에 머물러 있다. 이에 이 장은 유동 인구가 재생산 당사자라는 점에 초점을 맞추어 개혁개방 이후 도시권에서 이들이 배제되는 지점들을 주목하고 유동 인구의 재생산에 대한 담론 구성과 배제의 근거인 호적제를 교직해 살펴보려 한다.

이러한 관점에서 볼 때, 1980년 이후의 한자녀정책에 대한 성찰이 경제 효용, 혹은 행정관리의 강도 조절이라는 시각에서 접근하는 기존의 접근법은 문제적이다. 유동 인구에 대해 도시인의 관점에서 '낙인을 찍어서는 안 된다'고 비판하는 리젠신조차 이러한 비판에서 자유로울 수 없는데, 그는 중국의 인구 억제 정책을 1980년 이전과 이후로 나누어 그 이전과 이후가 '질적으로 구별'된다고 간주하기 때문이다.[22] 그는 두 시기가 구별되는 이유가 1980년 이전에는 양적 조절을 위해 점진적인 방식을 택했으나 1980년 이후에는 강압적이고

---

22 李建新, 「七、八十年代中国生育政策的演变及其思考」, ≪人口学刊≫(1996年 1期).

일률적인 방식으로 관철했기 때문이라고 설명하고 문제는 바로 후자의 강압적 방식에 있다고 비판했다. 그러나 필자가 주목하는 호적제의 이원 분리성이라는 관점에서 보면, 리젠신이 설사 1980년대 이전 정책을 높이 평가함으로써 반대급부로 1980년대 이후의 '한자녀정책'의 강압성을 비판하는 데 의도한 효과를 발휘했을 수는 있었겠으나 이 방법이 1980년대 이전과 이후에 공통적으로 존재했던 호적제의 이원 분리주의에 대한 근본적 성찰을 간과하도록 만든다는 점에서 한계를 지닌 것이었다고 생각된다.

한편, 리젠신과 달리, 국가계획생육위원회가 주장하는 성과론은 비록 한자녀정책이 강압적 방법을 택하긴 했으나 4억 명의 인구를 태어나지 않게 억제함으로써 중국이 '경제성장을 이룰 수 있었고 인류의 인구 증가 속도를 늦추는 데도 기여했다'고 자평한다. 이 두 입장은 실행 방법론에 대해서는 상반된 견해를 지니고 있으나 '도시 공공재에 대한 도시 호적자의 기득권'을 용인한다는 점에서는 일치한다.

현재적 관점에서 성과론이나 비판론을 접할 때 기득권을 인정하고 '타자'를 생산해내는 원리에 대한 성찰을 누락한 채 인구정책을 분석하는 것은 불완전한 접근이다. 재생산권이 공민의 기본권에 속한다는 관점에 입각해 1980년 전후를 단절적으로 이해하는 것이 아니라 중국의 인구정책 자체가 작동 기반으로 하고 있는 호적제의 연속성에 대한 문제 제기에서 시작될 때 성찰이 가능하기 때문이다.[23] 그럴 때 비로소 '장소'에 결박되지 않은 '이동하는 몸'들의 출산 행위가 어떻게 제도적 '일탈'로 구성되며 그 일탈을 구성하는 과정에서

---

23 Xiaogang Wu and Donald J. Treiman, "The Household Registration System and Social Stratification in China: 1955~1996," *Demography*, Vol.41, No.2(May, 2004), p.363. 저자는 중국의 이주 연구에서 호적제가 소홀히 다루어졌다고 지적하고 이주자들이 호적 장벽을 어떻게 넘는가를 주목할 필요가 있음을 강조한다.

이동하는 집단에 대한 재현이 그것과 어떻게 조응하며 강화하는가를 읽어낼 수 있다.

시장화 이후 도시로 유입된 농촌인구는 지난 30여 년 동안 값싼 노동력을 제공함으로써 중국 사회가 '인구 보너스(人口紅利)'를 누리게 한 주체들이었다.[24] 그럼에도 이들은 재생산 영역에서 '출신 지역'이라는 꼬리표를 달고 '계획 외 출산(計劃外生育)', 즉 불법 출산자로 공공연하게 지목되고 신체적·문화적으로 질 낮은 국민을 생산할 가능성이 높은 '열등한' 집단으로 정형화했다. 이러한 재현의 이면에 유동 인구의 생산력은 필요하지만 재생산력은 필요로 하지 않는 도시 중심의 배제 논리가 깔려 있음은 물론이다.

그러면 유동 인구에 대한 집단적 재현과 제도적 차별은 어떻게 조응하며 이러한 차별은 어떠한 담론을 통해 정당화되는가? 이에 답하기 위해서는 '탈역사화'되고 '고정관념화'된 유동 인구 이미지를 해체적으로 읽어내고 궁극적으로 이들에 대한 호명, 즉 유동 인구라는 호명 속에 어떠한 욕망이 투사되어 있는가를 살펴보아야 할 것이다. 이러한 목적에 도달하기 위해 이 장에서는 먼저 중국 정부가 자국의 공민에 대해서 마치 국민국가의 영토 안으로 이주해 온 외국인을 관리하듯이, 마오쩌둥 시기의 인구 관리 방식을 답습해 도시의 농촌 출신자들을 도시인과는 '다른 집단'으로 정형화하는 과정을 살펴보고, 나아가 2000년 이후 급속하게 사회적 관심의 대상으로 떠오른 유동 인구[25]를 중심으로 시장화한 환경에서 한자녀정책이 어떻게 '정상'적 재생산과 '일탈적' 재생산의 경계를 구축하는가를 살펴보고자 한다.

---

24 "中共中央关于推进农村改革发展若干重大问题的决定"(2008), 중화인민공화국 인민정부 홈페이지, http://www.gov.cn/test/2008-10/31/content_1136796.htm(검색일: 2015.12.22).

25 杨菊华, 「制度歧视与结构排斥北京市青年流动人口职业流动变动研究」, ≪南京工业大学学报≫(社会科学版), 第12卷 第3期(2013), p.69.

2. 유동 인구에 대한 재생산 정책과 재현

1) 계획생육의 특징과 실행 방식

중국에서 인구를 '계획'하에 출산하도록 해야 한다는 인식은 건국 초기부터 존재했다. 그로부터 현재까지의 인구정책은 5단계로 나눠 볼 수 있으며 제1단계는 '계획생육정책 준비기'(1953~1961)이다. 이 시기는 초보적으로 인구 억제에 대한 인식이 있었으나 한국전쟁이 막 끝난 시점이었으므로 절박하게 억제할 필요를 느끼지 않았으며 단지 헌법에 계획경제원칙에 따라 '계획적으로 생육한다'는 원칙론이 포함되었다. 제2단계는 '인구 폭증과 계획생육 준비기'(1962~1970)로 3년간의 대기근 직후 보충성 출산으로 인구가 폭증해 1970년에 8억 명에 달하자 비로소 인구문제의 심각성을 깨닫게 된 시기이다. 제3단계는 '전국 범위의 계획생육 실행기'(1971~1978)로 법규가 마련되고 '계획생육'이 헌법에 포함되어 "만(晩, 늦게), 희(希, 터울을 길게), 소(少, 적게)" 정책에 의해 실질적으로 인구 억제가 이루어진 시기이다. 제4단계는 한자녀정책이 실행된 1979년부터 2000년까지이며 '강력한 계획생육실행 및 법제화 시기'(1979~2000)이다. 인구 억제 정책이 획기적으로 가장 강도 높게 추진된 시기로 유동 인구의 재생산이 이 시기에 문제로 인식되기 시작해 계획생육에 관한 최초의 전문적인 행정법규인 '유동인구계획생육관리방법(流动人口计划生育管理办法)'(1991)이 제정되고 그것이 2002년에 실행된 '인구와계획생육법(人口與計劃生育法)'의 원형이 되었다. 끝으로 제5단계는 2001년부터 현재까지로 '입법화와 공민 권익 단계'이다. 저출산 유지 관련 법규인 '인구와 계획생육법'이 강력한 벌금제와 처벌을 제도화함으로써 1979년 당시에 천명했던 12억 이내로 인구를 억제한다는 목표에 근접한 '뚜렷한' 성과를 올린 시기[26]이다. 총체적으로 볼 때, 1~2단계는 구호만 있었을 뿐 정치적 이유로 계획생육이 제대로 실행되지 못했으며 4~5단계에 이르러 비로소 전국적 범위에서 강력하게 추진되었고 이 장은 법제화가 완성된 제5단계를 주요 분석 대상으로 한다.

2015년에 발표된 '두 자녀 전면 허용(全面放开二胎)' 시행을 분기점으로 해서 한자녀정책 원칙이 철폐되기 전까지 시행되어온 인구정책의 틀은 1980년에 정부가 공산당원과 공산주의청년단에게 보낸 공개 서신인 '중공중앙이 우리나라 인구 증가를 통제하는 문제에 관하여 전체 공산당원과 공청단원에게 보내는 공개 서신(中共中央关于控制我国人口增长问题致全体共产党员、共青团员的公开信, 이하 '서신')'에 담겨 있다.[27]

'서신'은 1980년에 10억에 달한 인구를 2000년까지 12억 이내로 억제하겠다고 선언하고 부부가 한 자녀[28]만 낳는 것을 국민의 '의무'라고 밝혔다.[29] 향후 30~40년 동안 한자녀정책을 유지한다고 밝힌 이 정책은 '국책 사업'이라 불렸는데 국책 사업이란 설사 유관 법령이 구비되어 있지 않다 하더라도 모든 정책에 우선으로 실행되는 정책을 뜻한다. 중국 정부는 사업 추진을 위해 '국가인구계획생육위원회(國家人口計生委)'를 위생부에서 독립시켜 확대된 조직

---

26 王鸿博, 「我国计划生育立法原则发展研究」(长春理工大学硕士学位论文, 2011), '第一章 我国计划生育立法原则及其发展历程' 참조. 왕홍보(王鸿博)가 정리한 시기 구분 외에 1980년 이후를 세분화해 1980~1984년을 위축기, 1984~1999년을 전략 목표 조정·안정기로 보는 관점도 있다. 霍振武·李建新, 『中国人口太多还是太老』(北京: 社会科学文献出版社, 2005), pp.6~8 참조.

27 http://news.xinhuanet.com/ziliao/2005-02/04/content_2547034.htm.

28 '서신'은 한 자녀 원칙하에 소수민족 등에게는 두 자녀를 허용하지만 세 자녀는 절대 불가라고 명시했다.

29 1978年에 최초로 '계획생육'이 헌법 53조에 삽입되었으며 1982年에는 헌법 25조에 "国家推行计划生育,使人口的增长同经济和社会发展相适应"이라는 문구에서 '의무'로 규정되었다. 의무이자 공민의 '권리'로 규정된 것은 2002년에 시행된 '人口與計劃生育法'에 이르러서이다.

으로 신설했으며 이 조직은 위생부의 권한을 훨씬 넘어서서 경찰(公安), 위생, 내무(民政局) 조직을 동원하는 막강한 행정력을 갖추고 전국적 범위에서 한자녀정책을 총괄했다.[30] 2차대전 종결 이후 아시아 여러 국가에서 출산은 궁극적으로는 '가족계획'에 의해 주로 부녀회를 중심으로 관철되어왔던 것과 달리, 1980년대 이후 중국에서는 '국가계획'하에 각 지역의 관리자는 해당 공동체에 할당된 위로부터의 '지표'를 맞추어 출산을 통제하는 '계획출산'의 시대로 접어들었다.

국가 통치성의 확립 과정이 개별 가장들이 지닌 '가정경제'를 운영하는 '통치성'을 포기시킴으로써 확립되었다고 설명하는 푸코의 논지에 따르면, 인구재생산에 대한 개인의 자율성은 국가 통치성과 양립할 수 없다. 왜냐하면 국가 통치성의 확립이 영토 안에 거주하는 각 사람을 '사회체로서의 몸(corps social)'이라는 인구 덩어리로 담론화함으로써 가능해지며 그 과정에서 가족성원의 사망과 탄생을 부와 관련해 고려하던 가장의 '통치성'이 무력화되기 때문이다. 국가의 "통치술이 방해물에서 풀려난 것은 인구문제의 출현과 관련이 있다"[31]라고 한 푸코의 통찰을 입증하듯이 '인구와계획생육법'(2002)의 짤막한 첫 문장은 인구에 대한 국가 통치성의 확립이 어떠한 수사를 통해 이루어지는가를 명징하게 보여준다. "제1조 인구와 경제, 사회, 자원 환경의 조화로운 발전을 위하여 계획생육을 추진하며 공민의 합법적 권익을 수호하고 가정의 행복, 민족의 번영과 사회 진보를 촉진하며 헌법에 근거하여 이 법을

---

30 李建新, 「七、八十年代中国生育政策的演变及其思考」, ≪人口学刊≫(1996年 1期), p.47. 1970년대 중반에 독립되어 나온 국가계획생육위원회는 2013년에 역사적 임무를 완수하고 다시 위생부로 통합되었다. 이에 대해서는 王涤, 「"经济新常态"下的计划生育转型发展」, ≪人口与社会≫, 第31卷 第2期(2015), p.52. 참조.

31 콜린 고든·그래엄 버첼·피터 밀러 엮음, 『푸코 효과: 통치성에 관한 연구』, 심성보 외 옮김(난장, 2014), 149쪽.

제정한다."[32] 여기에서 개인은 가족과 민족, 사회 진보를 위하여 출산 행위를 한다고 명시됨으로써 개인과 가장의 재생산 자율권은 국가라는 공동체에게 양도된 것으로 나타나 있다.

중국에서 산아제한에 대한 논의는 20세기 초까지 거슬러 올라간다. ≪부녀잡지(婦女雜誌)≫를 중심으로 1920년대 초 전개된 산아제한론은 전통적 대가정을 해체하고 소가정을 만들어야 한다는 것이 요지였는데, 이러한 주장의 근저에는 서구 문명에 대한 중국 민족의 '열등함'이라는 의식이 깔려 있었다.[33] 우생론과 밀접한 관련을 지녔던 당시의 산아제한론은 '근대'에 도달하지 못한 중국이 다산, 조혼과 같은 '열등한' 관습을 지니고 있기 때문에 중국의 '전통가족=다산=낙후' 대 서구의 '선진=핵가족제'라는 인식이 전제되어 있었다.

19세기 서구에서 유행한 신맬더스주의(New-Malthusianism)는 위생의 발전과 산업화의 결과로 급증한 프롤레타리아 계급, 알코올중독자 등의 재생산권을 통제하고 이들의 수를 줄임으로써 그 나머지 우수한 종자의 확산을 기대하는 보수적 성향의 주장이다. 우생학과 진화론이 결합해 전파된 산아제한론에 대해 당시 중국의 일부 사회학자들은 산아제한론의 제국주의적 성격을 비판하면서 중국이 낙후한 원인은 서구의 침략 탓이며 스스로 자원을 활용할 수 없는 반식민지 현실 때문이라고 주장했다.[34] 그러나 인구가 생산력이며 국력이라고 주장한 이들의 주장에 대한 반향은 미미했다. 20세기 초의 산아제한

---

32 원문은 '人口與計劃生育法' "第一条　为了实现人口与经济、社会、资源、环境的协调发展, 推行计划生育, 维护公民的合法权益, 促进家庭幸福、民族繁荣与社会进步, 根据宪法, 制定本法."이다.

33 김미란, 「1920년대 초 중국 ≪부녀잡지(婦女雜誌)≫의 산아제한담론 분석: 서구 인구담론의 '문명론'적 수용방식에 대한 비판적 검토를 중심으로」, ≪중국현대문학≫, 제72권 (2015), 98~110쪽.

34 같은 글.

론은 이처럼 문명론적 성격이 강한 민족 위기 담론으로 현상했으며 지식인의 담론 수준에 머물렀다.

반면, 1980년에 정부가 공포한 '서신'은 산아제한이 담론이 아니라 개인의 재생산권에 대한 제한을 강제적으로 준수하도록 한 국민의 '의무'였으며 위반자는 간부이든 당사자이든 '처벌'을 받도록 규정한 정책이었다.[35] 한자녀정책은 다산 행위를 5·4 시기와 같이 가난한 자들의 무절제한 성욕 발산[36]이라고 도덕적으로 폄하하는 데 그치지 않고 국가의 개인생식권(Reproductive Rights)[37]에 대한 통제를 정당화하고 이를 위반한 출산을 범법 행위로 간주해서 해고, 감봉, 강제 낙태와 벌금(超生罰款)을 부과했다. 근대적 개인이 지닌 권리로서의 재생산권이 근본적으로 부정된 것이다.

앞서 언급한 바와 같이 푸코가 서구의 경험에 비추어 '생명관리정치'(삶은 물론 죽음까지 통치의 대상으로 포괄하는)가 가능할 수 있었던 이유를 '인구학적 지식'을 통해 국가가 가장으로부터 재생산에 대한 통치권을 거두어들였다고 정의한 것과 달리, 중국의 경우에는 '인구학적 지식'에 머물지 않고 공권력을 통한 법적 처벌을 통해 추진되었다는 점에서 특수성을 띤다.

한편, 한국의 1960년대 가족계획을 분석한 조은주는 제3세계의 산아제한 사업이 서구/비서구, 발전/저발전의 문제와 깊이 결합된 것으로, 출발부터 일

---

35 梁中堂·梅岭, 「我国人口政策的历史和发展」, ≪社会科学论坛≫, 第9期(2010), p.99. 산아제한의 실행은 낙태는 물론, 이웃집 연좌제, 야간에 '초과 출산 가정' 습격, 주거지 철거, 농작물 훼손 등 난폭하고 강제적 방법을 통해 진행되었다.

36 김미란, 「1920년대 초 중국 ≪부녀잡지(婦女雜誌)≫의 산아제한담론 분석: 서구 인구담론의 '문명론'적 수용방식에 대한 비판적 검토를 중심으로」.

37 1994년 인구개발국제회의 행동 강령에서는 생식권(Reproductive Rights)을 모든 부부들이 자신의 자녀 수와 출산 간격 및 출산 시기를 자유롭게 결정할 수 있는 권리로 정의하고 있다.

종의 인구학적 타자로 '발견'되었다는 점을 강조한다. 그는 이 지역에서 세계의 타자성에 대한 불안이 냉전 체제와 결합되면서 아시아 지역에 '재생산의 서구화'라는 정치적 프로젝트가 탄생했으며[38] 그 결과 변형된 식민주의, 서구 국가들에 의한 '문명화의 임무'와 결합되어 여성들이 스스로 "자식이 많아서 부끄럽습니다"라고 '수치스러움'을 고백하게 되었다고 지적한다.[39]

지식과 담론을 통한 인구 통치성 확립이라는 점에서 보면 20세기 초 중국의 산아제한 담론과 1960년대 한국의 가족계획 담론은 더 유사해 보인다. 양자가 모두 서구 문명 우월론을 기반으로 했다는 점에서 그러한데, 이와 달리 1980년대 이후 한자녀정책에 대한 담론과 관철 방식은 집체주의 사회에서 현현한 개인 사욕의 '극복' 방식을 답습하고 있다. 한자녀정책은 개인의 재생산권 행사를 도덕적 가치판단이 내포된 개인의 사욕 추구, 즉 근대적 개인의 권리로서 공민권이 확립되지 않은 상태에서 전통적인 사유 방식인 '私'(사욕) 대 '公'(공익, 공정)의 대립적 관계로 담론을 구성했던 것이다.[40]

한자녀정책의 목적은 국가의 경제 발전을 위한 자원을 확보하기 위해 인구를 양적으로 억제하는 데 있었으며 이러한 발전주의 논리를 따르는 계획생육은 1980년대 이후의 상황에서 보자면 자기모순적이었다. 집체생산제가 해체되고 개인이 알아서 살길을 도모해야 하는 시장경제 시스템하에서 도시보다 먼저 시장화가 시작되었던 농촌에서 가족 노동력의 의미는 새삼 중요하게 부활하고 있었다. 농촌에서는 뿌리 깊은 '대 잇기'라는 남아선호사상 외에 자녀의 수가 많을수록 생산력이 높아질 수 있었기 때문에, 시장화한 농촌의 경제

38 조은주, 「인구와 통치: 한국의 가족계획 사업」(연세대학교대학원 사회학과 박사 학위논문, 2012), 28쪽.

39 같은 글, 85~86쪽.

40 미조구치 유조, 『중국의 공과 사』, 정태섭 외 옮김(신서원, 2004) 참조.

시스템과 국가 주도의 인구 억제 정책은 충돌할 수밖에 없었다.

2) 유동 인구: '잠재적 범죄자', '초과 출산의 주범'

도시는 본래 그 자체의 인구 증가가 미미하기 때문에 외래 인구 유입을 통해 도시화가 진전된다. 따라서 도시가 유입 인구를 어떻게 '관리'하는가는 도시 발전 전략의 핵심이며 2010년에 실시된 제6차 전국인구조사(人口普查)에 따르면 유동 인구는 2.21억 명, 그중 1.5억 명이 농민공이다. 유동 인구 2.21억 명이라는 수는 1982년에 불과 657만 명에 불과하던 것이 30년 만에 도달한 수치로 급속한 증가 추세를 보여주며, 2010년 현재 국민 6명 가운데 1명이 유동 인구가 되었다.[41] 인구 유동이 많은 대표적 지역인 광동성의 경우에는 "도시 인구의 반 이상이 유동 인구이며 이들로 인해 매년 100만 명 규모의 현(縣, 즉, 市급)이 생겨났고"[42] 선전(深圳)의 경우에는 전체 거주자의 70%가 임시거주인구였다.[43] 이처럼 유동 인구는 급속한 증가 속도와 함께 방대한 수를 차지해서 도시 주민들의 눈에 밀물처럼 쏟아져 들어오는 외지인으로 묘사되고는 했다.[44]

중국 정부는 1958년에 '중화인민공화국 호적등기조례(中华人民共和国户口登记条列)'를 실시함으로써 공민이 도시로 이주하는 것을 엄격하게 제한했다.[45]

---

41 段成荣·吕利丹·鄒相江,「当前我国流动人口面临的主要问题和对策」, ≪人口问题≫, 第37卷 第2期(2013), p.18.

42 같은 글.

43 潘毅 著,『中國女工』, 任焰 译(北京: 九州出版社, 2010), p.38.

44 李建新,『中国人口结构问题』(北京: 社会科学文献出版社, 2009).

45 1958년 1월 9일 발표된 '中华人民共和国户口登记条列', 陈文兴,「快速城市化进程中的我国户籍制度改革」, ≪云南行政学院学报≫(2013年 第一期), p.60.

그러나 시장화 이후 상황은 나날이 변화해서 농민들은 도시로 몰려들었으며 이들이 도시에서 "떠돌이 거지(流浪乞討)", "뚜렷한 직업이 없고" "직장 분배에 불복종"하는 인물로 간주될 경우에는 경찰에 체포되어 노동교양(勞動敎養)[46]을 당하거나 강제 환송되었다[강제환송제도는 2003년에 구제(救助)제도로 대체됨]. 도시로 온 농민들은 1980년대부터 '외지인(外地人)' '공순이(打工妹)' '건달(流氓)' '농민공' 등으로 불리다가 1990년대 이후에 '유동 인구'라는 집단적 명칭을 얻었으며 유동 인구의 90% 이상이 농촌 출신자들이었다.[47]

1992년, 정부의 배급제가 화폐제로 전환되면서 증표제도(물품 지급표)가 사라지자 도시 호적자들이 누리던 식량 배급 등의 특권은 사라지고 '시장'이 살아났으며 도시로의 인구 유입은 급증했다.[48] 이때 도시는 수용 능력을 이유로 농촌 출신자들의 도시 유입을 '막고 검문하고 억제하는(堵、卡、压)' 정책을 실시했는데[49] '막고 검문하고 억제하는' 정책은 상하이 시에서 실시된 정책이었다.[50] 상하이 시는 유동 인구를 '세 들어 사는 집을 치안의 진지'로 삼아 통제(以房管人)했으며 세 든 집을 치안의 위험도에 따라 '중점호, 일반호, 안심호(重

---

46 노동교양제도는 1957년에 第一屆全国人大常委会第七十八次会议에서 '国务院关于劳动教养问题的决定'을 통해 제도화되었다. 사회질서 유지를 위하여 본업에 충실하지 않은 자, 기율을 위반한 자, 사회 치안을 위협한 자들을 수용하여 노동교육을 시킴으로써 '스스로 일하여(自食其力) 먹고사는 인간'을 만들려는 목적을 지닌 일종의 교화 제도이다. 이 제도는 시행 50년 만인 2013년 12월 28일, 十八届三中全会에서 폐지되었으나 1990년대 이후 시행 대상이 광범위하게 넓어져 널리 시행되었다. http://wenku.baidu.com/link?url=LJUtxNM4_Ev-Dj34hX8jlodhDQZ8vXn3O1djJNyYO5PgkhOtUUQbrdiGSTUOjFu6TdsqPz_nP8v3yZsKOAq4zBXyMbEU5A_vbPRyA3DYNFW.

47 같은 글.

48 원톄쥔, 『백년의 급진』, 김진공 옮김(돌베개, 2013), 40쪽.

49 顧寶昌, 「新時期的中國人口態勢」, 『21世紀中國生育政策論爭』(北京: 社会科学文献出版社, 2010), p.20.

50 马士威, 『上海流动人口的管理与服务』(复旦大学硕士论文, 2009), pp.9~10.

点户、一般户、放心户)'로 구분했다. 유동 인구는 방을 얻거나 여관에 투숙할 때 신분증을 제시해야 했으며, 정상적인 숙소에 머물 형편이 못 되는 유동 인구 집단은 사우나, 비디오방, 안마소, PC방과 같은 '제2급 여관(第2級旅館)'에 머물렀고, 이 2급 여관은 범죄 활동 공간으로 분류된 '중점호'에 해당해 주요한 치안 관리 대상이었다. 중점호는 경찰(공안)이 직접 관리하고 일반호는 주민들의 '신고(擧報)'를 통해 관리하도록 하는 선별적 관리 방식은 선전부를 통해 주민들에게 교육되었기 때문에 유동 인구는 도시에 들어선 순간 자신들이 '외지인'이라는 것을 이내 자각하게 되었다.[51] 이러한 관리는 1958년의 호적제 실시 이래로 오랫동안 존재해왔던 '현지인'과 '외지인'이라는 구분을 더욱 고착화했으며 정부의 관리 방식과 함께 미디어가 유동 인구를 '범죄 방지를 위해 관리해야 할 대상'으로 반복적으로 재현함으로써 이들이 현 거주민들의 행복과 안녕을 위협하는 존재라는 인식을 심어주었다.

도시로 유입된 농촌 출신자들은 주로 도시 변두리 농촌과의 접경 지역, 도시의 판자촌, 혹은 공장의 집단 숙소에 거주하는 등, 소위 '관리'하기 어려운 지역에 살며,[52] 남성 유동 인구는 주로 건설업 등의 육체노동에, 여성은 서비스업이나 봉제와 같은 직종에 종사한다. '한 편의 민족지(民族志)'라 불리는 보고문학 『중국 여공(中國女工)』에서 저자 판이(潘毅)는 몸소 체험한 노동 현장을 토대로 여성 노동자들이 농촌을 떠나 이미 공장에서 일하는 여공이 되었음에도 호적제가 여공들을 농촌으로 돌아갈 '농민'으로 규정함으로써 '노동자가 되지 못하게 제도적으로 가로막고' 있다고 분노를 토로한다.[53] 저자는 여공들

---

51 같은 글, p.6.

52 李玉俊, 「社会管理创新视角下的流动人口生育服务管理研究: 以昆明市东川区为例」(云南大學碩士論文, 2012), p.13.

53 潘毅 著, 『中國女工』, 任焰 译(北京: 九州出版社, 2010), pp.39~49.

에게 허용된 것은 "마오쩌둥 시기에는 존재하지 않았던 임시공"[54] 신분이며 회사가 만약 이 임시공을 고용하려고 할 경우에는 가장 먼저 노동국에 가서 '임시공' 허가를 받고 그들의 도시 수용비를 부서에 납부한 뒤, 다시 공안국에 가서 임시거주인구(暫住人口)로 그들을 등록하고 파출소에 가서 임시 호구를 부여받아야 한다고 한다. 그리고 임시공 본인은 체류 허용 기간(통상, 3년 또는 4년)이 만료될 때마다 비용을 내고 임시거주증을 갱신해야 하며 이런 절차를 거쳐 고용된 임시공의 일상생활은 이름과 나이를 묻기보다는 먼저 출신 성(省)을 묻고는 '사천인', '호남인' 등으로 불리고 그 지역의 낙후성에 맞는 대접을 받는다. 관리자나 동료들은 이들을 도시의 공장 시스템에 적응하기에는 너무나 무지한 촌스런 시골뜨기(농민)로 간주해서 질책하거나 무시하기 일쑤이며, 그리하여 농촌 출신의 유동 인구는 제도적으로나 인습적으로 도시 안에 안착할 수 없는 영원한 '나그네(過客)' 신세를 벗어나지 못한다.

유동 인구는 도시 안에서 이미 노동과 소비를 통해 지역의 GDP를 증가시키는 데 기여하고 있다.[55] 그럼에도 이들은 도시인들에게 '더럽고, 위험하고, 피로하고, 힘든(脏, 险, 累, 重)' 노동에 종사하는 집단으로 인식된다. 남성의 경우에는 가족과 떨어져 있어 잦은 성매매를 하고 임질, 매독에 걸려 도시 안에 성병을 전파하는 대상으로 집단 상상되며 여성 외지인은 미혼일 경우에도 성

---

54 저자는 모든 도시의 노동자를 '고정직(固定工)', '계약직(合同工)', '임시직(臨時工)'으로 나누고 고정직은 정부의 정식 직원, 계약직은 고학력의 전문 인력, 임시공은 농촌 출신의 민공으로 구분했다.

55 왕샤오밍, 「제11장 '대시대'가 임박한 중국: 문화 연구 선언」, 왕샤오밍·친후이·왕후이 외, 『고뇌하는 중국: 현대 중국 지식인의 담론과 중국 현실』, 장영석·안치영 옮김(도서출판 길, 2006), 381쪽. 저자는 농민공 계층이 상하이의 비디오방, 영화관을 찾는 가장 활발한 관중이자 노상 서점의 무협·애정 소설과 저렴한 통속 잡지의 주요 독자층임을 상기시켰다.

적으로 몹시 자유로우며 가임기 기혼 여성은 조혼, 불법적 다산, 선천성 결함아를 낳아 '소생우생(少生優生)' 정책을 어렵게 하는 대상으로 간주된다.[56]

미디어의 보도에 따르면 가임기 여성 유동 인구는 한자녀정책의 실행을 어렵게 하는 주요 집단이다. 2007년, ≪남방일보(南方日報)≫ 기사는 광저우, 선전(深圳), 둥관(東莞) 등 6개 도시의 유동 인구가 호적 인구 수를 넘어섰으며 유동 인구가 낳은 '정책 외 출생자'가 주강(珠江) 삼각 지역의 정책 외 출생자의 80% 이상을 차지한다고 보도했다.[57] 구체적으로 광둥 바오안구(保安區)의 경우, 금년 상반기 구 전체에서 유동 인구의 출산율이 88.9%라고 보도함으로써 거의 모든 유동 인구 가임 여성이 출산을 하는, 높은 출산율을 보이는 불법 출산이라는 점을 지적했을 뿐만 아니라 이들이 선천적으로 결함이 있는 신생아를 출산하는 주요 집단이라고 보도했다.

> 산전 검진은 우생우육(優生優育)의 첫걸음이다. 2006년 10월 1일부터 2007년 9월 30일까지 이 한 해 동안 룽강에서는 총 3만 4000명의 신생아가 출생하였는데 이 신생아의 모친 가운데 1만 명을 넘는 사람이 1회 이하의 산전 검진을 받았다. …… 2003년부터 매년 신생아 출생이 30%씩 증가하고 있다. 외래 인구 증가가 신생아 증가의 주요 원인이며 신생아 가운데 산부가 검진을 안 하는 사례도 외래 인구가 다수를 차지한다. …… 산전 검진에 대한 사람들의 관념을 개선하는 것이 룽강 전체 인구의 자질 향상에 대단히 중요하다.[58]

---

56 武俊青·姜综敏·李成福·李昊, 「我国流动人口的避孕节育现况」, ≪人口与发展≫, 第14卷 第1期(2008), pp.57~59.

57 "高出生率下的产检之忧", ≪南方日報≫, 2007年 10月 16日.

58 같은 글.

'높은 출산율과 낮은 산전 검진'은 가임기 여성 유동 인구의 출산 행태를 묘사하는 일상적인 표현이다. 여성 유동 인구는 도시 호적의 가임 여성과 달리 산전 검진을 받지 않으며 그렇기 때문에 열등한 국민을 낳는다고 보도되는데 다음의 취재 형식의 글이 대표적인 예이다.

> 얼마 전 농민공 임신부인 아밍은 룽강중심의원에서 세쌍둥이를 출산했다. 구이저우(貴州) 성 준안 현 출신인 그녀는 남편과 함께 건축 공사장에서 일을 하는데 임신 중에 딱 한 번 검진을 받았다. "검진소 초음파에서 쌍둥이라고 했는데 누가 세쌍둥이가 나올 줄 알았나요?"라고 하며 기쁨도 잠시, 아밍은 세 아이의 출생으로 근심에 쌓이게 되었다. 아밍의 남편이 하루 공사장에서 버는 수입은 고작 30위안이었기 때문에 애초에 이 부부는 산전 검사비가 너무 비싸 병원에 가지를 않았고 한 번 출산한 경험이 있었던 아밍은 "검사할 필요 없다"고 하며 정규 의원에서 검진을 받지 않았다. 그 결과 3명의 저체중아가 그들의 근심의 원천이 되고 말았다.[59]

농민공 부부의 '무지와 가난'이 3명의 저체중아를 낳은 원인이라고 한 이 기사는 "원래 해당 지역에 산전 8회로 규정되어 있는 검사를 외지인들은 거의 지키지 않는데 그 이유는 낙후한 관념과 200위안이라는 검사 비용, 1000위안의 정상분만 비용 때문"이라고 설명했다.[60]

'서신'의 우생 원칙은 혼전 검진(婚檢)과 산전 검진(産檢)을 통해 관리되어왔다. 그러나 2003년부터 강제 혼전 검진이 폐지된 상황에서 산전 검진조차 받

---

59 같은 글.

60 같은 글.

지 않는 가임기 여성 유동 인구는 앞서 인용한 보도와 같이 '소생우생'의 위반자였다고 볼 수 있으며, 그렇기 때문에 혼전 검진의 필요성에 대한 요구가 촉발되었고 결국에는 논쟁으로 발전했다. 2006년, 폐지 이후의 현실을 상세하게 보도한 ≪중국부녀보≫ 기사를 보면, "중국은 장애아 발생이 높은(高發) 국가로 현재 전국 매년 100만 명의 기형아가 출생한다. 경제적 손실이 10억 위안이며 100만 명의 기형아 중 30%는 출생 전에 사망하고 40%는 평생 장애를 가지며, 30%만 정상 치유가 가능한데 전국 누적 수치로 보면 3000만 호의 가정에서 기형아와 선천성 장애아를 양육했으며 이는 전국 가정 총수의 10%에 해당한다"[61]고 한다.

논쟁의 결론은 2003년에 폐지된 강제 혼전 검진을 '자율적 혼전 검진'으로 바꾸어 다시 시행해야 한다는 것이었다. 부활의 근거는 "2003년 이후 혼전 검진률이 대폭 하락한 결과 눈에 띄게 전염성 질병 전파가 확대되고 장애를 지닌 신생아 출산율이 높아졌"기 때문이며 여기서 전염성 질병이란 주로 성병을 의미하고 결함 아동은 매독 등으로 인한 유전적 질환을 지닌 아동을 가리킨다. 2006년의 논쟁 직후 위생부는 무료 혼전 검진을 실시하도록 했는데, 이러한 부활 과정은 "과학이 공중 보건의 최신 시설을 통해 진화론의 신화를 끌어 모으면서 위생 명령의 최고 결정 기관으로 지위를 확보하고 '결함 소지자, 전락자, 타락한 주민들의 일소'를 약속하기에 이르렀"[62]음을 보여준다. 이러한 보도는 2000년 초반부터 사회적 이슈로 등장한 도시 안의 노동자인 유동인구의 '성적 권리'에 대한 사회적 무관심과 냉혹함을 은폐하고 있다. 1년에 한 번 정도 귀가할 수 있는 노동조건, 부부가 아예 떨어져 살거나 동일한 공장

---

61 "每年近百万缺陷儿出生", ≪中國婦女報≫, 2006年 12月 4日.

62 미셸 푸코, 『성의 역사 1』, 이규현 옮김(나남, 1990), p.70.

에서 근무할 경우일지라도 기숙사를 분리해 집단 기숙 생활을 하도록 함으로써 부부 생활이 불가능하게 되어 있는 성적 억압에 대한 문제의식은 전혀 드러나 있지 않다.[63]

부활되던 그해 지침에 따라 광둥성의 도시인 순더(順德)와 싼수이커우(三水口)에서는 무료 혼검이 실시되었으나 겨우 2쌍의 신혼부부만이 검사를 받으러 왔다.[64] 무료 서비스가 외면당한 원인에 대해 보건원의 의사는 "일부 신세대가 병을 속이기 위해 혼검을 원치 않고 일부는 혼전에 성행위가 있어 남들이 프라이버시를 알까봐 원치 않는다"[65]라고 설명한다. 물론 검사를 기피하는 심리에는 혼전 검사에 처녀막 검사가 포함되고 매독, 유전병력 검사 항목이 포함된 것과 깊은 관련이 있을 것이다. 그러나 한 시민은 의사의 설명과 달리, "이전에 일부 병원에서 혼검을 대충대충 하고 태도가 거칠고 피검자의 프라이버시를 존중하지 않았으며 심지어 검사 결과인 개인 정보 보호를 너무나 소홀히 다루어서 많은 사람들이 현재 실시하는 무료 혼검에 대해서도 불신을 품게 되었다"[66]라고 설명한다.

중국에서 1984년 이래 시행되어온 강제 혼전 검진은 세계 각국의 혼전 검진이 자율적인 것과 달리, 반드시 지정된 병원에서 하도록 되어 있다. 또한 유전병, 가족력, 출산 경험이 담긴 검진 결과를 병원이 유출해서 사회생활에 치명적 영향을 주거나 오진으로 인해 결혼이 파탄나는 등 부작용이 빈번했다. 앞서 인용한 시민의 인터뷰 기사는 당사자의 신체와 개인의 프라이버시에 대한

---

63 雨農, 「牛郎織女的難言之恩」, ≪農家女百事通≫, 總第117期(2002), p.3; 王震宇, 「農村打工妹的擇偶與性困境」, ≪農家女百事通≫, 總第117期(2002), p.5.

64 ""免费牌"难收婚检失地三水实施免费婚检当日, 仅有两对新人捧场", ≪南方日報≫, 2006年 10月 17日.

65 같은 글.

66 같은 글.

형식적이고 고압적인 관료주의적 '처리' 방식이 현 정부의 복지 정책에 대한 거부감과 불신을 갖게 만들었다고 주장한다. 그러면 과연 가임기 여성 유동 인구는 단지 그런 이유에서 검진을 하지 않고 불법의 '계획 외 출산'을 하는가?

3. 유동 인구는 왜 '계획 외 출산'을 하는가?

1) 살 수 있는 출산권: '사회부양비'

중국에서 유동 인구의 계획생육은 호적제에 근거한 사회 치안 관리 시스템에 포함되어 관리된다. 유동 인구를 호적지가 아니라 현 거주지 중심으로 관리하는 방식은 1999년 '유동 인구 계획생육공작 관리 방법(流动人口计划生育工作管理办法)'에 의해 법제화되었는데 구체적으로 각 지역에 따라 외래 인구의 계획생육관리를 해당 지역의 목표 관리 책임제에 편입시키는 '목표관리책임제'(상하이 시), '3개 부서장 책임제(三長責任制)'인 공안국장, 공상국장(工商局長), 계획생육위원회 주임이 중심이 되어 공동으로 담당하는 종합 관리 방식(우한시, 武漢) 등으로 재량껏 시행되었다.[67]

계획생육에서 유동 인구가 문제 집단으로 간주되는 이유는 농촌에는 이들의 호적만 남아 있고 사람이 없는 반면, 실제 거주지인 도시에는 사람은 있으나 호적이 없어 이들이 출산을 해도 신고를 못해 '관리'가 되지 않기 때문이다.[68] 통계에 따르면 유동 인구는 조혼, 조기 임신, 초과 출산 경향이 두드러

67 江立华, 「城市流动人口计划生育的管理模式: 问题与对策」, ≪华中师范大学学报≫, 第43卷 3期(2004), p.60.

68 이러한 근본적인 문제점은 누차 지적되어왔으며 2015년에는 그 대응책으로 유동 인구에

지는데,[69] 이들이 초과 출산을 할 경우 자녀는 출생신고를 하지 못해 '무호적자(헤이후, 黑戶)'가 된다. 2010년 제6차 전국 인구조사(人口普査) 당시에 정부가 최초로 공개한 무호적자의 수는 무려 1300만 명이었다. 공개하기 이전부터 줄곧 존재해왔던 출생아 미등록 문제를 관리하기 위해 정부는 계획생육의 '현지화(屬地化)' 관리 방안을 입안했는데, 현지화란 도시 호적자의 출산아 수에 유동 인구의 출산아 수를 포함하는 것을 뜻했다. 도시 관리자의 부담이 커져버린 이 정책이 '인구와계획생육법(人口與計劃生育法)'이며 2002년 9월 1일부터 시행된 이 정책은 2015년 현재까지 유지되고 있다.

'인구와계획생육법'은 1992년에 이미 인구대체율 이하 수준(1.8)[70]으로 떨어진 저출산율을 지속적으로 유지하기 위해 출산 행위에 대한 상벌 체계를 강화하는 데 중점을 둔 법안이다. 상으로는 제27조에 한 자녀 출산 서약을 하고 불임수술을 한 부부에게는 '한 자녀 부모 영광 증서(独生子女父母光荣证)'를 수여하도록 했고 부상으로는 지역에 따라 차이가 있으나 500위안에서 4000위안까지 일시불로 지급하거나 월별로 소액을 지급하도록 했다. 그러나 이 법의 중점은 벌금과 처벌을 강화한 데 있었다. 제41조에 명시된 '사회부양비(社會扶養費)'는 '계획 외 출산'자에게 자신의 전년도 연평균 수입, 혹은 거주 지역의 전년도 연평균 수입의 2-3배를 징수하되 '사회부양비 결정통지서'를 받은 날부터 1개월 안에 일시불로 납부하도록 정했다.[71]

1980년대부터 '초과 출산 벌금(超生罰款)'이라 불리며 부과되던 소액 벌금은

게 전산 시스템을 통해 재생산 정보를 담은 새로운 신분증 발급을 시행하기 시작했다.

69 李玉俊, 「社会管理创新视角下的流动人口生育服务管理研究: 以昆明市东川区为例」(云南大學碩士論文, 2012), p.14.

70 "人口红利的盛世危言", ≪南风窗≫(2011.8.15), http://www.nfcmag.com/article/3076.html(검색일: 2015.5.6).

71 "张艺谋被罚748万余元", ≪北京晨报≫, 2014年 1月 10日.

'사회부양비'로 명칭이 바뀌면서 금액의 규모가 대폭 증가했는데 이 규정은 바로 '돈'을 통한 처벌이라는 점 때문에 상반된 처벌 효과가 나타났다. 현금이 귀한 농촌에서 수천, 수만 위안에 달하는 벌금을 내는 것이 거의 불가능했던 위반자들은 종종 주택 등 부동산에 대한 압류, 일부 철거 등 강제집행을 당해 가정 파탄과 자살에 이르는 사례가 빈번했던 반면, 금전적 여유가 있는 자산가와 명사들은 '출산권'을 돈으로 살 수가 있었다.[72] 법 시행 후 경제적으로 부유한 지역에서는 높은 징수율을, 빈곤 지역은 심할 경우 20%에도 못 미치는 낮은 징수율을 보였는데 벌금제가 평등한 공민권에 대한 침해라는 비판은 끊이지 않았다.[73] 부자와 명망가들은 출산 전부터 미리 수십만 위안의 벌금을 준비해놓고 계획생육 위원에게 당당하게 둘째와 셋째를 출산할 예정이라고 밝히는 경우가 빈번했으며 사업의 귀재인 남방의 원저우(溫州) 상인들은 다산을 미덕으로 여겨 인구의 1/2이 위반자였다. 이들은 벌금 납부가 일상화되었기 때문에 벌금액에 따라 "10만 위안은 빈곤호, 100만 위안은 걸음마, 1000만 위안이 진정한 부자"라고 부자를 구분하기도 했다.[74]

다산 자체는 나쁜 것이 아니다. 그러나 한자녀정책은 다산, 조산, 혼외 출산 등의 행위를 '도덕'이 아닌 '범죄'의 영역으로 구성해 법적 처벌을 정당화했다. 범죄화의 문제도 문제적이지만 더 깊은 성찰을 요구하는 것은 처벌 대상이다. 한자녀정책은 사회부양비를 납부하지 못해 파생된 결과, 즉 '무호적자'

---

72 洪娜, 「中国计划生育利益导向政策研究」(华东师范大学博士论文, 2011), p.13. 홍나(洪娜)에 따르면, 여론 가운데는 벌금제가 강제적 행정 처벌이 아니기 때문에 전보다 인권을 존중했다는 평가도 있었다고 한다.

73 2013년, 장이머우(张艺谋) 감독의 750만 위안(한화 12억 7000만 원 정도) 초과 출산 벌금 납부를 계기로 비난이 더욱 공론화되었으며 금액이 과다하다는 의견도 상당히 많았다.

74 何亞福, 『人口危局』(北京: 中國發展出版社, 2013), p.85. 원문은 "十万元是贫困户, 百万元才起步, 千万元才算富"이다.

를 만들어내며 그들의 삶으로부터 공민이 누리는 권리 일체를 박탈한다. 이들은 호적이 없어 예방접종 등의 의료 혜택을 받을 수 없고 학교에 입학할 수 없으며 신분증을 요구하는 기차표를 살 수 없어 도시를 벗어나지도 못한다.[75] 또한 이력서에 쓸 내용이 없기 때문에 평생 정식 직장을 가지지 못할 뿐만 아니라 병이 나도 타인의 신분증을 빌려 약을 사거나 병원 치료를 받는 '투명인간'의 삶을 살아야 한다. 1300만의 무호적자, 이들은 '연좌제'의 희생양이다.

이들에 대한 공민권 박탈을 가능하게 하는 근거는 중국의 모든 복지의 유일한 기준이 '호적제'라는 데 있다.[76] 따라서 계획생육정책의 근저에는 단지 재생산권에 대한 통제만이 아니라, 더 근본적인 인간으로서의 보편적 권리와 국가 통치성 사이에 양립 불가능이라는 긴장이 존재한다. 상황이 이러함에도 유동 인구는 왜, 어떻게 무호적자를 낳는가?

2) 제도적 규제와 현실적 욕구의 간극

'인구와계획생육법'은 도시로 온 외지인에게 출산 후 1개월 이내에 출산허가증을 호적지에서 떼어 현 거주지에 제출할 것을 요구한다. 그러나 먼 호적지까지 갈 형편이 못 되거나 임시직, 혹은 육체노동으로 생계 문제를 해결하기에 바쁜 외지인들은 허용된 기간 내 제출을 하지 못해 '계획 외 출산', 즉 불법 출산을 하게 된다. 이런 불이익을 피하기 위해 종종 타인의 신분증을 빌려 대리로 임신 신체검사(代檢)를 하거나 허가증을 위조해 제출하곤 한다.

'인구와계획생육법'은 '직장-거주-재생산'을 연동해 인구를 억제하도록 명

75 「多地"超生儿""黑户"历史或将终结」, ≪中国妇女报≫, 2014年 5月 6日.

76 「等待法律阳光照进,"黑户"生活」, ≪中国妇女报≫, 2014年 6月 17日.

시했다. 즉, 기업이 외지인을 고용할 경우에 외지인에게 임시거주증과 함께 출산허가증을 요구하고 임대업자가 숙소를 세 줄 경우에도 세입자의 출산허가증을 요구하도록 했다. 그러나 현실을 보면 기업은 노동자를 싼 값으로 쓰는 데 관심이 있을 뿐 출산허가증에는 관심이 없으며 임대업자 역시 수입이 들어오는 세입자와의 계약을 성사하는 데 치중하기 때문에 적극적으로 수입에 영향을 받아가면서까지 출산허가증을 요구하지 않는다. 이처럼 실행 규정과 현실 사이에는 '의무' 관계만 있을 뿐 적극적인 동기 부여가 존재하지 않는다. 기혼의 여성 유동 인구 역시 호적지로 가서 촌장과 기관장 등에게서 10여 개의 도장을 받고 또 증명서를 발급받을 때마다 비용을 내며 증명서를 떼느니 법을 어기는 행위를 선택하고는 한다. '인구와 계획생육법'은 이런 행위를 억제하기 위해 "거짓으로 피임 수술을 해주거나 거짓으로 의료 검진를 행하고 출산허가증을 위조하거나 매매한 자에게는 쌍방에 벌금을 징수"(제36조)하도록 명시했다.

계획생육은 이처럼 유동 인구의 거주-직장-재생산을 연계해 관리할 것을 명령했지만 위로부터의 규제와 당사자들의 실제 욕구 사이에는 현격한 간극이 존재하는데 쿤밍(昆明) 시를 대상으로 계획생육사업을 하고 있는 한 생육위원은 그 간극을 다음과 같이 설명한다.

> 대다수 유동인구는 근본적으로 협조를 안 한다. (외지로) 돈 벌러 가려고 하는 사람들에게 출생증명서를 발급받아 가라고 하면 절대로 떼러 오지 않는다. 또 이곳으로 일하러 온 사람들에게 상황을 설명해 주면 다들 이틀 후엔 떠날 거라고 하며 정말로 비협조적이다. 요즈음 사람들은 법률 의식이 날로 높아져서 우리가 가서 상황을 조사하려고 하면 '당신이 뭔데 내가 당신한테 얘기를 해야 되지? 당신이 무슨 인정할 만한 자격을 갖고 있느냐'고 따지는데 사실 우리도 무슨 증명을

갖고 있는 것은 아니다.[77]

도시의 유동 인구에 대한 정책들은 외지인들을 지역사회의 일원으로 융합하기보다는 간부가 이들의 정보를 '빼내어' 규제 대상으로 '만드는' 계획생육 사업망으로부터 탈주하도록 만들었다. 일상 속에서 외지인들은 자신의 생식 능력을 '민족의 번영을 위하여' 절제하기보다는 여전히 자신의 삶을 풍성하게 만드는 '자원'으로 활용하고자 하는데, 이미 두 자녀를 둔 한 여성의 다음 사례가 대표적이다. 임신 7개월에 접어든 공장노동자인 이 여성은 자신을 '처리'하려고 온 계획생육 위원에게 낙태 시술을 거부하며, 자신은 이미 두 아이가 있지만 재혼한 남편이 초혼이기 때문에 "아이가 없는 남편을 위해 꼭 아이를 낳아야 된다"[78]고 말한다.

유동 인구는 이처럼 '숫자'로 계산될 수 없는, 자기 삶을 개척해가는 존재들이며 이들에게 재생산권은 결코 포기할 수 없는 중요한 자산이다. 이러한 욕구와 제도 사이의 간극은 사회부양비 징수율이 지역차가 있기는 하나 50%를 밑도는 현실, 그리고 외지인 가운데 '출산허가증' 소지자가 평균 20~30%에 불과한[79] 데서 여실히 드러난다 하겠다. 설사 그 자녀가 무호적자가 된다 해도 말이다.

---

77 李玉俊, 「社会管理创新视角下的流动人口生育服务管理研究: 以昆明市东川区为例」(云南大學碩士學位論文, 2012), p.42.

78 같은 글.

79 같은 글, p.59.

3) 개방된 성 의식과 그에 못 미친 생육 서비스

중등교육 이하의 낮은 학력에 저임금 직종에 종사하는 미혼의 여성 유동 인구는 동일 연령대 여대생과 비교할 때 성에 대해 무지하지만 역으로 높은 성적 개방성을 지니고 있다고 보고된다. 「우리나라 유동 인구의 피임과 생육 절제 현황」[80]이라는 방대한 보고서에 따르면, 가임기(19~35세) 여성은 농촌의 속박에서 벗어나 외로움과 도시의 자유로운 분위기, 경비 절감을 이유로 종종 동거를 하는데 도시 호적의 미혼 여성보다 높은 성경험율과 혼전 임신, 낙태율을 보인다. 그중 가임기의 가정부, 영세업을 하는 여성을 대상으로 한 결과는 유동 인구가 혼전 동거를 '아주 대수롭지 않은 일'로 여기는 등 높은 개방성을 보여주는데 이러한 개방적 태도와 달리 피임 등에 대한 이들의 성 관련지식은 매우 낮다고 보고한다. 즉, 상하이시의 유동 인구 가운데 50%가량의 미혼 여성이 생식 건강에 대한 지식이 필요하다고 답했고 2004년, 전국의 6개 성을 대상으로 했던 한 조사 결과는 남녀를 불문하고 유동 인구 집단이 에이즈와 성병에 대한 두려움으로 생식 관련 지식을 절실히 필요로 하고 있다고 보고했다.[81]

보고서는 베이징시 유동 인구의 50%를 넘는 여성 외지인은 계획생육 위원을 접촉해본 적이 없으며 어떻게, 어디에서 성 지식에 대한 정보를 얻을 수 있는지 알지 못한다고 답했고 광저우에서도 74%의 미혼 여성 유동 인구가 피임, 생식 건강에 대한 정보를 전혀 접해본 적이 없다고 답했다.[82] 그 결과 임

80 武俊青 外, 「我国流动人口的避孕节育现况」, ≪人口与发展≫, 第14卷 第1期(2008).

81 같은 글, p.57.

82 같은 글, p.59.

신 과정에 대한 지식이 극히 부족한 미혼의 외지인 여성은 임신을 원치 않음에도 불구하고 정부에서 피임 기구를 무료로 나누어 준다는 사실을 알지도 못했으며 그렇다고 남에게 물어보는 것은 부끄러워 차마 못하고 결국 스스로 콘돔을 구입해 피임을 하는 등 계획생육 서비스의 사각지대에 놓여 있었다.

전국을 조사 범위로 한 '우리나라 유동 인구의 피임과 생육 절제 현황'(2008)에 따르면 베이징 시내 외지인 부부의 90%가 피임을 희망하지만 63%가 전혀 피임과 생육 절제에 대한 지식을 접한 적이 없으며 75.9%는 긴급 피임 방법이 무엇인지조차 모른다. 그러면 이러한 성 의식 및 출산 행위에 대한 도시의 계획생육정책은 어떠한가?

1999년에 시행된 '유동인구계획생육공작관리방법(流动人口计划生育工作管理办法)'의 제17조는 "기혼의 가임기 유동 인구는 피임 수술 비용을 근무 직장이나 고용 직장에서 부담하도록 한다. 고용된 직장이 없을 경우 먼저 본인이 지불하고 현 거주지의 鄕(鎭)인민정부 혹은 지역 주민 사무실(街道辦事處)에서 증명서를 발급해주면 본인이 호적 소재지에 가서 지급받는다"[83]라고 되어 있다. 호적지에서 서비스하도록 규정한 것이다. 그러나 2002년에 시행된 '인구와계획생육법'에서 이 조항은 삭제되었고 대신 21조에 생육 절제에 관한 "일체의 경비는 국가 유관 규정에 따라 재정예산 혹은 사회보장으로 보장한다"라고 명시하고 제15조에는 각급 인민정부가 계획생육 사업비를 횡령하지 말 것을 요구했다. 3년의 시차를 둔 이 두 규정은 원칙에서 뚜렷한 차이를 보이는데 전자가 호적지에서 유동 인구의 재생산 관련 성 지식 보급과 기술 서비스를 책임지도록 한 반면, 후자는 현 거주지에서 예산 지출을 하라고 명시하고 있다. 그러면 현실은 어떠한가?

---

83 http://www.gov.cn/banshi/2005-08/21/content_25066.htm.

1990년대 중반 이후로 중국 정부는 중앙에서 지방에 이르기까지 각급 재정을 독립적으로 운영하도록 하고 있다. 즉, '자주적 경영을 통해 손실과 수익에 대해 스스로 책임지고 스스로 통제하고 스스로 발전'한다는 시장경제 이론에 의해 운영되고 있는 것이다.[84] 통상 의료와 교육은 도시인들이 외지인에 대해 가장 민감하게 반응하는 부분인데[85] 현재 각급 정부의 예산은 '호적 인구'를 기준으로 배정되고 있으며[86] 담당 인원과 조직 구성, 그리고 집행 역시 '(세금을) 많이 낸 사람이 많은 혜택을 받는' 방식으로 운영되고 있다. 도시 공공재 이용과 관련된 제반 복지의 유일한 기준이 호적이기 때문이다. 그 결과 유동 인구에 대한 계획생육 관련 서비스는 책임자 선에서 문서상으로만 존재할 뿐 심지어 계획생육 위원 당사자가 본인이 계획생육국에 온 이래 한 번도 해당 부서가 연석회의를 연 적이 없으며 서로 지원하거나 협력한 경우가 결코 없었다고 고백한다.[87] 정해진 대책들 또한 피상적 수준에 머물고 있다고 지적하며 실제 사업이 유동 인구의 생육 서비스에 대한 수요와 커다란 간극이 있다는 점을 인정했다.

이처럼 예산이 호적 인구에 기반하고 있기 때문에 농민 호적자는 도시의 예산 책정 단계에서부터 배제된다. 그 결과 많은 인력과 경비가 소요되는 외지인에 대한 계획생육 서비스는 도시 호적자와 동일하게 이루어지지 않으나 '인구와계획생육법'은 '현지화' 정책에 따라 외지인의 재생산도 도시 출산율에

---

84 리창핑, 「제6장 농촌의 위기」, 『고뇌하는 중국: 현대 중국 지식인의 담론과 중국 현실』, 270쪽.

85 "省计生委主任谈人口"四大难题": 年增加一个"百万人口大县"", ≪南方日報≫, 2008年 1月 24日.

86 马士威, 「上海流动人口的管理与服务」(复旦大学碩士論文, 2009), p.22.

87 李玉俊, 「社会管理创新视角下的流动人口生育服务管理研究: 以昆明市东川区为例」(云南大學碩士研究生學位論文, 2012), p.17.

포함해 생식 기술과 지식을 보급할 것을 명시하고 있다. 그러나 실제 현실은 정책 지침과 무관하게 '기혼의 도시 호적 여성' 위주로 계획생육 서비스가 시행되고 있으며 그렇기 때문에 계획생육 위원이 해당 지역의 유동 인구의 일터와 공장 작업실을 방문해 성관련 지식을 전달하고 기술적 서비스를 제공하는 일은 거의 발생하지 않는다.[88]

계획생육 사업은 제한된 자원 내에서 방대한 예산과 인력이 소요되는 사업이다. 그래서 현실 속에서 재정 집행상의 우선순위가 발생하게 되는데 이 지점에 주목해야 할 부분이 있다. 계획생육은 단산(絶育) 수술을 하고 한자녀정책에 서약을 한 가정에게는 '독생자녀증'을 주고 월 소액을 지급하도록 되어 있는데, 농촌의 경우에 말단 간부들이 증 발급을 미루거나 갖은 조건을 달아 접수를 지연하는 방식으로 정치적 우대와 장려금 지급을 미루는 사태가 빈발한다.[89] ≪중국부녀보≫는 이러한 일이 발생하는 이유를 말단 조직의 재정이 부족하고 중앙과 성단위의 지원 또한 제한적이어서 이미 확정된 장려 우대 정책이 완벽하게 실행되지 않기 때문이라고 설명한다.[90] 즉, 제도적으로 명시된 상금 제도는 충실하게 이행되지 않는 반면, 벌금 제도는 철저하게 추궁되고 있다 하겠다.

---

88 "人口生育文化与和谐社区的融合样本", ≪南方日報≫, 2008年 9月 26日.

89 "甘肃一农妇做了绝育手术却领不到独生子女证", ≪中国妇女报≫, 2006年 6月 17日. 감숙성의 유관 규정인 '甘肃省人口与计划生育条例'에 따르면, 독생자녀증을 수령하면 부부에게 만 60세가 된 뒤 각각 매년 600위안의 장려 보조금을 주고 부부 쌍방에게 일시불로 600위안 이상 양로 저축금을 주며 증명을 발급한 달부터 각각 자녀가 만 16세가 될 때까지 매월 10위안의 장려금을 받도록 되어 있다. 또한 자녀가 고중, 중전, 성내 대학에 진학할 경우에는 10점을 가산, 독생자녀증을 수령하면 일시불로 1000위안 이상의 장려금을 지급하도록 했는데, 이처럼 혜택이 늘어나자 외동 정책에 호응하는 주민이 점증했으나 매체는 규정대로 장려금이 지급되지 않는다고 비판했다.

90 같은 글.

이상의 분석을 종합해볼 때 유동 인구가 미디어의 보도처럼 '무지와 가난으로 인해 초과 출산을 하는 것'이 아니며 호적제에 근거한 복지 혜택의 배제가 이들을 한자녀정책의 위반자로 만든다고 할 수 있다. 물론 농촌 출신자들이 지닌 뿌리 깊은 자녀관을 홀시할 수는 없으나 그러한 요인을 괄호 처리해놓고 예산과 계획생육 실행 방식이 직접적인 연관을 맺고 있음을 강조하는 것은 중요하다. 이 강조가 인구정책이 교육과 장려(포상)보다 '처벌'에 중심을 두게 된 이유, 즉 계획생육정책의 저변에는 도시인을 위주로 짜여진 '자원의 배분-복지' 문제가 놓여 있음을 설명해주기 때문이다. 계획생육은 결코 문명론적 관점에서 유동 인구가 지닌 '열등한' 다자녀관이 걸림돌이 아니었으며 호적제를 통해 도시라는 장소에서 누리는 기득권을 양도하지 않으려는 '도시권'의 독점, 그 특권을 한층 고착화하는 결과를 초래했다. 그러므로 미디어에 의해 반복적으로 각인된 유동 인구에 대한 '낙인'은 오로지 유동 인구의 '생산력'만을 필요로 하는 도시의 적나라한 욕망의 산물에 다름 아니다.

4. 마치며: 유동 인구, 그들은 누구인가?

한자녀정책이 실행된 지 30여 년이 흐른 오늘날 유동 인구는 대중이 상상하는 것과 같이 낮은 학력의 잠재적 범죄자이며 권리 의식이 약하고 언젠가 호적지로 돌아갈 '나그네'들인가? 2010년의 인구조사 결과를 분석한 돤청룽(段成荣)은 중국의 유동 인구가 더 이상 유동하지 않는 '가족 단위의 이주(迁移) 집단'이라는 점을 강조한다. 그는 '철새'처럼 농한기에 도시로 와서 돈을 벌어 돌아가던 1980년대의 제1세대 농민공들은 이미 1980년대 이후에 출생한 신세대(新生代)로 대체되어 이들이 유동 인구의 53.64%(1.18억 명)를 차지하며[91]

평균연령이 27.3세임을 상기시킨다. 또한 이동 형태도 과거 단신 이동과 달리 부부 중심, 자녀 동반, 부모를 모셔와 거주하는 2세대, 혹은 3세대 가정이 전체 유동 인구의 44%를 차지하며 단신 이동은 26.76%에 불과하다. 그리고 유동 인구의 평균 도시 체류 기간은 4.5년이다.[92] 이러한 '유동 인구의 가정화' 추세는 1980년대 이후에 출생한 신세대 이주 형태의 주를 이루며 유동 인구가 더 이상 이동하지 않는다는 사실을 말해준다. 더욱이 1980~1990년대에 태어난 신세대 도시 거주 농민 호적자는 토지제도의 변화로 인해 2003년 이후부터 더 이상 토지 분배를 받을 수 없게 되었으며,[93] 이미 농촌으로 돌아갈 수 없는 유랑민이자, "농사를 지을 줄 모르는 농민"이 되었다.[94]

18~19세기 산업화 시기 유럽의 도시 노동자 가정의 출산 행위를 분석한 조안 스콧(Joan W. Scott)은 신맬더스주의론자들이 비난하는 것과 같이 도시 노동자들이 인구 폭증의 주범이 아니라는 사실을 영국과 프랑스의 노동자 가정 출산 분석을 통해 보여준 바 있다.[95] 그녀는 도시 노동자는 소비와 생산의 주체로서 스스로 가족의 규모를 조절했으며, 그럼에도 불구하고 산업도시의 출산율이 높았던 이유는 노동자들이 지속적으로 젊은 층으로 채워져 도시인의

---

91 段成荣·吕利丹·鄒相江, 「当前我国流动人口面临的主要问题和对策」, ≪人口问题≫, 第37卷 第2期(2013), p.88.

92 李玉俊, 「社会管理创新视角下的流动人口生育服务管理研究: 以昆明市东川区为例」(云南大學碩士學位論文, 2012), p.18.

93 원톄쥔, 『백년의 급진』, 김진공 옮김(돌베개, 2013), 56쪽.

94 한편, 실직한 유동 인구는 정부의 도시 실업률에 포함되지 않는데 이유는 실업률이 도시 호적 인구만을 대상으로 하기 때문이다. Raphael W. Lam·Xiaoguang Liu·Alfred Schipke, "China's Labor Market in the New Normal," *IMF WORKING PAPER*(July 13, 2015) 참조, http://media.daum.net/foreign/others/newsview?newsid=20150715024605261(검색일: 2015. 6. 1).

95 루이스 A. 틸리·조앤 W. 스콧, 『여성 노동 가족』, 김영·박기남·장경선 옮김(후마니타스, 2008), 149~158쪽.

눈에 마치 여성 노동자가 끊임없이 출산을 하는 것 같은 '착시'가 일어나기 때문이라고 설명했다. 유동 인구의 출산율을 분석한 최근의 획기적인 연구 역시 유동 인구가 결코 다산의 주범이 아니며 이들은 도시 출산율보다는 높지만 농촌의 출산율보다 낮은 1.8이라는 점을 실증적 분석을 통해 보여주었다.[96]

미디어가 유동 인구를 다산의 주범으로 재현하는 것을 비판하며, 리젠신은 유동 인구가 과학적 근거 없이 초과 출산의 대명사가 된 주요한 원인이 문화적인 데 있다고 해석한다. 그는 1990년대 춘절에 방영된 소품 '초과 출산 유격대(超生遊擊隊)'가 유동 인구의 다산 이미지 형성에 절대적 영향을 미쳤다고 보고 도시를 초과 출산의 '피난처'로 여겨 숨어 다니며 아이를 낳는 우매한 농민 이미지를 대중매체는 물론 학자들까지도 과학적 분석 없이 빈번히 이용함으로써 유동 인구에 대한 '낙인(stigma, 汚名化)'을 고착화했다고 비판한다.[97]

그러면 더 이상 '유동하지 않는' 유동 인구는 왜 여전히 유동 인구라고 호명되는가? 모든 개념은 그 안에 '시간성'과 '지향성'을 내포한다.[98] 현재 중국에서 사용되는 유동 인구는 'floating population'으로 번역되는데 이 용어는 UN이 발간한 『다언어 인구학 사전(Multilingual Demographic Dictionary)』에는 존재하지 않으며 가장 근접한 용어가 'migration'이다. 'migration'에 대한 중국어 번역은 '인구천이(人口迁移)'이며 '거주지가 유출지에서 유입지로 영구적이거나 장기적으로 바뀌는 것'을 의미한다.[99] 동시대 중국에서는 도시로 호적을 옮긴 경우에만 '천이'라는 단어가 사용되는데 규정상 유동 인구의 도시 입적은 주

---

96 「第六章 第二节 "污名化"的流动人口」, 李建新, 『中国人口结构问题』(北京: 社会科学文献出版社, 2009) 참조.

97 같은 책, p.140.

98 박명규, 『국민·인민·시민』(소화, 2009), 26쪽.

99 Multilingual Demographic Dictionary, second unified edition. http://en-ii.demopaedia.org/wiki/Migration(검색일: 2015.7.7).

택 구입과 도시 거주 친지가 이들의 입적을 허용하는 두 경우에 가능하다.[100]

『중국유민사(中国流民史)』의 저자 왕쥔샹(王俊祥)은 1980년대 이후의 유동 인구를 유민(流民)에 포함시킨다. 그는 도시인의 텃세로 인해 뿌리내리지 못하는 외지인을 '유민'이라고 호칭했으며,[101] 베이징의 절강촌 집거지를 분석한 『도시 안의 이방인(城市里的陌生人)』의 저자 장펑(张鹂)은 유동 인구에 대한 도시인의 배척을 '문화절대론(cultural absolutism)'이라고 정의한 바 있다.[102] 그는 "더럽고 좁은 곳에 살면서 병을 전파하는 아비투스를 지닌" 유동 인구를 "수면으로 떠오르기 시작한 도시병의 속죄양"이라고 규정한 뒤, 사회와 구조적인 변화 과정 속에서 범죄의 근원을 탐구하지 않고 임의로 지위가 비교적 낮은 유동 인구의 '자질' 탓으로 돌려버리는 문화 절대론적 태도를 비판했다. 그는 이러한 비판을 통해 유동 인구가 현대적이고 정교하며 세계적인 베이징 문화에 적응하고 교류할 수 없는 낙후한 집단으로 위치 지어지고 그 결과 "그들은 도시 생활에 적응할 수 없으니 당연히 원적지로 돌려보내야 한다"라는 것을 논증하는 데 문화절대론이 이용되고 있다고 일갈했다.[103] '流'가 이처럼 '뿌리내리지 못하는 자'라는 의미를 담고 있다면 '動'은 어떠한가?

'밀물처럼 밀려드는 외지인'이라고 하는 공포스러운 이미지가 구성되는 데는 통계 지식과 인구의 관계가 절대적 영향을 미쳤다. 근대 이래 통계학은 부단히 확장·세부화되는 과정에서 '정상성'이라는 범주를 만들어냄으로써 '병리적 상태'와 '정상성'을 구분하는 기준을 구축했다.[104] 유동 인구가 2.21억 명,

---

100 "'集体户口'为何捆住了婚姻自由?", ≪南方日報≫, 2007年 2月 7日.

101 王俊祥·王洪春, 『中国流民史』(合肥: 安徽人民出版社, 2001), pp.271~288.

102 张鹂·袁长庚, 『城市里的陌生人: 中国流动人口的空间, 权力与社会网络的重构』(南京: 江苏人民出版社, 2014), pp.53~54.

103 같은 책.

104 이언 해킹, 「통계학의 역사를 어떻게 할 것인가?」, 콜린 고든 외 엮음, 『푸코 효과: 통치

그중 1.5억 명이 농민공이라고 하는 통계 수치는 이들을 '유동 인구'라는 '덩어리'로 상상하게 하며 유동 인구를 농촌과 등치해 부정적 요소를 부단히 첨가하고 강화한다. 즉 유동 인구를 좁고 더러운 공간에 사는 잠재적 범죄와 전염병 전파자, 장애아 출산의 주범으로 상상하게 만듦으로써 그 안에 포괄된 세대, 성별, 계층의 차이를 은폐하도록 만든다. 도시의 이러한 '비정상적' 집단은 도시 질서를 전복하는 '동란'의 잠재적 주체이다. 예리하게도 장펑은 "동란(動亂)이라는 중요한 정치적 술어가 바로 공간 유동과 혼란, 그리고 무질서와 연계되어 있다"[105]라는 점을 간파했다. 판이가 고발한 바와 같이, 자본과 계약을 맺은 '노동자'가 유동 인구로 불리는 한, 유동 인구는 영원히 노동자가 될 수 없으며 도시인도 될 수 없다. 이러한 배제를 유지하기 위해 '이주(遷移, migration)'라는 용어가 바로 호적을 옮기는(옮길 경제적 능력이 있는) 자들에게만 허용되고 있는 것이다.

성에 관한 연구』, 심성보 외 옮김(난장, 2014), 282~286쪽.

105 같은 책, 140쪽.

06
두자녀정책, 비혼 출산과 출산 관념의 변혁

왕샹셴(최선향 옮김 · 조미원 감수)

2013년을 기점으로 해서 중국의 인구와 출산 분야에는 크고 작은 두 가지 변화가 일어났다. 그중 큰 변화는 지난 30여 년간 시행해오던 한자녀정책이 막을 내리고 "한 쌍의 부부가 두 자녀를 출산하는 것을 제창"하는 것으로 바뀐 것이다.[1] 작은 변화는 "비혼 출산 자녀와 혼인 출산 자녀는 동등한 권리를 향유한다"(혼인법 제25조)라는 기존의 추상적인 법률 평등 조항이, 호적이 (허가에서—옮긴이) 신고제로 바뀜으로써 초보적으로 실현된 것이다. 두 가지 크고 작은 변화는 결코 우연히 생겨난 것이 아니어서 한편으로는 새로 태어나는 신생 인구를 엄격히 통제하던 것에서 이들을 귀하게 여기기 시작했다는 것, 다른 한편으로는 우리의 출산 관념을 되짚어보고 재구성해볼 필요가 제기되었다

1 2015년 12월 27일 통과한 '중화인민공화국 인구와 산아제한법' 제18조항 참조, http://www.china.com.cn/legal/2015-12/28/content_37406623.htm.

는 것을 의미한다. 오늘날 중국인의 출산관을 구성하는 두 가지 버팀목인 유교적 출산 관념과 산아제한이라는 국가정책의 핵심은 무엇이며, 이들이 공히 오늘날의 출산 관념을 어떻게 구성했으며, 또 그것이 현재 어떤 변화를 겪고 있고 향후 어떻게 변화·발전해갈 것인지 그 방향에 대해, 두자녀정책과 비혼 출산을 연관 지어 고찰하고자 한다.

1. 두자녀정책에 대한 냉담함과 그 원인

민족과 국가 이익의 차원에서 볼 때, 왜 한자녀정책에서 두 자녀 출산을 독려하는 방향으로 바뀌었는가 하는 것과 관련해, 이미 정부와 학계에서 명확하게 해당 정책의 필요성과 목적을 다음과 같이 상세히 밝혔다. 첫째, 현대화의 진전 및 30년 동안의 산아제한 정책이 가져온 결과 중 하나가 저출산율이다. 중국의 합계 출산율은 1990년 후부터 인구대체율(2.1)보다 낮은 수치로 하락해 2000년과 2010년의 인구조사에 따르면 합계출산율이 이미 1.2로 떨어졌다.[2] 그럼에도 불구하고 중국의 0세 인구 신고가 심각하게 누락되었다고 보는 낙관적인 견해를 지닌 인구학자들은 "과녁을 겨누는" 방식으로 역산해 2010년에서 2015년 사이의 합계출산율을 1.5에서 1.7 사이라고 지적하고 있는데[3] 유럽과 미국의 경험을 보면, 한 나라의 합계출산율이 1.5에 달하면 다시 상승하기 어려운 저출산의 덫에 빠지게 된다. 설사 자이전우(翟振武) 등 낙관파들의 합계출산율에 근거한다 하더라도 중국은 현재 확실히 저출산 함정에 빠진

---

2 刘家强·唐代盛, 「"普遍两孩"生育政策的调整依据、政策效应和实施策略」[J], ≪人口研究≫, 2015(6), p.5.

3 翟振武·陈佳鞠·李龙, 「中国出生人口的新变化与趋势」[J], ≪人口研究≫, 2015(2), p.55.

상태이다. 그렇기 때문에 두자녀정책이 하락 추세인 출산율을 되돌리고 저출산의 함정에 빠지는 것을 방지할 것이라는 기대를 한몸에 받고 있다. 둘째, 현대화의 진전 및 30년 동안의 산아제한 정책이 가져온 또 하나의 부작용은 인구 고령화이다. 이로 인해 두자녀정책이 노동인구 비율을 증가시키고 소자화(少子化, 14세 이하 아동이 총인구 중 차지하는 비율의 감소) 경향을 완화해 인구 보너스를 연장할 것이라는 기대를 모으고 있다. ③ 30년간 이어져온 남아선호사상과 산아제한 정책으로 인구수를 엄격히 통제한 결과 2000~3000만에 달하는 여아가 인공유산되었으며,[4] 이로 인해 남성들이 혼인에서 밀려나 결혼이 어려워지게 되었다. 이에 두자녀정책은 남아선호를 줄이고 몇 년간 높은 수치를 보이는 출생 성비를 낮출 것이라는 기대를 모으고 있다. ④ 그 밖의 필요성과 목적으로는 출산으로 내수를 확대하고 세계 인구 중에서 중국 인구와 화하(華夏) 민족 인구가 차지하는 비율을 안정적으로 유지하려는 데 있다.

앞에서 제시한 네 가지 목적을 달성하려면 두 가지 출산 행위가 실현되어야 한다. 두 자녀 출산, 그리고 이와 동시에 출산 시 남아선호사상이 없어지거나 약화되어야 한다는 것이다. 하지만 두자녀정책을 시행한 지난 2년간의 상황으로 볼 때 사람들은 결코 정책 입안자들이 희망했던 두 가지 출산 행위를 보이지 않고 있다. 첫째, 부모 중 한쪽이 외동이거나 양쪽이 다 외동인 것과 무관하게 전국적 범위와 지역적인 조사 통계를 볼 때, 두 자녀 출산이 가능한 가정 중 확실하게 출산 욕구가 있는 가정은 20~30% 정도이고, 결정을 망설이는 가정이 1/3을 차지했다. 또한 확실하게 출산 의지가 없거나 망설이는 가정에서 제일 크게 염려하고 있는 것은 경제적인 압박과 보살필 사람이 없다는

---

4 李树茁·姜全保·(美)费尔德曼, 『性别歧视与人口发展』[M](北京: 社会科学文献出版社, 2006), p.59.

것이다.[5] 두자녀정책을 시행해온 시간이 그리 길지 않지만 만약 출산 적령기의 부부들의 우려가 효과적으로 해결되지 못할 경우에는 현재 출산을 망설이고 있는 1/3의 부부는 출산을 포기하게 될 것이다. 이러한 포기의 가능성이 있기 때문에 두자녀정책이 합계출산율을 상승시킬 수는 있겠지만 저출산의 함정에 빠지지 않는다는 보장은 없다. 둘째, 조사에 따르면 두자녀정책은 남아선호사상을 완화하기는커녕 오히려 도시 가정이 한자녀정책으로 오랫동안 억눌러온 남아선호사상을 분출할 기회를 주었다. 예컨대, 많은 조사에서 나타났듯이 첫 자녀가 남아인 부부는 첫 자녀가 여아인 부부보다 두 번째 자녀 출산에 대한 욕망이 더욱 크고, 일반적으로 두 번째 자녀의 성별에 크게 개의치 않는다. 다시 말해 첫 자녀가 남아이기 때문에 두 번째 자녀가 여아일지라도 용인할 수 있다는 것이다.[6] 이러한 양상은 다시 얻은 두 자녀 출산 기회로 인해 도시에서 남아선호가 새롭게 붐을 일으킬 것이고 국가는 도시에 되돌아온 남아선호 붐을 허용하는 것을 통해 원하는 인구를 얻게 된다는 것을 시사한다. 그러나 다행히 이번의 남아선호 붐이 끼칠 영향은 제한적으로 보인다. 그 주요 원인으로는 첫째, 많은 가정들이 값비싼 출산 비용을 부담하지 못해 두 번째 출산을 포기함으로써 남아선호사상을 현실로 옮기지 못하게 된다. 둘째, 가부장제도로 인해 남성이 결혼 시 신혼집을 장만해야 하고 아들 가진 부모의 노후 보장보다 딸 가진 부모의 노후 보장이 부모들에게 더 큰 여유를 가져다줌으로써 일부 가정들은 출산 시 여아를 선호하기 시작했기 때문이다.[7]

---

5 石智雷·杨云彦, 「符合“单独二孩”政策家庭的生育意愿与生育行为」[J], ≪人口研究≫, 2014(5); 杨菊华, 「单独二孩政策下流动人口的生育意愿分析」[J], ≪中国人口科学≫, 2015(1); 张丽萍·王广州, 「中国育龄人群二孩生育意愿与生育计划研究」[J], ≪人口与经济≫, 2015(6).

6 石智雷·杨云彦, 「符合“单独二孩”政策家庭的生育意愿与生育行为」; 杨菊华a, 「单独二孩政策下流动人口的生育意愿分析」; 赵琳华·吴瑞君·梁翠玲, 「大城市“80后”群体生育意愿现状及差异分析」[J], ≪人口与社会≫, 2014(1).

저출산율은 중국만의 일이 아니다. 이웃인 일본과 한국도 일찍이 12년 전에 초저출산율 시기에 들어서 그 수치가 1.5 이하에 달했으며 어느 해에는 1.1을 기록하기도[8] 했다. 이 두 나라는 연이어 육아 경제 지원, 어린이 보호기관 보급, 남성 산후조리 휴직, 그리고 기업이 일터와 가정의 균형을 위한 메커니즘을 구축하도록 감독하고 여성의 지위를 높이는 등 각종 출산 장려 수단을 내놓았지만,[9] 10여 년이 경과한 오늘날 이런 장려 정책은 한국의 출생 성별비를 효율적으로 조절했을 뿐 출산율을 올리기에는 역부족임이 드러났다. 출산 장려 정책이 사람들의 출산 욕구를 높이지 못했던 원인은 오로지 가정과 여성에게만 맡겨진 육아의 책임에 효율적인 변화를 주지 못했기 때문이다. 첫째, 정부에서 오는 모든 지원들은 가정이 육아에 투자하는 거액의 자금을 충당하기에는 역부족이었고, 육아에 투입되는 많은 시간과 에너지로 인해 출산 가정은 직장에서의 임금과 승진에서 큰 대가를 치러야만 했다.[10] 또한 불공평한 육아 책임으로 인해 여성은 취업과 승진에서 불이익을 당함으로써 출산에 대한 욕구가 저하되었다.[11]

2. 비혼 출산의 암흑과 거대 인구의 잠재력

두자녀정책이 출산율을 증가시키는 데 그 효과가 크지 않음에 따라 비혼

---

7 赵琳华·吴瑞君·梁翠玲, 「大城市"80后"群体生育意愿现状及差异分析」.

8 Total Fertility Rate, http://Data.worldbank.org.

9 汤梦君, 「中国生育政策的选择: 基于东亚、东南亚地区的经验」[J], ≪人口研究≫, 2013(6); 金敏子·金亨锡, 「韩国的超低生育水平及区域差异」[J], ≪中国人口科学≫, 2014(2).

10 刘爽·商成果, 「北京城乡家庭比一般人养育模式及其特点」[J], ≪人口与社会≫, 2013(6).

11 汤梦君, 「中国生育政策的选择: 基于东亚、东南亚地区的经验」[J].

출산이 인구 증가에 기여할 수 있는 커다란 잠재력을 지닌 대상으로 떠올랐다. 그러나 우선적으로 생각해야 할 점은 비혼 출산은 국가와 개인 사이의 출산권 분배와 관련이 되어 있다는 점이다. 2015년 7월, 미혼이고 아직 출산을 경험하지 않은 연예인 쉬징레이(徐静蕾)는 인터뷰 당시 자신이 추후 나이가 많아 출산이 불가능해질 상황을 고려해 미국에서 난자를 냉동해놓은 사실을 언급했다. 이에 CCTV는 중국 위생부의 규정에 근거해 독신 여성은 냉동 난자를 포함해 보조 생식 기술을 사용할 권리가 없다는 사실을 지적했다.[12] 이 사건은 즉각 전국적으로 이슈가 되어 국가가 여성의 신체에 대한 자기 결정권에 관해 간섭할 권리가 있는지에 대해 많은 사람들이 회의적인 태도를 표했다. 위생부의 해당 규정과 비교할 때 국무원 사무처(辦公廳)가 발표한 '국무원 사무처의 무호적인구 호적등록문제 해결에 대한 의견(이하 '의견')'[13]은 확실히 진보한 것에는 틀림이 없으나, 이는 국가 민족주의의 경제를 기초로 합리적으로 계산되어야 한다.

우선 두자녀정책의 출범 배경과 같이 이 '의견'은 국가와 민족의 이익을 기초로 인구 증가를 희망한 것이다. 두자녀정책에 대한 무관심으로 인구가 점차 귀해질 때 어떻게 인구를 증가시킬 것인가? 직접적인 한 가지 방법이 바로 기존에는 인정하지 않던 인구를 인정하는 것이다. 다수의 자료에 따르면 중국의 무호적 인구는 1300만 명에 달하는데, 그중 비혼 출산으로 인해 호적에 신고가 되지 않은 인구가 10%를 차지한다.[14] 둘째, '의견'의 출범은 1300만 명의 무호적 인

12 "央视: 我国单身女性不能使用冷冻卵子生育", http://news.sina.com.cn/o/2015-08-03/145432169925.shtml.

13 "国务院办公厅关于解决无户口人员登记户口问题的意见", 国办发 96号(2015), 중국 정부 홈페이지, http://news.xinhuanet.com/politics/2016-01/14/c_128628350.htm.

14 "中国黑户人口超1300万 公安部高层开会商议对策", http://news.xinhuanet.com/legal/2015-11/24/c_128460317.htm.

구를 국가의 관리 통제 범위 내에 귀속하기 위함이다. 국가권력을 행사하려면 관리 대상이 가시권에 있어야 하므로 모든 사람에게 호적을 제공해야 하며, 그렇지 않을 경우 중국에서 광범위하게 사용되고 있는 실명제를 통한 추적 관리가 어려워지게 된다. 셋째, 현재 일부 도시들이 점수 누적제를 통해 (일정 점수에 도달하면) 호적을 발급하는 것과 비교할 때, 비혼 출산 자녀들에게 조건 없이 출생신고(호적 발급)를 하도록 한 것은, 가난한 것을 혐오하고 부자를 부러워하게 하는 엘리트주의에 해당되지 않는다(부자의 경우 점수 누적제를 통해 호적을 발급받는 것이 용이하므로 부자를 선망하게 하는 엘리트주의라 볼 수 있다—옮긴이). 하지만 그것은 혈연관계의 중요성을 강화함으로써 출산에 필요한 세 가지 요소, 즉 난자, 정자와 자궁 사이에 우선순위를 매기도록 만든다. 앞에서 인용한 '의견'과 기타 부분에[15] 근거해볼 때, 오직 자신의 자궁이나 정자에서 비롯된 자녀만이 친자로 인정되며, 이와 달리 난자의 경우에는 자궁 소유자의 난자일 수도 있고 다른 여성의 난자일 수도 있다는 점을 이유로 난자의 생물학적 확실성이 대폭 저하된다. 그 때문에 '의견'의 논리에 근거해 제3의 여성을 대리모로 삼아서 자신의 난자를 대리 출산하도록 한 여성은 자녀의 생물학적인 모친으로 간주될 수 없고, 이 경우 자녀를 호적에 신고할 권리를 갖지 못한다.

이렇게 볼 때 이 '의견'은 혼인법이 정의한 대로 비혼 출산 자녀와 혼인 출산 자녀는 동등한 권리를 가진다는 면에서 한 걸음 발전했지만, 짤막하고 추

---

15 각주 13 "의견"의 내용 ② 출생의학증명서를 발급받지 않은 무호적 인원. 조산기구 내에서 출생한 무호적 인원, 본인 혹은 보호자는 해당 조산기구에 출산의학증명서를 신청, 조산기구 밖에서 출생한 무호적 인원, 보인 혹은 보호자는 적격감정기구에서 발급한 친자감정증명서를 제공, 호적 등록을 하고자 하는 현급 위생가족계획행정부서 위탁기구에 출생의학증명서를 신청. 무호적 인원 혹은 보호자는 출생의학증명서와 부모 중 한 사람의 주민호적부, 결혼증, 비혼인출산설명서를 제출하여 호적등록 신청할 수 있다. http://news.xinhuanet.com/politics/2016-01/14/c_128628350.htm.

상적인 문자로 말미암아 비혼인 출산이 가능해지는 전제를 여전히 암흑 속에 놓여 있게 한다. 그 전제란 즉, 출산은 기본적인 인권이고 국가권력이 마음대로 확장할 수 없으며, 친밀한 관계와 성적 취향은 자유롭게 선택 가능하고, 출산과 혼인은 하나로 얽매이지 않아야 하며, 출산은 이성 간의 성교로도 실현되지만 인공수정, 대리임신 생식 보조 등의 방식으로도 실현할 수 있다는 것이다. 비록 현실이 이러하지만 국가 민족주의의 이익이란 측면에서 볼 때 비혼 출산은 음지에서 나와 합법화되어야 한다. 그 이유는 여러 나라들의 경험에서 발견되는 것처럼, 바로 비혼 출산이 중국의 미래 인구의 중요한 성장 포인트가 될 것이라는 점이다.

한국, 일본, 싱가포르의 부정적인 사례를 보면, 이 세 나라들의 출산율이 극히 낮은 원인은 앞에서 제시한 원인 외에 이 세 나라가 비혼인 출산을 허용하지 않는다는 사실과 밀접한 관계가 있다.[16] 일인당 소득과 사회복지 수준이 높아짐에 따라 과거 보편적인 결혼과 출산만을 추구하던 이 세 나라는 출산을 늦추고 있으며 평생 독신으로 살아가는 사람들의 비율이 점차 상승하고 있다. 또 한국과 일본의 평균 초산 연령은 이미 30세를 넘겨 세계에서 앞자리를 차지한다.[17] 나아가 일본의 2010년 인구센서스에 따르면 50세 이하의 남성 중 생애 비혼율이 23%에 달한다.[18] 그럼에도 불구하고 이 세 정부는 여전히 결혼은 이성과 해야 하며 출산은 이성과의 혼인 안에서만 허락된다는 아시아식 가정 관념을 유지하고 있다. 예상할 수 있듯이 세 나라의 비혼 출산율은 그 수치

---

16 汤梦君, 「中国生育政策的选择: 基于东亚、东南亚地区的经验[J]」; 刘爽·商成果, 「北京城乡家庭比一般人养育模式及其特点」[J].

17 汤梦君, 「中国生育政策的选择: 基于东亚、东南亚地区的经验」[J].

18 Population and households of Japan 2010(http://www.stat.go.jp/english/data/kokusei/2010/poj/mokuji.htm).

가 미미해 생략해도 될 정도인 약 2%에 그치고 있다.[19]

이와 비교해볼 때 2012년 유럽연합의 28개 회원국 중 40%의 아이들이 혼인 외의 파트너와 동거하고 있는 한 부모 가정에서 태어났다. 1960년에 일찍이 라트비아, 오스트리아, 스웨덴, 아이슬란드 네 국가에서 10~25%의 아이들이 혼외 출생으로 태어난 것은 물론이고 기타 국가들의 비혼 출산율도 1980년대부터 급격하게 증가하기 시작했으며, 2012년에는 6개 국가의 절반 이상의 아이들이 비혼 가정에서 태어났다.[20] 왜 비혼 출산 자녀 비율이 이토록 높은 것인가? 그 주요 원인으로 다음의 세 가지를 들 수 있다. 첫째, 많은 유럽연합 국가들은 육아를 가정의 사적인 책임이 아닌 사회 전체의 책임으로 간주한다. 유럽연합의 회원국인 스웨덴의 사례를 보면 일찍이 1930년대부터 육아를 사회의 책임으로 간주했고, 1955년부터 산모를 위해 출산휴가 급여를 제공했으며, 1974년부터 산모에게만 주어졌던 출산휴가를 부모가 모두 누릴 수 있도록 했다. 이후 조정을 거쳐 현재는 만 8세 이하 자녀를 둔 부모는 모두 480일의 육아휴가를 사용할 수 있다. 또한 두 부모 모두 각각 2개월씩 사용할 수 있는 부친휴가와 모친휴가 외에 기타 시간도 두 사람 모두 휴가를 신청할 수 있으며, 남성이 육아휴가를 많이 신청할 경우 국가에서 주는 '성별평등상금'도 받게 된다. 480일의 육아휴가 중 390일에 대해서는 정부에서 발급하는 육아보조금을 사용할 수 있으며 그 소득대체율도 상당히 높다. 또 다른 산출 방식에 따르면, 상한선만 초과하지 않으면 임금이 높은 자는 자신의 지난해 임금의 80%를 받을 수 있고, 소득이 없거나 낮은 자들도 지난해 스웨덴의 전국

---

19 汤梦君, 「中国生育政策的选择: 基于东亚、东南亚地区的经验」[J]; 杨菊华, 「中国真的已陷入生育危险了吗?」[J], ≪人口研究≫, 2015(6); 彭希哲李赟·宋靓珺·田烁, 「上海市"单独两孩"生育政策实施的初步评估及展望」[J], ≪中国人口科学≫, 2015(4).

20 Marriage and divorce statistics, http://ec.europa.eu.

일인당 소득의 37%를 받을 수 있다.[21] 그 밖에 모든 아동에게 지급되는 아동보조금과 스웨덴 전체 공민 혹은 거주자에게 제공되는 주택보조금도 육아에서 오는 경제적 부담을 크게 덜어주고 있다. 둘째, 유럽연합의 많은 국가에서 애정 관계의 파트너는 다원화된 형태를 띠고 있으며 사회와 법률의 인정을 받고 있다. 아이가 어떤 가정에서 태어나든 아이의 기본 권익은 보장되며 국가와 부양자가 공동으로 육아의 책임을 분담한다. 또다시 스웨덴을 예로 들면 아이의 양육권에 관해 스웨덴은 1987년부터 '동거자 법안', '동성애자 동거법안', '동반자 등록법안', '가정법' 등 법률을 연이어 반포했는데, 동거이든 등록결혼이든, 동반자가 동성 간이든 이성 간이든, 아이가 친자이든 입양이든, 부양자는 거의 동등한 양육 권리와 책임을 가진다고 명문화했다.[22] 셋째, 1980년대부터 유럽 국가들에는 제2차 인구 전환이 나타나 파트너 사이의 관계가 영원하고 유일한 낭만적 사랑을 강조하는 것에서 관계의 질을 강조하는 융합적 사랑으로 바뀜으로써 많은 사람들이 물질에 의탁하기보다 애정 관계가 정신적으로 가져다주는 희열을 더욱 중요시하게 되었다(사실 이는 200여 년 전 엥겔스가 주장했던, 혼인은 완전히 쌍방의 애정을 바탕으로 해야 한다는 원칙이기도 하다).[23] 그 때문에 높은 이혼율은 모든 선진국의 특징이기도 하다. 2011년 유럽연합의 5억 인구 가운데 1000명당 결혼율은 4.2, 이혼율은 2.0이라는 수치가 그것을 말해준다.[24] 이렇듯 성인 사이의 친밀한 파트너 관계가 (물질적인 것과 무관한—옮긴이) 순수한 것으로 바뀌고, 그 변동성이 증가될 때 어떻게 아동의 이익

---

21 王向贤, 「社会政策如何构建父职?: 对瑞典、美国和中国的比较」[J], ≪妇女研究论丛≫, 2014(2).

22 같은 글.

23 [英]安东尼·吉登斯, 『亲密关系的变革: 现代社会中的性、爱和爱欲』[M], 陈永国·汪民安 译(北京: 社会科学文献出版社, 2001).

24 같은 글.

을 보장할 것인가? 유럽 국가들은 성인의 파트너 관계의 자기 결정권을 제한하지 않고 상술한 조치를 통해 국가와 성인이 공동으로 육아 책임을 분담하고 애정 관계의 파트너와 가정 형태의 다원화를 인정하는 것으로 아동의 권익을 보장한 것이다.

스웨덴이 이처럼 비교적 완벽한 육아 사회보장 시스템을 구축할 수 있었던 것은 출산 제도의 '사회·민주' 원칙을 기반으로 했기 때문이다. 여기에서 '민주'는 스웨덴 정부가 출산을 공민의 권리로 간주한 것으로 이해할 수 있다. 동시에 해당 정부는 비교적 충분한 육아휴가, 육아보조금, 아동보조금, 주택보조금을 통해 공민이 시장에 의존할 필요가 없도록 했고(즉, 자신이 시장에서 노동력을 판매해 소득을 얻을 필요가 없음) 다원화된 출산 주체에 대한 인정과 지지로 모든 공민이 혼인, 동거, 파트너에 의존하지 않고도 출산과 아동을 부양할 권리를 가질 수 있도록 했다. 다시 말해 스웨덴 출산 정책 중의 '민주' 원칙은 노동의 '상품화 제거'와 출산의 '의존화 제거'를 통해 모든 시민이 출산을 주체적으로 결정하도록 했으며, 이와 동시에 혼인, 동거, (이성 간 성행위 혹은 보조생식 기술적) 출산, 입양 등의 다양한 파트너 관계와 출산 주체에 대한 존중을 통해 한 개체가 사회적으로 관계 맺는 것을 격려하고 지지하고 있다. 스웨덴 출산 제도 중의 '사회' 원칙은 육아 책임은 개인 혹은 가정의 사적 책임이 아닌 전 사회의 책임이라는 것으로 이해할 수 있다. 상술한 구체적인 육아 보장 외에도 스웨덴은 광범위하게 망라된 육아 돌봄 기구를 제공하고 있으며 아동을 돌보기 위한 별도의 보조금도 지급하고 있다.[25] 최근 국제적 경제 경쟁이 격화됨에 따라 일부의 사람들이 스웨덴을 선두로 하는 사회 민주 복지 체계가

---

25 约翰·D. 斯蒂芬斯,「斯堪的纳维亚福利制度: 成就、危机与展望」, [丹麦]戈斯塔·埃斯平-安德森 编,『转型中的福利国家: 全球经济中的国家调整』[M], 杨刚 译(北京: 商务印书馆, 2010), p.71.

지속될 수 있는지 여부에 회의적인 태도를 보이고 있고, 스웨덴 정부도 확실히 부분적으로 조정을 진행하고 있는 중이다. 하지만 스웨덴 복지 정책을 연구하는 학자 D.스티븐슨은 "투입에 대한 고려가 결코 일순위인 것은 아니다. 이데올로기와 정당 노선은 여전히 중요한 작용을 발휘하고 있다"[26]라고 지적했다. 그 때문에 스웨덴 출산 제도가 표방하는 사회 민주의 취지는 여전히 그대로이고, 스웨덴의 출산 보장 수준 또한 세계 최고 수준을 달리고 있다.

출산을 시민의 권리로 간주하는 스웨덴 등의 국가와 달리 최근 일본, 한국, 싱가포르의 출산에 대한 독려는 국가와 민족의 이익을 유지하기 위한 실용주의 목적에서 시작되었다. 육아 책임 분담을 놓고 볼 때 보편적으로 가정을 책임 주체의 1순위로 간주하고 정부는 나머지 책임을 분담하는 두 번째 주체로 간주된다. 상술한 동아시아의 출산 독려 정책의 저효율성과 유럽연합의 절반에 그치는 비혼 출산을 비교해볼 때 저출산 함정을 벗어날 수 있는 효율적인 방법은 다음과 같다. 첫째, 국가가 적극적으로 육아 책임을 분담하며 육아에서 오는 막대한 경제 투입과 인력 투입을 불공평하게 가정이나 개인이 부담하지 않도록 하는 것이다. 육아의 주요 책임을 가정이 지게 되는 인구재생산 방식은 두 번째 자녀에 대한 부담을 갖게 한다. 둘째, 출산 주체의 다원화를 인정하고 지지하며 남성이 육아에 참여할 권리를 누릴 수 있도록 함으로써 육아 책임에 스며들어 있는 여성화를 제거해, 스스로 원해서 출산하고자 하는 동력을 끌어내야 한다.

이처럼 많은 국가들에서 비혼 출산이 인구 생산의 중요한 원천이 된 현실 앞에서 비혼 출산을 미래 중국 인구의 성장 포인트가 되게 하려면, 동아시아 국가와 유럽연맹의 긍정적인 경험과 부정적인 경험을 참고해 출산 관념과 책

26 같은 글, p.92.

임 권리의 분배에 관한 근본적인 재구성이 필요하다.

3. 유교적 출산 관념에 필요한 창조적 전환

출산 관념의 재구성과 비혼 출산 합법화에 있어서 걸림돌은 오직 이성 간의 혼인으로만 출산할 권리가 있다는 유교적 출산 패권 의식이다. 그 의식은 다음과 같이 요약된다. 첫째, 인간은 반드시 이성애자여야 한다. 유교는 성욕을 인간의 자연 본능으로 인정하며 또한 부부는 오륜의 시작이고 전 인류 사회의 시초이므로 유교가 말한 '식색성야(食色性也, 식욕과 성욕은 사람의 타고난 본성)에서의 '색(色)'은 이성애자의 성행위로서 인간은 이성애자여야만 한다. 둘째, 인간은 반드시 이성 간에 혼인을 해야 한다. 유교가 이성 간의 성만이 인간의 본성이며 반드시 만족시켜야 할 자연적 수요이며 또한 질서와 예는 인간의 본성이라고 한 만큼 성행위는 오로지 명분이 있는 두 이성 간에만 발생해야 하는데 그것이 바로 부부이다. 셋째, 부부는 반드시 자손을 낳아야 한다. 유교에서 인간은 사회적 공동체를 지향하는 통일된 존재로서 인간의 존재 형식은 오륜으로부터 전개되어 공통성을 가진 가정과 국가의 형식으로 존재한다. 출산은 부부가 함께 조상을 받들고 후손을 번식하는 것으로, 출산을 하지 않는 행위는 공동체에 대한 배반이며 그럴 경우 조상은 후손이 없고 나라는 신하와 백성이 없게 된다고 본다.[27]

하지만 비혼 출산 중에는 미혼 혹은 비혼인 이성애자 사이에서 이성 간의 성행위로 자녀를 얻는 경우가 있으며, 동성애자 혹은 독신주의자가 인공수정,

---

27 杜芳琴,『女性观念的衍变』[C](郑州: 河南人民出版社, 1988).

대리임신 등 이성 간 성행위를 벗어난 생식 기술로 자녀를 얻을 수도 있다. 유가 사상의 관점에서 볼 때 이는 그 근원에서부터 유가가 유일의 정확한 윤리 원칙이자 사회질서라고 여기는 것을 파괴하는 것이다. 즉, 이성 간의 혼인과 출산은 불가분의 관계이며, 양자가 만들어내는 부부, 부모, 부계 가정이 인류 사회의 시초인 것이다. 이 때문에 비혼인 출산은 유교적 출산 관념에 깃들어 있는 지고한 부권(父權)을 심각하게 파괴하는 것이 된다. 유교는 남성을 사회 자원의 지배자와 사회규범의 제정자로 받들고 있지만, 비혼 출산 중 여성이 임신 혹은 분만으로 반박의 여지가 없는 모친의 신분이 되었을지라도 아이는 생물학적 아버지의 거절로 인해 아버지 없는 신분에 처해질 수 있게 되는 것이다. 이것은 유교적 존엄에서 볼 때 받아들일 수 없는 일이며, 유교가 구축한 부계 사회 속에서 아버지가 없는 아이는 뿌리를 내릴 수 없게 된다.

하지만 놀랄 만한 것은 비록 비혼 출산과 유교적 출산 관념이 상호 저촉될지라도 양자는 손을 잡을 수 있으며, 그것은 이제 방금 막을 내렸지만 사회에 큰 영향을 끼친 한자녀정책과 함께 오늘날의 중국인의 출산관에 또 다른 패권을 강화한다는 것이다. 즉, 최소한 아이 하나는 낳아야 한다는 관념이 그것이다. 중국이 30년 동안 인구수를 엄격히 통제하는 것을 주요 목표로 해서 산아 제한 정책과 계획 외의 출산에 대해 사회 부양비를 징수해온 것은 사실 신생 인구를 자원을 생산하는 '일손'이 아니라 자원을 소모하는 '먹어치우는 입(人口)'로 간주했기 때문이었다. 또한 중국은 현재 출산 육아의 책임을 대부분 가정에서 분담하고 있으며 정교해진 양육 패턴은 자녀를 양육하는 데 자금, 시간, 정력을 대거 투입하게 됨으로써 큰 도시의 부모들은 이것이 불합리하다고 느낀다. 그렇다면 적어도 한 자녀만은 낳겠다는 동력은 어디에서 오는가? 첫째, 유교는 출산을 한 개체의 기본 임무 중의 하나로 보며 생명의 의의에서 볼 때 이것은 생각할 필요 없는 당연한 '초가치'로 여기므로 중국의 많은 부부들은 출산을 하지 않는 것 또한 기본 권리라는 것을 인식하지 못하고 있다. 예를 들어 '부녀권익보장법' 제51조항은 "부녀는 국가의 관련 규정에 근거하여 자녀를 출산할 권리를 가지며 출산하지 아니할 자유도 가진다"라고 명확히 규정하고 있다. 둘째, 지난 30년간 시행된 산아제한 정책은 비록 가능한 한 적게 낳을 것을 독려하고 요구했으나 끊임없이 인구의 증식을 필요로 하는 국가 민족주의로 인해 출산하지 않아도 된다고는 독려하지 않았을뿐더러 한 쌍의 부부는 한 자녀만을 낳아야 한다는 포스터와 슬로건을 사방에 퍼뜨리면서 출산을 성인 생활에 없어서는 안 될 부분으로 각인시켰다. 다시 말해 적어도 한 자녀만은 가져야 한다는 사실은 중국에서는 의심할 여지가 없었으며, 비록 비혼 출산이 이성애자의 혼인과 출산을 하나로 묶는 출산 패턴에 도전장을 내밀기는 했으나 최소한 자식 하나는 낳아야 한다는 현대 중국 사회의 출산 관념은 공고하게 유지되고 있다. 거기에 불충분한 사회보장 등 여러 가지 원인으로 인해 수많은 성인들은 부모라는 신분 외에 다른 존재 의미는 상실한 채 자신의 삶의 의미를 출산에서 찾게 되었고 이로써 자녀를 잃은 아픔이 감내할 수 없는 최대의 고통이 되었던 것이다. 예를 들면, 현재 중국에는 100만에 달하는 외동 자녀를 잃은 부모들이 아픔을 겪고 있는데,[28] 이것은 출산과 생명의 의미를 하나로 보는 유교적 출산 관념에서 비롯된 것이다. 또한 관련 자료에 따르면 중국에서는 현재 1/8의 성인들이 불임을 겪고 있는데,[29] 이들은 생명을 출산하지 않는 생명은 불완전하고 그런 가정 역시 불완전하다는 내재화된 출산 관념으로 인해 '자발적으로' 고통스럽고 값비싼 불임 치료를 받고 있다. 일부

---

28 慈勤英·周冬霞, 「失独家庭政策"去特殊化"探讨: 基于媒介失独家庭社会形象建构的反思」[J], ≪中国人口科学≫, 2015(2).

29 "中国不孕不育平均发病率为12.5%~15%", http://acwf.people.com.cn/n/2014/0103/c99038-24017997.html

여성들은 임신과 분만이 적합하지 않음에도 불구하고 가정에는 반드시 아이가 있어야 하고 여성은 무조건 출산해야 한다는 유일한 생활 방식으로 '자발적으로' 큰 위험을 감수하는 산모들을 만들어내면서 그들을 무리한 임신이나 분만이라는 사지까지 몰아넣고 있다. 다시 말해 유교와 산아제한 국책이 연합해 만들어낸 출산 관념은 출산하지 않아도 된다는 선택권을 배제한 채 사람들의 출산 자유를 침식하고 있고, 개인과 부부의 출산 자결권을 훼손하고 있다.

일찍이 1980년대 신유교의 대표학자인 두웨이밍(杜维明)은 전통 유교는 반드시 혁신적 전환을 거쳐야 자유, 민주, 평등을 핵심으로 하는 보편적인 문명과 통합될 수 있다고 했다.[30] 하지만 그는 또 삼강의 유교 근본주의가 회복되어 현대 중국 사회에서 유교가 국가/개체, 성별, 세대 차원에서의 지위를 가질 것을 요청하면서,[31] 특히 여성들은 삼강 질서 안에서 출산을 통해 심신을 안정시킬 것을 요구했다. 설사 유교가 창조적인 전환을 통해 가부장제도를 제거한다고 할지라도 필자는 유가가 주장하는 '사람은 반드시 자녀를 낳아야 한다'는 출산관 또한 창조적인 변환이 일어나야 한다고 생각한다. 출산은 확실히 일부 사람들에게 심신을 안정시켜주는 역할을 한다. 특히 오늘날 불확정적이고 다양한 위험이 도사리고 있는 현대사회에서 출산은 철회될 수 없는 생물적 속성이 구축한 인간관계와 1차 집단의 소속감을 가져다주며, 이로써 개인이 거대한 사회 속에서 느끼는 자기 비하, 무력감, 소외감과 현대 경제 생산에서 느끼는 소외감을 해소해준다. 하지만 모든 인간들이 출산을 통해서만 심신의 안정을 얻는 것은 아니다. 종교, 직업과 취미 모두 사람들을 위해 삶의 의의를 제공하고 있으며, 인간이 사회적 동물로서 필요한 사회 공동체 관계도

---

30 杜维明, 『儒家思想新论: 创造性转换的自我』[M](南京: 江苏人民出版社, 1991).

31 齐义虎, 「回归家庭是对女性最好的安顿」, http://www.rujiazg.com/article/id/6887; 蒋庆, 「只有儒家能安顿现代女性」, http://ru.qq.com/a/20150813/029704.htm.

출산을 통해서만 이루어지지는 않는다. 또한 출산을 통해 현대 직장에서 오는 소외감이 해소되기를 희망해, 이것 때문에 뒷일을 생각하지 않고 출산하면서 생기는 소외감을 느끼게 되어서는 안 된다.

그렇기 때문에 두웨이밍의 원대한 뜻을 실현하고자 하든지 유교 근본주의에 대항하든지 간에 유교는 반드시 다른 사상과의 대화가 필요하며 자유, 평등, 민주 등의 이념으로 유교 사상을 활성화하고 재구성해야만 현대의 다원화 수요에 응답할 수 있다. 비혼 출산은 유교가 이성애자 혼인과 출산을 한데 얽는 출산 패권에 대해 인식하도록 하지만 출산이 심신을 안정시키는 유일한 방식이라는 점에서 비혼 출산과 유교의 패권적 출산관은 융합될 수 있다. 다시 말해 비혼 출산은 유교적 출산 관념이 가부장제도에서 성별 평등으로, 이성애자의 출산 패권에서 다원화된 출산으로의 전환을 촉진할 수 있지만, 출산만이 심신을 안정시키는 유일한 방식이라는 유교의 주장이 완벽하지 않을뿐더러 모든 사람들에게 적용되지도 않으며 또한 유일한 방식이 아니라는 점을 인식시키기에는 어려움이 존재한다. 유교를 놓고 볼 때 비혼 출산을 포함한 여러 집단 사이의 대화만이, 더는 출산을 숙명으로 간주하지 않고 일부의 사람들은 출산을 스스로 선택할 수 있으며 심신을 안정시키는 방식의 하나로 만들 수 있다. 이와 동시에 유교와 함께 영혼 없는 출산 관념을 조성하는 산아제한 국책도 되돌아보고 재구성할 필요가 있다.

4. 새로운 출산관에 대한 상상

끝으로 현재 중국의 출산 상황을 되돌아보면서, 필자는 먼저 기존의 출산관에 근본적인 변화 없이 단지 약간의 정책적 개선만이 시행되고 있는 상황에서는, 사람들이 남아를 선호하지 않고 보편적으로 두 자녀를 출산할 가능성이 그다지 높지 않다고 본다. 또한 비혼 출산이 비록 미래 인구의 새로운 성장 포인트가 될 가능성이 있기는 하지만, 현재의 경직된 출산관이 그 가능성을 떨어뜨리고 있다. 따라서 저출산의 함정에 빠지는 것을 피하고, 가정에 대한 사회정책의 기능이 간섭이나 피해를 주는 것이 아니라 지원이 되도록 하기 위해서, 혹은 최근 사회에서 벌어지고 있는 출산권의 새로운 분배에 대한 열띤 토론에 응답하기 위해서는 사회 각계의 상상력을 확장해서 가장 최적의 출산관을 적극적으로 구축할 필요가 있다. 다음에서는 스웨덴 출산 제도의 '사회·민주 모델'을 근거로 해서 몇 가지 원칙을 제시해보고자 한다.

① **평등**: 출산의 권리와 책임은 반드시 개인, 가정, 고용 단위(직장), 그리고 국가 간에 충분하고 효과적으로, 반복적인 협의를 통해 공정하게 분배되어야 한다. 즉 각종의 친밀한 관계나 배우자 관계, 가정 형식(핵가정, 확대가정, 한부모가정, 1인가정 등), 성적 취향, 출산 방식(이성 간 성교 혹은 출산 보조 기술을 통한 친자 관계 수립, 생물학적 혹은 입양을 통한 친자 관계의 수립 등)과 관련해 (공정하고 신중하게 토론할 필요가 있는 상황을 제외하고) 모든 성인은 평등하게 출산에 대한 권리와 책임을 갖는다.

② **민주**: 모든 어머니와 아버지들은 반드시 스스로 원해서 출산해야 하며, 모든 아이들은 반드시 부모들이 원해서 세상에 태어나야 한다. '세계 피임의 어머니'로 알려진 마거릿 생어(Margaret Sanger)는 일찍이 1920년에 피임의 가장 중요한 목적이 여성들이 신체에 대한 통제권과 생활의 자주권을 쟁취하도록 함으로써, 인류의 절반인 여성들의 기본적 권리를 실현하는 것이라고 했다. 모든 아이들은 출산 주체의 자발적인 선택이어야 하고 폭력과 무지의 결과여서는 안 되며, 출산하는 자에게 기대해야 하는 것은 모든 아이들의 천부적인 인권이다.[32] 100년 전에 제시된 이러한 원칙은 당대 중국에서 여전히 중

요한 의미를 지닌다. 왜냐하면 오늘날 중국에서 발생하는 많은 비혼 출산은 대부분 정확한 이해에 기반을 둔 자발적인 선택이 아니라, 성 지식의 결핍, 즉 피임을 하지 않았거나 피임 실패에 기인한 것이며, 피임 책임 분담의 성별 불평등 혹은 여성의 성적 자주권이 훼손된 것에서 비롯되었기 때문이다. 또한 최초의 생명의 잉태는 반드시 당사자의 정확한 이해를 기반으로 한 자발적인 선택이어야 할 뿐만 아니라, 양육의 과정도 앞서 말한 각 방면의 평등을 통해 자발적으로 출산한 사람 모두가 스스로 완수할 수 있도록 보장이 되어야 한다. 민주는 획일성을 의미하는 것이 결코 아니다. 따라서 여성이 임신과 분만 그리고 모유 수유의 책임을 분담하기에 출산 권리의 측면에서 다른 당사자들보다 우선권을 갖는다.

③ **연결된 개체주의:** 앞서 말한 평등한 출산권은 개체주의 노선을 계승하는 것이다. 즉, 모든 성년 개체들은 자주와 자치의 권리를 가지고 있음을 인정한다. 그러나 많은 개체들은 모두 출산을 통해 타인과 밀접한 관련을 맺고, 이를 통해 자신의 심신을 안위하고자 희망한다. 따라서 좋은 출산관은 반드시 출산을 통해 진행되는 '연결된 개체주의'를 승인하고 지지해야 하나, 또한 타인들이 자발적으로 선택한 비출산과 기타의 생활 방식을 존중하고 지지해야만 하는 것이다. '연결된 개체주의'는 친자 관계에서 각 당사자들이 상이하게 피차 물질적 혹은 정신적으로 누리고 의존하고 있음을 지지하지만, 각각의 개체 모두는 친자 관계로 인해 개체의 독립성과 개체적 가치가 상실되어서는 안 된다고 본다. 예컨대 아이들은 부모의 사유재산이 아니며, 부모도 아이의 노예가 되어서는 안 되고, 아이가 죽었다고 해서 모든 독립적 존재의 가치가 사라

---

32 Margaret Sanger, *Woman and the New Race*[M](New York: Blue Ribbon Books, 1920), http://www.gutenberg.org/cache/epub/8660/pg8660.html.

져 버렸다고 생각해서는 안 된다. 한편 '연결된 개체주의'는 공동체주의(社群主义)와도 다르다. 왜냐하면 공동체주의는 집단이 필연적으로 개체보다 우위에 있음을 강조하는데, 이는 집체에 잠식된 개체의 역사를 오랫동안 겪어온 중국 사회에서 대단히 위험한 관점이다. 따라서 이 장은 성인 개체의 성찰적이고 자주적인 선택을 기반으로 한 공동체(社群)를 건립할 것인지, 그리고 어떠한 공동체를 건립할 것인지에 대한 논의를 제안하고자 한다. 출산에 의해 형성된 공동체에서 비록 아이들은 공동체 형성 초기에 자신의 의사를 표현할 수는 없으나 공동체의 존재 과정에서 아이들과 양육자는 늘 함께 누리고 기대면서도 동시에 개체적 가치를 상실하지 않는 관계를 유지해야 한다.

상술한 출산관은 사실 정부를 향한 높은 기대를 담고 있다. 왜냐하면 출산에서 개체가 자기 결정과 자치를 실현하려면 국가가 적절한 사회정책을 제공해서 각 개체들이 다른 개체나 가정 혹은 노동시장에 강제적으로 의존하지 않도록 보장해주는 것이 필요하기 때문이다. 그렇다면 시민들이 과도하게 국가에 의존하고 있는 상황에서, 어떻게 국가가 시민의 권리를 인정하고 존중할 수 있도록 보장할 것이며, 또한 충분한 능력이나 교정 기제를 통해 적절하고 유효한 정책을 실시하도록 할 것인가? 그것은 정부의 형성 과정과 성격이 "구조화된 공동체의 집단적 성과"[33]가 되도록 만드는 것이다. 다시 말해 시민들이 충분하게 평등을 누리면서 다 함께 공동으로 사회를 구축하는 것이다. 현재 중국의 '큰 정부, 작은 사회'라는 권력 구조하에서는 시민사회의 효과적인 성장이 이루어져야만 비로소 정부 권력의 자의적인 확장을 막을 수 있으며, 출산권을 개체, 성별, 가정 그리고 국가 간에 공정하게 분배하고 다원적인 출산 주체와 출산 방식을 승인하고 지지할 수 있을 것이다.

---

33 俞可平, 『社群主义』[M](北京: 中国社会科学出版社, 2005), p.127.

07

중국의 제2차 '싱글 붐' 시기의 '지식청년세대' 여성 연구

거룬훙(최선향 옮김 · 장수지 감수)

이 장은 중국 제2차 '싱글 붐(單身潮)' 시기의 '지식청년세대(知青代)'[1] 여성들

---

1 1960년대 말, 중국 도시의 청년세대들이 정부의 정책을 좇아 농촌으로 내려가 정착해 농업에 종사하게 되었는데, 이들을 '지청(知青)'이라고 부른다. 1950년대에 도시 청년들이 농촌으로 내려가 농업 생산건설에 참가했는데, 그중 일부는 그때부터 농촌에 가정을 꾸리게 되었다. 이때는 모두 자원한 것이었고 대규모 운동은 아니었다. 1960년대가 되어서야 각 도시, 특히 대도시에서 대규모로 도시 청년들을 동원해 농촌으로 보내 농업에 참가하게 하는 운동이 되었다. 이는 1960년대 이후, 1950년대에 나타난 '출산 붐(嬰兒潮)'으로 출생한 세대가 중·고등학교를 졸업하고 취업 대기 상태로 있으면서 도시에서의 취업 문제가 날로 심각해짐을 느끼게 되었기 때문이다. 문화대혁명 시기(1966~1976)가 되자, 몇 기수에 달하는 중·고등학교 졸업생들이 모두 진학 또는 취업을 대기하고 있을 때 학교는 여전히 휴강해 마비된 상태였고 공장과 정부 기관 단체 및 서비스 업체도 이 수억 명의 졸업생들을 받아들일 방도가 없었다. 이때 도시 청년들을 농촌으로 보내 농업건설에 참가시키는 것이 정부의 유일한 선택지가 되었다. 마오쩌둥이 1968년에 "농촌은 광활한 세상이라 지식청년들이 농촌으로 가면 할 일이 많다"라고 호소하면서부터, '지식청년'이라는 말이 생기게 되었다. 이 말은 농촌으로 내려가 생산노동에 참가하는 도시 청년들을 일컫는 전문용어로 '지청'이라 약칭했다. 아울러 도시 청년들이 농촌으로 내려가는 것

의 경험, 그들이 맡았던 역할, 처해 있는 지위 그리고 사회에 격렬한 변화가 일어나면서 그들의 처지에 급격한 변화가 일어난 당시의 반응 등을 살펴보기 위한 것이다. 흔히 중국 사회에서는 건국 이후 현재까지 세 차례의 '싱글 붐'이 일어났다고 한다. 이 세 차례의 '싱글 붐'은 각각 역사적으로 다른 시기에 일어났고 당시 여성들의 지위와 역할도 각기 달랐다. 이 장에서는 주로 1970년대 말, 1980년대 초에 일어난 제2차 싱글 붐의 생성 원인, 그것의 성별 주체 및 그 가운데서 여성들이 하게 된 역할과 놓인 위치, 그들의 특수한 경험 등을 조명해보고자 한다. 제2차 싱글 붐에서의 여성들의 지위와 경험 및 이 세대 여성 싱글들의 현재 생존 상황은 다음과 같은 현실을 설명해준다. 중국 사회가 비록 "시대가 변해 남자나 여자가 다를 바 없으며 남자가 할 수 있는 것은 여자도 할 수 있다", "여성은 하늘의 절반을 받치고 있다"라는 구호와 교육의 세례를 받았고, 또한 이론적으로 볼 때 중국 여성들은 한동안 남녀평등을 누리고 남성과 동일노동·동일임금의 대우를 받았다. 그러나 오늘날에 돌아보면 이런 교육과 실천은 대개 정치 운동의 형식으로 존재했거나 경제 건설의 요청에 의해 생긴 것이었으며, 이런 것들은 중국 사회에 깊이 뿌리박힌 남존여비 이데올로기와 남권 중심의 사회 구조를 근본적으로 흔들지 못했고 중국 사회와 국민들은 진정한 의미에서의 성별 평등 의식을 갖지 못했을 뿐만 아니라 여성 자신들에게도 자아의식을 확실히 정립하도록 하지는 못했다. 그 결과 제2차 싱글 붐 당시의 지식청년세대 여성들은 성장기에 받은 교육으로 인해 완전히 분열된 이중적 특성을 지니게 되어 공공 영역과 사적 영역에서 전혀

이 일종의 강제적인 정책으로 변해, 1968년부터 1969년 사이에 90%에 달하는 중·고등학교 졸업생들이 농촌으로 내려가 정착하거나 머나먼 국경 지역의 군대 농장에 가서 주둔지에서 개간을 하게 되었다. 농촌으로 내려가기 운동(上山下鄕運動)은 한 세대의 단체 행동 혹은 운명이 되었고 이로부터 '지청세대(知青代)'라는 말이 생기게 되었다.

다른 행위 방식과 행동을 보이게 되었다.

1. 싱글 붐 형성 원인과 현상

근년에 중국에서 '싱글'은 많은 사람들이 보편적으로 관심을 갖는 사회문제가 되고, 논쟁을 일으키는 뜨거운 이슈의 하나가 되기 시작했다. 2004년부터 사람들은 인터넷 또는 신문과 언론 매체를 통해 중국의 '제3차 싱글 붐'에 관한 논의를 접하게 되었고 그 논의에 참여하기도 했다. 2006년, ≪베이징청년보(北京青年報)≫에 베이징과 상하이 두 도시에서 혼인 연령이 되었거나 넘은 사람 가운데 아직 미혼인 사람이 이미 100만 명이 넘는다는 기사가 실렸다. 2008년에 광둥성(廣東省)에서는 벌써 '제4차 싱글 붐'에 대한 논의가 일어났는데, 논의의 대상은 주로 이미 혼인 연령이 지났지만 여전히 싱글로 있는, 1980년대에 태어난 세대들이었다. 수백 년간 줄곧 가족의 대를 잇는 것을 중요시하고 혼인을 대를 잇는 중요한 수단 내지 유일한 수단이자 행복과 인생의 완성 여부를 가늠하는 중요한 지표로 여겼던 중국에서, 이런 기사와 논의는 자연히 집안에 25세, 심지어 30세가 넘었지만 아직 미혼인 고령 자녀를 둔 부모들의 깊은 걱정과 우려를 자아냈다. 이런 부모들은 적극적으로 부모가 대신 선보는 '선보기 모임(相親會)'을 조직하고, 자녀들의 동의를 거치지 않은 상황 혹은 자녀가 모르는 상황에서 자녀들을 위해 '적절한' 혼인 상대자를 물색했다. 많은 자녀들은 부모들의 이런 행동을 반대했고 일부 가족에서는 갈등까지 일으켰다. 이와 함께 이러한 고령 미혼 혹은 불혼(不婚) 문제로 인해 몇몇 연구자들은 거기서 비롯될 수 있는 여러 가지 영향과 사회문제에 관심을 갖게 되었다. 어떤 이들은 지난 역사를 돌이켜보면서 21세기에 나타난 싱글 붐과

20세기에 나타난 두 차례의 싱글 붐을 비교해보기도 했다.

비록 인터넷에는 이와 관련된 주제나 논의들이 무척 많지만 현재까지 이에 대한 공식 연구 보고서나 저서는 거의 없는 상황이다. 현재 볼 수 있는 글이나 논의들에서 공통적으로 나타나는 인식은 다음과 같다. 제1차 싱글 붐은 1950년대에 일어났는데 이때는 중국의 첫 '혼인법'[2]이 막 반포된 시기였고, 제2차 싱글 붐은 1970년대 말에 일었는데 이때는 중국의 '상산하향(上山下鄕) 운동'이 막 끝을 향해가던 시기로, 농촌으로 내려간 수백만 명에 달하는 지식청년들이 거의 하룻밤 사이에 10여 년간 이별했던 고향으로 돌아온 시기였다. 제3차 싱글 붐은 1990년대 중반에 일었는데 이때는 중국 사회가 개혁개방과 시장경제의 변혁을 겪은 시기로, 이 거대한 변혁은 불가피하게 사람들의 생활과 사상 관념, 그리고 대인관계와 혼인관에 큰 영향을 미치게 되었다.

이 세 차례의 싱글 붐이 일어난 시기에 관한 연구자들의 견해는 기본적으로 일치하지만 각각의 싱글 붐에서 성별 주체 및 그 싱글 붐을 일으킨 원인에 대한 이해와 견해는 서로 다르다. 특히 제1차와 제2차 싱글 붐을 일으킨 원인에 대한 인식이 많이 다르다. 여기서는 세 차례의 싱글 붐에 대한 사회 통계학적인 연구와 제3차 싱글 붐에 대한 깊은 분석과 논의는 하지 않기로 한다. 제3차 싱글 붐이 일어난 원인 등에 대해 많은 사람들의 인식이 기본적으로 일치하기 때문이다. 제3차 싱글 붐이 그 전 두 차례와 가장 크게 다른 점은, 많은 당사자가 싱글을 직접 자신의 생활 방식으로 선택하고 또 일부 청년 남녀들은 오직 싱글이어야만 최대한으로 자신의 가치를 드러낼 수 있다고 여긴다는 것

2 중화인민공화국의 첫 '혼인법(婚姻法)'은 1950년에 반포되었는데 이 법에서는 여자의 초혼(初婚) 혼인 연령을 18세로, 남자의 초혼 혼인 연령을 20세로 정했다. 문화대혁명이 끝난 후인 1980년에 정부는 '혼인법'을 수정했는데 초혼 혼인 연령을 남자는 22세, 여자는 20세로 정했다. 2001년에 재차 수정된 '혼인법'은 1980년 수정된 규정을 그대로 두었다.

이다. 여기서는 주로 제2차 싱글 붐에 대해 분석·연구하되 제2차 싱글 붐이 일게 된 원인과 이에 대한 사회의 태도 그리고 이 붐이 당사자와 사회에 미친 장기적인 영향에 대해 집중·분석하고자 한다. 왜냐하면 첫째로 제2차 싱글 붐이 일게 된 원인에 대해 사람들의 견해와 인식이 다르기 때문이고, 둘째로 필자 자신이 제2차 싱글 붐의 주체, 즉 당시 농촌으로 내려간 지식청년 중의 한 사람으로 이들의 생활과 경험에 대해 아주 잘 알고 이를 직접 체험한 바 있기 때문이다.

일반적으로 1949년 건국 이후의 제1차 싱글 붐은 1950년대에 발생했다고 본다. 그러한 견해 중 하나는, 제1차 싱글 붐이 1950년에 반포된 첫 '혼인법'과 함께 나타났다는 것이다. '혼인법'은 1949년 이전의 독단적인 중매결혼(包辦婚姻, 부모가 모든 것을 결정하는 혼인)을 폐지해, 수많은 기혼 남녀들이 본래 부모가 정해주었던, 혹은 일부다처제(一夫多妻制) 혼인에서 벗어나도록 했다. 그런데 이러한 중매, 혹은 일부다처의 혼인에서 벗어난 여성들은 그 후 재혼하지 못했는데, 인터넷상에서 어떤 이는 이를 근거로 제1차 싱글 붐의 성별 주체가 여성이라고 한다. 그러나 제1차 싱글 붐이 일게 된 원인에 관한 또 다른 견해가 있다. 1949년 중화인민공화국이 건국된 후 국민들은 항일전쟁과 해방전쟁의 포화 속에서 벗어나 평화롭게 자신의 나라를 건설하기 시작했다. 농업을 발전시키고 사회주의 신농업을 건설해 양식의 자급자족을 실현하기 위해 전쟁의 세례를 거친 많은 군인들이 정부의 배정에 따라 집단적으로 원래의 자리로 돌아가거나 전역을 해서 지방의 농업건설에 참가했는데 그중 많은 사람들이 머나먼 국경 지역에 배치받아 국영농장(農場)을 건설하거나 황무지를 개간해 국영 농업을 발전시키게 되었다. 군대에서 돌아온 이들은 기본적으로 남성이었고 그 대다수가 십 대에 군에 입대해 10여 년간 전쟁터에서 목숨 걸고 싸우느라 혼인 적령기가 되었음에도 미혼으로 있거나 전쟁으로 10여 년간 가족과 떨어져 있었기 때문에 원래 가족과 연락이 끊어진 처지였다. 이들이 바로 제1차 싱글 붐의 주체였다. 2005년 초, 중국 CCTV 제10채널에서 '제1차 싱글 붐'을 주제로 탐방 특집을 방송한 적이 있다. 사회자는 중국 사회의 세 차례의 싱글 붐에 관한 현재 대중들의 논의로 말문을 열어 1950년대 초의 제1차 싱글 붐으로 대화의 초점을 옮겼다. 이 특집은 구술 인터뷰 방식으로 당시 농업으로 전역한 제대군인들의 생활과 경험을 다룬 다큐멘터리였다. 이들은 정부의 배정에 따라 집단으로 전업한 후 동북 등 지역에 내려가 공영 농장을 세우고 황무지를 개간했다. 이들이 그 외딴 곳에 있는 국영 농장에서 농업 생산과 건설에 안정적으로 종사하게 하기 위해서 당시 정부는 후난성(湖南省), 산둥성(山東省) 등지에서 많은 젊은 여성들을 모집해 그들이 일하는 농장에서 생산과 건설에 참여하도록 했는데, 그 주요 목적은 전역 군인들의 혼인 문제를 해결하는 데 있었다. 그 프로그램에서는 당시 농장으로 모집되어 간 이미 반백이 넘은 당시 청년이었던 여성들을 인터뷰해 이들에게서 당시 농장의 간부들이 어떻게 중매인이 되어 여성들과 전역한 군인들이 결혼하게 했는지, 어떻게 연애·결혼해 농장에서 가족을 이루게 되었는지에 이르기까지 몇 십 년에 걸친 이야기를 들었다.

제2차 싱글 붐은 보통 1970년대 말에 발생했다고 본다. 당시 중국에서 10여 년 간 지속되어온 지식청년들의 상산하향 운동은 100만 명에 이르는 청년들이 대거 도시로 돌아오는 것으로 막을 내렸다. 그때 도시로 돌아온 지식청년 대부분은 이미 혼인 연령이 지났는데, 그중 적지 않은 사람은 여러 가지 원인으로 아직 미혼이었고 미혼자 중 대부분이 여성이었다. 따라서 제2차 싱글 붐의 주체는 여성이었다고 할 수 있다. 인터넷에서는 당시 '고령 미혼 여성 지식청년' 현상이 나타나게 된 원인을 이렇게 본다. 1970년대 말, 지식청년들이 대거 도시로 돌아올 때 남성 지식청년 대부분은 이미 결혼해 가족을 이루었다. 일부 남성 지식청년들은 함께 농촌으로 간 여성 지식청년들 가운데서 결혼 상대자를 찾지 못했더라도 현지 농촌 여성들 가운데서 결혼 상대자를 찾아 결혼해 가족을 이루었다. 하지만 여성 지식청년들은 그 농촌 남성들을 혼인이나 연애의 상대로 삼는 것이 달갑지 않았기 때문에 자신의 나이가 30세에 가깝거나 30세가 넘더라도 여전히 싱글로 있게 되었다. 다시 말하면 제2차 싱글 붐에서 여성 고령 미혼 현상이 나타난 원인은 이 고령 여성 자신들의 눈이 높았기 때문이라는 것이다. 필자는 이런 논의와 판단은 너무 단편적이라고 생각한다. 또한 사람들의 머릿속에 여전히 여성에 대한 편견이 있음을 말해준다고 생각한다. 중국 사회과학원 근대사연구소의 류샤오멍(劉曉萌) 연구원은 「상산하향 지식청년의 혼인 문제」라는 연구 보고서에서 몇몇 지역의 하향 지식청년 혼인 상황 통계 수치를 제시하며, "일부 집계 내용에서 알 수 있다시피 여성 지식청년들 중 농촌 출신의 농민과 결혼한 사람이 남성 지식청년들 중 농촌 출신의 농민과 결혼한 사람보다 더 많다"[3]라고 지적했다. 또한 농촌으로 내려간 지식청년의 상황과 국경 지역으로 지원 간 청년(支邊青年)[4]들의 상황도 각기 다르다고 했다. 여기서는 이 문제에 대해 상세하게 논술하지 않기로 한다.

필자는 지식청년세대로서 대부분의 동년배와 비슷한 12년에 달하는 농촌 생활 경력이 있어 동년배들의 경험을 똑같이 체험했고 이해하며, 지식청년들이 도시로 돌아올 때부터 고령 미혼 여성 지식청년들을 주목해왔다. 특히 필자의 동창, 전우 혹은 친구 가운데는 도시에 돌아온 후 지금까지 30여 년간 고

3 劉曉萌, 「上山下鄕運動知識青年的婚姻問題」, ≪青年研究≫, 第8期(1994), p.40.

4 자원했거나 배정되어 간쑤성(甘肅省), 신장(新疆), 윈난성(雲南省), 둥베이(東北) 등 머나먼 국경 지역의 중국인민해방군 생산건설부대에 편입되어 황무지 개간과 국경 건설에 참가한 도시 청년을 일컫는 말이다.

독한 싱글로 지내온 여성들이 있다. 필자는 이들의 생활과 경험에 대한 이해를 근거로 해서 많은 사회적·문화적·정책적 원인으로 말미암아 이 세대에 여성 미혼 현상이 생기게 되었다고 생각한다. 대체로 다음과 같은 세 가지가 그 원인이라고 볼 수 있다. ① 문화대혁명이 끝난 후 정부의 혼인 정책이 갑자기 변했다. ② 문화대혁명이 끝난 후 남성들의 배우자 선택 기준이 전통적인 기준으로 회귀했다. ③ 지식청년세대 여성들은 성장기에 받은 특수한 교육과 농촌으로 내려간 시기의 특수한 생활 경험으로 인해 독특한 집단적 성격이 형성되었다. 이 세 가지 원인에 대해 구체적으로 살펴보면 다음과 같다.

첫째, 정부의 혼인 정책이 갑자기 변한 것은 지식청년세대 여성들이 지금까지 미혼 싱글이 된 원인 가운데 하나가 되었다. 지식청년세대들은 중화인민공화국 건국 직후 나타난 '베이비 붐(嬰兒潮)' 세대들이다. 1960년대에 이르러 이 세대들이 중·고등학교를 졸업하고 취업하는 연령이 되었을 때 정부는 전례 없는 취업난에 압박을 받기 시작했다. 당시 도시의 제1차 산업과 아직 갈 길이 먼 제3차 산업으로는 노동력 시장에 진입한 방대한 사람들을 소화할 방법이 전혀 없었다. 그리하여 정부는 1960년대 초부터 도시 취업난의 중요한 해결책의 하나로 중·고등학교 졸업생들이 농촌과 국경 지역의 국영 농장에 가서 농업건설에 참가하면서 가난한 농민들로부터 재교육을 받도록 고무했다. 문화대혁명 시기에는 이 정책이 강제적인 정책이 되었다. 이 정책은 일시적으로 도시의 취업난을 완화했지만 1970년대에 이르러 지식청년세대 혹은 '베이비 붐' 세대가 혼인 적령기(婚齡期)에 들어서게 되자 정부는 다시 더욱 심각한 인구 팽창 문제에 직면하게 되었다. 인구 증가를 억제하기 위해 정부는 또 강제적인 만혼 정책(晩婚政策)을 선언했다.[5] 이 정책은 기존 혼인법에 정

---

5 만혼 정책은 정부가 1970년대에 반포한 정책인데 이는 인구의 급속한 팽창을 통제하기

해진 남녀 초혼(初婚) 혼인 연령을 수정해 초혼 혼인 연령을 25세, 혹은 남녀 두 사람의 연령을 합한 것이 50세보다 적어서는 안 된다고 정했다. 이 정책은 별로 큰 장애가 없이 실행되었다. 이는 당시 정치 상황이 이 정책이 실행될 수 있도록 뒷받침해주었을 뿐만 아니라 정부의 관련 정책이 농촌에 있는 지식청년들이 자발적으로 만혼을 선택하도록 했기 때문이다. 도시에서 농촌으로 내려간 지식청년들 대부분은 남녀를 막론하고 모두 자발적으로 25세가 넘은 후에 결혼하는 길을 택했다. 정부의 관련 정책, 즉 지식청년 선발 조정 정책[6]에 따르면 연령이 25세 미만이고 또 미혼인 상산하향 지식청년만 대학으로 진학하거나 도시에 있는 공장에 취직할 수 있는 선발 자격을 부여했기 때문이다. 일단 연령이 25세 이상이거나 기혼자는 선발 배치될 자격을 잃게 되는데, 이 부류에 속하는 대부분 사람들에게는 이 정책은 도시로 돌아가는 꿈이 철저하게 깨진다는 것을 의미했다. 도시로 돌아가는 것은 당시 농촌, 혹은 국경 지역의 농장에 있는 하향 지식청년들이 원하는 것이었고 어떤 대가를 치르더라도 분투할 목표이자, 거의 모든 지식청년들의 꿈이었다. 따라서 대부분 사람들은 모두 최선을 다해 마지막 순간까지 이 꿈을 기대했는데, 25세가 되어 최후

위한 정책이었다. 이 정책은 1975년 후에 하나의 강제적인 정책으로 변했다. 1950년대 반포된 '혼인법'에 정해진 남녀 초혼 혼인 연령을 수정해 합법적인 초혼 혼인 연령을 25세로 정했고, 특수한 경우에 남녀 두 사람의 연령을 더한 것이 50세보다 적어서는 안 된다고 했다.

6 1970년대 초부터 실행된 정책이다. 처음에는 농촌으로 내려간 지식청년 가운데서 우수한 자를 '공농병(工農兵) 대학생'으로 선발해 대학에 입학시키는 것이었으나, 그 후 농촌으로 내려간 지식청년 가운데서 우수한 자를 선발해 소도시의 공장과 연구 기관에 취직하도록 하는 사항도 포함시켰다. 선발할 때 "본인이 원하고 대중들이 평가하며 간부가 추천한다"라는 원칙에 따랐다. 처음에는 대체로 이 원칙을 따랐지만 문화대혁명 중·후기에는 이 선발 업무가 공개적이거나 비공개적인 금전과 권력 간의 교역으로 변해 당원 간부들이 부패·타락하는 원인의 하나가 되었다. 이는 국민들의 커다란 불만을 자아냈고 1000만 명에 달하는 지식청년들이 도시로 돌아오게 만든 원인의 하나가 되었다.

의 희망마저 깨지게 되었을 때에야 비로소 결혼 문제를 생각하게 되었다. 1978년 말, 1979년 초에 도시로 돌아가는 붐이 일 때, 대부분 지식청년들은 모두 결혼한 지 얼마 안 되었는데, 이들은 막 농촌 혹은 농장에 가족을 이루어 놓고 아이를 낳아 기르기 시작한 상황이었다. 중국 사람들의 전통적인 혼인 관념에 비추어보면 당시 25세가 넘은 미혼 여성 지식청년들은 아주 불리한 위치에 처해 있었다. 이들이 더욱 불리한 위치에 처하게 된 것은 1980년에 정부가 1970년대에 반포한 강제적인 만혼 정책을 취소하고 초혼 혼인 연령을 남자는 22세, 여자는 20세로 수정했기 때문이었다. 이 갑작스러운 변화는 고령 미혼 여성 지식청년들을 더욱 불리한 위치로 몰아넣었다. 미혼 남성 지식청년들은 이 변화의 영향을 전혀 받지 않았을 뿐만 아니라, 오히려 이 변화로 혜택을 보기까지 했다. 미혼 남성 지식청년들은 더 젊은 여성을 배우자로 택할 수 있게 되었고, 또 그렇게 하기를 더 원했기 때문이다. 이로 인하여 고령 미혼 여성 지식청년들이 동년배를 배우자로 택할 가능성이 더욱더 줄어들게 되었다.

둘째, 문화대혁명이 끝난 뒤 남자들의 배우자 선정 기준이 전통적인 기준으로 회귀한 것이 지식청년세대 여성들이 지금까지 미혼 싱글로 있게 된 두 번째 원인이라고 할 수 있다. 문화대혁명이 끝난 후 1978년부터 '진리의 기준'을 둘러싸고 큰 논쟁이 벌어지게 되었고, 이 논쟁 속에서 중국 사회는 왜곡된 역사와 인생을 돌아보고 잘못된 것을 바로잡기 시작했다. 오늘날 돌이켜보면 지나간 역사의 진위를 이해하기에는 여전히 시간과 거리가 필요했다. 사람들의 인식 능력에는 한계가 있기 때문에, 잘못된 것을 바로잡다가 더 큰 우를 범하기도 했다. 예를 들자면 당시 성행한 '상흔 문학(傷痕文學)'[7]과 실화 문학(報

7 문화대혁명이 끝난 후 나타난 하나의 문학사조이다. 문화대혁명이 사람들에게 들씌운 재

告文學)은 '문화대혁명'의 극좌 사상과 행위를 폭로·비판했는데, 그로 인해 사람들, 특히 남자들은 '슈퍼우먼(女强人)', 즉 여러모로 우수하고 성격이 굳센 여성에 대해 구체적인 분석과 구분 없이 싸잡아서 배척하는 태도를 갖게 되었다. 그리하여 많은 남자들은 배우자를 선정할 때 학벌과 '지위'가 자신보다 높거나, 심지어 자신과 비슷한 여성까지도 최대한 회피하거나 배척했다. 설사 동창생과 동료들 가운데 연령이 비슷하고 여러모로 뛰어난 여성이 있다 할지라도, 또 이런 여성이 학벌이나 월급이 자신보다 낮은 남자를 거부하지 않았음에도 남자들은 학벌이나 월급이 자신보다 훨씬 더 낮은 여성을 택하는 편이었다. 그런데 이런 여성은 더 젊고 성격이 더 부드러워야 했다. 그들이 보기에 여성의 온순한 성격이 더욱 중요했기 때문이었다. 그런데 지식청년세대 여성들은 이제껏 받아온 교육과 농촌에서의 생활 실천을 통해 자립적이고 굳센 성격이 뼛속까지 스며들었다. 그것은 그 시대의 생존에 필수적인 것이었다. 그러나 1980년대의 혼인 시장에서는 한때 그렇게나 강하게 고취되고 널리 권장되던, 그래서 여성들 스스로 자부심을 느끼게 했던 성격이 오히려 그녀들을 '인기 없는 상품'으로 만들었다.

셋째, 지식청년세대 여성들은 성장기에 받은 특별한 교육과 농촌으로 내려간 시기에 겪은 독특한 생활 경험으로 인해 특별한 집단적 성격이 형성되었는데, 이는 이들이 지금까지 미혼으로 있게 된 세 번째 원인이라 할 수 있다. 지식청년세대는 청소년 시기에 마르크스주의와 동시에 공자의 유교 사상의 교육과 영향을 받게 되었다. 이들은 이데올로기 주류인 혁명적 영웅주의 교육을 받는 한편, 가정과 같은 사적인 공간에서 '3종 4덕(三從四德)' 등 공자·맹자

난과 마음의 상처를 심각하게 폭로·비판하고 절절하게 호소한 문학작품들을 일컫는데, 주로 단편소설이었다.

사상 가운데 여성을 제약하고 통제하는 설교에 영향을 받아, 공공 영역과 가족 등 사적인 영역에서 본인의 행동거지에 대한 요구 사항이 완전히 달랐고 행위 방식도 완전히 달랐다. 공공 영역에서는 여성 영웅 혹은 여성 모범이 되고자 자신에게 "남자가 할 수 있는 것은 여자도 할 수 있다"라고 스스로에게 주문했다. 한편 사적 영역에서는 또 자발적으로 전통적인 여성의 행위를 기준으로 자신을 강박해 여성의 도를 지키고 그 한계를 넘어서지 않기 위해서 조심했다. 이들은 이 두 가지 완전히 다른 이데올로기와 행위 기준의 커다란 차이와 모순되고 충돌하는 점에 대해서 곰곰이 생각해보거나 의심해본 적이 거의 없었다. 연애와 결혼에 있어서 1970년대 말과 1980년대 초에 여성들은 주도적으로 남성에게 사랑을 표현하거나 자신이 사랑하는 사람을 적극적으로 쫓아다니는 것을 전통적인 여성의 행위 기준과 어긋나는 것으로 간주했다. 전통적인 도덕에서는 여성은 마땅히 기다려야 하고 선택받아야 하고 선택을 받아들여야 하지, 여자가 남자를 선택하거나 적극적으로 쫓아다녀서는 안 되는 것이었다. 농촌으로 내려가 단련을 통해 자립적이고 굳센 성격을 소유하게 된 고령 미혼 여성 지식청년들은 당시 도시로 돌아온 후 자신이 혼인 시장에서 '인기 없는 상품'으로 변한 현실에 직면하게 되었고, 이때 혼인이라는 인생 대사를 아주 수동적이고 소극적으로 기다리는 책략을 취했으며, 그렇게 하다 인생의 만년까지 오고 만 것이다.[8]

이와 같은 원인들이 한데 착종된 결과, 도시로 돌아온 고령의 미혼 여성 지식청년들은 순식간에 고독하게 서른 살이 되어 인생의 이립(而立)을 만나고, 그 뒤 불혹을 맞이하고, 현재에는 60대에 가까워졌거나 이미 60대에 들어섰지만, 그중 적지 않은 사람들이 여전히 혼자 살고 있다. 그뿐만 아니라 이들

---

8 劉曉萌,「上山下鄉運動知識青年的婚姻問題」, ≪青年研究≫, 第8期(1994) 참조.

가운데의 대부분은 지금까지 연애 한 번 하지 못했고, 성 경험도 없다. 다음의 5개 사례를 통해 제2차 '싱글 붐'에서 여성 싱글들이 나타난 현상과 원인을 그들의 삶의 궤적과 현재의 생존 상황을 통해 구체적으로 알아보기로 한다.

2. 사례 1: 쯔위(子育, 가명)

쯔위는 혁명 간부 집안에서 출생했다. 부모님은 모두 일찍 혁명에 참여했고 문화대혁명 이전에 모두 꽤 높은 직위에 있는 고위급 간부였다. 1966년 문화대혁명이 시작되기 직전에 쯔위는 중학교 학생이었는데 중국인민해방군 간쑤(甘肅) 생산 건설 부대에 자원입대해서 그해 7월 말에 간쑤 성의 허시쩌우랑 지역(甘肅河西走廊地區)에 가서 황무지를 개간했다. 올해 59세이다. 쯔위는 이 군대 농장에서 거의 10년 동안 농업 생산에 종사했는데 당시 "사나이 못지 않다(假小子)"라고 불릴 만큼 이름난 '무쇠 처녀(鐵姑娘)'였다. 쯔위는 연령이 25세가 넘어서야 혼인 문제를 생각하게 되었는데 톈진(天津)에서 함께 간쑤로 지원해서 간 청년과 아주 짧게 '연애'를 했었다. 당시는 정치가 무엇보다 중요했던 극좌 시대였는데, 쯔위와 그 남자는 가족 배경과 개인 경력에서 모두 매우 차이가 컸다. 두 사람은 각각 제일 선진적인 부류와 제일 후진적인 부류를 대표하고 있었기에, 이들의 '연애'에 대해서 위로는 상급 지도자에서부터 아래로 친구와 전우들까지 간섭하고 극렬하게 반대를 했다. 모두들 이들의 '연애'를 두고 의견이 분분했고 이로 인해 쯔위는 그 전 몇 년간 수여했던 '선진개인(先進個人)'의 칭호도 그해에 처음으로 받지 못했다. 두 사람의 관계도 결국 결실 없이 끝나고 말았다. 쯔위는 1974년에 간쑤 지방발전공장(地方發電廠)의 노동자로 선발되었고 그 후 모친의 업무를 승계하는 방식으로 톈진에 돌아와

2000년에 퇴임을 했다. 쯔위가 고향 톈진으로 돌아왔을 때 이미 30세를 넘었기에 고령의 미혼 여성 지식청년의 한 사람이 되었고, 결혼이 제일 큰 문제였다. 가끔 혼담이 들어오기는 했지만 상대자는 모두 연령이 쯔위보다 훨씬 많거나 결혼 경험이 있는 사람들이었다. 퇴임 후 쯔위는 베이징에서 사업을 하고 있는 동생을 대신해 톈진에서 공부하고 있는 동생 자녀를 돌보면서 세탁하고 밥하고 청소를 해주거나, 베이징에 있는 모친의 전우 집에 가서 가사를 돌보는 데 대부분 시간을 보냈다. 쯔위는 자택이 있지만 사업을 하는 동생에게 빌려주어 정작 본인은 안정된 거처가 없고 다른 사람들과 거의 왕래를 하지 않고 있다.

2. 사례 2: 쯔메이(子梅, 가명)

쯔메이는 1968년부터 1975년까지 톈진에서 허베이성(河北省) 농촌으로 내려가 있었는데 올해 59세이다. 지식청년세대는 중·고등학교 시절에 대부분 남녀 학급이 나뉘어서 공부한 세대들이다. 이들은 청소년 시절에 이성과 접촉하거나 사귈 기회가 거의 없었다. 지식청년들은 농촌에 내려간 후 대체로 2~3명이 방 하나를 함께 썼고 마을마다 지식청년이 몇 명 안 되고 또 분산되어 있었기에 25세가 넘도록 여전히 이성 친구를 사귀지 못했다. 쯔메이는 부친의 일자리를 계승하는 방식으로 도시에 돌아왔다. 그때 이미 25세가 넘었기 때문에 자연히 고령 미혼 여성 지식청년 가운데 한 사람이 되었고 적당한 결혼 상대자를 찾기가 몹시 힘들게 되었다. 쯔메이가 농촌으로 내려가기 전에 어머니는 이미 세상을 떴고 아버지는 건강이 좋지 않은 상황이었다. 게다가 농촌에 내려가 어려움을 겪었기 때문에 쯔메이는 일찍부터 성격이 굳세고

자립 능력이 강했다. 쯔메이는 당시의 대부분 여성 지식청년들과 마찬가지로 남녀 간의 교류에 아주 전통적이고 보수적이었으며 사회 활동 범위가 아주 협소해 이성 친구가 거의 없었다. 한편 쯔메이는 늘 평등한 기초 위에서 서로 진심으로 사랑하는 혼인을 추구해 절대 결혼을 위한 결혼은 하지 않으려고 했다. 결국 쯔메이는 사회와 주변의 고령 미혼 여성 지식청년들에 대한 몰이해로 인한 온갖 추측과 의론을 묵묵히 감내하면서 고독과 고뇌를 마음속에 깊이 감춘 채, 부친과 두 동생을 돌보았다. 쯔메이는 두 남동생의 결혼을 돕고 동생들의 자녀들을 키우는 것을 도우며 조용히 세월을 보냈다. 쯔메이는 2005년에 퇴임을 했는데 역시 친구들을 멀리하고 있으며 심지어 당시 고난을 함께 겪어온 친한 친구마저 멀리하고 있다.

3. 사례 3: 쯔윈(子雲, 가명)

쯔윈은 1968년에 톈진에서 허베이성 농촌으로 내려갔다가 1977년 말, 대학교 입학시험이 회복된 후 첫 시험을 통해 대학에 입학하고 나서야 톈진으로 돌아오게 되었다. 그때 쯔윈의 나이는 이미 28세로 고령의 미혼 여성 지식청년이었다. 대학에서 힘들게 4년간 공부할 때 미혼이고 또 아직 약혼자가 없는 미혼 동년배들은 여자가 남자보다 훨씬 많았다. 남녀 비례가 원래 몹시 불균형한데다가 쯔윈의 성격도 내성적이고 보수적인 편이어서 어느새 몇 년이 훌쩍 지나가버리고 대학을 졸업할 때가 되자 30세가 넘었음에도 여전히 이성 친구를 한 번도 사귀어보지 못했다. 대학 졸업생이라는 학벌은 쯔윈에게 그 어떤 도움도 주지 못했다. 쯔윈은 형제자매 가운데서 막내였는데 오빠 몇몇은 모두 쯔윈보다 10여 세나 나이가 많아 일찍 결혼하고 분가했다. 남게 된 쯔윈은 연로하신 부모님과 함께 지내게 되었는데 자연히 부모님을 모시는 책임을 짊어져야 했다. 시간은 흘러가고 사람은 금방 늙어서 쯔윈은 사회적으로는 중학교 교사라는 책임을 지고, 사적으로는 한 가족의 효녀라는 책임을 짊어진 채, 부모님들이 차례로 세상을 떠나실 때까지 지냈다. 그리고 쯔윈도 정년 퇴임을 하게 되었다. 쯔윈은 지금까지 홀로 지내고 있으며 역시 옛 친구나 동창들과 거의 연락하지 않고 있다.

4. 사례 4: 쯔진(子金, 가명)

쯔진은 다섯 동년배들 가운데서 유일하게 농촌으로 내려가지 않은 사람인데 올해 60세를 넘겼다. 쯔진은 집안의 외동딸이기에(양녀였음) 당시 정책에 의해 도시에 남게 되었다. 1970년대 문화대혁명 중반에 각지 학교의 학생들이 학교로 돌아와 "수업하면서 혁명하는" 운동을 하게 되었다. 학교는 문화대혁명 초반에 폭풍우와 같은 혁명과 반란(造反) 과정에서 자연적으로 혹은 인위적인 이유로 교사가 줄어들었기 때문에 교사들을 보충해야 했다. 쯔진은 문화대혁명이 시작될 때 이미 고등학교 학생이었기 때문에 교사 연수생으로 뽑히는 행운을 얻게 되었고 교사 연수를 거쳐 중학교 교사가 되었다. 이는 당시 쯔진에게는 운명적인 행운이었기 때문에 그녀는 이 행운을 더없이 소중히 여겨 낮에는 강의하고 밤에는 야간대학을 다니면서 끊임없이 자신의 지식 수준과 교육 능력을 향상시키는 데 노력을 기울였다. 그녀는 업무에서 두각을 나타냈지만 개인의 결혼 문제에서는 시종 기회를 찾지 못해 자신도 모르는 사이에 '노처녀(剩女)'가 되었다. 그리하여 쯔진 역시 학생들을 가르치는 동시에 늙으신 부모님을 모시면서 고독한 청춘 시절과 중년을 보내고 인생의 노년기에 들어섰다. 현재 쯔진은 중병 환자이지만 돌보아줄 사람이 없다. 다만 옛 친구들과 학생들이 가끔 위로해주거나 도와주고 있을 뿐이다.

5. 사례 5: 쯔천(子晨, 가명)

쯔천은 1966년 문화대혁명이 시작될 당시 이미 고등학교 2학년 학생이었다. 그래서 1968년에 국경 지역의 생산 건설 부대로 함께 간 학생들 가운데서 나이가 많은 편이었다. 쯔천은 나이가 비교적 많은 데다 고등학교 학생이었고 게다가 남달리 우수해서 상급 간부의 주목을 받게 되었고 얼마 안 되어 연대 부지도원으로 발탁되었다. 쯔천은 1973년에 대학생으로 선정되어 대학에 입학하게 되었는데 그때 나이가 25세였다. 대학을 졸업한 후 교직에 남을 수 있게 되었고 2003년에 정년 퇴임할 때까지 대학교수로 있었다. 쯔천은 가히 여러모로 행운을 지닌 사람이라고 할 수 있다. 키도 크고 교양도 있고 품위도 있었다. 하지만 생산 건설 부대에서 부지도원이었을 때에도, 대학에서 공부를 할 때에도, 대학교수로 있을 때에도 그녀와 연애를 하고자 한 남자가 없었다. 쯔천은 나이 40세가 넘도록 싱글로 있었고 이는 그녀의 자부심에 큰 상처였다. 그녀는 소극적인 자세로 살면서 공공장소에 거의 나타나지 않고 반드시 참여해야 할 행사에는 참석해도 거의 말이 없었다. 쯔천은 45세 때 짧게 결혼 생활을 했다. 중매를 통한 혼인이었기에 두 사람은 결혼 전에 서로 잘 알지 못했고 모두 나이가 어리지 않아 각자 다른 생활 습관과 이념을 갖고 있어서 서로 적응하기 어렵다고 느끼게 되자 바로 헤어졌다. 쯔천은 현재 퇴임하고 홀로 지내고 있다. 그녀가 살아가야 할 날은 아직 많이 남았지만 마음속의 적막과 고독감은 그 누구도 알지 못할 것이다.

1970년대 말, 지식청년들이 도시로 돌아와서부터 지금까지 30년 세월이 흘렀다. 당시의 '고령의 미혼 여성 지식청년'의 대부분은 지금까지 여전히 싱글로 살고 있는데, 이들 생활에서 유일하게 변한 것은 부모님들이 돌아가시고 자신들이 직장에서 퇴임하면서 생활이 더 고독해졌다는 것이다. 이들은 노년기에 들어서면서 병이 생기고 일상생활에서 더 자주, 때로는 도저히 극복할 수 없는 곤경에 처하게 되었음에도 사회적으로 시종 외면당하고 있다. 요즈음 중국의 싱글 현상에 대한 논의가 날로 많아지게 되었는데, 일부 사람들은 이런 현상을 "세 세대의 독신주의 사조(三代人的獨身主義思潮)"라고 칭하기도 한다. 이 사회현상을 '독신주의'로 설명하는 것은 분명 올바르지 않다. 제1차와 제2차 싱글 붐은 각종 사회적·정치적 원인으로 말미암아 야기된 일종의 사회현상이지 결코 '독신주의'라는 말이 암시하는 일종의 개인적 선택이 아니기 때문이다. 차이점이 있다면, 제1차 싱글 붐의 성별 주체는 미혼 남성이고 정부의 관심과 주목을 받게 되어 그들의 혼인 문제를 해결하기 위해 정부가 젊은 여성들을 모집해 농장에 보내 작업에 참가하게 했지만, 제2차 싱글 붐의 성별 주체인 미혼 여성은 정부의 관심과 주목을 받지 못했다는 것이다. 그뿐만 아니라 1970~1980년대에 직장 직원들이 사회복지 주택 분배 정책[9]의 혜택을 누렸을 때 대부분 직장에서 취한 정책 가운데의 하나가 바로 미혼 여성 직원들에게는 주택을 분배해주지 않는다는 것이었다. 그래서 도시에 돌아온 고령 미혼 여성 지식청년들은 부모님들과 함께 있을 수밖에 없었다. 혹은 부모님이 세상을 뜬 후라면 형제자매들과 함께 부모님이 남겨준 주택에 거주해야

---

9 간단히 말하면 직장에서 단체로 주택을 짓거나 구매한 후 그 주택을 복지 방식으로 무상으로 직원들에게 분배해주는 복지 대우 정책이다. 주택을 분배할 때 주택 면적은 직원의 근무연한, 직위 등급 등에 의해 차등을 두고 정해졌다. 이 정책은 1998년 12월 1일 후 폐지되었다.

했다. 흔히 그녀들의 형제자매들은 이미 결혼하고 가족을 이루어 자녀들까지 있는 상황이었다. 게다가 이들은 집안에서 유일하게 생활 부담이 없는 사람이었기에 노인과 환자를 돌보는 일이 자연스럽게 이들의 몫으로 돌아오고, 때로는 형제자매들의 자녀들까지 돌보아주어야 했다. 이들의 생활은 완전히 사적 공간이 없는 상태로 '자기만의 방'이 하나도 없었다. 이들이 정신적·심리적으로 느끼는 고독은 그녀들이 미혼이라거나 자기의 가정이 없기 때문만은 아니다. 오히려 주변의 사람들이 이들을 이해해주지 않는 경우가 많기 때문이다. 1970~1980년대에 여성이 30세가 넘도록 결혼하지 않으면 주위 사람들이 여러 추측과 논의를 했고, 이들의 개인적인 생활마저 종종 사람들의 한담거리가 되었다. 미혼은 이들 마음속에 숨겨진 고통이 되었다. 싱글이 된 것은 이들이 원해서 택한 것이 아니었지만, 미혼은 이들이 자신의 인생을 실패한 인생으로 느끼게 하고 사람들과 멀리 거리를 두게 했으며, 심지어 자신과 고난을 함께 겪은 친구들과도 교류를 끊게 만들고 점차 주변으로 밀려나게 만들었다.

제2차 '싱글 붐'의 주체가 된 지식청년세대 여성 싱글들의 경험과 생활 상황은 중국 사회의 변화와 이 변화가 사람들의 사상과 의식에 미친 충격과 영향을 잘 보여주며, 또한 이런 충격으로 인해 파생된 긍정적이거나 부정적인 변화도 보여준다. 결국 누군가는 정부 정책의 변화 및 지속성이 없는 정책의 부정적 영향을 받게 되었고, 제2차 '싱글 붐'에서 지식청년 여성 싱글들이 바로 정부의 혼인 정책의 변화가 가져온 부정적 영향의 피해자가 되었다. 문화대혁명이 끝난 후 남성의 배우자 선택 기준이 전통으로 회귀한 것은 1950~1960년대에 제창했던 남녀평등 사상이 사람들의 머릿속에 깊이 뿌리 내린 성별 차이와 남녀 관계에서의 전통 관념을 근본적으로 바꾸지 못했음을 의미한다. 심지어 정부의 정책 제정 과정과 시행 과정 속에 내재한 성별 편견조차 개선하지 못했다고 할 수 있다. 제1차 '싱글 붐'에서의 남성 주체에 대한 정부의 지원과 해결 대책, 제2차 '싱글 붐'에서의 여성 주체에 대한 정부의 무관심은 바로 중국 사회의 남권(男權) 중심성이라는 본질적 특징을 잘 보여준다. 지식청년세대 여성은 두 가지의 매우 모순적이고 상호 충돌하는 사상 체계의 교육을 받으면서 성장했는데, 이런 교육은 이들의 사상과 성격에서 상호 모순되고 충돌하는 양면을 만들어내었다. 청소년 시절에 받은 평등과 혁명 영웅주의 교육으로 인해 형성된 가치관과 자립적인 개성은 다른 세대와 구별되는 차이점이었다. 이로 인해 도시에 돌아온 후, 정부가 강제적인 만혼 정책을 폐지하자 지식청년세대 남성들의 혼인 관념에 변화가 생기고 선택의 여지가 넓어지고 더 전통적인 경향이 나타날 때, 지식청년세대 여성들은 오히려 지식청년세대 이외의 사람들과의 교류에서 더 큰 어려움을 느끼게 되었다. 이들의 독립적이고 강인한 성격이라는 특징은 문화대혁명 후의 새로운 시대에는 남성들에게 환영받지 못하는 덕목이 되었고, 거기에 나이까지 많아져 배우자 선택의 여지는 날로 좁아져서 결국 결혼 시장에서 절대적으로 불리한 처지에 놓이게 되었다.

서구 페미니즘 사조의 세례를 거친 오늘날, 중국 사회는 마땅히 이 문제에 대해 반성하고 이들에게 관심을 쏟고 도와주어야 한다. 제3차 '싱글 붐'에서의 남녀 싱글들에게 주목하고 있는 오늘날, 필자는 나이가 60세가 넘었거나 60세에 가까운, 제2차 '싱글 붐'에서 남은 여성 싱글들을 위해 우리가 더 절박하게 관심을 가지고 실질적인 대책을 마련해 이들을 도와주어야 할 필요가 있다고 강하게 느낀다. 감정적·심리적인 면으로도 도움을 주어야 하는데, 예를 들자면 적당한 방식으로 이들이 교류하고 함께 행사에 참여하면서 감정과 사상을 나누고 서로 돕는 기회를 갖도록 할 수 있을 것이다. 비록 이제는 결혼의 기회가 거의 없지만 이들은 사회에 많은 공헌을 한 사람들로서 마땅히 행복을 누려야 하기 때문이다.

08

국가정책, 출산 제도와 민간의 윤리

모옌의 소설 『개구리』를 중심으로

장리(최선향 번역 · 장수지 감수)

1. 들어가는 말

생명의 재생산은 출산의 주체인 여성의 몸에 대한 권리 문제이자 '인구'정책이라는 방식을 통해 통치를 수행하는 국가의 주요한 관리 대상이다. 중국 사회에서는 인구 재생산이 30년 동안 국가에 의해 엄격하게 '관리'되어온 만큼 출산 문제를 아래로부터의 관점에서 이해하는 것이 필요한데, 이러한 이해에 가장 적합하다고 생각되는 것이 중국의 작가 모옌(莫言)의 장편소설 『개구리(蛙)』이다.

모옌은 중국의 첫 노벨문학상 수상자로, 이 작품은 그가 노벨문학상을 수상하기 전에 출판한 최신 장편소설이다. 2009년 출판된 『개구리』는 중국 국내에서 상당한 센세이션을 불러일으켜 중국 문학에 대해 관심이 없는 사람들도 모옌의 이 작품을 알게 되었다. 이 작품은 번역·출판된 후 해외에서도 많은 관심을 받아왔다. 그래서 소설 『개구리』를 모옌이 노벨문학상을 수상할 수 있게 만든 중요한 작품이라고 보는 이들도 있다. 여기서 이러한 주장의 정확성 여부를 판단하기는 어렵지만 이 소설의 영향력을 가늠해볼 수는 있다.

개구리를 의미하는 '와(蛙)'는 중국어에서 아기를 의미하는 '와(娃)'와 동음인데 이는 작가의 의도적인 설정이다. 또한 이것은 아이들의 울음소리 '와(哇)'와도 동음이기에 중국의 독자들은 이 소설의 제목만 보고도 개구리에 관한 이야기가 아니라 아이와 아이들의 울음소리에 관한 작품임을 대충 짐작할 수 있다.

『개구리』의 내용은 가족계획사업과 관련되어 있다. 이 소설의 주인공인 완신(萬心)은 이야기 서술인의 '고모'로서 공산당원이다. 그녀는 17~18세에 가오미 둥베이향(高密東北鄕)의 조산원(나중에 산부인과 의사가 됨)이었는데, 마을 사람들은 아기를 낳다가 난산이 되면 그녀를 찾아갔다. 그녀만 오면 아이와 산모 모두 무사할 수 있었기에 그녀는 가오미 둥베이향 모든 이들의 존경을 받게 되었고, 젊어서부터 "아들을 낳게 해주는 관세음보살"이라 불리었다. 하지만 1980년대에 이르러 그녀는 가족계획사업을 담당하게 되면서 가족계획사업 관련 정책을 홍보하고 피임 도구를 나누어 주며 사람들에게 1명의 자녀만 출산하라고 권하게 된다. 만약 자녀를 더 임신한 사람이 있으면 그녀는 많은 정부 인원들과 함께 그 집에 가서 인공유산이나 유도 분만을 하겠다고 동의할 때까지 그들을 설득한다. 이렇게 '고모'는 1980년대 초반의 "아이를 낳게 도와주는 관세음보살"에서 자녀를 초과 출산하지 못하도록 감독하는 사람으로 변했다. 이 소설은 그녀의 젊은 시절부터 노년에 이르기까지의 근 60년의 경험을 적었다. 그녀는 중국 사회가 출산을 둘러싸고 많은 변화를 겪던 시기, 즉 가족계획사업 정책이 제정·시행되던 시기를 살아왔기에, 그녀의 삶을 보면 중국의 가족계획사업 정책의 변화와 중국인의 자녀관의 변화를 모두 볼 수 있다. 그 때문에 많은 학자들은 『개구리』가 '고모'를 통해 중국 가족계획사업의

60년의 역사를 썼다고 주장한다.

이 장은 소설 『개구리』를 중심으로 중국의 국가정책과 가족계획사업 및 중국인의 자녀관 간의 복합적인 관계를 고찰해보고, 중국의 일반 서민들의 일상생활이 가족계획사업 정책에 의해 어떤 영향을 받았는지, 가족계획사업 정책 집행자들의 내면세계는 어떠했는지 고찰해보고자 한다. 『개구리』에는 중국의 가족계획사업의 역사가 들어 있을 뿐만 아니라 일반 사회학 연구에서는 찾아보기 어려운 민간의 시각과 인류의 출산에 관한 깊이 있는 사고가 들어 있다. 이 장은 이 소설의 내용과 소설이 출판되기 전후의 중국의 사회 변화를 살펴봄으로써 중국 사회의 인구, 몸과 저출산화 문제 간의 관계를 세 부분으로 나누어 고찰해보겠다.

첫 번째 부분은 중국은 왜 가족계획사업 정책을 펼치게 되었는지, 그 시대적 배경과 동기는 무엇인지에 관한 내용이다. 두 번째 부분은 가족계획사업 정책의 민간에서의 시행에 관한 것인데 『개구리』의 줄거리를 가지고 분석할 것이다. 세 번째 부분은 가족계획사업 정책이 중국인의 자녀관을 변화시켰는지 여부에 관한 고찰이다. 이 부분에서는 소설 『개구리』가 출판된 이후 중국 가족계획사업 정책의 변화를 살펴보겠다.

2. '계획경제'와 '가족계획'

우선 중국은 왜 '가족계획' 정책을 펼치게 되었는지, 이 정책은 언제부터 실행한 것인지 살펴봐야 할 것이다. 유명한 학자인 량중탕(梁中堂)은 그의 저서 『중국가족계획정책사론(中国计划生育政策史论)』에서 중국 가족계획정책의 제정 과정을 상세히 고찰했다. 신중국 건국 이후, 피임과 산아제한 현상이 우선

도시에서 시작되었다. 1954년 7월 20일, 당시의 정무원 비서장 시중쉰(習仲勳)은 위생부의 피임과 인공유산 방법에 관한 제안에 답변을 했는데 이는 정부가 피임과 유산을 얼마나 중시했는지를 보여준다. 1955년 3월 1일, 중공중앙은 〈위생부 당조직에서 올린 출산 억제 보고에 관한 지시(对卫生部党组光与节制生育问题的报告的批示)〉를 내려 "자녀 출산을 억제하는 것은 많은 국민의 생활과 연관되는 중대한 정책성 문제이다. 현재의 역사적 조건하에 국가와 가정, 그리고 차세대의 이익을 위해 우리 당은 출산을 적당히 억제하는 데 동의한다. 각 지방 당위원회는 간부와 대중에게(소수민족 지역을 제외한) 당의 이 정책을 홍보하여 대중들이 이 문제를 올바르게 인식할 수 있도록 해야 한다"라고 했다.[1]

그러나 당시 보건부나 중공중앙은 모두 '출산 억제'라는 용어를 사용했을 뿐, '가족계획(계획생육, 計劃生育)'이라는 용어는 사용하지 않았다. 량중탕은 "계획생육은 마오쩌둥(毛澤東)이 만들어낸 용어"라고 했다. 그렇다면 마오쩌둥은 어떤 상황에서 '계획생육'이라는 용어를 만들어낸 것일까?

1956년 10월, 마오쩌둥은 유고슬라비아 여성 대표단을 접견하는 자리에서 "부부간에는 가족계획을 세워 한평생 몇 명의 자녀를 출산할 것인지 정해야 합니다. 이 계획은 국가의 5개년 계획과 맞물려야 합니다. 지금 중국의 인구는 해마다 1200만에서 1500만 명이 증가하고 있습니다. 사회 생산은 이미 계획적으로 진행되고 있지만, 인류의 출산은 아직 무정부 상태와 무계획 상태에 처해 있습니다. 우리는 왜 인류 자신의 생산(자녀 출산)에만 계획을 안 세우는 걸까요? 나는 계획을 세우는 게 가능하다고 생각합니다"[2]라고 했다. 량중탕은

---

1 梁中堂, 『中国计划生育政策史论』(北京: 中国发展出版社, 2014), p.2.

2 毛泽东, 「同南斯拉夫妇女代表团的谈话」(1956.10.12), 『毛泽东文集(第7卷)』(北京: 人民出版社, 1999), p.153.

1950년대 중반에 '제1차 5개년 계획'의 시행으로 일부 대형 공업 프로젝트가 완성되었는데 그때 마오쩌둥이 계획경제의 장점을 발견해 정부가 모든 경제 자원을 통제하고 모든 일을 처리하게 하려고 했으며 인구에 대한 압박도 느끼기 시작해 '계획생육'이라는 용어를 만들어냈다고 했다.[3]

이 담화에서 '계획생육'을 언급하긴 했지만 이는 내부 담화에 속한다. 마오쩌둥이 공개석상에서 이 이야기를 한 것은 1957년 2월 27일 중난하이(中南海) 화이런탕(懷仁堂)의 1800여 명이 모인 자리에서였다. 마오쩌둥은 연설에서 다음과 같이 말했다.

> 우리나라처럼 인구가 많은 나라는 세계적으로 찾아보기 힘듭니다. 우리는 출산을 억제해야 하며 계획적으로 출산해야 합니다. 인류는 자신을 관리하지 못하고 있습니다. 공장에서는 천, 책상, 의자, 걸상, 강철을 계획적으로 생산하고 있는데 인류는 인류 자신의 생산(출산)을 계획 없이 하고 있습니다. 이는 무정부주의적이고 비조직적이며, 규율이 없는 것입니다. 이렇게 계속 해나간다면 인류는 일찍 망하고 말 것입니다 …… 정부에서는 이 문제와 관련해 특별히 부처를 설치하거나 출산억제위원회를 세워 정부가 이를 책임지고 조치를 취해야 할 것입니다.[4]

당시 중국은 제2차 5개년 계획을 실시하던 시기로 계획경제가 중국인의 강대국의 꿈을 곧 이루어줄 것처럼 보이던 때였다. 중국의 국가 지도자로서 마오쩌둥의 연설과 자녀를 계획적으로 출산해야 한다는 새로운 사상을 접한 당시의 청중은 이 말에 많이 공감하고 고무되었다. 마오쩌둥의 연설을 들은 사

3 梁中堂,『中国计划生育政策史论』, p.3.

4 彭珮云 主编,「毛泽东关于人口和计划生育的论述」,『计划生育全书』(北京: 中国人口出版社, 1997), p.131.

람들은 그 회의 이후로 이 주장을 많이 홍보하게 되었고, 계획생육이라는 단어가 ≪인민일보(人民日報)≫, ≪광명일보(光明日報)≫와 ≪문휘보(文滙報)≫ 등 신문의 지면에 많이 오르게 되면서 점차 중국인의 일상생활에까지 영향을 미치게 되었다.[5]

하지만 전국적으로 이 이념을 홍보하려고 할 때 마오쩌둥은 이전의 담화를 수정했는데, 그 이유는 "이 사상은 혁명전쟁 시기 자신이 받아들인 인간의 가치를 숭상하고 인민대중의 역사 발전 과정에서의 역할을 중시하는 마르크스주의 유물사관과 많이 모순된다"[6]라고 생각했기 때문이다. 그래서 "이 저서를 공식 출판할 무렵 마오쩌둥은 계획생육과 관련된 모든 내용을 삭제했다. 그뿐만 아니라 서거할 때까지 20여 년 동안 마오쩌둥은 전에 여러 번 했던 계획생육에 관한 연설을 공식 발표하지 않았을 뿐만 아니라 전에 말했던 계획생육을 담당하는 정부 부처도 설치하지 않았다".[7] 마오쩌둥의 연설 내용이 공식 발표된 것은 1978년이었다. 이는 다시 말하면 '계획생육'이라는 개념은 마오쩌둥이 내놓은 것이지만 그는 이를 강제적으로 시행할 것을 요구하지 않은 것이다.

하지만 마오쩌둥이 제기한 후 '계획생육'이라는 개념은 두 가지 의미로 중국에 널리 전파되었는데, 량중탕 교수는 "하나는 산업혁명 이후 점차 유행했던 피임과 출산 억제, 또는 가족계획이라고도 불리는 것이고, 또 하나는 우리나라에서 특별하게 시행된 정부에서 국민의 출산 행위를 결정하는 현행 계획생육제이다"라고 했다. 중국의 사회학 연구자들은 보통 신중국의 60년의 가족계획(계획생육)의 역사를 1979년을 경계로 그 전과 그 이후 30년씩으로 나눈다.

---

5 梁中堂,『中国计划生育政策史论』, p.3.

6 같은 책, p.3.

7 같은 책, pp.3~4.

첫 30년, 즉 1949~1979년에는 계획경제체제를 수립하기 시작하여 점차 강화해나가던 시기로 정부는 산업화를 위해 자발적으로 피임과 출산을 억제하도록 대중을 동원하였다. 두 번째 30년, 즉 1979~2009년에는 계획생육제도에 대해 돌이켜본 시기이다. 계획경제로부터 시장경제로의 개혁 추진은 명확했으나 한편으로는 정부는 각 가정의 출산을 결정하는 계획생육제도를 신속히 수립하고 엄격하게 실행하였다.[8]

전후 30년의 중국의 계획생육정책은 많은 차이점을 보인다. 첫 30년은 피임과 자녀 출산을 통제하던 30년이라고 할 수 있다. 보건부의 공문에는 "피임은 인민의 민주적 권리이기 때문에 인민이 자율적으로 선택할 수 있어야 한다. 정부는 대중의 피임 욕구를 만족시킬 수 있도록 조건을 마련해야 한다"라고 되어 있다. 그 당시, 정부는 주로 전시회와 통속적인 팸플릿을 통해 생리학 지식과 피임, 임신 억제에 관한 지식을 홍보했고 피임 도구를 생산하는 공장에 투자했다. 가령 1960년대는 먹는 피임약과 루프 등이 외국에서도 갓 등장할 때인데, 이때 국무원은 안전하고 효과적인 피임약과 피임 도구를 시험 제작하도록 관련 부처에 지시했다. 1960년대 이후, 마오쩌둥의 추진으로 정부는 농민들에게 무료로 피임 도구와 산아제한 서비스를 제공하기도 했는데, 이는 중국 가족계획사업의 중요한 특징이라고 할 수 있다.

이상에서 신중국의 첫 30년간의 계획생육제도를 살펴보았는데 이때는 "인구 밀집 지역에서 연구·시행해야 하며, 점진적으로 추진해야 하며, 인민대중의 협조를 얻어야 한다"라는 마오쩌둥의 말대로 대중의 자율성에 따라 이루어졌으나 1970년대 초반에 이르러서는 강제로 집행하는 현상도 출현했다. 그

---

8 같은 책, p.4.

러나 이런 현상이 나타나면 비판을 받고는 했다. 1973년, 당시 계획생육지도팀 팀장을 맡았던 화궈펑(華國鋒)은 다음과 같이 말했다.

> 우리는 주로 홍보와 교육을 통해 사람들의 생각을 바꿔야 합니다. 사람들을 제한하거나 속박하는 각종 조치를 취하지 말아야 하며, 강제적인 명령도 내리지 말아야 합니다. 어떤 지역에서는 계획 없이 출산한 자녀는 호적에도 올려주지 않는다고 규정하였는데 그래서는 안 됩니다. 이미 출산한 자녀는 사회에서 건강하게 성장할 수 있게 해야 합니다. …… 어떤 지역에서는 자녀를 출산하면 카드를 발급하는데 그래서는 안 됩니다.[9]

당시 "아들 하나, 딸 하나는 꽃과 같다", "늦게 낳고, 터울이 길게 낳고, 적게 낳아야 한다", "하나는 적고, 둘은 딱 좋고, 셋은 많다" 등의 슬로건을 내놓았지만 이를 강제적으로 실행한 것은 아니었다. 1949년부터 1979년까지 중국의 지도자들은 계획경제가 발전할 것이라고 믿었으며 사회의 전반적인 분위기도 그와 같았다. 따라서 자녀 출산도 계획적으로 이루어져야 한다는 생각이 보편적이었다. 그 당시 경제는 계획경제를 제창했지만 계획생육정책은 강제적으로 실행되지 않았다.

1979년 이후, 가족계획사업의 시행에 변화가 일어났다. 당시의 국가 지도자 덩샤오핑(鄧小平)과 천윈(陳雲)은 가족계획사업 실시와 인구의 급증을 억제하기 위해 여러 번 강경한 지시를 내린 적이 있다. 그들은 중국 인구의 급격한 증가를 몹시 우려했다. 연속 3년간 실시한 '한 자녀' 정책을 바탕으로 정부는 1982년에 "공무원과 직장인, 도시 주민들은 특수한 상황을 제외하고 모두 자

9 같은 책, p.7.

녀를 1명만 출산하여야 한다. 농촌에서는 보편적으로 자녀를 1명만 출산해야 하지만 확실히 곤란한 사정이 있는, 두 자녀를 낳길 바라는 부부는 심사를 거쳐 계획적으로 자녀를 출산해야 한다. 하지만 어떤 상황이든 막론하고 자녀 3명을 출산할 수는 없다. 소수민족도 계획생육을 해야 하지만 적당히 관대하게 할 수 있다"[10]라고 규정했다.

이 시기 국가 지도자들은 계획생육에 대해 왜 이렇게 강경한 태도를 보였을까? 이는 문화혁명 이후 정부가 경제성장에 대해 일종의 조급함을 느끼면서 최대한도로 경제를 발전시킴과 동시에 인구 성장을 억제하고 과다 인구를 감소시킴으로써 대중의 지지를 받으려고 했기 때문이다.

1979년 이후 정부는 법을 제정하기 시작했다. 1981년에는 국가계획생육위원회(國家計劃生育委員會)를 설립해 중앙에서 농촌에 이르기까지 계획생육사업을 관리할 부처를 설립했다. 이 부처는 행정관리 기능을 가지고 있어 여성의 출산 행위를 관리·감독했다. 1978년, 전국인민대표대회에서 통과한 '중화인민공화국헌법'에는 "정부는 계획생육을 제창하고 시행한다"라고 명확하게 규정했다. 2001년, 전국인민대표대회상무위원회에서 '중화인민공화국 인구와계획생육법(中华人民共和国人口与计划生育法)'을 통과시켰는데, 이는 계획생육이 하나의 제도일 뿐만 아니라 법적 체계를 가지게 되었음을 의미한다. 중앙에서 지방에 이르기까지 각급 정부는 계획생육의 목표에 미달하면 그해와 그다음 해의 선진(先進)영예 칭호를 받을 수 없고, 간부가 좌천될 수도 있으며, 심지어 그 부처의 모든 구성원들이 연말 상여금을 못 받을 수도 있었다. 농촌에서 정부는 한때 계획생육의 규정을 어긴 당사자를 징벌할 수 없을 때에는 그의 가족이나 친척 또는 이웃을 체포하거나 억류하는 경우도 종종 발생했다. 이 때

10 같은 책, p.12.

문에 자녀를 여러 명 출산한 가정은 마을 주민들의 반감을 사게 되었다.

중국 문학을 보면 중국 작가들은 오랫동안 계획생육에 관한 작품을 거의 내놓지 않았다. 하지만 모옌은 예외로 2009년 『개구리』를 중국의 유명한 문학잡지인 ≪수확(收穫)≫에 발표했고, 나중에 상하이문예출판사에서 책으로 출판했다. 2011년, 이 소설은 중국 장편소설에서 최고의 상인 마오둔(茅盾)문학상을 수상했다. 2012년 필자는 상하이 국제도서전시회에 참석했는데 거기에서 모옌 선생과 저녁식사를 함께한 일이 있다. 그때 그에게 『개구리』를 출판할 때 어려움을 겪거나 내용이 일부 삭제·수정을 거치지 않았느냐고 물었는데 모옌 선생은 그런 일이 없었다고 했다. 이는 『개구리』의 주제가 극히 민감한 것이었지만 출판이 허락됐음을 말해준다. 필자가 아는 1990년대에 태어난 젊은이들도 이 소설을 좋아하는데, 그들은 자신이 태어나기 전의 역사에 대해 놀라워했다. 심지어 광둥성에서 셋째로 태어난 한 젊은이는 자신이 살아남은 것이 정말 쉽지 않은 일이었다고 말했다. 이 이야기를 모옌 선생에게 전하자 선생은 웃으며 일부 지역에서는 계획생육이 그렇게 엄격히 시행되지 않았지만 그의 고향 산둥성에서는 엄하게 시행되었다고 했다.

소설을 자세히 살펴보기 전에 우선 특별히 설명을 해두고자 하는 것이 있다. 소설 속의 고모는 실제 인물로, 모옌의 고모 중 한 분이 실제로 정년퇴직할 때까지 한평생 계획생육사업에 몰두했다고 한다. 『개구리』가 출판된 후 그녀는 많은 기자들의 인터뷰에 응했지만 나중에는 기자들이 너무 많이 찾아와 인터뷰를 거절했다. 소설 속 일부 이야기(사랑 이야기)는 고모의 이야기가 아니라고 한다. 소설 『개구리』는 일본의 노벨문학상 수상자 오에 겐자부로(大江健三郎)와도 관련되는데, 오에 겐자부로는 모옌의 작품을 독자들에게 적극 추천했으며 10여 년 전에 이미 모옌이 노벨문학상을 받을 것이라고 예언했었다. 그가 2000년에 중국을 방문했을 때 모옌과 함께 모옌의 고향인 소설 속의 가오미 둥베이향을 방문했는데, 그는 그곳에서 모옌의 고모를 만나게 되었다. 그녀와 이야기를 나눈 후 오에 겐자부로는 모옌에게 고모의 이야기를 꼭 소설로 써보라고 권했다. 『개구리』는 편지 형식으로 되어 있는데 편지를 쓴 사람은 글쓰기를 좋아하는 남성인 '올챙이'이고, 편지를 받는 사람은 사람들의 존경을 받는 일본의 작가 스기타니 요시토(杉谷義人) 선생이다. 많은 독자들은 이 일본 작가가 바로 오에 겐자부로라고 생각한다.

3. 계획생육제도하에서의 생존

『개구리』는 계획생육정책 시행 당시 중국의 가장 평범한 농민의 생활을 묘사한 소설이다. 소설은 '가오미 둥베이향'에서 일어난 이야기들을 담고 있고, 강한 생명력을 갖고 있는 몸이 국가정책으로 인해 얼마나 많은 시련을 겪어야 했는지 보여준다. 가령 남성의 몸을 예로 들면, 정관수술을 받은 남성들은 자신이 더는 남자가 아니라고 생각한다. 그들에게는 성기능 장애가 나타났는데 이보다 더욱 심각한 것은 여성의 몸에 나타난 문제점들이었다.

소설에서 장췐(張拳)은 이미 딸이 셋이나 있으나 그들 부부는 아들을 낳고 싶어서 넷째를 임신하고는 임신 사실을 숨기기 위해 그의 아내가 이리저리로 피해 다니며 기필코 낳으려고 한다. 그런데 고모는 사람들을 이끌고 도처로 장췐의 아내를 찾아다닌다. 장췐의 아내는 마지막에 궁지에 몰려 강물 속으로 뛰어내리는데, 나중에 사람들이 그녀를 구했지만 그녀는 많은 피를 흘려 그녀도 아이도 모두 목숨을 잃게 된다. 인정사정없이 원칙을 지키며 정책을 집행하는 고모는 그녀에게서 "당신은 비명횡사할 거야!"라는 저주를 받는다.

서술자인 '올챙이'의 아내 왕런메이(王仁美)는 딸을 낳은 후 남편에게 아들을 낳아주고 싶어 갖은 방법을 다 써서 끝내 둘째를 임신한다. 그런데 군인 신분인 '올챙이'는 군인은 둘째 자녀를 출산할 수 없다는 규정을 지켜야 하기 때문에, 고모가 왕런메이의 임신 사실을 알게 된 후 그녀의 집에 찾아가 끊임없이 그녀를 설득하고 위협해 끝내 이미 임신 3개월이 넘은 아이를 유도분만하도록 한다. 그러나 수술이 실패해 왕런메이는 수술대에서 죽고, 그녀는 죽기 전에 "고모, 너무 추워요"라는 말을 남긴다.

가오미 둥베이향의 아름다운 난쟁이 여성 왕단(王膽)은 고모에게 쫓기던 중 운 좋게 둘째 딸인 천메이(陳眉)를 조산(早産)하게 되는데, 이때 조산사인 고모가 그녀의 해산을 돕지 않아 그녀는 불행하게도 목숨을 잃게 된다. 임종하기 전에 그녀는 피맺힌 감사를 전한다. 아이가 이 세상에 태어나게 해주어 고맙다고…….

『개구리』는 이렇게 여성과 그들의 자녀들 한 명 한 명에 관한 이야기다. 『개구리』의 출판은 중국에서 센세이션을 불러일으켰다. 이 소설이 나오기 전에 설날 특집 방송인 〈설날 버라이어티 쇼(春節聯歡會)〉에서 방송했던 TV 단막극 '초과출산 유격대(超生遊擊隊)'가 한동안 시청자들의 많은 사랑을 받았는데, 이 단막극은 코미디 형식으로 자녀를 더 낳고 싶어 하는 부부들을 풍자했다. 처음 방송될 때 많은 시청자들은 이를 보고 많이 웃었다. 그때 사람들은 모두 꼭 아들을 낳으려는 그 부부가 어리석다고 생각했으며, 자녀를 많이 출산하는 사람들을 비웃었다. 이것이 보편적인 생각이었다. 그런데 『개구리』의 출판이 이 웃음을 그치게 만들고 그들 스스로 부끄러움을 느끼게 했다. 왜냐하면 자녀를 더 낳으려고 아득바득하는 부부를 비웃을 때 그 부부의 아픔과 눈물을 생각해보지 않았고, 많은 어머니들이 뱃속 아기를 위해 피를 흘리고 심지어 목숨까지 바친다는 사실을 간과하고 있었기 때문이다. '개구리(와)' 울음소리가 일제히 울린다는 표상 아래, 『개구리』는 가장 소박한 방법인 "여기 저기 숨어 다니는 것"이 결코 웃을 일만은 아님을 알려주었다. 소설이 태아의 생명을 살리기 위해 의지할 데 없이 동분서주하는 사람들의 삶도 동정과 이해를 받아야 하며 모든 생명은 존중받아야 한다는 생각을 가지게 했던 것이다.

필자는 『개구리』의 가치가 바로 여기에 있다고 생각한다. 이는 국가의 시각으로 30년간의 중국의 출산 혁명을 서술한 것이 아니라 가오미 둥베이향의 이야기를 통해 개인과 민간의 중국인들의 마음속에서부터 나오는 이야기와 중국인들이 몸소 겪은 이야기를 담아낸 것이다. 소설 『개구리』를 통해 독자들은 개인으로서의 삶이 국가정책으로 인해 얼마나 많은 역경을 겪었으며 사람들이 살아남기 위해 얼마나 발버둥치고 있는지 알 수 있다.

필자도 독자로서 소설 『개구리』를 감명 깊게 읽었다. 특히 다음 장면이 인상 깊었다. 고모가 혼자 밤길을 걷는데 길 양옆에는 사람 키 높이의 갈대가 있고 달빛을 받아 물이 반짝반짝 빛난다. 이때 고모는 두꺼비와 개구리의 소리를 듣게 된다.

> 두꺼비, 개구리가 꽥꽥 개굴개굴 정신없이 울었어요. 한쪽이 그치면 다른 한쪽에서 울기 시작하고, 그렇게 번갈아가며 우는데, 마치 주거니 받거니 노래를 부르는 것 같았어요. 한순간 사방팔방에서 모두 일제히 울기 시작했어요. 어찌나 개굴개굴, 꽥꽥 울어대는지 소리가 하나로 모여 그대로 하늘로 솟구치는 것 같았습니다.[11]

그날 밤, 고모는 공포에 떤다.

---

11 莫言, 『蛙』(上海: 上海文艺出版社, 2009), p.214.

원래 개구리 소리가 북소리 같다고들 하거든요. 그런데 고모에게는 그날 밤 개구리 소리는 곡소리 같았어요. 마치 수없이 많은 갓난아기가 울고 있는 것 같았어요. 고모는 원래 아기가 태어날 때 들리는 첫 번째 울음소리를 가장 좋아했습니다. 산부인과 의사에게 갓 태어난 아기의 울음소리는 세상에서 제일 감동적인 음악이 아니겠어요! 하지만 그날 밤의 개구리 소리에는 원한과 억울함이 깃들어 있는 것 같았어요. 마치 죽임을 당한 수많은 아기들의 정령이 호소하는 것 같았어요.[12]

개구리 소리는 마치 울음소리 같았다. 고모는 땅에 꿇어앉았다. 고모는 개구리가 기는 것처럼 땅을 기었다.

이때 무성한 갈대밭 깊은 곳, 은빛 수련 잎들 사이에서 수많은 청개구리가 튀어나왔습니다. 온몸이 푸른색인 것도 있고, 전체가 황금색을 띠는 것도 있고, 전기다리미만큼 큰 것도 있고, 대추씨만큼 작은 것도 있었어요. 샛별 같은 눈을 가진 것도, 팥알 정도 크기의 눈을 가진 것도 있었죠. 사방팔방에서 파도처럼 밀려오는 분노의 울음소리로 고모를 겹겹이 에워쌌어요.[13]

고모는 도망가다가 뒤를 돌아보았다.

수많은 청개구리가 호호탕탕한 대군을 이루어 소리를 지르며 마치 탁류처럼 세차게 쏟아져 나오고 있었대요. 게다가 길옆에서도 청개구리가 뛰어나와 고모

---

12 같은 책, p.214.

13 같은 책, p.215.

의 앞에 진을 치고 고모가 가는 길을 막으려는 놈들도 있고 또 길옆의 풀숲에서 갑자기 뛰어나와 고모를 돌연 습격하는 놈도 있었어요.[14]

고모는 너무 무서워 공포에 떤다. 왜냐하면 고모는 그 수천, 수만 마리의 청개구리를 자신이 이 세상에 태어나지 못하도록 막은 태아들이라고 생각했기 때문이다. 고모는 그 '개구리(蛙)' 소리가 아기들의 '왕왕(哇)' 울음소리이며, '아기(娃)'의 소리라고 생각했다. 태아로서 생명을 마감한 아이들이 이렇게 한 밤에 집단적으로 고모를 성토한 것이다. 계획생육제도하에 살아온 중국인들은 이 이야기에서 많은 아픔을 느꼈을 것이며, 실제 모옌의 고모는 꿈속에서 이 장면을 목격했지만 마음속으로 많은 공포감과 고통을 느꼈을 것이다. 그 아픔은 중국인들 모두가 경험한 아픔이다.

고모는 노년에 많은 죄책감을 느꼈다. 밤에 개구리 소리를 듣고 그것이 수많은 아기들의 울음소리와 호소라는 것을 의식하고 나서 그녀는 흙인형을 만드는 하오다서우(郝大手)와 결혼해 아이들을 흙인형으로 만들어야겠다고 생각한다. 그 후, 고모는 방에 동쪽과 남쪽, 북쪽 세 벽에 모두 똑같은 크기의 나무 격자를 만들어 격자 하나하나에 '아기(흙인형)'를 하나씩 놓아두었다. 그녀는 어느 아기가 유도분만되었고, 어느 아기가 유산되었는지 똑똑히 기억하고 있다. 18년 전, 17년 전, 16년 전, 15년 전…… 그 아기들이 태어났다면 지금은 멋진 소년으로 자랐을 것이라고 생각한다. 이러한 서사는 인과보응의 중국 민간 신앙을 반영하기도 하지만 현 시대를 살아가는 사람들의 반성이기도 하다. 죄책감을 갖고 있는 고모는 소설의 결말 부분에서 죽은 후 환생하기를 간절히 바란다.

---

14 같은 책, p.215.

『개구리』는 고모의 일생을 거울로 삼아 중국 출산 제도의 거대한 변화를 다루면서 다음과 같은 질문을 던지고 있다. 지구가 이미 더 이상 지탱하기 힘들어진 오늘, 지구의 부담을 덜어주고 후대들에게 생존의 공간을 남겨주어야 한다면 이런 이념을 바탕으로 세워진 계획생육정책을 시행하는 것이 적절한 것인가?

소설에서 '올챙이'는 일본 작가에게 쓴 편지에서 중국 일반인들의 계획생육정책에 대한 이해에 대해 다음과 같이 말했다.

> 지난 20여 년간 중국인들은 극단적인 방법으로 끝내 인구 급증 문제를 해결하였습니다. 실사구시적으로 말하면 이는 중국 자국만의 발전을 위한 것이 아니라 전 인류를 위해 공헌한 것이라고 할 수 있습니다. 우리 인류는 지구라는 이 작은 행성 위에 살고 있는데 지구 위의 자원은 한정된 것이며 쓰고 나면 재생할 수 없는 것입니다. 이 점으로 보면 서양인들의 중국의 계획생육에 대한 비판은 공정하지 못하다는 생각이 듭니다.[15]

『개구리』가 중국 계획생육의 60년 역사를 반영한 작품이라고 보는 것은 정확하지 않다고 생각한다. 작가는 소설에서 인구문제에 대해 깊이 사고했다. 가령 인류의 출산 문제와 세계 환경이 악화되고 있는 현실을 어떻게 이해해야 할까? 자신의 출산의 권리와 인류의 발전의 권리를 어떻게 보아야 할까? 엄마의 자궁에서 잉태된 아기는 생명권이 있다고 해야 할까? 없다고 해야 할까? 『개구리』는 단순하게 계획생육을 부정한 작품이 아니며, 출산의 권리를 찬양하기만 한 작품도 아니다. 이 소설은 가오미 둥베이향 사람들의 시각으로

15 같은 책, p.145.

그려낸 중국 당대의 사회발전사와 중국 사회의 'GDP 중심의 성장주의'에 대한 또 다른 해석이다. 인류와 생명, 그리고 인류가 지구에 한 공헌을 어떻게 이해해야 하는가.

고모와 '올챙이'는 모두 자신이 죄를 지었음을 의식한다. 모옌의 딸인 관샤오샤오(管笑笑)는 『개구리』를 평론한 논문에서 이 소설은 속죄를 하기 위한 작품이라고 했다. 실제로 모옌의 부인도 둘째 아이를 임신했었지만 모옌이 군인이었기에 인공유산을 했다고 한다. 인터뷰를 할 때 모옌은 여러 번 무거운 표정으로 이 일을 언급하며 그 자신도 부모로서 직장, 직위를 위해 아기를 희생시키는 이기적인 면이 없지 않아 있었다고 했다. 죄책감은 그가 이 소설에서 표현하려는 하나의 주제였다.

이렇게 오랫동안 시행되어온 계획생육정책은 중국인의 자녀관에 어떤 영향을 미쳤을까? 많은 사람들은 자녀를 많이 출산해서는 안 된다는 생각을 갖게 되었으며, 심지어 누가 강제하지 않아도 스스로 인공유산을 한다. 하지만 어떤 이들은 아들을 낳고 싶어 하며 『개구리』에서는 중국인의 다자녀에 대한 집착을 다루었다. 소설에서 고모의 조수인, 별명이 '꼬마 사자'인 여성은 나중에 아내를 잃은 '올챙이'와 결혼해 중년이 된 남편에게 아들을 낳아주고 싶어 하지만 이미 가임기가 지난 그녀는 대리모 출산을 시도한다. 그녀는 결국 대리모를 구했는데 그 대리모가 바로 고모가 받은 조산으로 태어난 여아였다. 이 여자아이는 나중에 남부 지역 공장에 가서 일하다가 공장에 불이 나는 바람에 얼굴에 화상을 입어 대리모 노릇을 해서 돈을 벌 수밖에 없는 처지가 되었다. 하지만 그녀는 대리모로 아이를 출산한 후에 후회를 하며 자신이 아이를 키우려 한다. 그래서 올챙이, 꼬마 사자와 천메이라는 이름의 이 대리모는 법정 소송을 벌이게 되는데, 소설은 올챙이와 꼬마 사자가 승소하는 것으로 끝난다. 왜냐하면 그들은 돈도 많고 지위가 있기 때문이다. 이 대리모는 태어날 때 계획생육정책으로 인해 어머니를 여의고, 나중에는 다른 사람의 다자녀에 대한 집착으로 인해 아기를 잃게 되는 등 줄곧 피해만 보며 산다. 모옌은 이 젊은 여성 노동자를 깊이 동정하고 있다.

임신 중절 경험이 있는 사람들은 죄책감을 가지게 되고 속죄할 수 있기를 바라지만, 그들은 현실적 이익 앞에서 또 다른 모습을 보인다. 이것이 중국의 현실이다. 중국에서 돈 있는 부자들은 '계획생육'정책을 따르지 않고 있다. 가령 중국의 유명 감독 장이머우(張藝謀)는 아내와 3명의 자녀를 출산했는데 그 소식이 전해지자 어떤 이들은 그를 지지하며 출산 제도 자체에 문제가 있는 것이라고 했다. 하지만 어떤 이들은 그가 계획생육 제도를 위반한 특권 계층이라고 비판하는데, 이런 것을 보면 계획생육정책의 영향이 얼마나 개개인의 마음 깊은 곳까지 들어가 있는가를 알 수 있다. 소설 『개구리』는 계획생육제도하의 민간의 윤리와 국가 정책 간의 줄다리기를 다루었는데 어느 쪽이 이겼다고 단언하기 어렵다. 이는 우리의 현실 속에서도 마찬가지이다.

4. 최근 정책의 변화

『개구리』의 출판으로 많은 사람들이 흥분하게 된 이유는 계획생육에 관해 토론하고 되돌아볼 기회를 제공해주었기 때문이다. 그러나 실제로는 모옌을 제외하고 이 문제로 작품을 쓴 경우는 극히 적다. 그러나 또한 정부가 이 문제에 대해 새롭게 사고하기 시작했다는 것은 이 소설이 정부가 주는 최고의 문학상을 수상한 데서 알 수 있다.

『개구리』가 출판된 후, 많은 사람들은 중국의 계획생육정책이 조정될 것이라고 예측했다. 『개구리』가 출판된 지 4년이 지나, 새 정부가 들어서던 2013

년 12월 28일, 이것은 현실이 되었다. 제12기 전국인민대표대회 상무위원회 제6차 회의에서 '출산 정책을 조정, 보완할 것에 관한 결의(关于调整完善生育政策的决议)'를 통과시켰는데, 거기에 부부 중 한쪽이 외동(獨生子女)일 경우, 자녀를 2명 출산할 수 있다고 규정했다. 이는 부부가 모두 한 자녀일 경우에만 자녀를 2명 출산할 수 있도록 한 예전 규정과 다르다. 하지만 새롭게 내놓은 정책에서도 부부가 첫 출산으로 쌍둥이나 삼둥이 등 여러 자녀를 한 번에 출산했다면 자녀를 더 이상 출산할 수 없다고 규정했다.

이 정책은 중국인의 자녀관과 자녀 수에 어떤 영향을 미치게 될까? 일부 전문가들은 이 정책이 정식 시행되고 나면 중국은 해마다 100만 명이 더 태어날 것이라고 예측했다. 하지만 2014년 중국의 신생아는 1687만 명으로 2013년보다 단지 47만 명 증가했다. 중국인민대학교 사회·인구대학 학장 자이전우가 약 1만 명을 대상으로 실시한 설문조사에 따르면, 새로운 정책에 부합하는 부부 중 50~60%만이 둘째 자녀를 출산할 의향이 있다고 한다. 즉, 거의 절반에 달하는 부부들이 둘째를 출산하지 않으려고 하는 것이다. 산둥대학교 사회학부의 교수 왕종우(王忠武)는 설문조사 결과와 둘째 자녀 출산 여부에 관한 여론을 보면 젊은이들의 자녀관이 많이 변했다는 것을 실감할 수 있다고 한다.[16] 자녀를 더 출산하지 않으려는 사람들이 생각보다 많기 때문이다. 그는 자녀 출산과 양육에 드는 비용의 증가로 경제적인 부담이 증가된 것과 젊은이들이 자유로운 생활을 추구하게 된 것이 중요한 원인이라고 분석했다. 그리고 향후 중국이 출산제한정책을 완전히 풀어놓아도 출산율이 급속히 상승하지 않을 것이라고 예측했다. 정부가 가족계획정책을 조금 완화시킨 것은

---

16 "'单独两孩时代', 我们该怎么办？", ≪中国青年网≫, 2016年 3月 11日, https://wenku.baidu.com/view/6d4b9770eefdc8d376ee32b1.html.

고령화의 속도를 늦추고 고령 인구의 비율을 낮추기 위한 것이다.

중국의 가족계획정책은 여러 가지 평가와 많은 도전을 받고 있는데 가장 큰 도전은 저출산화와 노인 부양 문제이다. 이는 새로운 출산 정책이 나오게 된 원인이기도 하다. 하지만 이 정책 역시 실질적인 문제를 해결할 수 없다. 필자가 이 장을 쓰는 동안에도 중국의 인터넷에는 정부가 출산 정책을 더욱 완화해 일반 부부도 둘째를 출산할 수 있을 것이라는 소식이 전해져 많은 사람들이 기뻐했지만, 이튿날 국가계획생육위원회의 대변인은 그것이 사실이 아니며, 출산 정책을 조절한 것일 뿐 제한을 푼 게 아니라고 했다. 둘째를 낳을 수 있게 정책을 조정한다는 소식이 신속히 전해진 것은 정부가 아닌 민간의 염원이 반영된 현상일 것이다.

|3부|

노동

09

정권 의지, 민간 윤리와 여성해방

자오수리의 소설 『멍샹잉 해방』, 『가보 전수』를 중심으로

장리(최선향 옮김 · 장수지 감수)

자오수리(趙樹理)는 중국 당대 문학사에서 중요한 자리를 차지하는 작가이다. 중국 농민해방 사업에 깊은 관심을 갖고 있는 작가로서 그는 열정을 담아 중국 농민이 토지 소유권을 갖게 된 것부터 개인의 정신적인 측면에까지 일어난 '혁명'을 그렸으며, 그의 소설은 당시 가정 윤리의 변화와 여성'해방'이 처한 어려운 상황을 재현했다. 이미 많은 학자들이 자오수리 소설 중의 여성상을 젠더의 각도에서 분석·토론한 바 있다. 평론가들은 자오수리가 농촌 여성 인물을 그릴 때 신구(新舊) 인물의 이미지를 "단순화", "이데올로기화", "남성 중심적 사상"으로 그렸다고 지적했다. 하지만 자오수리의 소설이 여성을 사회 주요 노동력으로 강조한 점과 이러한 강조가 갖고 있는 의의에 대해 주목한 이는 거의 없다. 실은 청나라 말기 이후 중국 여성상에 대한 인식에서 일부 지식인들은 '생리자'(生利者, 이익을 만들어내는 사람—옮긴이)로서의 여성의 중요성을 인식한 바 있었다. 그러나 당시에는 지식과 교육의 차원에서 탐구했으며 가정과 사회의 주요 노동력으로서의 여성에 관한 토론은 중국 문학사와 중국 현대사에서 찾아보기 어렵다.

자오수리의 소설은 여성의 몸에 잠재해 있는 노동의 힘을 선명하게 그려 여성 노동에 대해 새로운 인식을 갖도록 했다. 이러한 여성상은 전체 중국 문학사에서도 독특한 모델이 되며 선구적 의미가 있다고 할 수 있으며 당시 해방구 독자들에게도 어느 정도 영향력을 갖고 있었기 때문에 이러한 여성상과 그 영향력을 저평가해서는 안 될 것이다.

그렇다면 이 새로운 여성상은 전통 사상과 여성 억압이 극히 심한 농촌에서 어떤 의의가 있으며, 이러한 이미지는 자오수리의 소설에서 어떻게 재현되고 있는가? 이러한 새로운 여성상을 만들어내고 구축할 때 자오수리는 텍스트 내에서 어떤 전략을 사용했는가? 이런 전략의 배후에는 무엇이 숨겨져 있는가? 중국 농촌을 잘 아는 지식인이었던 자오수리는 정권 의지와 민간 윤리 사이에서 어떻게 새로운 여성상을 찾아내고 형상화할 가능성을 찾아낸 것인가? 바꿔 말하면 새로운 여성상을 탐구하고 새롭게 창조해낼 때 자오수리는 어떻게 정권 의지와 민간 담론을 봉합했으며 그 효과는 어떠했는가? 오늘날에 무엇을 시사하는가? 우리는 이러한 문제들에 주목할 필요가 있다.

이 장은 자오수리의 소설인 『멍샹잉 해방(孟祥英翻身)』과 『가보 전수(傳家寶)』를 중심으로 논하기 위한 글이다. 『멍샹잉 해방』과 『가보 전수』를 논의 대상으로 삼은 것은 이 두 소설이 모두 여성해방을 주제로 했고, 새로운 여성 가치관과 낡은 여성 가치관의 충돌을 다루었으며, 새로운 노동 여성 이미지의 형상화와 관련되기 때문이다. 이 두 소설은 1940년대 해방구 여성 운동의 상황을 집중적으로 반영했다. 이 두 소설의 분석과 이해를 통해 양성 관계가 극히 불평등한 농촌에서 자오수리가 어떻게 여성해방이라는 이 '혁명'적인 행위를 그려내고 또 어떻게 사람들이 여성해방이라는 새로운 사건을 받아들이고 인정하게끔 설득했는가, 소설에서 공작원과 구역 간부는 가정 분쟁에서 어떤 역할을 했고 어떠한 위치를 차지했는가를 논의하고자 한다. 나아가 1940~1950년대의 정권 의지와 민간 윤리가 자오수리의 소설에서 어떻게 상호작용했으며 '여성해방'을 위한 합법적인 공간을 확보하게 했는가를 보고자 한다.

1. 여성해방: 가정의 주요 노동력이라는 이름으로

『멍샹잉 해방』(1945)과 『가보 전수』(1949)는 두 사람의 능력 있는 농촌 여성 노동자의 이미지를 그려내었다. 멍샹잉(孟祥英)의 마을은 여러 해 동안 연속해서 기근을 겪었다. 여름 내내 비가 내리지 않아 곡식이 불이 붙을 정도로 말라버렸고 가을이 되어 풀의 키가 곡식보다 더 커서 마을 사람들이 생계를 유지하기 어려운 상황이 되자 여성 간부인 멍샹잉은 몇몇 여성들을 데리고 산에 산나물을 뜯으러 간다.

멍샹잉은 그들을 네 조로 나누어 매일 조별로 산에 올라갔는데 며칠이 지나지 않아 인근 산의 먹을 수 있는 나물은 모두 뜯어먹어버렸거나 이 여성들이 말리려고 집 마당에 널어두게 되었다. 자기 마을의 것이 끝나면 다른 마을로, 강 서쪽의 것이 없어지면 강 동쪽으로 가면서 가을바람이 불고 낙엽이 질 때까지 뜯었는데 총결산을 해보니 20여 명의 여자들이 6만여 근을 뜯었다.

산나물을 다 뜯고는 백초 한 근에 1원씩 팔린다는 말을 듣고 멍샹잉은 또 여자들을 이끌고 백초를 베었는데, 그들은 총 2만여 근을 베어 2만여 원을 벌어서 온 마을 사람들이 기근을 넘길 수 있도록 했다. 능숙한 노동자로서 멍샹잉의 이야기가 소문을 타고 퍼져, 그녀는 여성들에게 전족을 풀게 하고 땔나무를 하며 물을 져 나르고 산나물을 뜯고 백초를 베도록 이끈 자신의 경험을 인근 마을의 부녀구국회(婦女救國會) 주임에게 전수했고, 그 결과 타이창(太倉)의 여성들도 3리가 넘는 물도랑을 파서 15무의 황무지를 개간하게 되었다.

멍샹잉은 유능한 여성일 뿐만 아니라 자신의 유능함으로 주위 사람들에게 영향력을 발휘했다. 이것이 멍샹잉의 몸에서 드러나는 일종의 '역량감(力量感)'이다. 이는 중국 문학작품 속의 농촌 여성과 완전히 다르다. 다른 문학작품 속 농촌 여성의 미덕은 현숙하고 유능하며 근검하게 집안일을 돌보는 것이며 이들은 보통 집안이라는 공간의 체계 속에 놓인 채 이야기된다. 하지만 자오수리의 소설에서 멍샹잉의 활동 공간은 가정이라는 공간을 넘어 마을 밖으로 나갔고, 그녀는 자기 가정만 재난을 피하게 한 것이 아니라 더 많은 사람들이 스스로 재해를 이길 수 있도록 이끌어주었다.

멍샹잉과 마찬가지로 『가보 전수』의 주인공 진궤이(金桂) 역시 능숙한 노동자이다. 그녀의 활동 공간도 가정에서 떨어져 있다. 그녀는 사회 활동에 참여하고 가정 밖으로 나갈 때도 정당한 정치적 이유가 있다. 즉, 구회의(區會議)에 가는 것이다. 그녀는 가정에서 주요한 노동력이다. 마을 밖에 나가 석탄을 팔고 가정에서 갖가지 금전 관리를 한다. 집에서 빨래하고 밥하고 바느질하는 주부와 달리 9일에 아홉 번 석탄을 팔아 4.5말의 쌀을 벌어들인다. 멍샹잉이든 진궤이이든 자오수리의 소설에서 그들의 노동은 모두 경제와 돈으로 전환되며 노동의 효과도 평지, 경사지와 도랑을 파면서 검증이 되는데, 보통 이런 일은 여성에게 적합하지 않은 일이라고 인식되는 것들이다.

자오수리는 멍샹잉과 진궤이의 이야기를 긍정적인 어조로 서술하는데, 이러한 태도는 사실 여성의 가치를 판단하는 새로운 기준을 내놓은 것과 같다. 이러한 기준은 수천 년간 전해져온 기존의 표준과 다르다. 가령 멍샹잉의 시어머니가 볼 때 며느리는 며느리다워야 하는데 그 며느리답다는 것은 "머리를 빗자루 손잡이처럼 빗고 두 발은 쭝즈(粽子, 대나무 잎을 삼각형 모양으로 싼

찐 찰밥으로 중국인들이 단오절에 먹는다—옮긴이) 모양이어야 하며 차를 끓이고 밥을 지으며 벼를 찧고 밀가루를 빻고 국과 물을 떠 나르며 바닥을 쓸고 상을 닦는……" 모습이다. 진궤이의 시어머니 리청냥(李成娘)이 볼 때 여자의 일은 물레, 반짇고리와 검은 궤 속의 천 조각과 연결된 것으로 며느리는 바느질을 해야만 한다. 하지만 멍샹잉과 진궤이는 그들의 시어머니를 실망시킨다. 멍샹잉의 시어머니는 며느리가 점점 '며느리다움'에서 멀어진다고 생각한다. 지금의 멍샹잉은 "머리를 둥근 접시처럼 얹고 두 발은 하루가 다르게 커져 밖에 나가 하루 종일 산을 넘고 그것도 한 마을이 아니라 10리 밖에까지 날아가려고 한다". 진궤이는 집 밖의 일에 신경을 써서 남자처럼 석탄을 팔고 밭에 나가 일을 한다. 멍샹잉이나 진궤이는 모두 전통적인, 집안에만 있는 얌전한 여성이 아니라 가정 밖으로 나가 공적인 생활공간으로 진입한 인물들이다.

이러한 멍샹잉과 진궤이의 이미지는 주요 노동력으로서의 여성들이 더 이상 가정에서 보조적 역할을 담당하는 사람이 아니라는 소설의 잠재적 주제를 반영한다. 이는 여성들의 가치를 새롭게 판단하고 서술한 것이기에 획기적인 의미를 지니는 중요한 변화이다. 자오수리의 소설에서 남녀평등, 혹은 여자도 세상의 절반을 떠받치는 존재라는 식의 슬로건은 찾아볼 수 없지만 이러한 여성들은 실로 놀라울 정도의 노동으로 여성의 힘과 그들이 가정과 사회에서 결코 홀시할 수 없는 존재임을 보여주고 있다.

2. 자아와 타자: 두 세대 여성 간의 투쟁?

자오수리는 선명하고 힘 있는 여성상을 부각시키기 위해 서사적 전략을 사용하고 있다. 영웅적 행위의 소개로서 멍샹잉의 해방 이야기는 전기(傳奇)적인 면에 집중되어 있다. 1945년에 쓴 소설에서 멍샹잉은 영웅이 되기 전에는 전형적인 "압박받는 자"였다. 소설에서 시어머니의 입장에서 볼 때 그녀를 때리고 욕할 만한 이유가 있었는데, 며느리로서 그녀가 "재수 없는" 조건을 갖고 있었기 때문이다. 첫째, 친정에 의지할 사람이 없다. 아홉 살에 부모가 죽어서 누구에게 맞아도 편들어줄 사람이 없다. 둘째, 친정이 가난해서 혼수품을 해오지 못했다. 셋째, 엄마를 일찍 잃어 바느질을 잘 배우지 못했다. 넷째, 발이 크다. 이곳에서는 발이 큰 여자를 보면 큰 도시에서 발 작은(전족을 한—옮긴이) 여자를 본 것처럼 이상하게 생각한다. 다섯째, 어려서부터 살림을 맡아 봤기 때문에 무슨 일이 생기면 이치를 따지고 들어 시어머니한테 대충 지고 넘어가지 않는다. 또 이곳에서는 "고부간의 법도란 며느리 시절에는 욕 먹고 매 맞다가 시어머니가 되면 며느리를 때리고 욕하는 것인데, 그렇게 하지 않으면 시어머니의 위세가 서지 않는다. 남자가 여자를 대하는 법도는 '데려온 아내는 사 온 말과 같아 타고 때리는 것'이 당연하며 아내를 때리지 않는 사람은 아내를 무서워하는 것으로 본다". 멍샹잉은 결혼 후에 이와 같이 열악한 환경 속에서 생활했다. 그녀의 남편은 시어머니가 시켜서 그녀를 때리는데 이럴 때면 멍샹잉은 "울 수도 없고" 하소연할 곳도 없다. 멍샹잉은 남편에게 맞고 자살할 생각도 해보았지만 "죽을 수도 없는 처지였다".

살기도 고통스럽고 죽기도 어려운 처지의 여자가 1942년에 '해방'이 되었다. 그녀는 공작원에 의해 부녀구국회 주임으로 선발되었고 시어머니가 보기에 멍샹잉은 "손을 쓸 수가 없어졌다". 그녀는 마을 정치 활동에 참가했으며 며느리들은 회의를 열어 "여성은 해방을 요구한다. 시어머니와 남편이 때리고 욕하는 것을 반대하고 전족을 풀 것을 주장하며 여자들도 나무를 하고 물을 긷고 밭에 나가 일하며 남자와 같은 밥을 먹고 같은 일을 하며 겨울 농한기에는 학교에 다닐 것을 요구할 것이다"라는 내용으로 토론을 했다. 시어머니에게 "이는 거꾸로 된 일"로, "이렇게 되면 세상이 엉망이 되는 것"으로 인식된다. 시어머니는 멍샹잉을 화근이라 생각하고 그녀를 팔아버리려 한다. 그러나 멍샹잉이 속임수에 넘어가지 않아 "팔려고 해도 팔 수가 없었다". 맨 마지막에 멍샹잉은 두각을 나타내고 그 영향은 마을 밖까지 미치게 된다.

멍샹잉과 시어머니 사이의 갈등은 소설 내용을 이끌어나가는 동력이다.『가보 전수』에서도 이와 유사한 잠재적 단서가 있다. 진궤이와 시어머니 리청냥은 많은 문제에서 부딪히는데, '가령 집안일이 중요한가 아니면 집 밖의 일이 중요한가?', '여성의 공헌은 무엇으로 평가해야 하는가?', '여자는 정치 생활에 참여해야 하는가 하지 말아야 하는가' 등등의 문제였다.

이 두 소설에서 해방 투쟁은 주요하게 두 세대 여성 간에 발생한다. 많은 연구자들이 이미 지적한 바와 같이 자오수리는 두 세대 여성 간의 투쟁을 통해 새 세대에 대한 찬미를 완성한다. 시어머니는 연로한 수구적인 여성인데 그들은 멍샹잉의 시어머니, 리청냥(진궤이의 시어머니)과 어머니뻘 되는 세대의 인물이다. 자오수리의 다른 소설에서 그들은 산셴구(三仙姑), 샤오페이어(小飞蛾) 등으로 나타난다. 이런 '시어머니'와 '어머니'들이 함께 구세대 여성 집단을 구성하는데, 그들은 젊었을 때 봉건사상의 피해를 입어 늙어서도 깨닫지 못하고 옛날 기준으로 딸과 며느리를 교육하려 한다. 신세대 여성 인물은 멍샹잉, 진궤이, 샤오친(小芹), 아이아이(艾艾), 옌옌(燕燕) 등인데 그들의 신체에 농촌의 새로운 여성의 정신적 풍모가 드러나게 된다.

비록 가정 문제를 논하고 있지만 멍샹잉이든 진궤이이든 그들의 이야기는 '비가정화'의 분위기 속에서 완성된다. 자녀도 없고 남편과 아버지도 보이지 않는다. 설사 있다고 해도 그들의 이미지는 뚜렷하게 그려져 있지 않으며 '시어머니'의 제약을 받는 남자들이다. 하지만 시어머니의 힘은 어디서 온 것일까? 천순신은 이렇게 지적한다.

> 실상 구식 가정에서 시어머니의 권력은 자신에게서 오는 것이 아니다. 우리가 더 깊이 캐물어야 할 문제는 억압받는 위치에 있던 여성이 어떤 힘에 기대어 '억압자'의 위치로 전환되는 것인가? 봉건 남권 사회에서 여성은 전혀 사람으로서의 지위가 없으며 그들이 유일하게 '권력'을 얻을 수 있는 수단은 그들의 생육 능력이다. 그것도 아들을 낳아야 한다. …… '악한 시어머니'는 남권 사회의 산물로서 그는 남권 문화의 담지자이고 무의식중에 남권 사회가 여성을 억압하는 내부 시스템 속의 도구가 된다. 자오수리의 이런 서술 방식은 무의식적으로 봉건사회의 죄악을 여성들에게 투사하며, 그들을 극단으로 내몰아 그의 대립면, 즉 다른 극단에 있는 불운의 며느리들은 혁명이 구해주어야 할 대상이 되고 죄악의 진정한 근원인 가부장제 문화는 텍스트 밖으로 배제되어버린다.[1]

바꿔 말하면 자오수리의 소설은 어떤 의미에서 "정권, 족권, 부권, 신권이라는 여성들의 심신을 옭아매는 네 가지 밧줄"을 피해간다.[2] 이러한 서사 책략은 독자들이 구시대의 사물을 "멸시"하고 새 사물로 향하게 한다.

> 『가보 전수』는 만 자가 조금 넘는 소설로 농촌 빈농 가정의 고부간의 갈등을 그렸는데 작가는 가장 평범하고 가장 일상적이며 농촌 가정에서 몇 천만 번 반복되었을 고부간 갈등을, 그 역사적 본질에 대해 깊이 있게 폭로한다. 우리는 두 세대 농촌 여성의 생활과 심리적 차이를 분명히 볼 수 있고 여성의 구시대 생활과 전통적 사상이 점점 사라지고 새로운 여성의 생활과 새로운 사상이 점차 성장하여 과거의 전통적인 사상을 정복하고 대체하였음을 보게 된다. 그리고 전 중국

---

1 陈顺馨, 「"恶婆娘"与"好女儿": 赵树理笔下的农村妇女」, 『中国当代文学的叙述与性别』(北京: 北京大学出版社, 2007), p.74.

2 杜芳琴, 『女性观念的衍变』(郑州: 河南人民出版社, 1988), p.378.

농촌의 역사를, 이 고부간의 갈등을 통해 미래로 나아가고 있음을 본다. 세월의 흐름이 담긴 시어머니의 얼굴에 생긴 고통의 주름살은 이제 며느리의 건강한 빛으로 점차 지워져간다.[3]

조금만 더 주의하면 자오수리의 소설에서 시어머니를 묘사할 때 일정한 규칙이 있음을 발견할 수 있다. 즉, 소설 속의 여성 노인들은 거의 모두 자신의 이름이 없고 모모의 시어머니 혹은 어머니 혹은 별명으로 불리고 있다. 그들의 이름은 그들의 윤리관과 마찬가지로 어딘지 쇠약해 기억할 가치조차 없다. 시어머니는 타자를 의미하게 된다. 이렇게 여성 내부를 '신'과 '구'를 기준으로 '자아'와 '타자'로 나누는 방식에 대해서는 소설이 발표되던 그 당시에도 일부 독자들이 유감과 불만을 표시했었다. "그렇다면 『가보 전수』는 아무런 단점도 없던 걸까? 그런 것도 아니다. 『가보 전수』에는 눈에 띄는 결점이 있는데 그것은 새 세대의 구세대에 대한 태도 문제이다."[4] "구세대를 새로운 생활 질서의 밖으로 배제해버릴 뿐 새로운 생활 질서 안으로 끌어들여 고부간의 갈등을 해결하려 하지 않는다."[5] 소설은 한 세대 여성들의 해방을 이야기할 때 다른 일부 여성들을 타자로 설정했는데, 이러한 타자화 과정에서 아버지와 남편은 사라지거나 홀시되어 여성해방사업에서 양성 간의 관계에 뿌리 깊게 잠재되어 있는 억압과 피억압의 관계가 은폐된다. 자오수리의 소설은 여성 '해방'을 쓸 때 '가부장제 문화'에 대한 비판을 무시했고 '부권(父权)'의 흔적을 약화해 여성해방사업을 여성의 여성에 대한 반항 투쟁으로 단순화했다.

---

3 竹可羽, "评「邪不压正」与「传家宝」", ≪人民日报≫, 1950年 1月 15日.

4 같은 글.

5 같은 글.

3. 여성의 승리인가, 아니면 "우리"의 승리인가?

> 시어머니의 가치 평가 기준은 전통적 도덕 기준이고 형이상학적이지만 진궤이의 기준은 가정에 대한 실제적 공헌을 기준으로 한 형이하학적인 것이다. 따라서 심리적 차원에서 고부간의 문제는 해결되지 않고 그것을 대체하는 것은 물질적 차원에서의 평가 기준이 된다. 자오수리는 농촌에서 이런 물질적 가치 판단 기준의 출현과 그것의 승리를 감지하고……[6]

이런 신과 구의 서사 책략은 새로운 것이 낡은 것을 대체한다는 역사적인 큰 흐름에 호응하는 것이다.

자오수리의 소설은 독자들이 신생 역량의 강한 힘을 뚜렷하게 느끼게 만드는데, 본질적으로 말하면 그가 쓴 것은 "우리"의 승리이다. 허궤이메이(賀桂梅)의 「문학의 "근대성"에 대한 새로운 고찰: 자오수리의 문학을 중심으로(重新思考文学的"现代性": 以赵树理文学为对象)」의 관점을 빌린다면 여기에서의 "우리"는 "상상의 공동체"를 가리킨 것인데 이는 의심할 바 없는 역사의 진보를 뜻한다. 여기에서의 "우리"는 성적 특성이 아니라 계급적 특성을 지닌 것이며, 따라서 그 속에는 다음과 같은 내재적인 논리가 담겨 있다. 여성해방사업은 역사 진보의 사업의 일부분이기 때문에 비로소 옳을 수 있다는 것이다. 멍샹잉과 진궤이의 승리는, 본질적으로 말하자면 그녀들이 옳은 사업의 편에 섰기 때문에 비로소 "이치에 맞게" 지지를 얻을 수 있었던 것이다.

그렇다면 멍샹잉과 진궤이의 진보성과 용감성은 반드시 구분해서 인식해

---

6 郭文元, 「赵树理小说中婆媳关系的民间叙事」, ≪河南科技大学学报(社会科学版)≫, 第21卷 第4期(2003).

야 하는 것이 된다. 멍샹잉이 가정의 울타리를 벗어난 것은 자아 각성이 아니며, 부녀 간부가 된 것도 당, 구정부, 상급의 지정과 마을 사람들의 추천 선발, 시어머니의 수긍을 얻어서야 가능한 것이었다. 만약 그가 촌 간부가 되지 않았다면 앞장서는 역할을 할 수 있었을까? 솔선해서 여성들을 이끌어 일을 하게 할 수 있었을까? 소설 속에서 멍샹잉은 중요한 일을 하기 전에 꼭 구의 간부와 의논하는데 심지어 시어머니와 남편이 그녀를 팔아버리려고 할 때도 구의 간부와 의논한 다음에야 어떻게 행동할지를 결정한다. 멍샹잉의 행위는 마을 사람들이 볼 때는 두려움 없이 용감한 것이지만 실상 소설은 부지불식간에 그녀의 나약함, 흔들림, 보수적인 면을 부각시켜 농촌의 부녀 간부라 해도 사상적으로 진정한 해방을 획득하지는 못했음을 서술한다.

마오뚠(茅盾)은 "작가는 인민의 입장에 서서 이런 주제를 다루었다. 그는 애증이 분명한 사람이며 가슴에는 열정이 가득하고 인민의 일원으로서 결코 방관자가 아니다"[7]라고 평했고 저우양(周揚)은 "그는 투쟁 밖에 서지 않고, 투쟁하는 편에, 농민의 편에 선, 농민의 일원이다. …… 농민이 주체이기에 인물을 묘사하고 사건을 서술할 때 모두 농민이 직접 느끼는 것, 인상과 판단을 기초로 삼는다"[8]라고 했다. 인민/농민/군중/집단의 입장에 선 것이 바로 자오수리의 소설이 수많은 농민들한테서 인기를 얻은 이유라는 지적이다. 작가는 바로 이와 같이 '자신'을 '우리 마을' 속에 놓고 썼기 때문에 군중에게 녹아드는 서술 태도와 '우리'라는 서술 책략을 쓸 수 있었다. 필자는 여기에서의 '우리'는 구체적으로 말하면 자오수리가 창작담에서 말한 "우리 일부 기층 간부"인

---

7 茅盾, 「关于'李有才板活'」, 黄修己 编, 『赵树理研究资料』(太原: 北岳文艺出版社, 1985), p.193.

8 周扬, 「论赵树理的创作」, 黄修己 编, 『赵树理研究资料』(太原: 北岳文艺出版社, 1985), p.184.

'우리'가 아니라 정확하게는 '그들', 즉 자오수리의 소설을 즐겨 읽고 그것에 귀 기울이는 농민들을 가리킨 것이라고 생각한다. 자오수리는 '나'를 '그들'에게 녹아들게 하는 방식으로 '우리'를 창조했으며, 나아가 "자오수리 소설은 농민들이 받아들이기 쉬운 독서 방식을 창조했고 그들의 '공동체' 상상을 문화적으로 받아들이는 방식에 변동을 일으킨 것이다".[9]

자오수리는 자신의 작품을 농민들에게 읽어주기를 좋아했다. 평서체(評書體)를 선호했기 때문에, 창작할 때 대중의 평가에 귀를 기울였다.

> 나는 응당 농민들에게 새로운 지식을 전달하는 동시에 그들이 즐거움을 느낄 수 있도록 해야 한다고 생각했기에 농민의 언어로 창작을 시작하였다. 나는 어휘 사용에 일정한 기준이 있다. 글 한 줄을 쓰고는 나의 부모에게 읽어드렸는데, 나의 부모는 모두 농민이며 공부를 많이 못한 분들이다. 그들이 알아듣지 못하면 나는 바로 그 구절을 수정하였다.[10]

군중 독자들에 대한 상상으로 인해 자오수리는 개별 인물 이미지를 부각하는 데 별로 관심이 없었다. "그는 작품에서 하나의 중심인물만 부각하는 것을 좋아하지 않았다. 그는 온 마을, 시대 전체를 묘사하는 것을 좋아했다. 그가 그린 인물은 그가 알고 있는 많은 사람들의 종합체였다."[11] 그래서 그는 인물의 이미지를 만들어낼 때 독자들의 감상 습관과 받아들이는 정도를 더 많이 고려했다. 이러한 "우리"의 승리에 대한 묘사는 자오수리의 소설에서 여성의

---

9 贺桂梅,「重新思考文学的"现代性": 以赵树理文学为对象」,『人文学的想象力』(开封: 河南大学出版社, 2005), p.356.

10 杰克·贝尔登(美),「中国震撼世界·赵树理」, 黄修己 编,『赵树理研究资料』, p.40.

11 같은 책, p.40.

자아 인식을 인지하기 힘들게 만들었다. 그의 창작 책략은 농민들의 수용과 동일시에 있었는데, 이는 대다수 군중의 인식, 생각, 관념과 타협해야 함을 뜻한다. 『멍샹잉 해방』과 『가보 전수』를 보면 은폐된 구시대 사상과 풍속을 대할 때 소설에 응당 있어야 할 복잡성과 첨예성이 결핍되어 있다. 이는 자오수리의 다른 소설에서도 나타난다. 「샤오얼헤이의 결혼(小二黑結婚)」에서는 대중과 마을 사람들의 시각으로 노년에도 치장하기 좋아하는 싼셴구(三仙姑)를 묘사했기 때문에 그녀는 우스꽝스러운 어릿광대처럼 보인다. 마을 사람들의 떠들썩한 웃음은 당시 사회 분위기에 대한 묘사라고 말할 수 있겠지만 서술하는 사람 혹은 작가 본인도 그런 분위기에 '이견'이 없다는 것은 옳지 못한 일이다. '집단'의 눈으로 묘사함으로써 개별 인물에 대한 비웃음에 머물렀기 때문에 『샤오얼헤이의 결혼』은 결국 위대한 작품이 되지 못한 것이다. 자오수리의 작품은 '우리'를 대신해 말함으로써 그의 '시대성'을 드러낸다. 결국 그는 "전형적 인물을 창조하는 동시에 이를 전체의 의지로 환원시켰"으며[12] 그럼으로써 창작 방식은 양면성을 띠게 되었고, 이것은 한편으로는 '나'를 '그들'로 환원하고 '그들'과 세계를 동일하게 보도록 하는 반면, 다른 한편으로는 중국 농민 내부의 복잡성에 대한 인식과 농민들 몸에 박힌 수구적인 면에 대한 비판을 상실하게 했다(혹은 비판력이 부족하다). 또한 여성해방의 복잡성에 대한 서술을 잃어버렸다.

자오수리는 진심으로 열정을 담아 여성해방사업과 혼인법을 찬양했고 이는 의심할 바 없는 일이다. 그러나 이런 열정은 실은 혁명사업에 대한 열정이자 당의 사업에 대한 충성이라 할 수 있겠다. '일원화'된 언어가 전체 소설의 주조를 이루고 있는데, 곧 국가의 정책은 옳은 것이고, 구(區) 간부는 옳으며,

---

12 竹内好(日), 「新颖的赵树理文学」, 黄修己 编, 『赵树理研究资料』, p.490.

국가를 믿고 정부를 믿으며 간부를 믿는 것은 옳은 일이다.

그리하여 소설에서 새로운 진보적인 농촌 여성을 지지하는 것은 구 정부, 구 간부이며 그들은 예외 없이 모두 남자이고 바로 그들이 정부와 당을 대표해 자오수리의 가정 윤리와 여성해방을 소재로 한 소설 속에서 절대적 권위를 가지게 된다. 소설은 그들의 남편, 아들, 아버지로서의 역할을 말살해버리고, 심지어는 그들의 성별에 대해서 언급도 하지 않았기에 독자들은 그들의 개인적인 면을 알 수 없다. 그들이 여성을 어떻게 보는가는 중요하지 않다. 중요한 것은 당이 어떻게 보고 구 정부가 어떻게 보는가라는 문제이다. 모든 간부는 한결같이 개인적인 특징이 없다. 그들의 주요 임무는 여성들이 사상적 각성을 강화하도록 돕는 일이며 그들은 고도로 추상화된 '정권 의지'의 화신이다. 그렇기 때문에 『멍샹잉 해방』에서 구 간부의 도움과 세심한 지도로 집에서 괄시받던 여성이 가정 밖으로 나올 수 있게 되는 것이다. 이는 국가정책과 국가정책의 집행자가 자오수리 소설의 줄거리에서 아주 중요한 것임을 뜻하며 그들은 대세를 바꿀 수 있는 능력이 있다. 『멍샹잉 해방』과 『가보 전수』, 「등록(登記)」, 「샤오얼헤이의 결혼」 등의 작품에서 시어머니가 진정으로 머리를 숙이고 며느리의 선택을 인정하게 된 것은 아래 세대의 용감한 정신의 호소에 감화되었기 때문이 아니라, 구정부의 위엄과 정부, 법률을 감히 어길 수 없기 때문이다. 시어머니/들은 진정으로 무엇이 달라진 것이 아니라 단지 '위엄과 권위(威權)' 때문에 위축된 것이다. 따라서 시어머니들이 약함을 드러낸 것은 여성해방사업의 승리가 아니라 법률/정책이 드러내는 국가 권력의지의 승리인 것이다. 멍샹잉이나 진궤이의 승리는 모두 그녀들 자신이 시어머니에게 받아들여진 것이 아니라 그녀들 배후에 있는 '정치 세력'이 강대하기에 시어머니들이 결과적으로 강대한 정권 의지에 머리 숙인 것이지 새로운 생활 방식과 타협한 것이 아니다.

따라서 소설 속 새로운 여성상의 승리는 '값 떨어진' 승리이다. 그들은 구간부가 통제하는 범위 내에서만 힘을 얻은 것이다. 그들은 마을의 공적 공간에서 정부가 주도로 하는 표창식과 신문 지상의 찬사를 받았다. '해방'된 여성이지만 가정생활 내부, 즉 민간의 힘과 민간의 윤리·도덕관이 강한 가정 내에서 그들은 여전히 배척당한다. 멍샹잉은 소설의 결말 부분에서도 실상 여전히 남편과 시부모의 배척을 받고 있으며 그의 행위는 가족들의 환영을 받지 못한다. 『가보 전수』에서도 리청냥과 진궤이 사이의 갈등은 표면적으로만 화해가 이루어졌을 뿐 시어머니는 여전히 그녀를 이해하지 못하며 단지 사건의 발전에 눌려 자기의 생각을 감히 표현하지 못할 뿐이다. 그러므로 자오수리의 소설에서 우리는 정권 의지의 강대한 힘을 볼 수 있고, 민간 윤리 관념과 정권 의지 간의 장기적인 길항도 목격하게 되며, 여성해방사업의 막중함과 복잡성이 잠재적으로 드러난다.

자오수리의 소설이 사람들에게 시사하는 바는 1940~1950년대의 여성해방과 해방사업은 국가정책의 강제적인 추진으로 인해 얻을 수 있었던 성과이며, 여성해방은 정권 의지의 보호를 받아야만 이룩할 수 있다는 것이다. 본질적으로 말하면 해방구에서 시작된 여성해방은 정권 의지와 결합함으로써 표면상의 승리를 이룩했지만, 여성들의 의식이 자발적으로 변화하게 하는 일은 아직 갈 길이 멀고도 막중한 일이다.

4. 정권 의지와 민간 윤리의 봉합

자오수리 소설에서 여성해방사업에 대한 서사는 유감스러운 부분이 없지 않지만 여전히 논의할 가치가 있으며 참고할 부분도 있다. 자오수리 소설의 이 두 새로운 여성상을 전 중국 여성해방사의 맥락에서 논의할 필요가 있다.

청나라 말기 이래 지식인들은 여성들의 몸에 잠재해 있는 '생산능력'을 강조하기 시작했다. 여기서 이르는 생산능력은 생육 기능을 뜻할 뿐만 아니라 여성의 사회적 '분리자(分利者, 이익을 나눠 갖는 자—옮긴이)'로서의 신분도 뜻한다. 청의 지식인들은 여성들이 만약 생산노동에 참여하면 중국은 부강한 나라가 될 수 있다고 보았다. 당시 중국 여성의 잠재적 노동력에 대한 판단은 국가를 기준으로 한 것이다. 동일하게 여성들의 몸에 있는 '역량'에 관심을 가졌으나 1919년 이후의 중국 문학사의 여성상 가운데 새로운 여성상은 대부분 좋은 교육을 받은 여성, 혹은 현대적 가정 안에서 남편과 서로 돕고 자식을 가르칠 수 있는, 또는 혁명사업에 충성하고 혁명에 참여하는 여성이며 이런 이들이 그 시대의 신여성이 되었다. 농촌 여성을 살펴보면, 여성의 이미지는 거의 예외 없이 암흑 속에서 구원받기를 기다리는 여성인데 이는 5·4 신문학 이래의 계몽주의 시각과 밀접한 관련이 있다.

이와 같이 중국 현대사와 문학사의 맥락에서 보면 해방구 여성들의 '해방'은 필수적인 것이다. 중국 공산당의 역대 정책은 모두 여성들을 중요한 역량으로 보았다. 1939년 3월 10일의 ≪신중화보(新中華報)≫는 마오쩌둥의 담화를 실어, "여성은 항전에서 중대한 역할을 맡았다. 반드시 여성들을 조직해야 하고 많은 여성 간부들이 여성 공작을 이끌어야 한다"라고 하였으며, 1939년 2월 중공중앙은 〈전국여성운동의 전개에 관하여(關於開展全國婦女運動)〉라는 결의문에서 여성 간부 양성을 강화할 것을 강조했다. 마오쩌둥은 3월 8일 세계여성의 날 기념 대회에서 수천, 수백의 여성 영웅과 여성운동 간부를 양성할 것을 호소했다. 여성 지위에 대한 중시라는 것이 당 영도자의 남녀평등에 대한 인식을 뜻하는 것임은 물론이거니와, 여성의 역할을 중시한 것도 현실적으로 의미가 있는 일이었다. 특히 당시 남자는 전선에 나가고 여성은 후방에 있는 항전 상황에서 어떻게 여성 노동력을 최대한 발휘시켜 경제 건설을 추진할 것인가가 정권 결정자들이 고려해야 할 문제였을 것이다.

이러한 관점에서 1945년 멍샹잉 이미지의 전형적 의미를 논할 때, 1940년 12월 공산당의 지도자인 주더(朱德)가 산간닝변구(陝甘寧邊區) 부련회의에서 발표한 여성해방에 관한 연설은 의미심장한 것이었다. 그는 "변구 경제 건설을 발전시켜 자급자족을 실현하는 것이 1941년도 변구 인민의 중심적인 임무이다. 청장년이 전선에 나갔기 때문에 생산 방면에서 여성들의 책임이 특별히 커졌다. 여성들은 경제적으로 독립해야만 진정한 자유와 평등을 이룩할 수 있다"라고 했다. 이 회의에서 '변구 여성들이 생산건설에 참가하도록 동원하는 데 관한 결정(關於動員邊區婦女參加生産建設的決定)〉이 통과되었고 여성들은 가정 수공업, 가정 내 부업과 목축업 생산에 참가해 당시의 경제 건설을 추진할 것을 요구했다. 「산간닝변구 여성운동의 역사·지위에 대한 간단한 평론」이라는 논문에서 저자는 이 결의 이후 여성들의 방직업과 농업 생산 분야에서 이룬 공헌을 열거했다. 논문은 당시의 생산 전선에서 변구 여성들이 확실히 "하늘의 반쪽(半邊天)"을 지탱하는 역할을 했다고 보았다.[13] 이러한 역사적 사실은 여성을 주요 노동력으로 위치시키는 데는 현실적 배경이 존재했다는 것을 시사한다. 청나라 말, 민국 초기의 여성해방운동에서 청 말기의 지식인들이 '여성을 발견한 것'이 구국을 위한 것이었던 것과 마찬가지로, 해방구 정권이 여성들에게 생산 건설에 참여할 것을 호소해 가정과 사회노동의 주력군이 되도록 한 것 역시 해방구의 발전을 위한 생각에서였다. 멍샹잉과 진궤이는 해방구에서 이런 목적하에 만들어진 여성의 전형이었다.

자오수리의 소설에서 정책의 집행자로서 공작원과 샤오어(小蛾)의 남편은

---

13 张秀丽, 「简评陕甘宁边区妇女运动的历史地位」, ≪延安教育学院学报≫, 第1期(2002).

모두 이 정책의 선전자가 되고, 서술자는 샤오어의 남편을 통해 여성들의 희망을 표현했다. 그는 샤오어에게 "내가 당신네들한테 진궤이를 배우라고 항상 말했잖아. 그러니까 이런 일(새로운 국면에서의 가정의 관리와 공헌-인용자)을 전체적으로 배우라는 거야! 매일 여성해방, 여성해방을 말하는데 당신네들이 진짜 해방되고 싶으면 일을 많이 하고 많이 다루고 많이 알아야 하는 거야!"라고 말하는데, 이 말은 인상 깊다. 이것은 가정 안에서 남편이 아내에게 제기한 새로운 희망이자, 또한 집 밖에서의 정권 대표가 여성들에게 제기하는 요구이기도 하다. 남편/정권 대표의 신분이 오버랩되면서 이러한 담론의 최상위의 권위가 드러나고 있는 대목이다.

자오수리 소설과 이런 권위적인 담론은 구별된다. 자오수리는 그의 새로운 여성상이 광범위한 군중의 지지를 얻게 하기 위해 일종의 전략을 사용했다. 예를 들어 멍샹잉의 이야기에서 멍샹잉이 해방되기 전에 받는 압박은 군중이 자신을 동일시할 수 있는 기초가 된다. 여기서 고아라는 신분 또한 중요하다. 어머니의 교육과 보살핌을 받지 못했기에 그는 전족을 하지 않았고 여자가 해야 할 일을 잘하지 못하기에 시집에서 학대를 받게 되었으며, 이러한 것들이 사람들의 동정을 받을 수 있는 기초를 제공한 셈이기 때문이다. (이 역시 민간의 '좋은 여성'의 기준의 강고함을 암시한다.) 또 시어머니의 '생활 태도'도 혐오스러운 것이다. 그녀는 젊을 때 남자들과 교제하기를 좋아했다. 이렇게 젊었을 때는 '노는 여자'였으나 늙어서는 사람들의 미움을 받는 이미지는 자오수리 소설에 자주 나오는데, 이것도 남자인 자오수리가 이런 유형의 여성에 대한 편견이 있음을 암시한다. 따라서 멍샹잉의 이야기에서 시어머니는 젊었을 때 품행이 좋지 않고, 멍샹잉은 가난한 가정에서 태어난 비참한 운명의 여성인데, 이러한 것들이 이 한 쌍의 여성 중 누가 환영받고 누가 멸시당해야 하는가라는 문제에 '사전 이해(前理解)'를 제공한다. 그래서 고부 관계는 우선 나쁜 여자와 좋은 여자 간의 투쟁으로 변한다. 나쁜 여자가 낙후하고 봉건적이며 악랄한 반면, 멍샹잉은 자연스럽게 사람들의 인정을 받게 된다. 바꿔 말하면, 독자가 멍샹잉과 자신을 동일시할 때, 겉으로 보기에는 여성 영웅에 대한 긍정이지만 이는 청백하고 부지런하며 가엾은 딸과 천대받는 며느리에 대한 공감이 바탕에 깔려 있는 것이다.

『가보 전수』에서의 진궤이와 리칭냥 사이의 갈등은 멍샹잉의 고부 관계처럼 긴장되거나 극적이지는 않지만 진궤이가 독자들의 사랑을 받을 수 있는 배경이 되었다. 이는 아랫사람으로서 진궤이의 '인내와 양보'로 나타난다. 시어머니가 며느리에게 상자를 이리저리 옮기라고 하는데 진궤이는 웃음으로 이를 대한다. 이러한 모든 것이 그녀가 효성스럽고 도리를 지키는 며느리라는 것을 암시해준다. 많은 연구자들이 자오수리가 여성해방운동에서의 개인의 의식(意識)을 단순화하고 양성 관계도 단순화했다고 지적하지만 소설 속 인물의 생활환경은 민간 윤리의 방식에 맞게 처리했다. 바꿔 말해 그는 중국 민간 윤리의 관계에 맞는 여성 인물을 형상화했다. 그렇다면 이 두 여성상에는 실상 민간에 존재하는 평범한 좋은 여성에 대한 판단 기준이 잠재되어 있는 것이다. 좋은 여성이란 사리가 밝고 효도하며 참을성 있고 부지런하며 일 잘하고 자기를 내세우려 하지 않으면서 집안에서는 억압당하는 약자이다. 자오수리는 여성을 형상화할 때 여성의 미덕에 대한 민간의 통상적 이해를 벗어나지 않았다. 바꿔 말하면, 그가 만들어낸 여성 영웅은 설사 여성 간부나 가정의 주요한 노동력은 아니더라도 생활 속의 '달인'인 것이다.

따라서 자오수리 소설의 독특성은 여성을 노동력으로 만들고자 하는 정책을 선전할 때, 이러한 정책이 민간 윤리·도덕의 의지와 신임을 필요로 함을 정권 대표들보다도 더 강하게 인식했다는 데 있다. 따라서 정권 의지와 민간 윤리를 봉합하려는 그의 노력은 마땅히 중시되어야 한다.

그 외에도 일부 연구자들이 지적한 바와 같이 자오수리는 중국 농촌의 물질적 빈곤에 대해 깊이 이해하고 있는 작가이다. 여성해방에 대한 이해에 있어 그는 어느 작가보다도 물질적 이익의 중요성을 강조했으며 이런 물질적 이익의 획득은 개인의 이익과 밀접하게 연관되어 있었다.

『멍샹잉 해방』에서 그는 많은 숫자를 이용해 여성의 몸에 잠재해 있는 거대한 노동력을 강조한다. 바로 이 노동력이 마을과 가정이 기근의 침입을 이기게 했으며, 이처럼 개인의 생활을 개선한다는 것이 그 무엇보다도 호소력 있는 요인이었다. 『멍샹잉 해방』은 소설의 마지막 장에서 "어떤 사람이 물었다"라는 반어 방식으로 멍샹잉의 의미에 대해 논한다.

> 어떤 사람이 묻는다. 지금까지 멍샹잉의 남편과 시어머니는 멍샹잉과 맞지 않았는데 이것은 왜일까? 그의 발이 너무 커서 걸음걸이가 너무 안정적일까봐? 그가 일을 너무 많이 해서 그들이 할 일이 없을까 걱정되어서일까? 그가 땅을 다 파버릴까봐 걱정되는 걸까? 그가 메뚜기를 다 죽여버려 멸종시킬까 걱정되어서일까? 그가 나물을 몽땅 다 뜯어버릴까 걱정이 되어서?

이런 유머스러운 언어 방식은 실상 멍샹잉이 '해방'된 후에 가정에 가져다 준 '물질'적 이익을 강조하는 것이다. 이는 여성해방이 실제적 이익을 가져다 줄 수 있음을 물질적 방식으로 표현한 것이다. 당시의 농촌에서 이런 실제적 이익은 남녀평등을 선전하는 것보다 훨씬 효과적이었다. 어떤 이는 다른 방식으로 남녀평등을 강조하는 것이라고 한다. 진궤이의 이야기에서 자오수리는 더욱 상세하게 개인의 이익을 강조한다. 예를 들어 진궤이가 시어머니와 논쟁할 때 "한 근 솜을 잣는 데는 이틀이 걸리는데 쌀 다섯 되를 벌 수 있어요. 그런데 석탄 한 번 팔거나 험한 일을 하루 하면 단 하루 걸리는데 역시 쌀 다섯 되를 벌어요! 어머님 보시기에 실 잣는 것이 좋겠어요? 석탄 파는 것이 좋겠어요?"라고 묻는다. 시어머니가 진궤이보고 옷을 만들지 않고 사려 한다고 질책할 때 진궤이는 분업의 차이를 강조하며, 자기는 같은 시간에 더 많은 경제적 이익을 얻어낸다고 말한다. 자오수리는 농촌의 실제 상황에 맞는 방식으로 여성의 지위가 아주 낮은 지역에서 여성해방이라는 전통 풍속을 파괴하는 행위의 가능성을 탐색한다.

멍샹잉과 진궤이는 정권 의지에 따라 작은 가정을 벗어나와 공적 사회생활에 참여한다. 많은 여성들이 그들을 따라 배운다. 그들은 "해방을 요구하며 시어머니와 남편이 자신을 때리고 욕하는 것에 반항하며 여자들도 나무를 하고 물을 긷고 밭에 나가 일하고 남자와 같은 밥을 먹고 같은 일을 하며 겨울 농한기에 학교도 다니겠다고 주장"한다. 강대한 권력 제도와 담론의 권력이 있는 해방구 정권은 새로운 여성상을 교육하며 만들어내는 공간이 된다. 바꿔 말하면, 해방구 정권은 가정의 주요 노동력을 돌파구로 삼아 여성을 성공적으로 '해방'시키고 그들을 새로운 혁명운동에 끌어들이는 데 성공한다. 여성들은 주요한 노동력으로, 실제로는 해방구 정권이 이러한 '부녀 신체 사용권'을 놓고 가정과 쟁탈전을 벌이는 것이다. 이런 상황은 해방구가 항전의 국면이라는 필요성 때문에 발생했으며 자오수리의 소설은 여성의 가치를 재인식하게 하지만 여성해방운동의 본질에서 보자면 신구 세력 간의 여성 노동에 대한 명명, 판단과 해석의 권리를 둘러싼 쟁탈전이다.

5. 맺음말

나는 농민 가정에서 태어나 또 공부를 하였기에 자연히 농민들과도 대화해야 하고 또 지식인과도 대화해야 한다 …… 후에 그들(농민)에게 지식인을 소개한다고 해도 그들의 말로 번역해야 한다 …… 말하는 것이 이러할진대 글을 쓸 때도 이런 점에 유의하고는 하였다.[14]

자오수리의 이 말은 그가 '지식인'과 '농민' 간에 서로 소통할 수 있도록 도와주는 '교량'이라는 정체성을 보여준다. 실제로 여성해방사업을 묘사할 때, 자오수리는 정권 의지와 민간 윤리를 봉합하고 서로 소통할 수 있도록 도와주는 역할자이기도 했다. 그의 농촌 여성의 새로운 이미지에 관한 서술 역시 그가 당의 간부로서 당의 뜻과 농민의 수용 사이에서 '소통'의 역할을 하는 자임을 드러낸다. 이 신분은 그의 농촌의 여성 정책에 관한 이해에서만 드러나는 것이 아니라 그가 정권 의지와 민간 윤리를 교묘하게 봉합할 때에도 나타난다. 이러한 봉합은 효과적이다. 새로운 여성상은 평범하면서도 사람들이 받아들이기 쉬운 인물이다. 이런 새로운 여성상으로 인해 "여성을 주요한 노동력으로 만들려"는 당의 정책도 관철될 수 있었다. 자오수리의 공헌은 여성해방이라는 정부의 의지와 정부의 담론이 가정의 부담을 덜어주고 "부자가 되는(致富)" 지름길을 찾는 것이 되도록 만든 데 있다. 이는 소설 속에서 정책 선전밖에 할 줄 모르는 간부와는 구별된다.

자오수리는 농민의 아들이라는 신분을 기반으로 자기 작품 속의 여성을 가정을 돌보지 않고 국가사업에만 몰두하는 슈퍼우먼으로 부각시키지 않았다. 그의 소설 속에서 그 여성들은 자녀가 없고 부부 관계도 그다지 좋지 않은 인물로 그려지지만 여전히 현실 생활 속에서 복잡한 인간관계와 실제적인 이익에 매여 사는 인물들이다. 자오수리 소설 속 여성들은 아직은 당의 말만 할 줄

---

14 赵树理, 「也算经验」, 黄修己 编, 『赵树理研究资料』, p.98.

아는 "무쇠 처녀"는 아니라서 그들에게는 여전히 농민의 모습과 인간적인 면이 있다. 비록 그들의 소심함과 "대세를 따르는" 사상이 유감스럽기는 하지만 독자들은 이러한 유감이 생활 자체와 어려운 환경에서 비롯된 것임을 인정할 수밖에 없다.

오늘날, 여성이 중국 농촌의 주요한 노동력이 된 것도 사실이고 노동을 하면 보수를 받는 것도 보편적인 현상이 되었다. 그러나 1940년대의 중국 농촌에서 여성이 가정 밖으로 나가 노동함으로써 온 가족을 부양하는 일은 보기 드문 일이었다. 그런 점에서 자오수리의 소설은 "여성을 새로운 농촌 노동력"으로 형상화한 측면에서 중요한 모범(典範)이라는 의미를 지닌다고 하겠다.

중국의 현재 상황을 보더라도 60여 년 전의 자오수리의 소설은 여전히 논의할 가치가 있다. 가령 가족계획 정책을 추진할 때 국가정책과 선전 기구는 '남녀평등'과 "아들을 낳든 딸을 낳든 다 같다"라는 슬로건을 반복했지만, 중국 농촌의 많은 지역에서는 딸이 시집을 가면 그녀의 땅을 도로 회수하고 새로 시집 온 며느리는 마을에서 땅을 절대 분배받지 못했다. 실제의 실행 방식에서는 남녀 간의 불평등함이 드러나는 것이다. 자오수리의 소설이 여성해방 과정에서 실제적 이익 획득을 중시한 점, 정치 담론과 민간 윤리 사이의 일치점을 찾기 위해 노력한 점은 오늘날에도 시사하는 바가 크다.

10

자본 · 노동 · 여성

정샤오충의 여성 노동자 주체로서의 사회/문학 이미지의 부상을 논함

장리(최선향 옮김 · 조미원 감수)

정샤오충(郑小琼)과 그녀의 시는 이미 놀라운 문학적 존재가 되었다. 그녀의 시에 대한 평론은 많은데, 이 장에서는 그녀가 젊은 여성 노동자 주체로서 어떻게 사회/문학 이미지를 드러내었는지 그 과정을 논하고자 한다. 필자의 문제의식은 당대 중국에서, 왜 여성 노동자 주체로서의 시인 정샤오충이 출현하게 되었으며, 이 출현은 과연 우연적인 것인가 하는 것이다. 오늘날, 정샤오충은 이미 많은 비평가와 연구자들에게 잊힐 수 없는 대상이 되었는데, 그녀는 어떻게 해서 이토록 오래도록 기억에 남는 문학적 존재가 된 것일까?

홍콩의 학자 판이는 현장 연구자의 신분으로 작업장에서 젊은 여성 노동자들과 함께 생활한 뒤 『중국 여공: 신흥 노동자 계급의 형성』이라는 책을 출판해 큰 주목을 받았다. 이 책의 중심 주제는 젊은 여성 노동자가 신흥 노동자 주체로 형성된다는 것이다. 판이는 "젊은 여성 노동자는 노동자의 주체이자 동시에 특수한 문화/상징의 산물로서 다국적 자본이 사회주의 중국에 유입된 특수한 시기에 형성되었다"[1]라고 했다. 그녀는 이 책에서 평범한 여공의 심야의 절규에 대해 묘사하면서 그녀들의 절규는 이 시대를 향한 강한 저항이라고 여겼다.

판이의 연구와 비교했을 때, 나는 정샤오충과 그녀의 시가 표현하는 주체 이미지는 더욱더 시대의 상징적 의미를 갖고 있다고 생각한다. 즉, 내가 토론하고 싶은 것은, 실천적 층위에서 한 여성 노동자가 주체 존재를 획득하는 가능성에 관한 것이다. 이 장에서는 무엇보다도 문학적 층위에서 노동 현장에서의 여성 주체의 존재(정샤오충의 시에는 굴복하지 않고 현실 사회에 지속적으로 항변하는 여성 주체 이미지가 있다)에 대해 토론하고자 한다. 이 여성 주체의 촉각은 예민해서 고향인 농촌이 현대화된 도시 앞에서 무력해진 모습을 간파하고 있으며, 기계화 시대 앞에서 함몰된 개인의 능력, 그리고 청춘의 함락과 신체와 노동이 자본에 의해 약탈되어가는 것을 바라보고 있다. 반면 사회학적 층위에서 서사자로서의 정샤오충은 여성 노동자이며, 여성 노동자의 '역할'을 연기하면서 현장에 들어온 인류학자와는 분명히 다른데, 노동자로서의 떠도는 생활과 경험은 그녀가 노동자의 감성을 표현해낼 수 있는 이 시대의 진정한 기록자가 되게 했다.

당대 문학사는 물론이고 현대 이후의 여성 문학사상 정샤오충은 매우 특별한 문학적 존재라고 말할 수 있다. 고향인 쓰촨을 떠나온 여성 노동자로서 '황마링(黄麻岭)'에 대한 기록을 통해 세계화 시대의 암울한 노동 현장을 재구성했으며, 문학/사회학 주체로서의 정샤오충 및 그의 시는 현대 중국 사회에서 복잡하고 이질적인 여성 주체 이미지 형성의 가능성을 드러내었다.

---

1 潘毅,『中国女工: 新兴打工阶级的形成』(香港: 香港明报出版有限公司, 2007).

1. '황마링'

정샤오충은 대다수 농촌 여성들처럼 고향을 떠나 광둥(广东)에 와서 일하게 된다. "나는 2년 전, 열대여섯 곳의 공장에 들어갔고, 거기서 한 달, 반달, 며칠 혹은 두 달씩 일했다. 별의별 공장에 다 들어갔었다. 금속 활자, 모직, 인쇄, 장난감 등 열 몇 가지 일을 해봤다."[2] 그녀는 불법 장난감 공장에서 도망 나온 경험을 회상하며 이렇게 말했다. "장난감 공장에서 도망 나왔을 때 돈이 한 푼도 없었다. 그 장난감 공장은 매일 아침 7시 30분에 출근해서 밤 11시, 12시에나 겨우 쉴 수 있었다. 뜨거운 물에 데친 배추를 먹었고 기숙사에서는 한방에 서른 몇 명이 같이 잤다. 임금도 낮았고…… 나는 거기서 보름을 버텼고 도저히 못 있을 것 같아서 혼자 도망 나왔다. 그 공장은 보따리를 들고 공장을 나가는 것을 금지해서 옷을 잔뜩 껴입고 그곳을 빠져나왔다."[3]

정샤오충의 전형적인 경험을 살린 창작 속에는 보편성이 보인다. 그녀는 노동자의 시선으로 긴 시간 동안 작업장에서 보냈는데 그곳은 '황마링'이라고 불리는 지역으로 수천만의 노동자가 있다. 청년들에게 황마링은 낯선 타향을 의미한다.

"타향에서 암울한 가로등 불빛 아래 / 나는 분주히 뛰어다닌다, 빗물과 땀을 맞으며 숨을 헐떡거리면서 / …… 나의 생활은 플라스틱 제품, 나사, 못 / 작디작은 월급 카드 한 장에서 벌어진다(「황마링」)."[4] 그녀는 이러한 노동의

---

2 郑小琼·何言宏, 「打工诗歌并非我的全部」, ≪诗选刊≫, 1期(2008).

3 같은 글.

4 본문에서 인용한 정샤오충의 시집은 『散落在机台上的诗』(北京: 中国社会出版社, 2009); 『郑小琼诗選』(廣州: 花城出版社, 2008); 『黄麻岭』(北京: 长征出版社, 2006) 등으로 따로 주를 달지 않는다.

단기적 특징과 노동자 생활의 박탈감을 의식하고 있었다. "내 생활의 전부를 / 아, 자신을 맡긴다, 작은 마을 / 바람에 모두 날아가 버리고 / 남은 것이란 늙는 것 뿐, 집으로 가자." 공장은 모든 것이 암울하다. "저 굶주린 기계, 매일 쇳덩이, 설계도 / 별, 이슬, 짠 땀을 먹어대고 / 이를 쑤시면서 / 이윤, 지폐, 술집을 토해낸다. …… 기계는 끊어진 손가락 / 밀린 임금, 직업병들을 본다, 이렇게 씁쓸한 기억 / 밤은 이토록 광활한데, 쇳조각에 매달려 사는 사람들 / 빚을 짊어지고 습하고 차가운 철 위에 서서 / 처량하게 움직이고 있다, 얼마나 많은 사랑이 철선반 아래 균형을 맞추고 있나 / 속세의 마음은 쇳덩이처럼 강하다는데, 씁쓸하고 고된 공장 생활(「기계」)."

황마링의 생활은 피곤하고 지겹지만 그녀는 결코 울거나 원망하지 않으며 타인의 연민과 동정은 바라지 않는, 확실한 사고력과 판단력을 갖춘 시인의 이미지를 보여준다. 주류의 목소리에 휘둘리지 않고 세계에 현혹되지도 않는다. 외지에서 온 어느 노동자 부부에 대해 쓰면서 그녀는 달빛의 시각을 차용했다.

"달빛은 아직 완공되지 않은 부부 숙사 건물을 비추고 있다. 달빛은 신문의 뉴스를 비추고 / 외지 노동자 부부의 성생활에 주목한다." 외지 노동자에 대한 보도와 관심은 단지 하나의 표상에 지나지 않는다. 하지만 시인은 인간으로서의 그들의 육체, 뼈, 욕망 그리고 우수에 찬 마음을 본다. "달빛은 / 신혼 첫날밤의 기억을 비추고 / 달빛이 소금처럼 밝아 결혼 후 18일 후 따로 살 수밖에 없는 상처에 뿌려진다. / 달빛은 육체의 우물을 비추고 있다. 달빛은 욕망의 우물을 비추고 있다. / 달빛이 보름의 결혼 휴가를 비추고 있다. 달빛은 그의 기억을 비추고 있다. / 그녀의 몸 한 치 한 치 이끼가 낀다. / 그녀의 몸은 달빛 아래 황량해져간다. 한 치 한 치씩 / 다섯 채, 여섯 채 되는 45미터의 거리를 따라 / 달빛이 더 가까이 오면 그것이 가져온 요원함도 더 커질 것이고 / 그녀의 욕망이 더 깊어져 달빛이 더 어두워진다면 / 그녀의 피부 상처는 더 커질 것이고 마음의 괴로움은 / 더 깊어질 것이다(「달빛: 별거 중인 노동자 부부」)."

텔레비전 뉴스에서는 구두닦이 여성이 공공 녹지대에서 소변보는 것을 보도하며 이들을 도시 환경의 "트러블 메이커"라고 비판했다. 정샤오충은 이에 대해 "구두를 닦아 버는 일당은 대략 20원 정도이다. 중국 대부분의 공공 화장실은 한 번 갈 때마다 1원씩 내야 하는데, 일반적으로 사람은 하루에 세 번에서 다섯 번 정도 화장실에 간다. 매번 돈을 내면 이 돈이 일당의 20%나 된다"[5]라고 말했다. 구두닦이 여공들이야말로 도시 생활의 피해자들이다. 도시는 이들에게 생활의 편리를 제공해주지 않고, 이들이 도리어 도시인들에게 값싼 노동을 제공하고 있다. 여기에 숨어 있는 하나의 역설은 도시 건설에 도움을 주는 당사자들은 정작 화장실의 편리함이나 인간으로서의 존엄한 대우를 전혀 받지 못하고 있다는 것이다. 정샤오충은 노동자들이 사회의 새로운 구성원이 되는 과정에서 겪는 어려움을 시로 표현했다. 하지만 결코 약자의 자세로 쓴 시가 아니며 피해자의 모습으로 그려낸 것도 아니다. 비록 가난하고 고독하지만 절대 굴복하지 않고 저항하는 모습을 보여주고 있다.

정샤오충은 작가의 입장과 시각이 글쓰기에 끼치는 영향을 인식했다. "관리자나 외부인이 노동자가 수천 명 되는 공장에 참관하러 오면 아마도 그들은 제품, 기계, 작업실 혹은 이윤 등에 관심이 있거나 혹은 공장 사장은 얼마나 부자일까 계산하고 있을지 모른다. 노동자들의 생각과 느낌, 혹은 기계에 몸이 다치지는 않을까 걱정하는 사람은 별로 없을 것이다. 내가 그 노동자 중의 한 사람으로 서있을 때의 느낌은 정말 다르다."[6] 그들 가운데서 생활하는 동

---

5 郑小琼·何言宏, 「打工诗歌并非我的全部」.

안 그녀는 자신의 정체성을 다음과 같이 표현한다.

> 나는 낮은 목소리로 말한다. 그들이 바로 나이고 나는 바로 그들이라고 / 그들의 슬픔, 아픔, 희망, 이 모두는 침묵하고 눌려 있다 / 우리의 마음, 고백, 사랑은 모두 눈물 / 철 같은 침묵과 고독 혹은 통증일 뿐이다.

"그들이 바로 나"라는 생각은 바로 현대사회에 부족한 것, 즉 "계급/계층"에 대한 정체성이다. 비록 그녀가 뚜렷한 계급의식이 없을지는 몰라도 그들을 노동자 집단으로 구별했다. 또 페미니즘에 관한 분명한 시각이 없을지 몰라도 젠더에 관한 예민한 지각을 가지고 있었다. "그들은 바로 나"라고 하는 구절에 강렬한 형제애와 자매애가 묻어난다. 예컨대 「37세 여공」에는 "여공 모집, 나이: 18~35세 / 서른일곱 살의 여공, 공장 문밖에 서서 / 고개 들어 나무를 본다, 가을은 낙엽을 불어 떨어뜨리고 / 떨어진 낙엽은 시간에 녹이 슬어, 직업병이 / 마비된 사지, 출렁이는 호흡…… 녹슬었다"라고 표현되어 있고, 「자정의 여공」에서는 "아무도 이 여공의 생리에 신경 쓰지 않는다 / 몸 안에서 용솟음치는 조수, 그녀의 떨리는 어깨 아래 / 소리 없는 고통, 절단기에 잘려나가고, 다져진다 / 그녀의 체념, 놀란 눈, 조용한 한숨 소리 / 모두 다 산업 시대에 침몰된다. 산업은 모든 것을 잉태한다. / 그리고 그녀의 모든 것을 삼켜버릴 것이다, 그녀의 몸, 영혼 / 사상까지, 꿈도 재단되고 봉합되어 상품 진열대 위에 / 팔리기를 기다리는 광택나는 상품이 된다"라고 표현한다.

전건영(田建英)이라는 개척자를 예로 들면, "이 전건영이라는 개척자는, 기침하고 가슴이 답답하다, 그녀의 희끗희끗한 머리는 / 낮은 기침 소리와 함께

---

6 郑小琼, 「铁·塑料厂」, ≪人民文学≫, 5期(2007).

바람에 얽혀 가래침을 /생활이라는 식빵 위에 탁 뱉는다, 피 묻은 폐는 생활이라는 바람이 / 불어 내리치는 것을 내내 견디지 못한다"(「바람 속에서」). 사회에서 쉽게 간과되는 여성 노동자들은 정샤오총의 시에서 예술적으로 다시 태어난다.

2. "손가락이 잘리는" 상처의 기억

"나는 아픔을 느끼고 있는 육체는 굴복한 몸이 아니라 투쟁하고 있는 신체라고 생각한다. 여공들은 두통, 생리통, 척추통 같은 만성적인 통증에 시달리고 있는데, 이러한 만성적 통증은 사회의 소외 및 여성 신체를 지배하고 있는 정도를 가늠하고 판단할 수 있는 하나의 방법을 제공한다."[7] 판이는 『중국 여공』에서 통증이 여성에게 가져오는 신체적·육체적 상해에 대해 썼다. 정샤오총 시에서도 '통증'은 반복적으로 표현되는데, 그것은 "손가락을 잘린" 경험으로 시작된다. "한번은 바이트에 손가락을 다쳤는데 손톱의 반이 날아갔다. 그때의 아픔, 그 날카로운 통증은 고요히 손가락을 따라 올라가 살과 뼈에 사무쳤다. 피는 냉각 기름을 따라 흘러내린다."[8] 그녀는 손톱이 나간 경험을 통해 주변의 수많은 부상자들의 통증을 발견하게 된다. 그들은 대부분 외지에서 온 노동자들로, 어떤 이는 손가락 절반을, 어떤 이는 손 전체를, 또 머리와 다리를 다친 사람도 있다.

그래서 그녀는 다른 이들의 통증을 절감할 수 있었다. "내 왼쪽 병상에 누

---

7 潘毅, 『中国女工: 新兴打工阶级的形成』.
8 郑小琼, 「铁·塑料厂」.

워 있는 사람은 머리를 다쳤는데 한 플라스틱 공장에서 근무하고, 오른쪽 병상에 누워 있는 이는 많이 아픈지 신음하고 있어 보았더니 왼손 손가락 세 개가 끊어졌다. …… 가족들은 초조한 얼굴로 병상에 둘러앉아 있다. 그의 통증은 가족들에게 날카로우면서도 가슴 시린 것, 전기 용접기 아래 철 조각마냥. 통증은 격렬하고 요란스럽게 뼈와 골에 파고들어 평생 자욱한 통증에 덮여 살게 되겠지. 허난(河南) 신양에서 온 이 사람, 고향에 돌아가서 잘 생활해갈 수 있을까?" 이것은 개인의 몸에 입혀진 절실한 고통이건만, 이 노동자들/상처 입은 자의 통증은 한 개체의 통증으로서 여겨지지 않을뿐더러 사회에서도 충분히 인식되지 못하고 있다. "여기 시골 병원에서, 이 공업화된 남방의 작은 시골에서 이러한 부상은 보잘것없다. 머리를 창밖으로 내다보니 창밖에는 넓은 도로와 붐비는 행인들. 광고판으로 꽉 찬 도시, 굳게 닫힌 공장 철문, 태평성세의 모습이 아닌가. 그 누구도 기계에 잘린 손가락에 관심이 없다. 그들의 신음 소리 들을 이도 없고 그들은 선반에 뉘어진 철 조각마냥 고요하게 강한 외력으로 절단되고 잘게 갈려진다." 이러한 서술은 정샤오총이 자신의 통증을 전이시킨 것을 의미한다. "고요한" 통증에 관한 인식과 자신의 손톱이 잘린 경험은 그녀의 시, 에세이, 인터뷰에서 반복된다. "날카로운 통증이 습격한다. 가슴부터 솟아나와 꿈틀거린다. 육체와 영혼 사이에 경련이 일어나고 짐승처럼 날뛴다. 고된 노동과 섞이고 축적된다. 통증은 거대하여 벗어나기 힘들다. 마치 목구멍에 가로놓여 있는 철처럼. 그것은 예전에 꿈과 숭고한 사물이 차지했던 자리를 빼앗아 내 마음이 일찍이 바라보았던 저 높은 곳을 점점 공허하게 한다."

대부분의 노동자들은 침상에서 몸을 뒤척이며 신음 소리를 내고 묵묵히 견뎌내거나, 그들의 친척과 가족에게 부상의 경험을 말하는 방법으로 통증을 경감한다. 정샤오총의 통증 경감 방식은 글쓰기이다.

나는 남쪽으로 온 후 처음으로 시를 썼다. 더 정확하게 말하면 손톱 부상을 당하면서 처음 시를 쓰게 되었다. …… 많은 생각을 하게 되었다. 처음으로 이렇게 할 일 없이 느린 템포의 생활을 하게 되면서부터이다. 침대에 앉아서 만약 옆의 환우처럼 손가락이 잘렸다면 어떻게 될 것인가 하는 가정을 해보았다. 다음번에 손톱이 아니라 다른 곳이 다친다면 어떨까 하는 생각도 하고, 꼬리에 꼬리를 무는 상상은 나를 두려움에 가득 차게 했다. 이 두려움은 불투명한 미래에서 비롯되었으며, 너무도 많은 우연적 사건들이 우리의 생각과 계획을 찢어놓는다. 나는 헤아릴 수 없는 질문을 끊임없이 나 자신에게 했고 마음의 소리에 귀를 기울여 종이에 써 내려갔다.[9]

이 말은 여성 주체 의식을 가진 작가의 탄생을 의미한다. 개인의 작은 통증은 자신의 운명을 다시 생각하게 했고, 시를 쓰면서 내적 치유가 진행되고 그것은 동시에 세계를 향한 항변이 된다. 그래서 시인은 몸의 고통과 잘린 손가락, 슬픔과 고독을 반복적으로 표현해 다른 사람들이 이러한 아픔을 들을 수 있도록 했다.

"주장(珠江) 삼각주에는 4만 개 이상의 잘린 손가락이 있다. 나는 만약에 그것들을 일자로 길게 늘어놓으면 길이가 얼마나 될까 생각해본다. 하지만 내 펜 아래 여위고 허약한 글자들은 그 잘린 손가락과 연결될 수가 없다." 2007년 정샤오충이 인민문학상 수상 무대에서 창작 동기에 대해 말할 때 잘린 손가락에 대한 발언을 한 적이 있다. 각종 언론 매체는 "잘린 손가락"과 "공순이 여동생" 등의 키워드로 보도했다. 정샤오충은 2007년 가장 대표적인 젊은 여성 시인이 되었다. 우리는 이것을 대수롭지 않은 일로 보아서는 안 된다. 왜

---

9 같은 글.

냐하면 정샤오충은 수상 무대를 빌려 개인의 아픔을 전체의 아픔으로 전화시켰기 때문이다. 그것은 더 이상 한 사람의 잘린 손가락으로 인한 고통이 아니라 이름도 모르는 수많은 노동자들의 고통이 되었고, 이러한 발언은 기계 옆에 힘없이 서 있는 노동자들의 모습을 연상시켰다. "그녀의 글은 삶의 고통을 나누었고, 이러한 아픔 속에서 써낸 글들 속에는 생활을 사랑하는 사람의 생활 자체에 대한 인식, 분석, 이야기, 반항, 연민이 드러난다."[10]

정샤오충은 "잘린 손가락"을 비유로 이 사회에서 잘려나간 한 계층의 상처에 대해 이야기하고 있다. 이것은 주체 의식을 가진 이의 선택과 발언이며, 중국의 새로운 노동자 세대의 경험이 "잘린 손가락"이라는 비유의 방식으로 전 사회의 시야 속에 떠오르게 된 것이다.

3. 젊은 여성 노동자 주체 이미지의 부상

정샤오충은 뚜렷한 인식 능력을 지니고 있는 노동자의 이미지를 갖고 있으며, 자신이 자동화 현장 생산 라인에 있다고 해서 결코 자동적으로 그중의 일원이 되었다고 여기지 않는다. "모두 지친 얼굴들을 하고 이 시대 허상 속에 / 잠겨 있는 마음, 허무 속에, 고층 건물과 자본의 그림자 아래 / 노예가 되어버려 우왕좌왕하고 있다." 그렇다면 '나'는 누구인가. '나'는 자유를 잃어버린 보잘것없는 인물이다. '나'는 침묵하는 기계 부품으로 변해가고 있다.

그녀는 중국 사회를 지배하는 글로벌 자본에 대해 다음과 같이 썼다.

---

10 谢有顺,「分享生活的苦: 郑小琼的写作及其"铁"的分析」, ≪南方文坛≫, 4期(2007).

미국 자본가의 공장에 일본 기계가 브라질의 광산을 움직인다. / 생산한 철은 독일의 바이트가 프랑스의 / 해안선을 수정하고, 한국의 진열대에는 이탈리아의 물건이 놓여 있다. / …… 이 산업 시대에 나는 항상 분주하다 / 내가 일하는 공장에서 평화롭게 세계를 차례차례 정리한다(「기계시대」).

정샤오충은 공업화 시대가 여성 노동자 주체에 대해 가하는 침해와 분할에 대해 인식했다.

나의 청춘을 붙잡고, 작디작은 직원 카드 하나가 / 내 머리채를 잡고 어셈블리 라인은 / 내 그림자를 잡는다. 말없는 공장 건물 한 채 / 그것은 나의 육체를 잡고, 말없는 기계 한 대…… / 그것은 출혈하는 소녀를 잡는다. 직업병을 잡는다 / 시궁창, 기형아, 낯설고 익숙한 그림자 / 그것은 기계 한 뼘을 잡고 손가락과 외지에서 온 운명을 입에 문다(「공업구」).

그녀는 산업 시대 노동자들의 '무명 상태'에 대해 이렇게 쓴다.

너희는 몰라, 내 이름은 카드 하나에 들어가버리고 없어 / 내 두 손은 어셈블리 라인의 일부가 되었고, 내 몸은 / 계약서, 임금에 달려 있다. …… 어떻게 이 소리 없는 생활을 보호해야 할지 모르겠다 / 이름과 성별을 상실한 생활, 계약에 얽혀 살고 있다(「생활」).

정샤오충의 작품에서는 왜 피해 의식 혹은 연민과 동정을 찾아볼 수 없는가? 아마도 그녀는 저항해야 할 대상이 하나의 구체적인 대상이 아닌 현대의 산업화 제도 자체라는 것을 인식했기 때문일 것이다. 산업화는 개인의 존엄을 침해하고 약탈했다. 그래서 그녀는 세계 공장이라 불리는 중국의 실정을 쓴 것이다. 미국, 한국, 일본, 싱가포르 공장의 노동자들 또한 무명의 생활을 하고 있다. 그녀가 중국 노동자의 생활을 쓴 것은 동시에 글로벌 자본의 지배를 받는 모든 노동자들의 공통적인 생활 경험을 쓴 것이라고 할 수 있다.

철의 이미지가 반복되는 것은 정샤오충이 공업 시대의 표상을 꿰뚫고 있다는 것을 의미한다. 이에 대해 많은 연구자들이 정확하게 분석했는데, 그중 장칭화(张清华)는 다음과 같이 언급했다. "정샤오총의 시에 '철'이 반복적으로 나타나는 것은 우연이 아니다. 철의 차갑고 딱딱함, 뭉툭함은 공업화 생존의 시대와 생산 라인의 은유로서 가냘픈 인성과 육체가 대조적으로 소외되는 현상을 표현하고 있다." "산업 시대의 미학"에서 철은 중요한 의미를 가지고 있다. 철은 어둠과 질서이자 영혼과 운명이다. 그것은 이 세상을 지배하고 있으며, 정샤오총의 시를 읽고 공감이 가는 이유는 그녀가 주목하는 것이 "도덕적 의미"에서가 아니라 "존재적 의미"에서의 노동과 생명이기 때문이다. 이것은 생명의 존재를 더 하찮게 보이게 한다. 어떤 의미에서 정샤오총의 시에 특별한 미학적 의미가 있다면, 그것은 "철"을 키워드와 표지로 하는 냉담한 공업시대의 새로운 미학일 것이다.[11]

그녀는 "철의 취약함"을 본다. 그녀는 철 같은 농민/농촌이 공업시대에 힘없이 무너지는 것을 본다. "나나 동료들은 집에서 아들이자 남편, 집안의 든든한 버팀목으로 강하고 투지가 강한 철이라고 할 수 있지만 이곳의 공장에 들어오면서부터 체계적인 프로그램 앞에 한없이 약소해지고 보이지 않는 시스템으로 소외되는 것을 느낀다."[12]

---

11 张清华, 「当生命与语言相遇」, ≪诗刊≫, 13期(2007).

12 郑小琼·何言宏, 「打工诗歌并非我的全部」.

"단단한 개인이 체계적인 시스템 앞에서 느끼는 무력감과 굴복감"을 본 것이다. 막강한 시스템들은 여공들 간에 서로 "동질성"을 갖게 했고 정샤오총과 그녀의 시는 한 시대의 작가가 가져야 할 놀라움과 거부감을 표현했다. 그녀는 굴복하지 않고 개인의 감정과 아픔, 슬픔을 강조한다. 밝게 빛나지만 고집스러운 마음, 개인이 느끼는 추위, 분노를 강조한다. 비록 사회는 노동자 계층을 집단적으로 이해하고 조명하지만 그녀는 여전히 느낌과 감성의 개인성을 고집스럽게 강조한다.

2010년에 발생한 폭스콘 사건[13]을 중국인들은 잊을 수 없을 것이다. 하지만 사건에 대해서 여전히 침묵하고 있다. 우리는 이러한 사회적 사건 속에서의 '개인'을 이해할 능력이 없다. 폭스콘 사건 속의 '개인'에 대한 이야기는 다루어지지 않았고, "13인 연속 투신"으로 가볍게 보도되었다. 아이러니한 것은 투신한 청년들은 자해하는 방식으로 '개인'을 찾으려 했다는 것이다. 정샤오총의 시는 노동자 한 사람의 경험과 감정에 대해 새로운 인식을 갖게 했고, 주체 의식과 개인 의식을 가진 한 집단의 개인에 대한 존엄을 표현했으며 현재 처한 환경에 대한 실망과 분노를 드러내었다.

그렇다면 여공들의 미래는 어디에 있는가? 그들의 비상구는 어디에 있는 것인가? 1990년대 TV 인기 드라마 〈여공〉은 한 여공이 승진해 공장 경리가 되는 것을 주제로 했는데, 끝까지 포기하지 않고 노력하는 여공의 본보기가 되었다. 그러나 실제로 이 같은 성공 사례는 갈수록 보기 힘들고 여공들의 생존 공간은 더욱 좁아졌다. 역으로 정샤오총이 2007년도 "중국 여성 시대 인물"이 되고, 광둥성 인민 대표 대회의 대표가 된 것은 '인민문학상'을 받은 수

---

13 폭스콘(foxconn)은 타이완의 전기전자조립 업체로 전 세계 컴퓨터(애플 포함) 부품의 90%를 생산하며 중국 각지에 공장이 있다. 2000년 이후 폭스콘 공장의 남녀 노동자들이 노동 강도를 이기지 못해 투신자살을 해서 사회적 문제로 떠올랐다(옮긴이).

상 경력 때문이다. 인민문학상 수상 후 그녀는 공공 분야에 진출해 사회적 발언을 할 수 있게 되었다. 한 평론가는 이렇게 평가한다. "여공과 인민문학상은 '미운 오리 새끼'와 '공주의 왕관'처럼 대조적인데, 바로 이것이 언론의 관심을 끈 이유이기도 하다. 만약 정샤오총의 시가 가장 낮은 계층에서 온 것이 아니라면 10개의 인민문학상을 받았다 하더라도 그저 작가 협회에 가입할 수 있는 자격을 얻어 약간의 명성만 있었을 것이다."[14]

하지만 문제는 중국 당대 문단에서 하층민의 삶을 쓴 작품이 적지 않은데 유독 정샤오총의 시만이 여공 계층 사회/여공 문화 현상의 대표로 성장할 수 있었던 이유가 무엇일까라는 점이다. 정샤오총을 발굴한 ≪인민문학≫ 잡지사의 편집자는 이렇게 말한다.

> 정샤오총에 대해 말할 때 우리는 흔히 그녀가 여공이었다는 것을 먼저 떠올린다. 그러나 여공의 경험이 정샤오총을 이해하는 데 매우 중요한 요소이기는 하지만 이런 사회적 신분이 모두 시인의 힘과 견해로 전화된다고 할 수는 없다. 훌륭한 시인은 그것을 내면화해서 영혼 깊은 곳까지 뿌리 내릴 수 있는 것이다. 정샤오총은 자신의 신분을 통해 자아를 발견했고 방황하는 '타자'를 보게 된 것이다. 그녀는 '타자'를 통해 자신을 바라보고 찢어지는 듯한 충돌을 경험한다. 정샤오총의 시 속의 역사는 끝나지 않았고 역사는 사람의 마음과 몸에서 운행한다.[15]

정샤오총이 문학 주체로서 인지될 수 있었던 것은 그녀의 글쓰기가 시의 존엄을 지켰기 때문이다. 그녀는 자신의 목소리를 냄으로써 사회적 주체가

---

14 韩浩月,「谁在维护诗人的尊严」, http://blog.sina.com.cn/hanhaoyue.

15 리징저(李敬泽)가 북경 중국현대문학관에서 거행된 영남문학신실력 작품 토론회에서 정샤오총의 시에 대한 견해를 피력했다. ≪文学报≫, 2009年 9月 25日 종합보도 참고.

된 것이지 공장 체제 내부의 승진이라는 방식에 의지해 중국 사회 지식인의 관심을 얻은 것이 아니다. 그녀가 빠져서는 안 될 중요한 존재가 된 것은 타고난 천재적 재능과 민감한 표현력 때문이다. 그녀를 잊을 수 없는 것은 그녀가 쓴 내용뿐만이 아니라 시에 대한 표현과 식견 때문이기도 하다.

4. 외침의 힘

계획경제가 끝나고 글로벌 시대가 시작되는 시대에 중국 농촌에서 밀려오는 수천, 수만의 젊은 여성들, 그녀들은 중국 남방에 밀려들어 여공이 된다. 중국 경제의 성공 뒤에는 그녀들이 힘들게 노동하면서 흘린 피땀이 있다. 방대한 여공의 수는 수많은 이름 없는 여공들이 자신의 목소리를 내고자 하는 갈망이 있다는 것을 뜻하며, 여성 노동자 시인 탄생의 무한한 가능성이 있다는 것을 의미하기도 한다.

판이의 저서에는 한밤중에 꿈속에서 비명을 지르는 아잉(阿英)이라는 여공이 등장한다. 그녀는 수년 동안 이런 꿈을 꾼다고 한다.

> 나는 매일 똑같은 꿈을 꾼다. 꿈속에서 한 부두를 따라 걷다가 배를 타고 강을 건너려고 한다. 이 강을 사이로 두 마을이 있는데 이 마을에서 저 마을까지 가려면 배를 타는 길밖에 없다. 근데 눈앞에 배가 떠나려고 하는데 내 몸은 꼼짝도 할 수 없는 것이었다. 너무 아프고 힘들고 뛰어가고 싶은데 몸이 움직이지 않는 것이다. 버려지는 것 같았다. 날은 더 어두워지는데.[16]

16 潘毅, 『中国女工: 新兴打工阶级的形成』.

정샤오충도 그녀의 악몽에 대해 이렇게 썼다. "나는 작업장을 떠나려 한다. 수시로 손가락이 기계에 끼일 위험 지대를 벗어나려고 한다. 그런데 이 위험한 그림자는 밤마다 나타나 열 번 넘게 손가락이 잘리는 꿈을 꾸었다."[17]

꿈속에서 아잉은 "밤은 깊어오고, 막다른 골목에 이르렀다"라고 느꼈기 때문에 비명을 지를 수밖에 없었을 것이다. 이 같은 방식으로 마음 깊은 곳의 강렬한 반발과 공포를 발산하는 것이다. 정샤오충은 악몽 후의 "비명"을 "외침"이라고 명명했다. "엄지손가락 손톱 밑의 상처는 철 조각이 마음속에 박힌 것처럼 마음에 퍼진다. 내 혈액과 온몸에 가득 차서 길고 긴 시간 속에 마음의 중력을 느끼게 하고 무거운 짐을 지고 걷게 한다."[18]

공포의 비명에 비해 "외침"은 훨씬 더 힘이 있고 생동감 넘치고 굴복하지 않는 항변으로 들린다. 이것이야말로 새로운 세대의 여공 주체가 가져야 할 목소리이며 이 시대에 가장 귀한 목소리이다.

17 郑小琼, 「铁·塑料厂」.

18 같은 글.

11

"공화국의 공업 만아들"

남성성과 공장·광산 노동자의 노동

왕샹셴(최선향 옮김 · 조미원 감수)

1. 문제 제기와 연구 방법

개혁개방 후 중국 노동자의 삶에는 거대한 변화가 일어났다. 중국 사회학계에서는 이에 주목해 1990년대부터 공장과 노동자, 노동 등에 관한 연구를 많이 진행해왔다. 특히 '노동사회학자'로 불리는 미국 학자 마이클 부라보이(2007)의 '공공사회학' 및 사회학이 도덕적·정치적 역량을 발휘해야 한다는 이념이 중국에 전해진 후 더욱 연구가 활발히 이루어졌다. 1980~1990년대의 연구는 주로 노동자 내부 및 관리자, 기술자들 간의 계층 분화, 노동의 권리와 사회적 지위의 변화, 정당의 공장 내 노동자에 대한 동원과 통제와 같은 주제를 다루는 '신전통주의' 등[1]에 집중되었다. 2000년대에 들어서는 주로 정체성,

1 A. G. Walder, *Communist Neo-traditionalism Work and Authority in Chinese Industry*(New York:

사회제도, 국가, 지구화 등의 측면에서 당대 중국 노동계급의 재건과 형성을 연구해왔다.[2] 그러나 노동자에 대한 연구의 발전과는 달리 다음 두 가지 측면에서 깊이 있는 연구가 이루어지지 않았다. 하나는, 대형 공장과 광산을 삶과 노동의 공동체로 연구하는 것이다. 중국에서는 수많은 노동자가 대형 공장과 광산에서 삶과 일을 병행하면서 독특한 공장과 광산 문화를 형성해왔다. 즉, 단일한 생산 모델, 수천만 명의 노동자와 그 가족들이 대를 이어 살아가고 있지만, 지금까지 중국에서는 공장과 광산을 생활과 생산 공동체로서 연구한 예가 거의 없다. 다른 하나는 남성성(masculinity)의 시각에서 진행한 연구이다. 통신(佟新), 진이홍(金一虹), 탄린(譚深), 푼(Pun), 판이(潘毅)[3] 등 학자들이 젠더의 시각으로 여성 노동자와 여성 농민공을 연구해왔지만, 남성성의 시각으로 진행된 연구는 거의 없다. 그렇기 때문에 이 장에서는 남성성의 시각에서 중국의 공장과 광산 노동자들에 대해 분석해보고자 한다.

이 주제에 관심을 갖게 된 것은 필자의 생활 경력과 연관이 있다. 필자는 산시성(山西省, 석탄 채굴업이 기둥 산업인 성)의 한 탄광에서 태어났다. 어려서부

Oxford University Press, 1986); 冯同庆 等, 『中国职工状况: 内部结构及相互关系』(北京: 中国社会科学出版社, 1993); 李强, 『當代中国社会分层与流动』(北京: 中国经济出版社, 1993); 常凯 等, 『劳动关系·劳动者·劳权: 当代中国的劳动问题』(北京: 中国劳动出版社, 1995).

2 于建嵘, 『中国工人阶级状况: 安源实录』(香港: 明镜出版社, 2006); 佟新, 「社会结构与历史事件的契合: 中国女工的历史命运」, ≪社会学研究≫, 2003(5); 沈原, 「社会转型与工人阶级的再形成」, ≪社会学研究≫, 2006(2).

3 佟新, 「社会结构与历史事件的契合: 中国女工的历史命运」, ≪社会学研究≫, 2003(5); 金一虹, 「全球生产链下的女工职业健康与生育健康」, 李真 主编, 『工殇者: 农民工职业安全与健康权益论文集』(北京: 社会科学文献出版社, 2005); 谭深, 「外来女工的安全与健康」, 载孟宪范 主编, 『社会转型期的中国妇女』(北京: 中国社会科学出版社, 2004); Pun Ngai, *Made in China: Subject, Power and Resistanceina Global Workplace*(Durham: DukeUniversityPress, 2005); 潘毅, 「阶级的失语与发声: 中国打工妹研究的一种理论视角」, ≪开放时代≫, 2005(2).

터 도시와 농촌의 중간 지대에서 자라면서 늘 "저 도시 사람들 좀 봐", "저 농촌 사람들 좀 봐"라는 말을 자주 듣고는 했다. 이는 탄광의 주민들이 자신들의 생활공간이 전형적인 도시나 농촌과 다름을 자각하고 있었다는 것을 말해준다. 도시와 농촌의 이원화는 신중국 건국 이후 사회의 기본 특징이지만, 앞의 말들은 어려서부터 필자가 속한 탄광이 도시와 농촌이라는 이원 체제 밖에 잊혀 있는 존재라는 것을 자각하게 했다. 그 때문에 몇 년 전에 산시성 탄광에서 성장한 자장커(賈樟柯) 감독의 영화 〈플랫폼〉과 〈소요유(逍遙游)〉를 보고 친근감을 느끼게 되었고, 처음으로 영화에서 고향 사람들의 일상생활을 볼 수 있어 반가웠다.

필자는 점차 영화나 TV에서 탄광 생활을 별로 다루지 않은 것은 의도적으로 탄광을 소외시킨 것이 아니라, 포스트 공업 시대에 전통 공업이 배제되고 중소 도시가 대도시[4]에 의해 배제, 폄하되고 있는 것임을 인식하게 되었다. 하지만 중국 통계청의 2006년 통계를 보면 520만 명이 석탄, 석유, 천연가스, 철금속, 비철금속, 비금속 등 자연 자원 채굴로 생계를 유지하고 있다.[5] 여기에 이 노동자들의 가족을 더하면 적어도 2000만 명이 광산에서 생활하고 있는 것이다. 그리고 여기에 대형 제조업 공장을 더하면, 중국의 대형 공장과 광산에서 살고 있는 인구는 상당히 많을 것이다.

이 장에서는 주로 두 가지 연구 방법을 사용했다. 첫째는 인류학과 사회학 연구 방법으로, 필자가 어릴 적의 기억과 그 의미를 정확하게 서술할 수는 없지만, 어릴 적부터 광산에서 살아온 경력은 현장에서 장기간에 걸쳐 이루어진

---

4 일명 '일선(一线) 도시'라는 유행어로 불린다. 베이징, 상하이, 광저우, 선전, 톈진 등 특대 도시를 가리킨다.

5 『分行业在岗职工人数和工资』(2006), 중국 통계국 홈페이지, http://www.stats.gov.cn/tjsj/ndsj/laodong/2006/html/03-02.html.

참여식 관찰이라고 할 수 있기에 이 장의 배경이 된다고 할 수 있겠다. 둘째는 텍스트 분석 방법인데, 자장커와 왕빙(王兵)이 감독한 영화 〈24성(二十四城)〉과 〈철서구(鐵西區)〉 제1부[6]를 텍스트로 분석할 것이며, 아울러 자장커 감독이 〈24성〉을 촬영하기 위해 인터뷰한 내용을 문서로 정리한 「24성기(二十四城記): 중국 노동자 인터뷰 기록」을 참고할 것이다.

〈24성〉은 배우들이 출연하기는 했지만 다큐멘터리 성격이 강한 영화다. '24성'이란 청두(成都)에서 근 몇 년래 개발한 한 아파트 단지인데, 그 명칭은 당시(唐詩)의 "쓰촨성 수도 청두의 24성에 만발한 연꽃 비단으로 수놓은 듯 예부터 화려함을 자랑했네(二十四城芙蓉花, 锦官自昔称繁花)"라는 구절에서 따온 것으로, 부동산 개발업자들이 이 아파트 단지가 번화한 지역이 되기를 바라는 마음을 표현한 것이다. 이 지역은 땅값이 급속히 상승하고 있는 청두시의 도심 지대에 위치해 있어서 실로 이 바람이 현실이 되었다. 이 아파트 단지가 위치해 있는 지역은 원래 3만 명의 직공과 10만 명의 가족을 거느린 420공장['성발그룹(成發集團)'이라 불리기도 함]이 있던 곳인데, 이 공장은 1960년대에 동북 지역에서 청두로 이전한, 비행기 엔진을 제조하는 군수공장이었다. 성발그룹은 중국과 인근 국가 간의 전쟁으로 군수품에 대한 대량 주문이 이어져 오르막길을 걷다가 개점휴업을 맞으며 내리막길을 걷게 되었다. 자장커 감독은 면담자를 만나 노동자와 이 공장의 역사 자료를 수집해 그중의 일부 면담 현장을 영화에 담았다. 그는 여배우 3명을 통해 이 공장의 3세대 퀸카, 즉 3세대 노동자 중 가장 아름다운 여성의 삶을 그렸고, 남자 배우 1명이 공장의 사무실 부주임 역을 맡아 인터뷰를 받게 했다.

〈24성〉이 약간의 각색을 했다면, 〈철서구〉는 사실 그대로를 담은 다큐멘

---

6 이 작품은 2000~2001년에 촬영되었고 '工厂', '艷粉街', '铁路', 총 3부로 되어 있다.

터리다. 영화 속의 인물과 장면, 사건 모두 생활 속의 진실 그대로다. 철서구는 랴오닝 성 선양 시의 한 구역으로, 신중국 건국 전에 일본 침략군이 공장을 몇 개 지어 군수품과 민용 물품을 공급하던 곳이다. 건국 후, 중국 정부는 면적이 40km²밖에 안 되는 이 지역에 400여 개나 되는 공장을 지었는데 제일 많을 때는 공장이 625개나 되었고, 대형 중공업 공장만 해도 37개나 되었다. 철서구는 신중국 공업사상 수많은 '첫 번째'를 창조했다. 가령 첫 번째 금속 국장(國章), 항공용 타이어, 5t 증기 해머, 조합 선반 등[7]을 제조해서 철서구는 "공화국의 공업 맏아들"이라 불렸다. 통념상 중공업의 주요 노동력을 남성으로 보아왔기에 이 맏아들의 대변인과 모델은 당연히 남성이다. 하지만 맏아들의 지위는 오래가지 못하고, 1980~1990년대를 거쳐 2000년대 초반에 철서구는 급속히 쇠락한다.[8] 〈철서구〉의 제1부 '공장'은 철서구에서 고생하며 일하고 있는 남성 노동자들의 삶을 다루었다.

2. 맏아들은 어떻게 만들어졌는가?

1) 근육과 당을 향한 충성심

중국 노동자를 이야기하면 많은 사람들은 〈우리 노동자들은 힘이 강해(咱

7 〈铁西区曾有许多"共和国第一"〉, 뉴시네마 홈페이지, http://news.sina.com.cn/c/2009-05-18/071315641073s.shtml.

8 CCTV 2008년 11월 1일의 〈철서의 변천〉 편과 관련 보도에 따르면 , 2002년 이후 해당 지역 정부는 기술 개조 등을 통해 철서구를 철서 신구(新區)로 확대하면서 새롭게 발전시켰다.

们工人有力量)〉라는 노래[9]를 떠올릴 것이다. 하지만 중국 역사를 되돌아보면 노동자, 그 전형적 모델이라 할 수 있는 남성 노동자나 육체노동을 위주로 하는 남성이 줄곧 근육질을 자랑해온 것은 아니다.

사진 11-1 왕수구(王樹穀)의 그림. 그림 속의 이상적인 남성 문인과 남성 노동자의 형상 모두 신체의 건장함을 강조하지 않았다.

외모로 보면, 남성의 근육질과 여성의 날씬함을 강조하는 요즘의 이분법적 남성미, 여성미 표준과 달리 중국의 유교 전통 속의 이상적 남성의 이미지는 다분히 중성적인 모습이다. 훌륭한 군자는 점잖고 예의 바르며, 겸손하고 자신에게 엄격한 사람이다. 만약 단지 체력으로 문제를 해결하려 한다면 일개 무인으로밖에 취급받지 못했다(〈사진 11-1〉 참고). 따라서 외모상 근육질을 강조하지 않았다. 하지만 서구 열강이 중국을 침략하면서 100여 년간 외부의 침략을 받으며 중국은 국가나 민족, 국민 모두 새로운 근대화 과정을 겪게 되었고, 그 과정에 남성성도 서구를 모델로 새롭게 구축되었다. 예전의 약하고 병든 동아병부(東亞病夫)의 오명에서 벗어나 체육으로 강국을 만들려 했지만, 남성들이 건장한 근육질 몸매를 가져야 한다는 것이 통일된 남성미의 표준이 되지

9 음악가 마커(馬可)가 1947년에 작사·작곡한 곡으로 전체 가사는 다음과 같다. "우리 노동자들은 힘이 강해 / 헤이! 우리 노동자들은 힘이 강해 / 헤이! 우리 노동자들은 힘이 강해 / 매일매일 일하느라 바쁘고 / 헤이! 매일매일 일하느라 바쁘고 / 고층 건물을 올리고 / 철로 탄광을 닦아서 / 세계를 바꾸고 변화시키네! / 헤이! 기계 돌아가는 소리 웅웅웅 / 철 추 올라가는 소리 딩당 / 쟁기 호미 만들어 생산 올리고 / 포탄 만들어 전방으로 보내세 / 헤이! 헤이! 헤이! 헤이! / 우리 얼굴은 붉은 빛이 나고 / 우리의 구슬땀 큰 물결 이루네 / 왜냐고 / 해방을 위하여 / 왜냐고 / 해방을 위하여 / 헤이! 헤이! / 우리 전 중국의 철저한 해방을 위하여!"

사진 11-2 사회주의 시기 화폐에 나타난 건장한 육체의 남성 형상.

는 않았던 것 같다. 가령 『여계종』[10]에서 이상적 남성의 이미지는 손에 개화장을 짚고 자유롭게 서양의 도시 거리를 거니는 모습이다. 짝이 되어주는 미인이 있어야 더 완벽하기에 처자를 거느린 모습이지만, 몸이 꼭 건장해야 하는 것은 아니었다. 당시의 남자 배우들도 근육질과 건장함을 남성미로 본 것 같지 않다.

그러나 기나긴 항일 전쟁과 제3차 국내 혁명전쟁 등 전쟁을 거치며 때로는 전쟁터에서 목숨을 바쳐 싸워야 하고, 하루에 100리를 도보 행군해야 했기에 남성의 체력을 중시하기 시작했다. 그러나 당을 위한 체력과 충성심 중에서도 충성심이 더욱 투지를 분발시킨다는 점, 한편으로는 물자 부족과 영양 불량 등으로 인해 근육질과 건장함은 아직 남성미의 표준이 되지 못했다. 고도로 남성화된 전쟁터에서, 남녀의 몸과 근육의 차이는 확대 해석되며 더욱 두드러지게 되었다. 여성의 월경과 임신, 가부장적 성관계 중 피동적인 몸은 전쟁 속에서 행동이 느리고 군의 짐이 되는, 늘 보호해야 하는 의존성이 강한 존재가 되었고,[11] 여성의 몸도 계급과 민족, 국가 간 전쟁의 전쟁터가 되면서[12] 젠더와 폭력이 밀접히 연관을 맺게 되었다. 즉, 여성은 탈권력화(disempowering)되면서 폭력의 대상이 되었고, 남성은 군에 입대해 훈련을 받아 전사가 되

---

10 金天翮, 『女界钟』(上海: 上海古籍出版社, 2003). 원작은 1903년에 씌어졌다.

11 속된 말로 '귀찮은 아줌마들(麻烦的老娘们)'로 불리며, 공문서에는 '가족', '항일 가족', '군인 가족' 등으로 기록된다.

12 刘禾, 「文本、批评与民族国家文学」, 王晓明主 编, 『批评空间的开创: 二十世纪中国文学研究』(上海: 东方出版中心, 1998); 铃木裕子, 「渡洋女、"从军慰安妇"、占领军"慰安妇"」, 秋山洋子·加纳实纪代主 编, 『战争与性别: 日本视角』(北京: 社会科学文献出版社, 2006).

어 영예를 누리며 폭력을 행하는 주체가 되었다.

건국 후 영국을 따라잡고 미국을 능가하기 위한 근대화 프로젝트를 시작하면서 기계와 총, 대포 등과 밀접히 연관된 중공업이 민족 부흥과 공업 발전의 상징으로 인식되면서 〈우리 노동자들은 힘이 강해〉라는 노래 가사와 같은 남성 노동자의 이미지가 형성되었다. 가슴과 팔의 근력을 과시하는 남성의 모습이 5위안짜리 지폐에 들어갔다(〈사진 11-2〉 참고).

'맏아들'이라는 단어에서 볼 수 있듯이 남성 노동자는 젠더와 계급적(농민과 지식인, 개조 대상인 소자산계급과 대자산계급 등 계급의 적을 포함) 우세, 특권을 가지고 있다. '맏아들'이라는 단어는 마르크스주의를 지도사상으로 하는 정당과 정부가 무의식적으로 유교적 전통을 계승했음을 의미하며, 가정을 우선으로 해서 국가로 확장되는 '가국(家國)' 구조를 바꾸어 정당이 다스리는 '국가'를 우선으로 했음을 의미한다. "공적인 일은 아무리 작은 일이라도 큰 일이고, 가정 내의 일은 아무리 큰 일이라도 작은 일이다"라는 말은 통속적으로 그 뜻을 정확하게 표현한 것이라 할 수 있다. 무엇을 우선으로 하는지 그 순서를 보면, '가정으로부터 국가'로의 순서에서 '국가로부터 가정'으로의 순서로 바뀌었지만, 국가와 가정은 여전히 밀접한 관계이다. 남성 노동자는 계급적으로 보면 기타 계층보다 정치적 지위가 높다. 중국공산당은 이러한 노동자 계급을 대변함으로써 지도권과 합법성을 가지게 되었다. 남성 노동자는 집권당의 계급적 바탕이 되며, 맏아들이라는 신분을 갖고 있기에 거기에 걸맞은 정치적 의무와 윤리적 책임을 짊어져야 한다. 맏아들이라는 신분이 바뀌거나 박탈당할 수 있는 것처럼 남성 노동자의 맏아들 지위 역시 불안정한 것이다.

2) 직장제와 관리제도

직장제(單位制)는 계획경제 시대의 중국 도시의 전형적인 사회조직 모델로, 사람들을 일하고 있는 직장에 따라 서로 다른 단위에 귀속함으로써 그들의 거의 모든 삶, 즉 태어나서 죽을 때까지 거치는 교육, 일, 결혼, 주택, 자녀 등 모든 것이 그 단위 안에서 이루어지도록 하는 제도다. 단위에는 전민소유제 단위와 대집체소유제 단위, 가도(街道, 지역 주민과 관련된 사무를 처리하는 사무소—옮긴이)에서 꾸린 공장 등 상이한 등급이 있었다. 전민소유제 단위는 당시 복지 혜택이 제일 좋은 단위로, 위로부터 아래로 중앙직속단위와 지방직속단위[13]로 나뉘었는데, 이 장에서 고찰하고자 하는 420공장과 철서구의 대부분 공장은 이러한 전민소유제 단위다. 그중에서 420공장은 중앙 직속의 군 공장으로 많은 사람들이 부러워하는 단위였다. 여성은 보통 이 세 가지 소유제 단위 중에서 복지 혜택이 가장 적은 가도 공장에서 일했다.

420공장은 청두에 있었지만 중앙에 직속되고 또 직장제의 가장 높은 등급에 속했기에 주위의 다른 단위나 주민들보다 우월감을 가지고 있었는데, 그 우월감은 주로 당시 민족의 기둥 산업이라 불리던 중공업, 민족의 존망과 관련된 군수산업이라는 경제적 지위에서 온 것이다. 명실상부한 맏아들의 지위는 420공장에 20여 년 동안 주위의 다른 단위들이 부러워하는 최고급 복지(물품 배급, 광열비, 무료로 아이스크림 공급, "여름이면 모든 가정이 매일 보온병을 가지고 공장에 가 무료로 사이다를 받아 가는" 등) 혜택을 주었다. 거의 모든 물품을 표가 있어야만 공급하던 그 시대에 420공장의 좋은 복지는 모든 직공이 큰 자부심

13 孙立平·王汉生 等, 「改革以来中国社会结构的变迁」, ≪中国社会科学≫, 1994(2); 刘建军, 『单位中国: 社会调控体系重构中的个人、组织与国家』(天津: 天津人民出版社, 2000).

을 가지게 했다.

> 우리는 항공 기업이었기에 국가에서 복지 혜택을 많이 받았어요. 1960년, 3년 자연재해로 많은 사람들이 밥도 못 먹고 굶을 적에 우리는 다달이 고기를 세 근 살 수 있는 표를 받았어요. 엔진, 항공용 물품은 대충 만들면 안 되기에 특수 공급을 해준 거지요. 그때 다른 사람들은 갈치를 거의 살 수 없었어요. 하지만 우리는 설날만 되면 사람들을 저우산(舟山)에 보내 갈치를 구입해 전용 열차로 실어 오곤 했어요. 실어 와서는 한 집에 세 근, 다섯 근씩 나누어 주었어요. 공장에 직공이 얼마나 많아요? 그믐날, 기숙사 쪽을 걸을 때면 온통 갈치조림 냄새가 풍겼어요.[14]

이런 자부심과 정체성은 남성만이 가지고 있는 것은 아니지만, 단위 내 직무의 성별 분공에서 증명되듯 남성은 중공업을 대표하는 진정한 맏아들이다. 자장커 감독이 인터뷰한 단위의 간부 중 여성 간부는 1명도 없었다. 『마르크스주의와 페미니즘의 불행한 결혼』에서 하이디 하트먼은 젠더의 시각으로 마르크스가 본 것은 남성, 즉 배가 뚱뚱하고 기고만장한 남성 자본가와 몸이 수척하고 공손하게 말하는 남성 무산계급뿐이지만, 자신이 발견한 것은 몸이 수척하고 공손하게 말하는 남성 무산계급의 뒤에 서 있는 더욱 여위고 비천하며 아기를 안고 기저귀를 든, 남성 무산계급의 아내라고 했다.[15] 그렇다면 계획경제 시대 중국의 상황은 어떠한가? 남색 중산복을 입은 위대한 집권당이 미소를 지으며 허리를 굽혀 남색 작업복을 입은 남성 노동자와 친절히 악수를 나누는데, 남성 노동자는 순박하게 사랑과 믿음의 눈길로 위대한 집권당을 우

---

14 贾樟柯主 编, 『二十四城记: 中国工人访谈录』(濟南: 山东画报出版社, 2009), p.229.

15 H. Hartmann, "The Unhappy Marriage of Marxism and Feminism," Linda Nicholson(ed.), *The Second Wave: A Reader in Feminist Theory*(NewYork: Routledge, 1997).

러러보며, 그 남성 노동자의 뒤에는 그들보다 훨씬 왜소해 보이는 남색 작업복 차림의 아내가 역시 사랑과 믿음의 눈길로 앞의 두 남성을 우러러보고 있는 형국이 아닐까 싶다.

직장제는 관리 제도의 특징을 가지고 있는데, 모든 가부장적 관리 제도와 마찬가지로 남성은 그 속에서 우세를 차지한다. 가장 흔히 볼 수 있는 한 가지 특징은 여성과 달리 남성은 비례에 맞지 않게 직장제에서 상층적 지위를 차지하고 있다는 것이다. 하지만 남성도 이러한 특권을 위해 일정한 대가를 지불해야 한다. 가령 많은 남성 간부들은 집이나 사무실에서 일을 부탁하러 온 사람들에게 둘러싸여 있는 것이 습관화되었지만, 퇴직 후 권력을 내려놓으면 찾아오는 사람이 없어 쓸모가 없어진 듯한 생활을 하게 되는데 이에 적응하기 어려워한다. 집안일을 할 수 없을 뿐만 아니라 하려고도 하지 않는다. 남성의 성과가 직업 성과에 제한된 것과 달리 여성은 가정과 일이라는 이중 부담을 안고 살아야 한다. 남성이 지배하는 관리 제도 내에서 여성은 기술 경쟁과 노동 모범 선거 등을 거쳐 직업 성과를 이루어내야 하지만, 창조력이 필요한 최고의 기술자나 상위 관리자가 되어 최고의 직업 성과를 이루어내야 한다는 압박감을 별로 받지 않는다.

3) 자녀와 세대교체

420공장과 같은 전민소유제 단위의 직공 자녀들은 어려서부터 단위와 주위의 비전민소유제 단위 간의 차이를 목격하면서 본 단위에 대한 자부심과 정체성을 키워간다. 학교에 다니는 아이들은 보통 부모에게서 물려받은 큰 남색 작업복을 입는데 학교에서 체조를 할 때면 운동장은 온통 남색으로 변한다. 공장의 작업복이 교복이 되면서 아이들은 자연스럽게 부모의 삶과 긍지를 내면화하게 된다.

> 기숙사 구역과 공장 구역은 이어져 있지만, 한쪽에 한 명씩 총검이 달린 기관단총과 반자동 소총을 든 군인이 보초를 서고 있어 우리는 공장 구역으로 들어갈 수 없었어요. 우리는 멀리서 이 붉은 건물을 보면서 우리 부모님이 여기서 일하고 있다는 것만으로도 무한한 긍지감을 느꼈어요. 다른 사람들과 이야기할 때 420공장에 속한다고 하면 모두 우리를 부러워했어요. 우리 공장의 자제들은 모두 우월감을 가지고 있었어요. 우리 주위의 농사를 짓거나 천을 짜거나 초등학생용 학습장을 인쇄하는 사람들을 어찌 비행기나 엔진을 제조하는 우리랑 비교할 수 있겠어요? 우리는 정말 자부심이 컸어요.[16]

전민소유제 단위 내에서 맏아들의 지위는 자녀가 부모의 직무를 계승하거나 직공 모집 시 우선권을 주거나 하는 등의 방식으로 혈연을 통한 세대교체가 이루어졌다. 그 독점적 지위는 학업이나 성적에 의해 획득되는 게 아니다. 〈24성〉에서 "우리 공장 자제 학교의 학생들은 다 공부를 잘하지 못했다"라는 말에서 알 수 있듯이, 학교에서 말썽을 부리지 않고 졸업증을 취득해 일정한 나이가 되면, 다른 단위 사람들이 부러워하는, 평생 먹고살 걱정이 필요 없는 좋은 직장에 들어갈 수 있었다. 학업에 정력을 쏟아 붓지 않아도 되기에 남자애들은 주위의 농촌 아이들과 싸우며 시간과 정력을 소모했다. 공장 자제들의 농촌 남자아이들과의 싸움은 계층과 등급의 대립을 의미하기도 한다. 〈24성〉에서 공장의 사무실 부주임은 어릴 적에 주위의 농촌 아이들을 깔보아 농촌 아이들이 420공장 자제들이 잘난 척하는 것을 눈에 거슬려했기에 서로 많

---

16 贾樟柯主编, 『二十四城记: 中国工人访谈录』, p.235.

이 싸웠다고 했다. 부모들은 남자애들이 싸우면서 폭력성을 익혀가는 것은 방치하면서도 딸에 대해서는 규제가 많고 더욱 열심히 공부하기를 바랐기 때문에, 여자애들은 보통 남자 형제들보다 성적이 좋았다. 하지만 맏아들이라는 신분 계승은 남성을 우선으로 하기에 직업전문학교 등 당시 가장 인기 있는 학교의 학생 모집 시험에서 여학생들은 같은 시험을 보고도 남학생보다 10여 점, 심지어 몇 십 점 더 높아야 시험에 합격할 수 있었다.

3. 맏아들이라는 지위의 상실

1) 전쟁: 계획경제 시대의 종말과 시장경제 시대의 개막

군수품을 주로 생산하는 대형 공장의 맏아들 신분과 그 우월성의 유지 여부는 국가의 정책과 국제적 환경의 변화에 달려 있다. 1960년대와 1980년대의 420공장의 눈부신 발전은 전쟁으로 인해 군수품에 대한 수요가 대폭 증가했던 상황과 연관된다. 하지만 평화 시대가 열리면서 420공장은 군수품 주문이 대폭 줄어들어 어쩔 수 없이 민용 물품을 생산해야 했다. 처음에 420공장은 군수공업의 기술적 우세를 살려 텔레비전과 냉장고 등 민용 물품을 생산하는 데 큰 성공을 거두었지만, 계획경제가 시장경제로 바뀌면서 마지못해 시장경쟁에 뛰어든 예전의 '맏아들'은 자신의 경쟁력이 더없이 약하다는 것을 발견하게 된다. 남아도는 인력과 낙후한 기술, 느린 신제품 개발, 고액의 퇴직금을 지불해야 하는 등의 문제는 420공장의 경쟁력을 약화했다. 예전의 공화국의 공업 맏아들을 괴롭혔던 문제와 더불어 설상가상 세계적으로 지식경제 시대가 열리면서, 원가가 높고 심각한 환경오염을 초래하는 전통적 중공업의 문제점이 더욱 두드러지게 나타난 것이다. 시장경제로의 전환 과정에 집권당 역시 많은 도전을 받게 되었는데, 그 과정에 공화국의 공업 맏아들이 개혁을 위한 대가를 지불하는 중임을 맡게 되었다.

큰 좌절을 겪은 하층 노동자들 중에 많은 남성 노동자들은 다른 기술을 장악하지 못했기에 여전히 공장에 매달려 살아야 했다. 공장은 쇠퇴의 조짐이 역력해 곧 파산될 위기에 처해 있었지만, 많은 남성 노동자들은 자신의 삶과 운명을 좌지우지할 수 없었다. 그들은 공장에서 부르면 나가 일을 하고, 일하지 않고 그냥 집에 있으면 한 달에 200위안 되는 월급조차 받을 수 없게 되었다.

실직 노동자 중에 여성이 먼저 정리해고되었다. 〈24성〉에서는 여성 노동자들이 왜 실직하게 되었는지 설명하지 않고, 단지 그녀들이 한 번도 지각하지 않고 열심히 일했는데 지금 할 일이 많지 않고, 또 그렇게 많은 사람들을 먹여 살리기 힘들어 정리해고했다고 말한다. 영화에는 성별 등급에 대한 언급이 없다.

성별 특권을 누리며 공장에 남은 남성 노동자들도 생존의 위기를 겪게 되는데, 그들은 울적한 기분을 해소하기 위해 공장에서 일을 건성으로 하고, 근무시간이나 퇴근 후면 노동자 휴식실에 모여 앉아 서로 농담을 건네며 이야기를 나누거나 카드놀이와 도박을 하면서 시간을 보낸다. 공장에서 거칠고 위험한(복사, 오염, 먼지, 고온 등) 일을 하면서 수시로 공장이 파산하고 실직될 수 있는 상황에서, 그들은 무기력함을 느끼며 남자 동료들끼리의 농담과 입씨름으로 스트레스를 해소한다. 여성 노동자들이 작업장에서 사라진 후, 작업장은 온통 남자들의 세상이 되어 샤워하기 전후에 스스럼없이 알몸으로 카메라를 마주한다. 어둡고 얼룩덜룩한 노동자의 휴식실과 남성 노동자들의 알몸, 초라한 속옷, 남 앞에서도 태연하게 손을 자신의 속옷 안에 넣는 등 거칠고 저속한 모습은 공장과 노동자들의 쇠퇴를 두드러지게 표현했다. 조주현 교수는 논문 「푸코, 신자유주의 그리고 한국의 매니저맘」[17]에서 권력을 군주권력(법과 제도를 통한 처벌의 방식, 즉 생사여탈권으로 작동하는 전통적인 권력), 훈육권력(감시와 정상화, 조사의 방식으로 작동하는 권력) 등 세 가지로 나누고 신자유주의는 모든 사람이 개인 기업가가 되어 자신의 몸과 능력을 기업처럼 관리하도록 한다고 했다. 퇴락하는 노동자들이 경험한 권력은 이 세 가지 권력 중 첫 번째 유형과 비슷하다. 정당과 국가는 군주가 아니지만, 직장제 등을 통해 노동자의 운명을 좌지우지한다. 왈더(Walder)는 그의 저서 『공산당의 신전통주의』에서 1980년대와 그 전의 중국에서 공장의 노동자들이 일을 하는 것은 경제적 보수를 위해서가 아니라 정치적 충성으로 집권당과 공장 관리 측에서 부여하는 복지와 승진, 영예 등을 바꾸기 위해서라고 했다.[18] 그러나 실업의 위기에 처한 하층 노동자들에게 집권당에 대한 정치적 충성은 모든 것을 묵묵히 참고 견뎌야 하는 것을 의미하는데, 이는 그들을 절망에 빠지게 한다.

2) 계급적 상처

개혁개방 정책을 실시한 지 30년이 지나는 동안 노동자들의 생활수준과 사회적 명성을 포함한 계급적 지위가 총체적으로 낮아지면서 매스컴에서도 노동자들의 모습을 찾아보기 힘들어졌다. 1980년대 전에는 노동자들의 생활을 주제로 다룬 영화가 아주 많았지만, 1990년대 이후의 영화나 드라마는 평범한 노동자를 주제로 한 것이 아주 적다. 많은 도시들에 새롭게 생긴 실직자 재취업센터, 가격이 올라간다고 앞다투어 식용유를 사는 사람들, 노동자들이 집

17 曹珠铉, 「福柯、新自由主义与经营妈妈」(2010.10.16), 天津师范大学性别与社会发展研究中心交流时所提交论文.

18 A. G. Walder, *Communist Neo-traditionalism Work and Authority in Chinese Industry*.

단으로 거주하는 주택구가 슬럼이 되는 도시 공간의 변화, 많은 노동자들이 자녀에게 노동자가 되지 않도록 열심히 공부하라고 잔소리하는 모습들 등에서 중국 노동자들이 겪은 계급적 상처(class trauma)를 엿볼 수 있다.

클루벅은 칠레의 동광 노동자들의 삶을 연구한 논문[19]에서 노동자들은 외래 백인 관리자들이 그들보다 우위에 있는 것을 보고 의식적으로나 무의식적으로 백인 중산계급 관리자들이 창안한 이상적인 남성성(책임감 있는 가계 부양자, 테니스와 볼링 등 심신 건강에 유익한 여가 생활을 하며 봉급을 꼬박꼬박 아내에게 주고 아내와 자녀를 사랑하며 가정 폭력을 행하지 않는 남편 등)에 도전한다고 했다. 그는 많은 남성 노동자들이 술집이나 성매매 업소를 드나들며 아내와 자녀를 학대하고 그들의 생활비까지 빼앗아간다고 했다. 남성 노동자들은 가정적 책임을 회피하고 건강하지 못한 라이프스타일을 택함으로써 백인 관리자들의 훈육에 반항한다. 백인 관리자들은 노동자들이 건강하지 못한 취미 생활로 노동력을 손상받지 않기를 바라는데, 이는 끊임없이 자본주의에 부합하는 건강하고 머리가 명석한 노동력을 생산하기 위한 것이다. 백인 관리자들은 가정에 책임을 지는 남성이 더욱 협력적이며 더욱 말을 잘 듣는 노동자라고 여긴다.

이와 비교해서, 중국의 노동자들은 시장경제로 전환하기 전에 이러한 계급적 상처를 입지 않았을 뿐만 아니라 오히려 강한 계급적 우월감을 가지고 있었다. 특히 농촌에 호적을 둔 농민들과 비교하면 더욱 그러했다. 420공장의 노동자들은 모든 계급, 계층의 최고의 지위에 있었으며, 중앙에 직속된 전민소유제 공장의 노동자로서 다른 사람들보다 훨씬 높은 사회적 대우와 혜택을

19 T. M. Klubock, "Working-Class Masculinity, Middle-Class Morality, and Labor Politics in the Chilean Copper Mines," *Journal of Social History*, Vol.4(1996).

받았다. 420공장은 단위가 일과 가정생활을 포함한 모든 것을 책임지고 수영장과 농구장, 영화관 등을 지어 건강한 라이프스타일을 제창했지만, 이는 자본주의를 위한 것이 아니라 그들을 나라의 주인과 영도 계급으로 키우기 위한 것이었다.

그리고 칠레의 동광은 상이한 종족과 체력, 지력에 의해 등급이 나뉘었지만 중국은 도시와 농촌, 단위 등으로 등급을 나누었다. 칠레의 동광에서는 정신노동이 육체노동보다 우위에 있었지만, 1978년 이전의 중국에서는 육체노동이 정신노동보다 더 우위에 있었다. 이는 마오쩌둥 시대의 지식인에 대한 불신이나 폄하와 연관된다. 가령 지식인은 늘 노동자와 농민을 모델로 삼으라고 강요받고, 지식인 가정에서 태어난 것 자체가 죄를 지은 것처럼 취급되었다. 이는 양장(楊絳)의 자전체 소설 『목욕(洗澡)』과 장셴량(張賢亮)의 소설 『녹화수(绿化树)』에 잘 반영되어 있다. 이러한 현상은 시장경제 시대 초기에도 그대로 존속해 "계란(茶葉蛋, 찻잎과 간장 등을 넣어 삶은 달걀)을 파는 사람이 원자탄을 만드는 사람보다 낫다"라는 당시의 유행어에서 볼 수 있듯이 신중국 건국에서부터 지금까지 중국에서 육체노동이 줄곧 차별받았던 것은 아니다. 따라서 육체노동자의 남성성 역시 정신노동자의 남성성보다 못하다고 보지 않았다.

중국의 노동자들이 계급적 상처를 경험한 것은 시장경제 시대로 들어서면서 그들의 사회적 명망과 봉급이 급격히 내려가고, 자본과 기술 등의 영향이 급속히 확대되면서부터다. 시장경제 시대로 들어서면서 중국의 노동자들은 신속히 분화되었는데, 중앙에 직속된 일부 기업은 여전히 높은 봉급과 복지혜택을 받으며 본 집단의 자녀를 우선 임용하는 등 조치를 통해 특권을 자기들의 작은 집단 내에 집중해왔다. 하지만 대다수 노동자들의 지위는 급격히 하강해 농민들과 함께 30년 이래 불이익을 당한 2대 집단이 되었다.

3) 국가에 의해 거세된 노동자계급

'거세'라는 단어는 고대 중국의 문언에서 유래된 것인데, 수컷의 생식기능을 없앰을 의미한다. 남성의 성은 남성의 사회와 정치, 경제, 문화 등 면에서의 우세와 연관되어 있다. 계급적 지위의 재구성 과정에 하층의 남성 노동자들은 성적 우세를 상실하게 되었으며,[20] 그들의 아내와 딸 가운데 적지 않은 이들이 부득이하게 먼저 부유해진 기업주에게 성 서비스를 제공하는 현상이 나타났기에, '거세'라는 단어는 중국의 하층 노동자들의 현실을 잘 반영한다고 할 수 있겠다.

국가에 의해 거세된 노동자계급은 더는 사회운동이나 집단행동의 주체가 될 수 없다. 각지에서 노동자들의 집회와 시위가 있었지만, 정부의 강한 통제로 인해 노동자들의 이익 주장과 집단적 행동은 전국적으로 확산되지 못하고 분화, 와해되었다. 강한 저항 능력과 사회변혁을 추진하는 능력이 남성 노동자계급의 역량과 정체성의 중요한 원천이었다면, 오늘날의 중국에서 남성성의 이러한 요소는 박탈되고 없다. 남성성이 사회에 의해 부단히 구축된 것이라면, 강한 집단적 행동 능력 역시 선전에 의해 만들어진 것일 뿐 사실이 아닐 것이다. 신중국 건국 전의 중국 무산계급의 반항 정신도 중국공산당이 마르크스주의 이론을 참고해 구축한 것으로 무산계급은 진정으로 계급투쟁을 추진해온 집단이 아니다. 하지만 노동자계급은 적어도 집단적인 목소리를 낼 수 있는 거대한 잠재력을 갖고 있는 집단이라고 할 수 있겠다. 그러나 시장경제 시대에 중국의 노동자계급은 거대한 이익 손실을 보며 집단적으로 반항의

---

20 가령 전통적 중공업이 많이 집중되어 있고 실업률이 높은 동북 지역에는 "남자가 실직하면 여자는 성매매 여성이 된다"라는 말이 있다.

목소리를 내고 싶었지만, 그들을 계급적 바탕으로 했던 정당에 의해 저지되었다. 그뿐만 아니라 많은 진통, 일부 사람들이 먼저 부유해져야 한다는(先富論) 개혁의 책략, 개혁의 불가피함을 강하게 선전함으로써 많은 노동자들이 자신의 지위가 내려가고 처지가 나빠진 것, 개혁의 대가를 치를 책임을 짊어져야 한다는 것을 합리적으로 받아들이게 했다. 물론 국가와 사회라는 강대한 힘에 의해 노동자계급은 이를 받아들일 수밖에 없었다.

그 외에도 젠더의 관점으로 보면, 중국의 남성 노동자들은 자신이 입은 계급적 상처를 여성에 대한 배제와 증오를 통해 보상받기도 하고 카타르시스를 느끼기도 하는데, 이 점은 〈철서구〉에 잘 드러나 있다. 어둡고 지저분한 노동자 휴식실에서 남성 노동자들은 카드놀이와 한담을 나누는 방식으로 계급적 상처를 잊으려고 하는데, 그들이 서슴없이 알몸으로 카메라를 대하는 대목과 화날 때든 언제든 가리지 않고 내뱉는 여성이나 여성의 신체, 여성의 성기에 대한 욕이나 모욕적 발언에서 이를 엿볼 수 있다. 특히 그들은 이러한 말을 내뱉을 때, 자신의 마음과 행위에 여성 혐오 심리가 내포되어 있음을 거의 의식하지 못한다. 그들이 무의식적으로 하는 말이 그토록 폭력적이고 여성을 차별시하는 것이기에, 필자는 여성이자 페미니스트로서 '마초남'에 대한 분노가 남성 노동자 집단에 대한 계급적 분석을 흐리게 하지 못하도록 빨리보기 기능으로 그 대목을 볼 수밖에 없었다.

그러나 〈24성〉과 〈철서구〉의 남성 노동자들의 무의식적인 표현을 보면 여성에 대한 혐오나 증오가 줄곧 그렇게 강한 것은 아니다. 특히 계획경제 시대에 군수품 수요가 많을 적에 남성 노동자들은 주인공이라는 우월한 위치에 있었기에 그들의 언어나 행동은 스스로 조절되고 제약되거나 업그레이드되는 바가 있었다.[21] 그들이 반복해 이야기한 추억 속의 아름다움은 국가와 공장, 노동에 대한 사랑이었으며, 비록 그들이 추억을 이야기할 때 여성을 언급하지 않았지만, 그렇다고 욕을 사용해 계급적 상처를 토로하지 않았다. 그렇기 때문에 남성성은 중산계급과 노동자계급의 남성성으로 나눌 수 있을 뿐만 아니라, 중국에서의 노동자계급의 지위 하락의 관점에서 말하자면 주인공적 남성성과 쇠퇴한 남성성으로 나눌 수 있다. 이러한 유형의 남성성의 여성에 대한 태도는 그들의 처지에 따라 변한다. 실로 자본가와 정부의 공동 압력에 의해 생존 공간이 많이 좁아진 남성 노동자들은 여성에 대해 더욱 비우호적이다. 가령 제2국제공산당의 남성 노동자계급이 자본가의 압박과 착취를 받을 때, 그들은 여성 노동자들의 노동자 신분을 부정함으로써 자신들의 이익을 보호했다.[22] 1970년대와 1980년대, 한국의 남성 노동자들이 자본가와 정부의 압박을 받을 때, 한국 남성 노동자들 역시 여공을 배제했다.[23] 실로 1920년대에도 남성 노동자들이 여공을 배제하는 현상이 존재했다. 그러나 아이러니하게도 하층의 남성 노동자들은 자신들이 받은 계급적 상처를 성차별로 해소하지만, 가정 내에서는 아내와의 성별 협력을 통해 생존을 도모한다. 〈철서구〉에서도 하층 노동자들은 관리자나 권력층에 대한 불만이나 분노, 무력함, 부러움 등 계급적 상처를 무의식적으로 여성에 대한 증오나 혐오로 해소하지만, 가정에서 실직한 아내와 함께 채소 장사를 하며 얼마나 어렵게 생계를 이어나가고 있는지 이야기한다.

---

21 예를 들면 문명과 예의, 위생, 질서, 도덕을 강조한 '5강(講)', 마음과 언어, 행위, 환경의 아름다움을 강조한 '4미(美)'(1981년부터 전국적으로 추진된 '5講4美' 문명예절운동—옮긴이).

22 王向贤,「彰显与隐约: 第一、第二国际的妇女政策对共产国际及早期中共的影响」, ≪山西师大学报≫, 2004(4).

23 具海根,『韩国工人: 阶级形成的文化与政治』(北京: 社会科学文献出版社, 2007).

4) 남성성의 분화와 유형

육체노동을 강조한 남성성이 점차 빛을 잃으며 5위안짜리 지폐 위의 제강 노동자의 이미지는 이상적인 당대 남성을 대표할 수 없게 되었다. 이를 대체한 것은 멋있는 패션의 화이트칼라 남성인데, 최근에는 직업과 신분을 강조하지 않고 외모만 강조한 꽃미남들이 각광을 받고 있다. 육체노동이 빛을 잃으면서 노동자들은 집에서도 가족들과 자신의 일에 대해 이야기하지 않는다. 재취업 등 방식을 통해 다시 일을 하게 된 후에도 냉정한 시장경제를 경험하며 지위가 약해졌고, 일은 더 이상 그들에게 영예와 성취감을 가져다주지 못한다. 다시 말하면 마르크스가 말한 자본주의 체계에서 노동자들이 겪는 소외감은 사회주의 시장경제에도 존재하는 현상이 되었다. 즉, 총체적으로 볼 때 노동자계급 내에서 일은 성취감, 정체성과 분리되어 단지 봉급을 타서 생계를 잇기 위한 수단이 되어버렸다. 하지만 농민공과 비교하면 도시와 대형 공장, 광산의 실직한 노동자들은 여전히 3D 업종을 피하려는 약간의 우월감을 갖고 있다. 그 때문에 도시와 대형 공장, 광산 노동자들은 건축 일이나 환경미화원 등 직업에 종사하지 않고, 농민공들이 이 일을 맡아 하고 있다. 마찬가지로 국영, 사영을 막론하고 많은 탄광에서 농민공들이 석탄을 채굴하고 있는 것이 현실이다. 그러나 최근 몇 년간 근무 환경이나 직업의 성격, 명예, 수입 등을 참고해 등급을 나누는 직업 등급 관념은 제2세대 농민공, 즉 제1세대 농민공의 자녀들에게도 전해져서, 그들 역시 위험하지 않고 체력을 소모하지 않으며 명예가 너무 낮지 않은 직업을 구하려 한다.

5) 자녀들의 배반

대형 공장, 광산의 많은 자제들은 남색 작업복과 부모 세대의 기술이나 신분을 자랑스럽게 생각했다. 하지만 중국이 1980년대와 1990년대의 거대한 변화를 겪으며 일부 자제들은 외지의 기술학교에 가서 공부를 하는 등의 경로를 통해 폐쇄적인 공장과 광산의 울타리를 벗어나게 되었다. 그리고 공장과 광산 생활이 더는 우월하지 않다는 것을 발견한 후, 부모 세대의 삶을 되풀이해야 할지를 고민하게 된다. 가령 〈24성〉에서 16세의 청년 자오강(趙剛)은 420공장을 나와 선양의 한 기술학교에 가서 공부하는데, 이때 서남 지역에서부터 동북 지역으로 여행을 하면서 급속히 발전하고 있는 베이징을 구경하게 된다. 그리고 중국에 전해진 홍콩이나 타이완, 외국의 대중가요를 들으며 바깥세상의 아름다움을 처음으로 느끼게 된다. 그래서 그는 어릴 적부터 좋아했던 노동자들이 같이 밥 먹으러 식당에 갈 때 갖고 다니던 철 도시락통 속의 숟가락이 부딪혀 나던 쟁그랑 소리가 싫어지기 시작했고, 공장이나 광산 노동자의 자긍심과 작업장에서 고도로 반복되는 일(예를 들면 부품을 가는 일)이 해도 해도 끝이 없는 무미건조한 일로 보였다.

많은 자극을 받은 자오강은 부모의 강한 반대에도 불구하고 기술학교를 자퇴하고, 고등학교에 들어가 대학 입시를 통해 420공장을 벗어난다. 하지만 자제들의 보편적으로 낮은 학교 성적과, 공부가 하기 싫고 소용없다는 생각의 영향을 받아 공장을 벗어나고 싶어 했던 자오강은 얼마 지나지 않아 싸움을 하거나 할 일 없이 돌아다니는 자제들의 라이프스타일을 따라하며 시간을 보낸다. 노동자들의 아들들과 비교하면 딸들은 부모들로부터 더 좋은 성적을 받기를 요구받는데, 가부장적 사회에서는 딸들에 대한 요구가 아들에 대한 요구보다 엄격하기에 여자아이들은 보다 능동적이거나 피동적으로 사회의 '문명' 요구에 따라 스스로를 관리하며 자신의 미래를 기획해나간다.

바꾸어 말하면 사회 계급이 재편성되고 사회 가치관이 변화하는 시기에 여자아이들은 남자아이들보다 더 민감하게 반응한다. 자오강이 중상 계층의 높은 명망과 사회적 지위를 지닌 유명한 아나운서와 MC가 될 수 있었던 것도 여자 친구의 영향을 받았기 때문이다. 자오강이 남자아이들과 무리지어 다니다가 그의 여자친구(한 학교의 퀸카)를 만났을 때 친구들에게 여자 친구를 자랑하려고 했는데, 그의 여자 친구는 그가 담배를 피우며 양아치 같은 남자아이들과 휩쓸려 다니는 것을 싫어했다. 영화에는 표현되지 않았지만 당시 여성 앞에서 오만한 자오강의 양아치 같은 행위는 여자 친구의 반감을 샀을 것이다. 이로 인해 자오강은 친구들에게서 조롱을 받았다. 이 일로 그는 남성성에 대한 도전을 경험하게 되는데, 이는 신분 상승을 이루어 노동자의 삶을 피하려는 그의 욕망을 더욱 강하게 해주었고, 또 그것을 행동으로 옮기게 했다. 그 후 그는 전학해 하층 노동자계급의 남성성을 가진 또래집단을 벗어나 학업에 정진해 화이트칼라가 되었다.

남자아이들과 비교하면 여자아이들은 작업장의 힘들고 고된 노동과 남녀를 불문하고 똑같이 남색 작업복을 입는 개성 없는 삶을 싫어한다. 〈24성〉에서 공장의 제3세대 퀸카인 쑤나(蘇娜)는 백수로 살지언정 공장에 돌아가 일하기 싫어하는데, 그녀는 공장을 배반한 자녀 중의 한 사람이 되었다(사진 11-3 참고). 그녀는 자오강과 비슷하게 공장을 떠나 외지에 가 학교를 다니면서 공장이 침체되고 시대에 뒤떨어진 것임을 의식하게 된다. 그녀는 공장에서든, 공장 안의 집에서든 모두 억압감을 느낀다. 그녀는 집 열쇠를 잃어버려 엄마를 찾으러 공장에 갔다가, 크고 어설픈 작업장에서 성별을 구별할 수 없는 남색 작업복을 입은 노동자들을 목격하게 된다. 그때 그녀의 엄마 역시 여성과 거리가 먼 힘든 육체노동을 하고 있었다.

작업장에 들어서니 쿵쿵거리는 소리가 들려왔어요. 말을 하려면 소리를 지르듯 목소리를 높여야 했어요. 안으로 들여다봐도 엄마가 보이지 않았어요. 안에 있는 사람들 모두 남색 작업복을 입고 머리를 숙이고 일을 하고 있었어요. 한 명 한 명 얼굴을 확인하며 엄마를 찾았어요.

드디어 벽 구석에서 엄마를 찾았는데 엄마는 강괴를 한 덩어리씩 날라다 박스에 던져 넣고 계셨어요. 엄마가 강괴를 한 덩어리씩 던져 넣으실 때마다 쿵 하는 소리가 났어요.

저는 그렇게 괴로워본 적이 없어요. 정말 가슴이 아팠어요. 그 아픔은 가슴으로부터 사지까지 전해졌어요. 저는 엄마가 여자인지 남자인지 분간할 수 없었어요. 엄마는 머리를 숙이고 일만 하셨어요. 저는 눈물이 왈칵 쏟아져 내려 몸을 돌려 달려 나왔어요.[24]

소비가 생산을 대체해 경제 운영의 중심이 된 시대에, 여성의 아름다움을 강조하는 전통적인 가부장적 성별 구분과 미의 기준은 1980년대 후의 중국에서 급속히 부활하고 강화되었다. 이는 포스트모더니즘 시대에 여성이 심미의 주체가 되어 무의미감을 떨쳐버리고 개성을 실현할 수 있는 하나의 수단이 되었다. 쑤나 역시 이러한 요소의 영향을 받아 돈 많은 사모님들을 위해 홍콩에 가서 신상 고급 브랜드 패션을 구입해 오는 직업을 가지게 된다. 그러나 이 직업은 화려하지만 취약하고, 사회적으로 부유층의 소일을 돕는 것으로 비추어지며, 사회적 영향력이 미약한 직업이다. 이와 달리 공장을 배반한 자제 자오강은 정부와 주류 사회를 대표하는 아나운서가 되었다.

24 贾樟柯主 编,『二十四城记: 中国工人访谈录』, pp.252~253.

4. 나오며

1970년대와 1980년대에 세계적으로 최고의 잉여가치를 추구하는 자본이 1920년대부터 자동차 도시라 불리던 미국 디트로이트의 자동차 생산 라인에서 제3세계로 옮겨질 때,[25] 마르크스가 자본주의 발전 초기에 지적한 노동계급의 취약성, 즉 한 지역의 노동자는 노동력이 더욱 싼 기타 지역 노동자들에 의해 대체되기 쉽다는 점을 증명했다. 중공업을 위주로 하던 시대에서 지식경제 시대로 들어서면서 당대 중국의 노동자계급은 공장의 주인공에서 실직 노동자로 전락하는 등 심한 계급적 상처를 입게 되었으며, 그들의 남성 신분을 증명하던 남성성도 심한 타격을 받게 되었다. 그러나 남성성은 유연성을 가지고 있고, 또 계급이나 도농, 정부의 지배 방식, 인구의 유동, 지구화 등과 교직되어 있다. 대형 공장, 광산은 노동자계급이 집중되어 있는 생산·생활 공동체로서 향후 남성성의 시각에서 깊이 있는 연구를 진행해 그곳에서 생활하는 수천만 명 인구의 삶을 가시화할 날이 오기를 기대해본다.

---

25 S. Meyer, *The Degradation of Work Revisited: Workers and Technology in the American Automobile Industry, 1900-2000*(2002), http://www.autolife.umd.umich.edu/Labor/L_Overview/L_Overview. htm.

12

한국전쟁 시기 중국의 애국공약운동과 여성의 국민 되기

임우경

1. 항미원조운동과 애국주의

중국에서 한국전쟁은 보통 항미원조(抗美援朝)전쟁으로 불린다. 항미원조란 자본주의 수구 미제의 침략에 맞서 사회주의 형제 국가인 조선을 돕는다는 의미로, 중국이 한국전쟁에 참전하게 된 국제주의적 명분을 드러낸다. 그러나 오랜 전쟁 끝에 막 건국해 국내 건설이 시급한 상황에서 또다시 전쟁에 개입하는 것은 상당히 부담스러운 일이 아닐 수 없었다. 실제로 마오쩌뚱과 몇몇을 제외한 다수 중앙정치국 위원들이 참전에 반대했을 뿐 아니라[1] 여론도 부정적이었다. 일반인 중에도 정치 자체에 아예 무관심하거나 조선의 전쟁이니 중국과는 관계가 없다는 사람이 대다수였으며, 심지어 "일본이 침략했을

---

1 박두복 엮음, 『한국전쟁과 중국』(백산서당, 2001).

때 '고려방자'들이 일본놈들과 같이 중국인을 괴롭혔는데 왜 그들을 도와야 하나?"[2]라고 묻는 사람도 있었다. 한편으로는 "혁명이 성공해서 한숨 돌릴 수 있게 되었는데 또……", "중국이 참전하면 3차대전으로 번지는 것 아닐까", "조선이 패하고 3차대전이 시작되면 국민당이 다시 상륙할 것이다"처럼 전쟁에 대한 공포와 불안감이 팽배했다.[3] 또 미국은 경제 대국인 데다 원자폭탄까지 가지고 있으니 이길 수 없다며 두려워하거나, 미국은 문명의 나라이고 중국에 학교와 병원을 지어주고 밀가루를 나누어준[4] 고마운 나라라며 선망하는 사람들도 제법 많았다.

당시 전쟁에 필요한 물적 자원이 절대적으로 부족한 대신 인구가 많은 중국으로서는 인적 자원을 최대한 동원하는 것이야말로 전쟁의 승패를 좌우하는 관건이었다. 그런데 앞서 말한 바와 같이 사회적으로 팽배한 공포와 불안을 진정시키고 인민의 자발적 참여를 끌어내기에, 사회주의 형제 국가를 돕는다는 국제주의적 명분은 설득력이 부족했다. 이에 중국 지도부는 "중국 인민이 조선 인민을 지원하는 항미전쟁은 도의적인 책임의 문제일 뿐만 아니라 우리나라 전체 인민의 이해와도 긴밀히 연계된 문제로서 자위의 필요성에 의해 결정된 것이다. 이웃을 구하는 것이 곧 자신을 구하는 것이며 조국을 보위하기 위해서는 반드시 조선 인민을 지원해야 한다"[5]라는 내용을 골자로 하는 시사선전 교육을 대대적으로 실시하게 되었다. "미제는 불길처럼 조선을 태우고 중국까지 태우려 하네. 이웃의 불길을 서둘러 끕시다. 조선이 살아야 중국이 살지요"[6]라는 당시 유행가 가사가 보여주듯이, '순망치한(脣亡齒寒)'은 항미

---

2 「時事問答」, ≪新中國婦女≫, 17(1950).

3 侯松壽, 「抗美援朝運動與民衆社會心態硏究」, ≪中共黨史硏究≫, 2005年 2期.

4 全總女工部家屬科,「怎樣對職工家屬進行時事教育」, ≪新中國婦女≫, 1951年 1月.

5 「各民主黨派聯合宣言」, 『北京市抗美援朝運動資料彙編』(北京: 知識出版社), p.23.

원조운동의 국제주의를 이해시키기 위한 가장 통속적인 애국주의 논리였다. 동시에 중공은 공산당이 영도한 중국혁명의 승리가 노동자·농민·민중에게 가져온 변화를 부각시키면서 민족적 자신감과 주인 의식을 북돋우고자 했다. 그리하여 항미원조운동은 자연스럽게 혁명 승리의 열매를 지키고 내 가정과 국가를 보위하는 이른바 '보가위국(保家衛國)' 운동이자 애국주의 운동으로 전화되었다. 국제주의적 명분에서 출발한 항미원조전쟁은 흥미롭게도 중국 내 애국주의의 고취를 통해 성공적으로 진행되었던 것이다.

역으로 항미원조운동을 거치며 고조된 인민의 애국주의적 열정과 정치적 각오는 건국 초기 중국의 사회·경제·정치·군사·문화 건설에서 강력한 추동력으로 작동했다. 그런 점에서 건국 직후 최대 규모로 진행된 군중 운동으로서 항미원조운동은 국내 인민의 마음과 정신을 사로잡고 그들의 '국민 되기'를 성공리에 수행시킨 일등 공신이었다고 할 수 있다. 여성도 예외는 아니었다. 항미 원조를 위해 여성들도 군대 지원, 군사간부학교 입학, 의료대 지원, 위문편지 및 위문품 보내기, 애국생산경쟁운동, 평화 서명, 조선 난민 돕기 모금 활동, 5대국 평화공약 체결 요구, 미제 침략 반대, 일본 재무장 반대, 미군의 세균전 반대, 절약증산운동, 무기헌납운동, 애국공약운동과 같은 정치적 활동에 대규모로 참여했다. 국민화 프로젝트로서 항미원조운동이 성공적이었던 만큼 거기에 적극적으로 참여했던 여성들도 어느 정도는 국민 되기에 성공했다고 할 수 있다. 만약 근대의 여성해방운동이 남성과 평등한 국민 되기를 목표로 한 것이었다면 중국의 여성해방운동은 항미원조운동을 통해 어느 정도 성공한 셈이며 그 성공의 핵심은 바로 애국주의였다고 해도 과언이 아닐

---

6 "美帝好比一把火, 燒了朝鮮就要燒中國, 中國鄰居快救火, 救了朝鮮就是救中國", 侯松濤, 「抗美援朝運動與民衆社會心態研究」, p.24.

것이다.

그렇다면 항미 원조 시기 중국 여성해방운동의 근간이 애국주의였다는 사실은 무엇을 시사하며, 여성주의적 시각에서 이 같은 역사적 사실은 어떻게 분석되어야 할까? 이와 관련해 리샤오장을 비롯한 중국의 신계몽주의 여성주의자들은 중국의 여성해방이 사회주의혁명과 국가에 의해 주어지거나 주도되었으며 그에 따라 여성운동은 자율적 역사를 갖지 못했다고 비판한다.[7] 또 전시체제하 일본 여성운동의 경험을 분석한 우에노 지즈코(上野千鶴子)는 근대국가 및 국민 자체가 남성을 중심으로 상상되고 구축된 이상 여성의 국민화가 진정한 여성해방일 수 없다고 주장했다.[8] 이것들은 충분히 경청해야 할 중요한 지적이 아닐 수 없다.

그러나 이들 관점은 종종 국민국가에 대한 동일시로서의 애국심 혹은 애국주의가 근대 여성 주체성의 근간을 이룬다는 역사적 사실을 간과하기 쉽다. 그 결과 왜, 그리고 어떻게 여성들이 스스로를 '국민'으로 호명하게 되는지, 그 과정에서 어떤 균열들이 발생하며 여성들 자신은 그 균열과 모순을 어떻게 극복하거나 봉합하는지 볼 수 없거나 보려 하지 않는다. 이는 무엇보다 국가와 여성 사이의 대립적 측면을 지나치게 극단화하거나 추상화한 결과이다. 이 경우 역사적으로 여성들이 수행했던 다양한 주체적 행위와 노력들은 비가시화되고, 그 결과 여성은 또다시 역사 바깥으로 내몰리게 될 가능성이 크다.[9] 자신에게 이롭다고 판단되는 이상 여성들이 국민국가에 스스로를 동일시하

---

7 중국의 신계몽주의 여성주의에 대해서는 임우경, 「반전통주의 민족서사와 젠더」(연세대학교 박사 학위논문, 2004) 서론 참고.

8 우에노 지즈코, 『내셔널리즘과 젠더』, 이선이 옮김(박종철출판사, 1999) 참고.

9 우에노 지즈코와 중국의 신계몽주의 여성주의에 대한 비판에 대해서는 임우경, 「반전통주의 민족서사와 젠더」 서론 참고.

는 것은 오히려 상당히 보편적 현상이라 할 것이다. 그렇다면 여성의 입장에서 국민국가를 비판적으로 바라보기 위해서라도, 과거 여성들이 자신의 이익을 위해 어떻게 국가와 스스로를 동일시하며 그것과 협상하고 또 그 자원을 활용했는지 구체적으로 살펴보는 일이 선행되어야 한다. 그것은 여성주의적 입장에서 국민국가의 당대적 의미를 재조명하기 위한 우회로이며, 동시에 중국이나 한국, 나아가 동아시아의 특수하면서도 보편적인 현대성의 궤적을 그려내는 길이기도 하다.

그중 중국의 항미원조운동은 여성과 국민국가 건설, 사회주의적 여성 국민의 등장, 동아시아의 탈식민과 냉전 국면이 그야말로 복잡하게 착종된 사건으로서 충분히 주목할 만한 가치가 있음에도 지금까지 그에 대한 연구는 거의 전무한 형편이다. 항미원조운동에 대한 연구를 통해 이와 같은 문제들을 탐색하는 일은 앞으로 긴 여정이 될 것임에 틀림없다. 이 장은 그 첫 번째 작업으로서 우선 ≪신중국부녀(新中國婦女)≫를 중심으로 항미 원조 시기 여성계의 애국주의 운동, 그리고 여성들이 국민으로 호명되는 구체적 과정의 하나로서 애국공약운동의 면면을 정리해보려 한다. ≪신중국부녀≫는 중국부녀1차 전국대표대회(1949)의 발의로 창간되어 주로 여성 간부의 학습 자료로 이용된 전국 규모의 종합잡지로서, 중앙정부와 중화전국민주부녀연합(中華全國民主婦女聯合, 전국부련)의 지시, 시사 교육 자료, 구체적인 운동 방침, 각지 여성운동의 경험 및 사례 소개, 문예란 및 독자통신란 등이 있어 위로부터 아래까지 여성운동의 면면과 그 효과를 두루 살펴볼 수 있다는 이점이 있다.

2. 애국주의 운동과 '특수 문제'로서의 여성

이제 막 식민 지배에서 벗어난 국가들에서 통합된 국민국가 건설은 무엇보다 시급한 과제로 여겨졌으며 중국도 예외는 아니었다. '애국'은 새로운 주체로서의 국민이 국민 됨을 보장받는 가장 중요한 덕목으로 강조되었다. 물론 애국의 내용은 시기마다 지역마다 다르게 구성되게 마련이다. 항미원조운동 중에 애국의 내용은 대개 다음과 같은 3개의 논리적 단계로 구성하도록 장려되었다.

> ① 과거 중국 인민은 일본의 침략과 국민당 반동에 의해 억압받고 착취당했다.
> ② 공산당은 이들 억압과 착취로부터 인민을 구원하고 혁명을 승리로 이끌었으며 그 열매는 인민의 것이다.
> ③ 혁명을 승리로 이끈 위대한 중국 인민은 미제의 침략에 맞서 혁명의 열매를 지키기 위해서라도 분연히 일어서야 한다.

이 같은 애국주의 논리를 바탕으로 항미원조운동은 크게 세 가지 방면에서 진행되었다. 첫째, 미제의 본질과 그 침략 행위 및 애국주의의 내용을 전 인민에게 교육하기 위한 시사선전공작(각종 학습소조 성립, 강연, 회의, 보고회, 가두시위, 친목 대회 등), 둘째, 직접적인 전쟁 지원 활동(참군, 무기 헌납, 군수물자 생산, 위문품 보내기 등), 셋째, 국방력과 경제력의 제고를 목표로 각자의 자리에서 생산에 박차를 가하자는 간접적 기여 운동(애국생산시합운동, 절약증산운동, 부패·횡령·낭비반대운동 등)이 그것이다. 이 세 가지는 서로 긴밀하게 결합되면서 국제주의적 성격의 전쟁과 국내 건설 운동을 성공리에 결합했다. 흥미롭게도 계급적·성적 충돌을 야기하는 사회주의적 개혁들(혼인법 시행, 토지개혁, 반혁명

운동 등) 역시 애국이라는 통합적 논리에 의해 지지되었다. 역으로 이들 사회주의 개혁은 공산당 정권을 인민의 대변 기관으로 인정하고 그 애국주의 노선을 합법화하는 도덕적 근원으로 작동했다.

여성계의 항미원조운동 역시 기본적으로 전체 애국주의 운동의 큰 틀 안에서 진행되었다. 1950년 10월 26일, 궈모뤄(郭沫若)를 주석으로 하는 항미원조총회가 성립되고 11월 4일 각 민주당파가 항미원조 보가위국 운동을 지지한다는 연합 선언을 발표하자 각계각층에서 이에 호응하는 선언들이 이어졌다. 전국부련도 즉각 「항미원조 보가위국 운동에 호응하도록 전국 부녀에게 호소하는 글(爲響應抗美援朝保家衛國運動對全國婦女的號召)」을 발표하고 여공을 비롯한 전국의 모든 여성들이 각자 자기 자리에서 생산에 박차를 가하고 열심히 학습하며 각 단위 지도부가 전달하는 임무를 충실히 수행함으로써 항미원조 투쟁에 유기적으로 결합할 것을 요청했다.[10]

≪신중국부녀≫를 살펴보면, 1950년 11월 호에 「서둘러 행동에 나서 항미원조 보가위국을 위해 분투하자(緊急行動起來爲抗美援朝保家衛國而奮鬪)」라는 사설이 실린 것을 필두로 여성들의 애국운동 참여를 독려하는 지침성 글들이 잇달아 실렸다. 우선 11월 호의 사설은 여성들이 항미원조 보가위국을 위해 실제 행동에 나서야 한다고 주장했다. 구체적으로는 첫째, 여성들의 사상을 개조할 수 있도록 시사선전공작을 심화하고 이를 통해 골목골목까지 잠입해 있는 반혁명분자들의 활동을 분쇄하고 사회 치안을 공고히 하자, 둘째, 미국 강도의 침략을 가장 효과적으로 제지할 수 있는 가장 좋은 방법으로 구호대를 조직하거나 중국인민지원군에 지원하는 등 조선 인민의 해방 투쟁에 자발적으로 용감하게 참여하자, 셋째, 생산에 박차를 가해 국가의 경제력을 제고하

10 「全國婦聯爲響應抗美援朝保家衛國運動對全國婦女的號召」, ≪新中國婦女≫, 16(1950).

고 국방력을 강화하자고 촉구했다.

1951년 1월 호에서는 애국주의 구호가 본격적으로 등장하기 시작한다. 사설 「애국주의 사상 교육을 상시화하자(經常進行愛國主義的思想教育)」는 항미원조 보가위국 운동이 전개된 이후 각 계층, 민족, 종교를 불문하고 애국적 각오가 전에 없이 고조되었으며 통일전선이 확대되었다고 평가한 뒤 여성들이 이 운동에 얼마나 활발히 참여하고 있는지를 소개했다.

> 많은 여성들이 인민지원군의 의료대나 구호대에 참여하거나, 아들이나 남편, 약혼자를 전선에 보내고 자신은 후방 생산에 전념하고 있으며, 애국주의생산경쟁 운동에서 우수한 여공들의 신기록과 모범 사례가 증가했다. 또 많은 여학생들이 군사간부학교에 등록했고, 자녀를 군사학교에 보내는 영광스런 어머니들이 증가하고 있으며, 정치에 무관심하던 가정 부녀들도 시사 학습을 요구하기 시작했다. 그 외에도 자발적으로 위문편지를 쓰고 위문자루를 만들며, 반찬 값을 절약한 돈으로 군수물자를 사기 위한 모금에 참여하고 있다. 또 일부 여성들은 친미와 공미(恐美, 미국을 두려워 함—인용자) 사상을 떨치고 중화인민공화국의 공민으로서 영광스러움을 깨닫기 시작했다.

사설은 이와 같은 여성들의 변화가 그동안의 애국주의 선전 교육의 효과라고 보고 앞으로도 "부녀 군중을 대상으로 체계적인 애국주의 교육을 실시하며 이를 상시적인 임무로 삼고 부녀공작의 각종 임무와 유기적으로 결합해야 한다"라고 강조했다. 교육해야 할 애국주의의 내용으로 첫째, 미 제국주의의 침략과 그 죄행을 고발하되 특히 여성에 대한 위해를 강조할 것, 둘째, 건국 이래 중국 인민 정권 아래 이룩한 여성의 권리를 알리고 마오쩌둥 시대에 중국 인민이자 중국 여성이 된다는 것이 얼마나 영광스런 일인지를 깨닫게 할 것, 셋째, 정확한 애국주의는 반드시 국제주의와 결합되어야 함을 인지하고 중소 양국 인민의 우정과 단결, 세계평화민주 진영의 강대함, 중국 인민의 미제국주의 침략 반대 운동이 세계평화에 미치는 공헌에 대해 선전할 것을 제시하고 있다.

사설 외에도 ≪신중국부녀≫ 1월 호는 그 목차만 보아도 항미원조운동의 긴박한 분위기가 느껴진다. 거의 모든 글의 내용이 항미원조운동을 언급하고 있지만, 그중 직접 관련된 것만 소개해보면 다음과 같다. 「제2차 세계평화보위대회의 경과 및 성취」, 「이 빛나는 역사의 순간을 행동으로 기록하라: 군사간부학교에 참가하는 중국의 딸들에게」, 「세계평화보위대회 조선 대표 박정애 연설문: 영용한 민족의 영용한 딸들」, 「전 세계 인민이 우리를 격려하고 있다」, 「직공가족공작을 직공애국생산시합운동과 결합시키자」, 「여공에 대한 항미원조 사상 교육을 강화하자」, 「직공가족에게 시사교육을 어떻게 진행할까」, 「직공가족 친목대회를 어떻게 열어야 좋을까」, 「가족복무대」, 「남녀 농민을 동시에 발동시키는 공작의 문제와 경험」, 「국방의 최전선에 있는 요동지역 부녀」, 「금릉여대, 미국 국적 교장을 쫓아내다」, 「항미원조투쟁 중의 연경대 여학생」, 「가정의 자매들을 어떻게 보가위국운동으로 끌어낼 것인가」, 「수술자원봉사대에 참가하는 천징윈을 배웅하며」, 「모범 여공 리짜오쩐」.

이와 같이 ≪신중국부녀≫는 각 계층의 다양한 여성들을 항미원조운동으로 끌어들이기 위한 구체적 방안과 분석, 사례 들을 소개하는 데 지면을 대폭 할애하고 있다. 여기서 여성은 '여공', '여농', '여학생', '직공 가족', '가정의 자매', '자원봉사대의 아내', '지원군의 어머니'처럼 구체적으로 호명되고 있는데, 다시 말해 여성이 국민으로서 맡아야 할 사회적 직분이나 책임에 의해 구분되고 있음을 알 수 있다. 특히 사적 영역으로 가정되는 가정 내의 여성들을 애국이라는 공적 영역의 주체로 호명하기 위한 노력이 두드러지는데, 그중에서도 불특정 다수의 여성이 '직공 가족', 즉 노동자의 가족이라는 하나의 단위로 주체화되는 것이 흥미롭다.

그러면 여성운동의 입장에서 항미원조운동은 어떤 의미를 지닌 것이었을까? ≪신중국부녀≫ 2월 호에 실린 전국부련 주석 차이창(蔡暢)의 「위대한 애국주의의 깃발 아래 한층 더 광대한 부녀를 연계시키고 교육하자(在偉大愛國主義旗幟下進一步連繫與教育廣大婦女)」부터 보자. 이 글은 3·8 국제부녀절을 앞두고 목전 중국 여성운동의 주된 정치적 임무가 전체 여성을 항미원조와 미제의 일본 재무장 반대 운동에 참여시키는 것이라고 주장했다. 차이창은 여성의 정치적·문화적 수준을 제고하는 것이야말로 남성과 평등하게 각종 공작에 참여할 수 있게 하는 선결 조건이라고 전제했다. 그리고 구 사회의 속박으로 인해 여성들은 대개 남성보다 낙후되어 있기 때문에 교육을 훨씬 더 많이 필요로 한다면서 선전 교육의 중요성을 재삼 강조했다. 또 그동안의 경험으로 볼 때 평소에 여성 공작을 잘해온 곳에서는 여성들의 항미원조운동도 심도 있게 진행되었으며, 반대로 항미원조 애국주의 교육이 심화되어 여성들의 의식이 제고된 곳에서는 평소의 여성 공작도 비교적 빨리 완성되었다면서, 여성들의 애국 열정을 실제 행동으로 변화시키면 항미원조와 여성해방 공작을 모두 잘 할 수 있다고 지적했다. 이는 애국주의 운동의 중요성을 전제하면서도 그것과 여성해방 공작이 결코 별개의 것이 아님을 시사했다는 점에서, 앞서 애국주의를 강조한 사설들과는 그 방점의 위치가 약간 다르다.

차이창의 지적은 무엇보다 항미원조운동에 여성들을 어떻게 동원할 것인가보다는 여성들이 항미원조운동을 어떻게 자기 성장의 계기로 삼을 것인가를 전제로 한다는 점에서 의미심장하다. 이는 국민국가의 전체 동원과 여성운동의 자율성의 관계를 여성운동 지도자들이 어떻게 인식하고 있었는지를 보여주는 대목이기 때문이다. 차이창의 이 같은 인식은 3월 호에 실린 「조국 사랑 평화보위」라는 글에서도 확인된다. 그녀는 1월에 전개된 일본 재무장 반대를 위한 전국적인 대규모 여성 시위가 성공적으로 진행된 것을 두고 “이번 시위는 특히 광대한 가정주부들을 한데 모으고 그들이 거리로 나와 공개적으로 평화보위의 의지를 표시하게 만들었는데, 이는 매우 쉽지 않은 일이며 항미원조운동을 확대·심화시키는 데 있어 매우 긴요한 일”이라며 자찬했다. 그녀가 강조한 대로 조직이야말로 대다수 여성을 단결시키고 정책 임무를 수행하는 데 없어서는 안 될 경로라고 할 때, 항미원조 애국주의 운동은 여성 조직을 일시에 확대·강화했을 뿐 아니라 뿔뿔이 흩어져 있던 여성들을 광장으로 한데 불러 모은 요술 피리와도 같은 것이었다.

한편 항미원조운동과 애국주의를 여성해방운동의 교두보로 삼는 인식은 항미원조운동 속에서 불거진 여성의 '특수 문제'에 주목하도록 만들었다. 차이창은 항미원조운동 속에 각계 여성을 모두 동원하되, 가능한 범위 내에서 여성의 특수한 곤란을 해결하고 여성의 실제 권익을 보호하며 여성을 위해 복무해야 한다고 강조한 뒤 다음과 같이 덧붙였다.

일반적으로 각 지역의 부련들은 인민정부가 제기한 전체 인민의 총 임무와 상급 부련의 결의에 따라 자신의 공작을 결정하는데, 이는 옳다. 그것은 상급과 하급이 일치단결하고 전체 남녀 인민의 힘을 집중하여 목전의 중심 공작 임무를 완수하기 위해 불가피하다. 그러나 다른 한편으로 어떻게 전체 임무와 부녀의 절박한 이익 및 일상의 곤란을 연결해야 부녀권익보호라는 우리 부녀단체 본연의 책임을 다할 수 있을 것인가를 생각해본다면 그것만으로는 부족하다. 장기적인 전체 임무를 위해 부녀를 동원할 때 어떻게 부녀 군중의 실제 상황으로부터 출발할 것인가를 깊이 숙고하지 않기 때문에 부녀 동원의 심도와 범위가 한정되고 심지어 군중과 유리되는 현상이 생기는 것이다. 우리는 각지 부련이 반드시 이 문제를 염두에 둘 것을 당부하는 바이다. 동시에 인민정부 및 각각의 유관 부문이 부녀의 특수한 이익을 보호하는 데 필요한 조치를 지지하고 비준하며 유력한 도움을 제공하길 바란다.[11]

차이창의 이 같은 발언은 항미원조운동의 구체적인 실행 과정에서 여성의 권리가 우선순위에서 밀리거나 전혀 고려되지 않거나 심지어 침해받는 상황들이 발생했으며 전체 운동과 여성운동 사이에 빈번히 갈등이 발생하고 있었음을 시사해준다. 이에 차이창은 '부녀 권익을 대변'하는 군중 조직으로서 부련의 위상을 환기하고 여성해방운동의 중요성을 서둘러 강조했던 것이다. 차이창의 이 같은 지적은 3월 호 ≪신중국부녀≫의 사설 「항미원조운동을 통해 부녀해방운동을 추진하자」를 통해 더욱 구체적으로 제시되었다.

사설은 우선 "2억 3750만 여성 인구가 모두 일어나야만 항미원조운동이 진정으로 보급되었다고 할 수 있다"라면서 애국운동에서 여성이 차지하는 중요성을 강조했다. 그리고 "광대한 부녀 군중이 항미원조와 국가 건설에 더 많이 공헌할 수 있도록 그녀들의 정당한 요구에 대해 적절한 해결이 이루어져야만 한다"라고 요구하면서 여성 문제를 간과하거나 적극적 조치를 취하지 않는 상급의 공작 태도를 비판했다. 한편 사설은 또 신중국 건립 후 혼인법, 노동보험조례 등이 여성에 대한 우대를 규정하고 있기는 하지만 "부녀해방사업은 반드시 부녀 스스로의 노력으로 이루어야 한다"라면서 구체적으로 네 가지 내용을 제시하고 있다. 그중 세 번째와 네 번째 내용을 보자.

③ 각자의 직장에서 담당 업무와 전문 기술을 연구하여 본인의 업무 능력을 향

11 蔡暢, 「在偉大愛國主義旗幟下進一步連繫與敎育廣大婦女」, ≪新中國婦女≫, 19(1951).

상시키자. 능력이 생기면 지금의 항미원조운동에 더 적극적으로 참여할 수 있을 뿐 아니라 이후 국가 경제 건설 과정에서도 자신의 재능과 지혜를 더욱 충분히 발휘할 수 있게 되어 결과적으로 신민주주의 사회가 차츰 사회주의 사회로 넘어가는 데 일조할 수 있다. 그때는 부녀의 특수한 문제들이 점차 해결됨은 물론이고 부녀해방도 더 좋은 사회적 기반과 보장을 획득하게 된다. 지금 아직 사회 공작에 참여하지 않는 부녀들도 더욱 자기의 학식을 충실히 하여 공작에 참여할 수 있도록 준비하자.

④ 부녀들끼리 서로 단결하여 자신의 특수 문제를 해결하도록 하자. 현재 우리나라는 부녀의 특수한 문제들을 적당한 수준에서 해결할 수밖에 없는 실정이며 주로는 다수인 여성들 스스로 단결하여 상호 협조의 원칙하에 공동으로 문제를 해결해야 한다. 이미 일부 지역 부련은 부녀들 스스로의 힘으로 식자반(識字班)을 만들도록 추동하여 노동 부녀의 학습 문제를 해결하도록 도왔는가 하면, 여러 지역 농촌에서는 농촌 부녀들이 서로 협력하여 농번기 탁아소를 만들었고, 중앙인민방송국의 탁아소 역시 전체 여직원들이 창의적으로 기숙사를 이용해 운영하고 있다. 또 톈진시 의료계의 여의사, 간호사들은 공장으로 찾아가 여공들을 위해 신체검사와 진료를 하기도 했다. 이들 상호 협조의 방법과 경험을 보편적으로 선전하고 확대함으로써 더 많은 역량을 동원하고 조직하여 각종 곤란을 극복하는 데 힘써야 할 것이다.

사설은 눈앞에서 발생하고 있는 여성 문제들을 완전한 사회주의로 넘어가면서 차츰 해결될 과도기적인 것으로 보고, 현재 여성 공작과 애국주의 공작 간의 관계도 종속 관계라기보다는 단계적·전술적 결합으로 인식하고 있다. 또 여성 문제는 여성들 스스로 해결해야 함을 강조한 대목 등은 당시 차이창을 비롯한 중국의 여성운동가들이 훗날 회의적인 연구자들이 생각하는 것보다 훨씬 더 여성 문제의 특수성과 그 해결의 자주적 원칙에 대해 인식하고 있었음을 보여준다. 이 문제는 앞으로 훨씬 더 많은 자료 수집과 분석을 통해 논의되어야겠지만, 최소한 분명한 것은 중국의 사회주의 여성해방운동이 국가와 사회운동에 압도되었다기보다 후자와 부단히 타협하고 협상하면서 주동적으로 그것을 자기 발전의 계기로 활용하고자 했다는 점이다. 이는 중국의 여성해방운동이 줄곧 중국의 사회혁명에 종속되어 자율적이지 못했다고 비판하는 기존의 관점들이 신중하게 재고될 필요가 있음을 시사한다. 오히려 여성운동이 자율적이지 못했다는 비판 자체가 여성을 국가 바깥의 추상적 존재로 전제함으로써 역사적으로 양자 사이에 형성된 긴밀한 관계를 보지 못하게 하는 것은 아닌지 생각해볼 일이다.

3. 애국공약운동, 조직된 자발적 국민화

항미원조 시기 중국의 농촌이나 도시, 직장이나 가정을 막론하고 어디든 벽에 온통 각양각색의 애국공약이 붙어 장관을 이루었다고 한다.[12] 그만큼 애국공약운동은 항미원조운동의 꽃이었다고 해도 과언이 아닐 것이다. 애국공약이란 개인이나 기층 단위의 애국심을 행동으로 옮길 것을 공개적으로 약속하는 것이다. 인민 군중이 스스로 수립한 반제애국투쟁의 강령이자 계획으로서 애국공약은 각자의 실제 생활과 항미원조 보가위국 운동을 결합하는 가장 좋은 형식으로 여겨지면서 강력히 제창되었다. 무엇보다 광범위한 여성들이

12 王永華, 「建國初期的愛國公約運動」, ≪黨史博覽≫, 2007年 4期.

일상 속에서 자연스럽게 국민이 되도록 동참시킨 것도 바로 애국공약운동이었다고 할 수 있다.

원래 애국공약은 애국심과 행동을 표출하기 위해 군중이 창의적으로 만들어낸 것[13]이라고 하는데 구체적으로 누가 어떻게 처음 시작했는지는 알 수 없다. ≪신중국부녀≫에서 애국공약이라는 단어가 처음 등장한 것은 1951년 2월 호이다. 「상하이, 우한, 베이징 각계 부녀의 애국공약」이라는 제목의 기사에 따르면, 1950년 12월 12일 상하이시 부련은 "청년 부녀를 동원하고 남편, 자식, 형제자매를 격려하여 군사간부학교에 입학하고 지원군을 위한 각종 지원 활동에 참여하도록 만든다", "'미국의 소리'를 청취하지 않고 유언비어를 믿지 않으며 유언비어의 근원지를 추적한다", "사재기를 하지 않으며 합작총사에 협력한다"를 포함한 10개 '애국행동강령'을 채택했다. 또 우한시 4만여 명 여성들은 1951년 1월 14일에 열린 항미원조 보가위국 대회에서 "생산 전선에서 생산에 박차를 가할 것을 결심한다", "전 시의 부녀가 한층 더 단결하고 조직하여 시사학습을 강화하고 정치적 각오를 제고함으로써 부녀의 완전한 해방을 추구할 것을 결심한다" 등 7개 항목의 '결심서'를 통과시켰다. 베이징 여성들도 1월 28일 시위에서 "생산, 공작, 학습을 열심히 한다", "유언비어를 믿지 않고 정부의 간첩 소탕 작전에 협조한다", "조국, 인민, 노동, 과학을 사랑하고 공공 재물을 아낀다", "군인 가족을 존경하고 우대한다"를 포함한 7개 '애국공약'을 통과시켰다.

이 기사를 보면 적어도 1951년 1월 이전까지 애국공약이라는 단어가 통일적으로 사용된 것은 아님을 알 수 있다. 실제로 애국공약운동이 본격적으로 벌어지기 전에도 애국행동강령, 결심서, 애국생산계획표, 애국생산시합도전

---

13 "廣範訂立幷認眞執行愛國公約", ≪人民日報≫, 1951年 6月 2日.

장, 부부계약서처럼 애국심과 그 행동을 표출하는 다양한 형식의 약속들이 존재했다. 예컨대 애국주의생산시합에 참여했던 일부 여공들은 "내가 직접 총대를 메고 전선에 나가 적과 싸우지는 못하지만 미제를 소탕하듯이 작업 중에 나타나는 불량품 생산 현상을 소탕할 것"이라든가 "신 한 켤레 더 만드는 것이 곧 미국놈 하나 더 죽이는 것과 같다"라면서 "하루에 고무신 400켤레 생산에 도전하자"[14]라고 공개 도전장을 내기도 했다. 또 어느 촌의 여성 주임은 약혼자를 지원군에 보내면서 "당신은 전선에서 적을 무찔러 공을 세우세요. 나는 후방에서 열심히 일해서 생산 모범이 될래요. 미 제국주의가 물러가지 않는 한 결혼하지 맙시다"라고 공개 선언하기도 했다. 또 다른 한 여성 역시 약혼자를 군대에 보내면서 "미국놈들 타도하는 건 훌륭한 일이니 열심히 하고 집 걱정은 하지 마요. 내가 당신 부모님까지 보살피면서 열심히 생산할게요"라고 약속했고, 어떤 중년 부인은 "일손 부족한 군인 가족을 위해 바느질도 해주고 물도 길어다주겠습니다"라고 약속했다.[15]

이렇게 다양한 형태로 존재하던 기층의 공개적 결심이나 약속들에 착안해 정부가 처음 공식적으로 애국공약운동을 제기한 것은 1951년 2월 2일 중공중앙의 「항미원조 애국운동의 진일보 전개에 관한 지시(關于進一步開展抗美援朝愛國運動的指示)」를 통해서였다.[16] 이 지시는 인민지원군과 조선인민군의 위문, 전면적이고 공정한 대일평화조약(對日和約) 쟁취, 그리고 애국공약 제정을 중심으로 애국운동을 전개하도록 요구했다. 3월 8일에는 중화전국총공회에서 「항미원조 애국교육을 진일보 전개하고 금년 5·1절 전국 시위를 준비하기 위한 지시(關于進一步開展抗美援朝愛國教育, 準備今年'五一'全國大示威的指示)」를 내

14 阿英, 「全國女工積極參加愛國主義生産競賽」, ≪新中國婦女≫, 17(1950).

15 遼西省婦聯, 「母送子,妻送郎,抗美援朝保家鄉」, ≪新中國婦女≫, 17(1950).

16 자세한 것은 王永華, 「建國初期的愛國公約運動」 참고.

렸다. 이것은 항미원조 애국주의 시사교육을 광범위하고 심도 있게 전개함으로써 애국공약에 참여하도록 하고 '5·1절' 대규모 시위 준비를 서두르며 애국주의 노동시합 운동을 확대할 것을 요구했다. 급기야 3월 30일 ≪인민일보≫ 사설 「애국공약운동을 보급하자(普及愛國公約運動)」가 발표된 이후 애국공약운동은 차츰 대중적으로 제창되기 시작했고, 5·1절 시위 준비 과정에서 전국적으로 확대되었다.

그 무렵 각 단위 여성들도 분분히 애국공약을 제정하기 시작했다. ≪신중국부녀≫ 1951년 3월 호에 소개된 각계 여성들의 애국공약을 보면 다음과 같다.

〈예 1〉 녹미창 피복 공장 9반 2조 여공들의 애국공약

1. 베이징시부녀애국공약을 선전하여 모두 함께 준수하고 이행하도록 추동한다.
2. 생산에 힘쓰고 되도록 절약하며 작업 중의 모든 애로사항을 극복하고 애국주의생산시합을 더욱 활성화한다.
3. 간첩·토비·화재 예방을 강화하고 미제의 일본 재무장에 반대한다.
4. 청결을 유지하고 상호 단결하며 집에 있는 자매들이 부업학교에 다닐 수 있도록 권장한다.

〈예 2〉 베이징시 1구 12파출소 여성 주민으로 구성된 '애국공약집행관철위원회'의 애국공약

1. 토비·간첩·화재 예방에 힘쓴다.
2. 집집마다 부녀들을 동원하여 부업학교에 다니도록 한다.
3. 일관도(一貫道)의 영향을 청산하고, 향 피우고 공양을 바치는 데 쓸 돈으로 아이들 책을 사준다.
4. 혼인법을 강력하게 지지하고 열심히 숙지한 후 다른 사람들에게도 널리 알

린다.

5. 지속적으로 공중 보건에 힘쓰고 항미원조 일본 재무장 반대를 선전하며 정치적 수준을 높인다.

〈예 3〉 베이징시 부녀 친목회 남성 제4조 자매들의 애국공약

1. 가사를 잘 돌본다.
2. 문화와 정치 학습을 열심히 한다. 문화 수준이 낮은 자매는 성인 야간학교에 들어가 매일 2시간씩 공부하고 3개월 내에 편지 쓰는 법을 배우도록 한다.
3. 날마다 신문을 본다. 신문 읽기 소조를 만들고 그중 세 사람을 뽑아 매일 신문에 실린 소식을 각각의 자매들에게 알려준다.
4. 간첩·토비 예방에 힘쓰며 연락망을 짜서 수상한 사람을 보면 바로 파출소에 신고한다.
5. 생산에 힘쓰며 군인 가족을 존경하고 보호한다.[17]

초기 애국공약의 내용은 대개 공산당과 인민해방군에 대한 옹호나 항미원조 활동 및 정부의 반혁명 진압과 같은 정치운동에 대한 지지를 표명하는 정치적 내용, 그리고 개인이나 단위의 구체적인 업무나 실천 계획에 관련된 것 두 가지로 구성되었다. 앞에 소개된 여성들의 애국공약도 생산력 제고, 혼인법 시행, 간첩·토비·화재·공습 예방(四防), 일관도(一貫道)[18] 단속, 시사·선전교육을 위한 각종 성인학교 및 학습소조 참여와 같이 주로 정부 정책에 호응

17 黃葉, 「首都婦女把愛國公約精神貫徹到日常行動中」, ≪新中國婦女≫, 20(1951).

18 당시 민간에 널리 퍼져 있던 종교의 하나. 중공 당국은 일관도를 국민당과 미제 간첩들의 근거지이자 각종 유언비어의 온상으로 지목하고 1950년 12월 단속령을 내린 바 있다.

하는 내용들로 이루어져 있다. 살림을 잘하고, 이웃에 낯선 사람이 찾아왔는지 살피고, 신문을 열심히 읽는 것과 같은 일상적 행동들이 애국이라는 이름하에 약속되고 있다는 것이 퍽 흥미롭다. 그러나 〈예 3〉의 경우처럼 매우 구체적인 방법론까지 제시된 경우는 많지 않았으며 대개는 당위적 차원의 내용이거나 추상적인 구호에 그치는 공약이 많았다.

애국공약이 훨씬 정형화된 형태로 기층의 소규모 단위까지 파급되어 그야말로 실천의 방안으로서 구체화되기 시작한 것은 1951년 6월 1일 항미원조총회가 「애국공약 추진, 비행기 및 대포 헌납, 군인 가족 우대에 관한 호소(關于推行愛國公約, 捐獻飛機大炮和優待烈屬軍屬的號召, 이하 6·1 호소)」를 발표한 이후였다. 「6·1 호소」는 우선 각계각층 군중들이 참여한 애국공약은 중국인민정치협상회의 공동강령을 구체화한 것이며 각 단위의 구체적인 애국행동강령임을 강조하고 전국 인민은 이를 충분히 활용해 생산·공작·학습 및 기타 혁명 투쟁과 건설 사업을 진일보 추진하라고 요구했다. 그리고 전국 각계 인민, 공장, 기업, 기관, 학교, 마을, 농촌은 모두 자신의 업무에 따라 구체적인 애국공약을 세울 것, 비슷한 공약을 내건 단위들끼리는 애국공약실현 경쟁운동을 전개하고 1952년 1월 애국운동경쟁의 결과를 검사해 그 우열을 평가하고 모범 사례를 장려함으로써 각자의 공약이 원만히 실현될 수 있도록 할 것, 동시에 절약 증산, 무기 헌납, 열사 및 군인 가족 우대 운동을 벌일 것을 지시했다.

이에 호응해 ≪인민일보≫는 바로 다음 날 「애국공약을 광범위하게 제정하고 성실히 시행하자」라는 사설을 싣고 애국공약의 제정 요령 및 시행 방법을 네 가지로 제시했다.

첫 번째로 사설은 공약의 단위를 너무 크게 잡지 않아야 한다고 주장했다. 하나의 생산 라인, 한 가정, 한 마을처럼 단위가 작아야 내용도 구체적일 수 있고 집행하기도 용이하며 서로 감독 및 검사가 가능하기 때문이다.

두 번째로 공약의 내용은 반드시 현실적이고 구체적이며 간단해야 한다고 주장했다. 공약 내용은 대개 항미원조·반혁명 진압·납세 등 국가 건설 공작과 관련된 정치적 내용, 기한 내 생산계획 완성, 원자재 절약과 같이 각자가 현재 진행하고 있는 생산 및 업무와 관련된 것, 문화나 기술의 학습, 미신 반대 등과 관련된 것을 다루되 각자의 상황에 따라 구체적이어야 하며 천편일률적이어서는 안 된다는 것이다. 사설은 그렇다고 지나치게 세부적이거나 항목이 많아서도 안 된다고 덧붙였다. 어떤 지역 공약은 8개 항목에 55개 세칙으로 구성되었는데, 그 경우 쓸데없는 내용이 많을 가능성이 높고 무엇보다 다 기억하기 어려워서 오히려 실천하기 어렵기 때문이다. 사설에 따르면 다음과 같은 한 농촌 농회의 공약은 모범적이라 할 수 있다. 이 공약은 모두 실천 가능할 뿐 아니라 항목이 많지 않아서 농민들이 기억하기도 좋기 때문이다.

① 남녀 임시공을 조직해 반드시 두 번에 걸쳐 보리 베기를 하고 열사·군인·직공 가족 중에 일손이 부족한 집을 돕는다.
② 정부의 일관도 단속령에 호응해 마을에 수상한 사람을 숨겨주지 않는다.
③ 집집마다 나무 다섯 그루를 심고 풍혜동 지구의 식수 임무를 완성한다.
④ 1951년 공량을 때맞춰 보내되 낟알을 깨끗이 정리하고 시간에 맞춰 창고에 들인다.

세 번째로 사설은 애국공약을 제정하기 전에는 반드시 충분한 학습과 민주적인 토론을 거쳐야 한다고 강조했다. 간부나 가장들이 억지로 강제하거나 자기 혼자 지어놓고 마지못해 따르게 해서는 결코 개인들의 자발적인 참여를 끌어낼 수 없기 때문이다. 실제로 애국공약이 보편화되기는 했으나 아무래도 위로부터 시행된 운동으로 변질되고 보니 곧잘 형식에 치우쳐 공허한 구호에 그치거나 심지어 간부나 집안 어른이 대신 공약을 만들어주는 상황이 빈번히 발생했다고 한다. 한 예로 당시 무석현의 조사에 따르면, 한 마을은 9가구를 제외한 121가구가 모두 애국공약을 제정했는데, 그중 간부가 대신 제정한 가구가 61호, 가족 토론회를 거쳐 공약을 정한 가구가 30호, 가장이 혼자 제정한 가구가 30호였다고 한다.[19]

마지막으로 사설은 공약을 잘 이행하고 있는지 검사하고 평가하는 제도를 만들어 부단히 수정하고 다시 제정해야 한다고 주장했다. 그에 따르면 애국공약은 관료주의적 법조가 아니라 군중이 스스로 정한 행동강령이기 때문에 얼마든지 고칠 수 있으며 늘 진행 상황을 검토할 필요가 있다. 만약 검토 결과 공약이 제대로 이행되고 있지 않으면 그 원인을 살펴서 적절히 공약을 수정하고, 공약 중에 이미 목표를 달성한 조항이 있다면 새로운 내용을 추가할 수도 있으며, 만약 객관적 상황이 변화해 공약이 맞지 않게 됐다면 민주적 토론을 거쳐 다시 고칠 수도 있다는 것이다. 그런 점을 근거로 해서 사설은 반년마다 한 번씩 공약을 다시 정하면 그 기간 안에 완성해야 하는 목표가 생겨서 좋고, 애국공약도 매번 새로운 생명력을 얻게 될 것이라고 건의했다.

이처럼 매우 구체적으로 제시된 지침에 따라 전국 공장, 농촌, 기관, 학교, 가도 및 청년단, 공회, 청련, 부련, 학련, 인민구제회, 적십자사, 종교 협회 등 사회단체들은 모두 자신의 실정에 맞춰 구체적인 조치를 제시하기 시작했다. 그리하여 애국공약운동은 전국의 모든 소규모 단위들까지 확산되기 시작했으며 공약 내용도 절약 증산, 무기 헌납, 군인과 군인 가족 우대 공작과 관련된 내용이 많은 부분을 차지하게 되었다. 예컨대 6월 14일 베이징의 각계 여성 대표 1300여 명은 집회를 열고 '베이징 부녀호' 비행기를 헌납할 수 있도록

---

19 자세한 것은 王永華의 「建國初期的愛國公約運動」 참고.

촉구할 것을 결의했는가 하면, 여공들은 생산량과 품질을 보증한다는 전제 아래 원자재를 절약하고 그 생산품의 10%를 비행기 헌납에 기부하자라든가, 근무 외에 매월 하루를 더 의무적으로 출근해 당일 근무 수당을 비행기 사는 데 기부하자[20]와 같은 새로운 공약을 제정하기 시작했다. 그 결과 1951년 6월부터 1952년 말까지 전국적으로 전투기 3710대분에 해당하는 엄청난 모금이 이루어졌다고 한다.[21]

애국공약운동이 기층까지 확산되는 사이 각종 매체에는 애국공약을 정한 후 개인이나 해당 공동체에 어떤 변화가 일어났는지에 대한 성공 사례들이 부단히 소개되었다. ≪신중국부녀≫에도 마을 공동 애국공약을 제정한 후로 이웃들이 더 화목해지고 골목이 깨끗해졌다든가, 어떤 집은 개구쟁이에다 성적도 좋지 않던 아이들이 민주적으로 가족애국공약을 정한 후 행동이 바르게 되고 공부도 잘하게 되었다, 또 어떤 공장에서는 생산조별 애국공약을 정한 후 원래 늘 꼴찌이던 여공까지 목표량을 초과 생산했다와 같은 소식이 심심치 않게 실렸다. 이처럼 "애국공약은 각 개인의 애국 활동, 생산, 공작, 학습을 국가의 전체 정치투쟁과 결합시키는 것"이며 "항미원조를 실제 힘으로 전화시키고 행동 속에 관철하는" 방법이었다. 개인이나 집단을 각자의 직분 속에서 항미원조 애국주의 운동에 자발적이고 능동적으로 참여시키는 데 이들 공개적인 약속만큼 효과적인 것도 없었다. 애국공약운동은 바로 이 점을 포착한 중공 당국이 다양한 개인 및 기층 단위의 약속을 '애국공약'이라는 하나의 정형으로 제시하고 그것을 통일된 전국적 애국주의 운동으로 수렴하고 확대한 것이었다.

---

20 劉寧元, 「20世紀50年代北京婦女界的和平運動」, ≪北京黨史≫, 2006年 2期.

21 「全國各省市武器捐款統計表」, 中國人民抗美援朝總會宣傳部 編, 『偉大的抗美援朝運動』(北京: 人民出版社, 1954), p.211.

4. 호명의 집단 서사와 일상의 재편

항미원조 보가위국이라는 정부 전략 방침의 선전에는 신문, 라디오와 같은 주요 매체는 물론이고 만화, 고서, 쾌판, 슬라이드, 벽보, 연환화, 사진, 그림 자극과 같이 가능한 예술 형식이 모두 동원되었다. 정부는 또 모든 당 지부에 선전원을, 당의 각급 영도 기관에는 보고원을 두어 신문 매체와 협조해 발 빠르게 시사·선전 활동을 수행했다. 이 같은 선전 활동이 일방적 전달이라면 각종 회의와 집회는 쌍방향으로서 신문 매체보다 훨씬 더 큰 역할을 했다. 일반적으로 각종 회의는 기존의 조직 계통을 활용해 진행되었으며 집회는 가두행진과 고발 대회가 주를 이루었다.[22] 앞서 차이창의 지적처럼, 특히 대개 시사에 더 무관심하고 자기 조직이 없이 산발적으로 흩어져 있던 여성들에게는 이와 같은 선전·교육 활동 자체가 주체 의식을 고양하고 광범위한 조직적 기반을 다지는 작업이 될 수 있었다.

예컨대 1951년 1월 28일 베이징 부련이 주최한 항미원조·일본 재무장 반대 집회에는 아기를 안은 엄마, 전족을 한 백발노인, 비구니, 수녀들까지 수도 여성 4만여 명이 참가해 장관을 이루었다. 그중 절반 이상이 가정주부였고 만여 명은 태어나서 대중 집회에 처음으로 참여해본 사람이었다고 한다.[23] 또 3·8 부녀절 때는 전국 각지에서 1060여만 명의 여성이 시위에 참여했는데 그중 60~80%가 조직이 없는 부녀와 가정주부였다.[24] 특히 가정주부들에게는 이렇게 많은 여자들이 한데 모였다는 것 자체가 신기하고 감동적인 데다 개인들이 자신의 경험을 토대로 일본의 죄상을 고발할 때는 강력한 집단적 정서의

---

22 더 자세한 것은 侯松濤의 「抗美援朝運動與民衆社會心態硏究」 참고.

23 胡捷, 「首都婦女遊行示威反對美帝武裝日本」, ≪新中國婦女≫, 19(1951).

24 大德, 「三八宣傳工作中的幾點經驗」, ≪新中國婦女≫, 22(1951).

감염 효과로 인해 선전 효과가 더 클 수밖에 없었다.[25] 그뿐만 아니라 1·28 집회나 3·8절 시위의 대대적인 성공은 여성 간부들에게도 무척 고무적인 사건이었다. 한 여간부는 3·8절 시위가 성공한 후로 "부녀 공작을 경시하거나 부녀의 역량을 무시하는 잘못된 견해를 바로잡을 수 있었다"[26]라고 평가했다.

이처럼 대규모 가두시위나 고발 대회가 익명의 타인들과 자신이 하나의 거대한 공동체로 묶여 있음을 확인함으로써 자신을 국민으로 상상하게 한다면, 직장이나 지역을 단위로 한 소규모 회의·집회 등은 좀 더 구체적으로 공동체 내에서 여성 개인의 위상을 확인시켜줌으로써 주체성을 발휘할 수 있게 했다. 예컨대 총공회와 전국 부련은 직공 가족에 대한 선전 교육의 중요성을 인식하고 그들의 역량을 조직해내기 위한 방편의 일환으로 직공가족대회를 권장했다. 직공가족대회를 성공적으로 개최하기 위해 공작 팀은 사전에 가족들의 사상, 생활, 부부 관계, 애로 사항 및 적극분자와 낙후한 인물 등을 파악해두었다가 친목 대회의 발표 내용을 조정하거나 지원했다. 또 공적인 위치나 역할에 익숙하지 않고 자기를 비하하기 십상인 직공 가족들은 사소한 것에 감동받는다는 점을 고려해서, 정식 청첩장을 발급하거나 공장장과 공회(노동조합) 주석이 친히 나와 그들을 맞이하도록 하고, 회의에 집중할 수 있도록 아이들을 위한 시설과 대책을 마련하며, 집이 먼 사람들을 위해 도시락을 준비해주는 등, 가족들이 주체로서 자존감을 가질 수 있도록 세심하게 배려하려고 노력했다. 대회 내용도 딱딱한 발표만이 아니라 각종 오락과 문예 프로그램을 준비해 흥미를 유발함으로써 선전 교육 효과를 높였다. 이처럼 각종 선전 매체를 이용한 선전 교육과 크고 작은 회의와 집회를 통한 정서적 감염은 항미

---

25 胡捷, 「首都婦女遊行示威反對美帝武裝日本」 참고.

26 大德, 「三八宣傳工作中的幾點經驗」 참고.

원조운동을 추동하는 데 중요한 기반이 되었다.

애국공약운동은 항미원조운동에 동원된 다양한 선전 교육 방식을 모두 포괄할 뿐만 아니라 그 결과로서 실제 행동을 보장하는 결정체였다. 한마디로 애국주의 운동의 종합 선물 세트였다고나 할까. 다음 한 농촌 마을의 애국공약 제정 사례는 이를 잘 보여준다.

> 애국공약을 제정하기 위해 우선 남자 당원들을 통해 자기 가족 중의 부녀들을 학습시키고 부녀호조조와 민교에 참여하는 부녀를 중심으로 적극분자를 발굴했다. 그런 다음 30여 명의 당원 및 적극분자들이 전체 부녀를 상대로 선전 작업을 벌였다. 선전 작업이 초보적으로 완성된 후에는 현의 15세 이상 부녀가 모두 한 곳에 집결하여 하루 동안 집중적으로 교육을 받았다. 그다음 각자 촌으로 돌아와 소규모 좌담회를 열고 해당촌의 실제 문제와 연결해 구체적으로 토론을 했다. 이 과정에서 항미원조, 일본 재무장 반대, 반혁명 진압이 무엇인지 확실히 알게 되었다. 그리하여 70% 이상 부녀가 일본 재무장에 반대하는 평화공약선언에 서명을 했다. 그런데 투표와 서명을 할 때 지주 부인이 찬성하지 않는 것을 보고 미제와 장개석 비적 일당이 이들 반혁명 악질들과 한통속임을 확실하게 알 수 있었다. 과거를 떠올리고(回憶), 고통을 호소하며(訴苦), 과거와 현재를 대비하는 교육 방식을 통해 부녀 군중의 각오가 순식간에 제고되었으며 국가 대사에 대한 관심도 덩달아 높아졌다. 그 결과 아들이 빨리 돌아오기만 기다리던 한 부인도 '미제를 타도하기 전에는 돌아오지 말라'고 편지를 쓰겠다고 말했다. 좌담회가 끝나고 돌아오는 길에는 다함께 「전 세계 인민이여 단결하라」, 「중국인민지원군가」 등을 불렀다. 5·1 대시위가 다가오자 부녀들도 시위에 참여하기 위해 며칠 전부터 옷을 빨고 새 신발을 만드느라 분주했다. 한 부녀는 "노동 인민이 번신하는 날인데, 옷도 번신 좀 해야지"라고 말했다. 또 부녀호조조의 노동 모범이 애국주의생산시

합운동을 전개하자고 제안해서 5·1 대시위 전 20여 일 동안 마을 수로를 만들기로 하고 남자들과 시합을 벌였다. 그리고 "집집마다 돼지 한 마리와 닭 20마리를 기른다", "마을의 90% 이상 부녀가 여름과 가을 추수에 참여한다", "호조조를 확대한다"와 같은 애국공약을 만들었다(인용자 요약).[27]

반장촌 여성들이 애국공약을 제정하기까지의 전체 과정을 묘사한 이 글은 항미원조 애국주의 운동 속에서 평범한 농촌 여성들이 새로운 사회주의적 국민 주체로 탄생하는 과정을 생생하게 보여준다. 촌부들은 항미원조 애국운동이 스스로를 '번신'하게 하는 계기임을 자각적으로 의식하고 있으며 그로 인해 상당히 고무되었음을 알 수 있다. 항미원조운동은 이처럼 여성들에게 시사 인식과 능력의 제고, 자신감 및 주인공 의식의 고취, 연대의 경험 쌓기, 여성 조직의 건설 및 확대와 같은 풍성한 선물을 안겨주었다. ≪신중국부녀≫의 사설이 "애국공약은 우리 스스로를 교육하는 좋은 방법이다. 애국공약을 만드는 것에서 집행하는 것까지가 매우 훌륭한 사상 교육과정이다. 자매들아! 이 운동 속에서 부단히 스스로를 향상시키고, 또 우리 부녀들 속에서 애국운동이 공고하게 발전하도록 만들어가자!"[28]라고 호소한 바, 그것이 단지 정부 정책을 선전하기 위한 형식적 지침만으로 느껴지지 않는 것도 그 때문이다.

그러나 무엇보다도 애국공약운동이 가져온 가장 큰 변화는 일상생활에 새로운 의미가 부여됐다는 것이다. 일상은 국가의 부름에 응하는 개인들의 '공작 현장'이 되어야 했고, 일상의 내용은 그것이 국가의 필요에 얼마나 부합하는가에 따라 가치가 매겨졌기 때문이다. 국가라는 존재가 무료하고 무의미하

---

27 劉祖武, 「在抗美援朝運動中的方山班莊婦女」, ≪新中國婦女≫, 23(1951).

28 楊欣, 「怎樣訂立和執行愛國公約」, ≪新中國婦女≫, 23(1951).

고 팍팍하던 일상에 새로운 의미를 부여하고 일상의 주체를 국가의 주체로 승격(?)해준 셈이다. 그리하여 새로운 국민 주체들은 "애국공약을 정한 이후 무슨 일을 할 때면 언제든 그것이 애국공약에 맞는지 먼저 생각하게 되었고 국가와 마오 주석을 떠올리게" 되었으며 "국가적 차원의 호소를 들을 때마다 나 자신은 무엇을 해야 할지 생각하게"[29] 되었다. 이는 앞 절에서 살펴본 것처럼 애국공약운동이 정치적 인식과 애국적 정서를 개인의 일상생활과 구체적으로 연결하고 행동으로 표출할 것을 끊임없이 주문한 결과였다.

물론 이와 같은 일상의 의미 변화는 여성뿐만 아니라 모든 개인에게 부여된 것이지만 여성들에게는 더욱 특별한 의미를 지닌다고 할 수 있다. 사회 활동에 참여하지 않는 대다수의 여성들에게는 일상으로 치부되는 사적 영역이야말로 그 삶의 대부분을 차지하기 때문이다. 과거 여성들의 반복되는 재생산 노동과 그 주변의 일상은 늘 무의미하고 자질구레한 것으로 치부되거나 기껏해야 보이지 않는 것으로 존재했다. 여성들의 일상은 공적인 영역과는 무관하거나 오히려 애국운동에 헌신하려는 남자들의 발목이나 잡는 이기적이고 기생적이기까지 한 존재로 질타받기 십상이었다. 그런데 항미원조운동은 그와 같은 여성들의 시공간을 공적 영역으로 재편하면서 새로운 의미와 가치를 부여한 것이다. 덕분에 이제 여성들은 목숨을 걸고 전쟁터에 나가거나 특별한 애국운동이나 사회 활동에 참여하지 않아도 애국자로 대우받을 수 있게 되었다.

예컨대 과거 이 씨네 딸이 시집갔다더라, 장 씨네 며느리가 들어왔는데 혼수를 잘해왔다더라, 박 씨네 실종됐던 아들이 돌아왔다더라며 소식을 주고받던 동네 여성들 간의 일상적인 대화는 그저 무의미하거나 심지어 쓸데없는 수

---

29 華木 編著, 『澎湃新愛國熱潮』(上海: 群衆聯合出版社, 1951), p.50.

다에 불과했다. 그러나 "정부의 반혁명 진압에 협조하여 반드시 호구 보고를 하고 수상한 사람을 숨겨주지 않는다"라는 공약을 정한 이후 그것은 반혁명 진압이라는 매우 유의미한 정치적 활동으로 승격되었다. 그뿐만 아니라 알뜰한 살림살이는 무기를 사기 위한 증산 활동이 되었으며, 청소는 건강한 문명국가 건설 활동이 되었다. 그리하여 예전 같으면 알뜰히 아끼고 저축해서 자식 교육이나 혼수 마련에 쓸 돈이었겠지만 이제는 "매월 애국채권을 한 장씩 사겠다"라고 한다. 또 그렇게 즐겨 피우던 담배도 딱 끊고 "금연하여 아낀 돈으로 지필을 사고 학습을 강화하여 선전공작을 하겠다"라고 한다. 이처럼 기호품을 끊고, 시장에 가서 콩나물 값을 깎고, 집 안을 깨끗이 닦고, 남편이 직장에 늦지 않도록 아침밥을 좀 더 일찍 차리고, 여가 시간에 부업을 하고, 닭을 기르고 추수에 참여하고, 모르는 글자를 익혀 신문을 읽고 편지를 쓸 줄 알게 되는 일이 이제는 모두 애국이라는 이름하에 격려되었다.

그리하여 시사에 무관심했던 여성들도 이제는 평범한 일상 속에서 공적 인간-국민으로서의 자기 위상과 역할을 구체적으로 상상하게 되었다. 애국공약을 작성하는 일은 그 구체적인 내용을 스스로 기획하고 실천의 대본을 쓰는 일이었다. 그리고 그녀들은 스스로 쓴 대본에 따라 역할극을 하고 관객에게 평가받고 다시 고쳐 연기하기를 거듭하면서 더 숙련된 국민으로 성장해갈 수 있었다. 애국공약은 이렇게 여성들 하나하나를 국가라는 거대한 무대 위의 주인공으로 호명하고 또 여성들 스스로 그 역할을 수월하게 받아들일 수 있도록 만든 절묘한 형식이 아닐 수 없었다. 청말 이후 여성을 '국민'으로 호명하는 노력은 줄곧 계속되었지만, 그 규모로 볼 때 대다수의 여성이 실제 그 과정 속에 동참해 명실상부한 국민화를 이룬 것은 항미원조운동을 통해서였다고 해도 과언이 아닐 것이다.[30]

5. 남겨진 문제들

지금까지 항미원조 애국주의 운동을 통해 어떻게 여성들이 국민으로 호명되었는지, 또 여성들은 자신의 이해를 위해 어떻게 국민국가를 전유하며 스스로를 국민으로 호명했는지를 살펴보고자 했다. 이 작업은 '죽의 장막(竹-帳幕)' 속에서, 그중에서도 '검은 대륙'으로 존재하는 여성들의 삶을 차츰 발견해가는 흥미진진한 과정이었다. 하지만 여러 가지 제한으로 인해 이 장은 항미원조 애국주의 운동의 전체 면모를 거칠게 정리하는 데 그칠 수밖에 없었다. 서두에서 제기했던 바, 항미원조 시기 중국 여성해방운동의 근간이 애국주의였다는 사실은 무엇을 시사하며 이는 여성주의적 시각에서 어떻게 분석되어야 할 것인가는 여전히 남겨져 있는 과제가 아닐 수 없다.

사실 앞에서 언급하지는 못했지만 적지 않은 예들이 항미원조운동 속의 여성운동가들이 직면해야 했던 딜레마들을 보여준다. 예를 들어 '당신의 가족이 남의 나라 가족을 죽이는 일에 참여하도록 두지 말라'며 국제주의적 차원의 평화운동을 하다가 한국전 참전 이후 갑자기 '남편과 아들을 전장으로 보내는 영웅적인 여성들'을 예찬하며 전쟁 참여를 선동하게 됐을 때 그녀들은 조금도 회의하지 않았을까? 부녀 대표로 활발하게 참여했던 한 젊은 여성이 그 때문에 촌장과 농회 간부들의 허락하에 촌민들에게 몰매를 맞아 싸늘한 주검으로 돌아왔을 때 그들의 분노는 누구를 향했을까? 그나마 몇 되지도 않는 '부녀 공작' 간부들이 늘 중심 공작을 위해 차출될 때 그들은 '부녀 공작'과 '중심 공작' 사이의 균형점을 어디에 두었을까? 사회 생산과 애국 활동에 열심히 참여하

---

30 비공식 통계에 따르면 평화서명운동에 베이징 시 여성의 90%가 참여했으며, 애국공약운동에 전국 농촌 인구의 70%가 참여했다고 한다. 劉寧元, 「20世紀50年代北京婦女界的和平運動」 참고.

는 여성은 가사노동을 안 해도 된다는 일부 여성들의 생각이 잘못됐다고 지적할 때, 그들은 이미 여성의 이중노동 부담이라는 함정에 스스로 빠지게 된 것은 아닐까? 애국운동 과정에서 드러난 여성들의 어려움(월경, 낮은 체력, 가족의 반대와 불화, 소심성, 양육 등)을 '특수 문제'라 부를 때 이미 그들 스스로 남성을 '보편'으로 인정했던 것은 아닐까? 그것은 전술적 선택이었을까, 이론의 부재 때문이었을까?

또 여성운동가들과는 별도로 일반 여성들은 국민으로 호명됨으로써 실제로 어떤 변화를 겪게 되는지, 그 내밀한 느낌은 무엇이었는지, 거기에 여성들의 또 다른 목소리들은 어떻게 드러났는지 등에 대한 연구도 계속되어야 할 것이다. 그러기 위해서는 더욱 다양한 텍스트 자체가 발굴되어야겠지만, 관방 자료의 틈새들도 주의 깊게 잘 읽어낼 필요가 있다. 예컨대 애국공약운동 자체가 내포하는 역설에 주목하는 일도 필요하다. 이 장에서 필자는 애국공약운동 제창자들이 얼마나 인민의 자발성과 실천 가능성을 강조하고 주도면밀하게 지도했는지를 살펴보았다. 덕분에 많은 여성들의 자발적 동참을 끌어냈다고는 하지만 그것이 실은 국가가 부단히 강조하고 교육한 결과라는 점에서 그 자발성이라는 것에 대해서도 다시 물을 필요가 있다.

더구나 애국공약운동 제창자들이 그처럼 일상적 실제와의 결합을 강조하고 인민들의 민주적이고 자발적인 참여를 강조했다는 것은 거꾸로 구체적인 이익과 관련되지 않는 한 개인, 특히 여성에게 애국은 여전히 추상적 이념이거나 공허한 구호에 불과하며 심지어 적대적인 것이기까지 했음을 역설적으로 보여준다. 재밌는 예로, ≪신중국부녀≫에 실린 한 기사는 애국생산시합이 결국은 일을 더 많이 시키려는 속셈이 아니냐며 불평했던 한 여공이 후에는 누구보다 적극적으로 시합에 참여하게 됐다고 소개하고 있다. 그런데 우리는 이 기사를 통해 오히려 그 여공의 불평이 사실은 여공들 사이에서 상당히 보편적인 것이었음을 짐작하게 된다. 아이러니하게도 운동의 성공 사례들은 그것이 얼마나 성공적인지를 강조하기 위해 늘 실패한 모습을 동시에 드러내준다. 이처럼 '말해지는' 것과 '말해지지 않는 것' 사이에서 여성들의 경험을 최대한 입체적으로 조명하는 일은 여전히 쉽지 않은 과제로 남겨져 있다.

13
타이완의 젠더화된 신 · 구이민과 중국-타이완인 결혼[1]

김미란

1. 들어가며

1) 탈냉전과 중국-타이완인 결혼

20세기 중후반 아시아에서 '이산'과 '귀향'의 흐름은 냉전과 탈냉전 시기의 도래와 동일한 궤를 그린다. 1949년, 공산당이 중국 대륙을 통일하자 국민당

1 타이완에서 '신이민'은 1949년을 전후한 '구이민'과 구별해 쓰이는 용어로, 고향 방문이 허용된 1987년 이후의 이민을 가리킨다. 신이민자의 95% 이상이 여성이며 결혼을 통한 이주자가 대다수인 반면, 1949년을 전후한 '구이민'은 남성 군인이 압도적으로 많아 당시 타이완의 혼인 연령대의 남녀 성비가 170:100이었다. '양안'이라는 용어는 타이완 해협 양쪽의 두 국가인 중화인민공화국과 중화민국을 가리키는 말이나 양자를 국가로 지칭할 경우 '하나의 중국'을 주장하는 양국의 정치적 입장과 충돌하기 때문에 국가를 '지역'으로 호칭한다.

과 그 관련자들은 타이완과 미주, 동남아로 떠났으며[2] 냉전적 대결이 완화된 1980년대 후반에는 30~40년 전에 고향을 떠났던 이주 1세대들이 '기억'을 찾아, 이주 2세대는 기억이 없는 상상 속의 '고향'을 찾아 대륙을 다시 방문했다.

이주의 역사를 볼 때 1949년을 전후한 중국인 이산자들은 19세기와 20세기 초에 출현했던 이민 물결과 뚜렷이 구별된다. 20세기 전후에 해외로 간 이민자들이 오로지 경제적 목적만을 갖고 이주했던 문맹의 육체노동자들이었던 데 비해, 1949년 전후의 해외 이주자들은 지식을 지닌 엘리트들로 '문화'를 갖고 이주한 집단이었기 때문이다.[3] 1949년에 타이완으로 퇴각한 국민당이 후자를 대표하는 집단이다. 이들은 타이완의 원주민[중국 대륙에서 온 사람이 아닌 타이완 본성인(本省人)]에게 지배자 신분으로 군림했으며 군인, 관료 등 200만 명[4]의 '국민'을 동반한 이주였다는 점에서 피난이 아닌 국가 통치 시스템 전반의 이식에 가까웠다.

당시에 타이완으로 이주한 60만 명의 국민당 군인 가운데 1950~1960년대에 전역한 군인들과 이보다 늦게 1990년대 중반 이후에 퇴역한 노병들은 전

---

2 '이산'은 특정한 목적지 없이 송출국을 떠나 흩어지는 현상을 지칭하고, '이주'는 특정한 목적지를 향해 정주와 거주를 목적으로 떠나는 행위를 지칭하며, '난민'은 쫓겨남을 의미하나 이 장에서는 문맥에 따라 이를 혼용할 것이다.

3 王列耀,『隔海之望: 東南亞華人文學中的「望」與「鄉」』(北京: 中国社会科学出版社, 2005), p.9.

4 타이완으로 이주한 대륙인의 수에 대해서는 두 가지 계산법이 있다. 하나는 1949년 직후에 국민당 군인을 따라 이주한 자들을 대상으로 100만 명으로 추산하는 경우와, 이와 달리 1945년 일본 식민지 종결 후 1955년 대규모 이주가 종식되기까지를 계산하는 방법이 있는데, 후자에 따르면 200만 명이 된다. 전자는 高格孚,『風和日暖: 外省人與國家認同轉變』(臺北: 允晨文化, 2004), p.29, 후자는 林妙玲,「探討臺灣媒體中的中國想像-以「大陸配偶」公民權的平面報道爲例」(國立臺灣大學新聞硏究所碩士論文, 2005), p.20을 참조할 것. 200만 명으로 볼 경우, 이주 인구는 전체 타이완 인구 700만 명 가운데 15%에 해당한다.

역 후 심각한 결혼난을 겪었으며, 이들이 1992년 양안 교류 허용 이후에 중국 대륙의 여성들과 결혼함으로써 '양안 결혼(兩岸婚姻, cross-strait marriage)'이 급증했다. 양안 결혼은 '결혼을 통한 이주'라는 점에서 1990년대 이후 아시아에서 출현한 '이주의 여성화(feminization of migration)'의 한 흐름에 속하지만 중국 대륙과 타이완이라는 두 '국가' 간의 힘겨루기의 대리전이라는 상황과도 밀접한 관련을 지니고 있다.

현실 정치의 맥락에서 보면 양안 결혼은 '국제'결혼에 속하지만 문화적으로는 '중국인' 사이의 결혼이기 때문에, 한편으로는 강국 정체성을 지니고 있는 중화인민공화국, 그리고 다른 한편으로는 국가 정체성을 포기하지 않으려는 타이완과의 힘겨루기로 인해 대륙 배우자는 자신들보다 먼저 결혼 이주를 해온 동남아 출신의 국제결혼 여성들이 겪지 않은 특수한 차별을 겪었다. 이 차별은 타이완의 국가중심주의와 노병 위주의 부계혈통주의에서 비롯된 것이기 때문에 이 장에서는 1992년 양안교류 확대 이후에 출현한 양안 결혼에 대한 타이완 사회의 담론을 양안관계와 젠더라는 관점으로 접근하고자 한다.

양안 결혼의 남성 주체인 국민당의 퇴역 군인은 '룽민(榮民)',[5] 혹은 '늙은 룽민(老榮民)'이라 불리는데, 이들은 '영예로운 국민'이라는 룽민 호칭이 의미하듯 1949년 당시에 국민당을 따라 이주한 후 국민당이 원주민이 80% 이상을 차지하던 섬을 '접수'하고 통치할 수 있도록 정치적·군사적으로 지지해준 세력이었다. 사병 출신이 대다수인 노룽민은 사회 지도층으로 자리 잡은 소수의 고위직 국민당 군인들과 달리, 대륙 반격을 대비한 군사력 유지를 위해 군 복무 중 결혼을 금지한 국민당의 '혼인금지령(禁婚令, 1958)', 그리고 본인들의

---

5 '룽민(榮民, 영예로운 국민이라는 뜻)'은 국민당이 1958년부터 대륙 출신의 퇴역군인을 지칭한 고유명사이다.

낮은 학력과 무연고로 인해 타이완 사회의 하층민이 되었다.

룽민의 하층민화는 이들이 타이완 사회와 융합하는 데 실패했다는 것을 의미하는데, 주목할 것은 하층민화의 직접적 원인이 국민당의 정책에 있었다는 점이다. 룽민은 1950~1960년대에 타이완의 도로와 항만, 농장 건설에 값싼 노동력으로 동원되어 경제 발전의 기초를 닦았으며, 또한 군 복무 당시에 국민당이 발급한 60만 장의 '전사 토지분배증(戰士授田證)'[6]에 씌어 있는 대륙의 토지를 분배받을 날을 고대하며 박봉의 군 생활을 감수했다. 병사들의 향수를 국방의 에너지로 동원한 대륙의 토지 분배증은 중·미수교(1972) 이후 대륙 수복이 요원해지자 휴지 조각이 되었으며 그 후 룽민과 국민당 사이에 해결되지 않는 갈등 요인이 되었다.

이처럼 룽민은 냉전 시기에 타이완의 국민당 정부가 감당해야 했던 특수한 부담을 떠안은 집단이었다. 아이러니한 것은 고달픈 삶의 역정과 달리 이들이 1949년 이후 현재까지 국민당에 대한 부동의 지지 세력으로 존재한다는 점이다. 그 이유에 대해 한 언론인은 룽민이 공산당에 대한 패배의 기억을 국민당과 공유하고 '여기서 물러나면 더 이상 갈 곳이 없다'는 위기감으로 서로 깊이 결속되어 있기 때문이라고 설명한다.[7] 이러한 '헌신' 맥락에서 형성된 것이 타이완의 국가 건설에 이바지한 '영웅'으로서의 룽민 이미지이다.

그러나 실제 일상 속의 룽민의 삶은 가족 없이 외롭게 생을 마감해야 하는 '가난한 독거노인'이다. 그래서 단신의 고령자인 이들에게 1992년에 합법화된

6 "授田證問題不能再拖了!", ≪聯合報≫, 1988年 8月 18日, 11面.

7 高格孚, 『風和日暖: 外省人與國家認同轉變』, pp.26~29. 룽민과 함께 '반공' 의식이 강한 또 하나의 상징적 집단이 '반공의사(反共義士)'이다. 이들은 한국전쟁의 포로였다가 타이완으로 돌아가거나 중공에서 귀순한 자들로 룽민과 같은 국가의 배려의 대상이었다. "榮民及義士 副食費提高", ≪聯合報≫, 1964年 1月 14日, 2面 참조.

양안 결혼은 양안의 대치 시기 동안 감수해야 했던 상실감을 보상받고 실향민 처지를 벗어날 수 있는 더없는 기회로 간주되었으며 이들은 적은 비용으로 가정을 꾸림은 물론 고향과의 관계를 회복함으로써 노년에 '돌아갈 곳(落葉歸根)'을 마련하고자 했다.

통계에 따르면, 40여 만 쌍에 달하는 타이완의 전체 결혼 이주 가정 가운데 67%가 양안 결혼이며, 그중 16% 내외가 노롱민의 양안 결혼이다.[8] 이처럼 노롱민의 결혼은 수적으로 다수를 차지하지 않음에도 불구하고 타이완의 미디어는 마치 이들이 전체 양안 결혼을 대표하는 것처럼 양안 민간 교류의 주요 내용으로 보도했다. 보도의 내용은 시간의 변화에 따라 달라지는 양상을 보이는데, 1987년에 시작된 타이완인의 대륙 친지 방문 허용[9] 직후에는 인도주의적 관점에서 중화 민족의 감격적 상봉과 귀향이 주를 이루었다. 그러나 1990년대 후반과 2000년대를 경유하면서 양안 결혼을 한 노롱민이 '대륙인(여성 배우자, 입양자)의 재산 탈취와 위협'에 무방비 상태로 노출된 연약한 '타이완의 국민'으로 재현되었다.

이러한 재현 이미지 변화가 시사하는 바는 타이완 사회에 홍콩반환(1997)을 계기로 해서 높아진 대륙에 대한 긴장감이다. 양안관계에 따라 롱민의 결혼은 '정치화된 담론'으로 부단히 재구성되고, 중국과 타이완의 힘겨루기가 그들의 이미지 재현에 영향을 미쳤는데, 양안교류가 확대될수록 타이완인의 대륙에 대한 공포감은 커졌고 그것은 점차 노롱민이 타이완이라는 국민국가

8 柴松林, 「婚姻移民的現況及其解釋」, 『婚姻移民: 外籍配偶與大陸配偶問題及對策: 會議手冊』(臺北: 中華救助總會, 2004), p.13.

9 1987년 10월, 타이완이 대륙과의 대화와 교류를 거부하던 '삼불(三不)정책'을 포기하고 타이완 국민의 대륙 고향 방문을 허용한 것을 말한다. "歸鄉路上荊棘多 答客問", ≪聯合報≫, 1987年 10月 15日, 3面 참조.

의 경계에 구멍을 내는 '내부자 속의 외부자'라는 이미지를 만들어내기에 이르렀다.

전 지구적 차원에서 볼 때 대륙 배우자의 결혼 이주는 1990년 이래 노동을 목적으로 국경을 넘는 '이주의 여성화'라는 보편적 현상에 속한다.[10] 아시아권에서 발생하는 여성의 특수한 이주 형태인 결혼 이주는 한국, 타이완, 일본 등 세 나라에서 주로 나타나는 로컬(local)한 이주 방식이며, 노동 이주가 어렵거나 남성들이 배우자 부족을 겪고 출산율이 급격히 떨어지는 문제를 공통으로 지닌 지역에서 발생하는데,[11] 유입국의 상황이 이러하기 때문에 노동 이주를 대체해 발생하는 것이 결혼 이주이다. 타이완의 이주 정책 역시 대륙 배우자를 '결혼(배우자)'과 '이주(노동자)' 가운데 전자로 간주해 이주 여성이 가정 밖에서 돈을 버는 노동 기회를 제한하지만, 현실 속 룽민의 대륙 배우자는 아내, 혹은 모성 등 실질적인 부부 관계라기보다는 돌봄 노동자에 가까운 삶을 살고 있다. 현실이 이러함에도 타이완 사회의 담론은 이들을 노동자가 아니라 '남편에게 내조하는 배우자'라는 담론 속에 가두려는 경향을 보이며, 그러한 전략은 양안 결혼자들의 일상적 삶에 대한 분석을 통해 비판적으로 검토될 필요가 있다. 이에 이 장에서는 담론 분석과 함께 양안 결혼의 두 주체인 룽민과 대륙 배우자의 삶을 문헌과 인터뷰를 통해 살펴보고자 한다.

---

10 김현미, 「국제결혼의 전 지구적 젠더 정치학: 한국 남성과 베트남 여성의 사례를 중심으로」, ≪경제와 사회≫, 통권 제70호(2006), 11~12쪽.

11 허오영숙, 「원가족지원을 둘러싼 협상과 갈등」(성공회대학교 NGO대학원 실천여성학 석사 논문, 2011), 4쪽.

2) 롱민에 대한 타이완 사회의 인식

타이완에서 롱민에 대한 연구는 오랫동안 금기에 속했다. 한국전쟁이 종결된 직후인 1954년 타이완을 '대륙 반격의 기지'로 선언한 미국은 당시 국민당과 함께 온 대륙 출신 병사들의 무질서와 부패에 대해 극도의 불신을 지니고 있었기 때문에 새로운 징병제를 통해 나이 든 대륙 군인을 대체할 것을 국민당에게 강력하게 요구했다. 그러나 국민당은 이 요구를 받아들이지 않았으며 이 갈등으로 인해 퇴역 군인 문제는 타이완 사회에서 금기가 되었다.[12] 이 금지 기간에 최초로 롱민을 다룬 것이 천야오치(陳耀圻)의 영화 〈류삐쟈(劉必稼)〉[13]이다. 작품은 1950~1960년대 타이완의 경제개발 시기에 고속도로 건설에 동원되었던 화롄(花蓮) 지역의 롱민 류삐쟈의 삶을 그린 것으로, 목석처럼 말을 잃고 늙어버린 퇴역군인을 보여줌으로써 롱민이 느끼는 적막과 공허 그리고 이런 삶의 원인인 '동란으로서의 역사'를 부각시켰다. 천야오치가 이 작품으로 인해 투옥된 후 1987년에 계엄이 해제되자 후타이리(胡臺麗)가 롱민 연구의 본격적인 물꼬를 텄다. 그녀는 천야오치가 작품화했던 류삐쟈를 다시 영화화한 〈돌멩이의 꿈(石頭夢)〉과 소설을 통해 이주자의 토착화 과정을 보여주었는데,[14] 역사적 접근이 아닌 인류학적인 관점에서 롱민이 하나의 에스닉으로서 '무엇을 원하는 집단인가'라는 점에 초점을 맞추었다. 단신인 롱민이 가난한 원주민인 산지족(山地族)[15] 여성과 결혼해 농노처럼 살아가는 일상을

---

12 "胡台麗、陳耀圻、王墨林、陳映真、張照堂會談: 從拓荒者劉必稼到石頭夢", ≪聯合報≫, 2005年 5月 25日, 7面.

13 洪美娟, 「留住老兵的共同記憶 劉必稼」, ≪天下雜誌≫, 200期(1998), p.180. 류삐쟈는 1918년생으로 퇴역 후에 타이완의 화롄 농장에 정착한 롱민이다.

14 鄭一青, 「誠實記錄族群: 胡臺麗」, ≪天下雜誌≫, 200期(1998), pp.328~329.

15 산지족은 타이완의 인구 2300만 명 가운데 40만 명을 차지하는 원주민으로 주로 고산지

담담하게 담아내면서 제작자의 의도를 극도로 배제한 결과, 후타이리는 류뻬쟈가 스스로 감독에게 "이 땅은 내 것이오(這塊地是我的)"라고 말하게 함으로써 롱민의 땅에 대한 집착을 드러내 보여주는 데 성공했으며, 작가는 롱민의 이러한 특성을 롱민의 "농민적 특성"이라고 명명했다.[16] 동일한 국민당군이라 하더라도 고위직의 여유가 있는 외성인(대륙 출신자)들이 자녀 교육에 집중투자한 것과 달리, 이들은 대대로 땅에 집착하며 농사꾼을 꿈꾸는 진정한 농민으로 변화하게 된 것이다.

그렇다면 사병 출신의 롱민들은 류뻬쟈와 같이 군인 신분에서 타이완 사회의 농민으로 순조롭게 변화되어갔는가? 롱민의 정착(安置, veterant settlement) 과정을 분석한 자료인 「롱민, 농민이 되다(榮民成爲農民)」[17]는 1954년부터 1989년까지의 자료를 토대로 롱민이 타이완의 자작농보다 훨씬 수입이 적은 하층 농민으로 변화하는 과정을 보여주었다. 타이완에서 롱민은 농민이 되었음에도 불구하고 토지에 대한 소유권을 갖지 못했는데, 이 연구는 그 맥락을 설명해준다. 즉, 롱민들은 1950~1960년대 농촌개발사업의 일환으로 추진된 황무지개간사업에 대거 동원되던 당시, 고된 환경을 견디지 못해 분배받은 집단농장의 토지 소유권을 팔아버리고 무더기로 농장을 이탈했는데, 이에 국민당은 사업 차질을 우려해 롱민들에게 주었던 토지 소유권을 회수하고 점유권과 주택 거주권만을 부여했다. 분석 자료는 이를 실증 자료를 통해 보여주었으며 그 결과 토지 소유권을 박탈당한 롱민들은 토지를 기반으로 누릴 수 있

에 살며 가난하다. 이들은 중국 대륙에서 온 복건, 객가, 외성인 모두를 식민자들이라고 간주하며 지난 100년 동안 외부인에 의해 교대로 침략을 당했다고 생각한다.

16 鄭一青, 「誠實記錄族群: 胡臺麗」, pp.328~329.

17 范郁文, 「榮民成爲農民: 退輔會農場的歷史分析(1954~1989)」, ≪中央研究院近代史研究所集刊≫, 60期(2008).

는 개인적 자본축적 기회를 상실했으며, 타이완 원주민과는 언어가 통하지 않는 데다 실향민인 까닭에 지원해줄 친지나 인맥이 전무해 결국 단신으로 임금에만 의존하는 농업 노동자로 전락했다.

이러한 룽민들의 배우자가 언어가 통하는 동향의 대륙 출신 중년 여성들이었다. 대륙 배우자들은 1992년 양안 결혼 합법화 이전에 이주해온 동남아 출신 여성 배우자의 뒤를 이었으며, 그 결과 타이완에서 결혼 이주는 '중국 대륙'과 '동남아' 출신 여성 두 그룹으로 나뉘어 관리되었다. 양자는 사용하는 언어가 다르고 관리 법규도 다르며 거주와 노동권에서도 뚜렷하게 구별된다. 동남아 출신 결혼 이주자는 '국적법'의 적용을 받고 결혼과 동시에 입국이 허용되며 입국 시에 쿼터 제한이 없고 결혼 후 4년이 경과하면 국적을 취득할 수 있으나, 대륙 배우자는 그와 달리 '타이완지구와대륙지구양안인민관계조례(臺灣地區與大陸地區兩岸人民關係條例, 1992년 제정, 이하 '양안조례')'[18]에 의거해 쿼터제에 따라 입국하며(결혼과 동시에 입국 불가) 국적 취득에 소요되는 기간은 1992년 조례 제정 당시, 평균 10년(규정상으로는 8년이지만 쿼터제 탓으로)이 걸렸으며 2003년에 수정된 '양안조례'에 의해 비로소 6년으로 단축되었다.

양안 결혼에 대한 초기 연구에 속하는 1990년대 후반 타오샤오홍의 연구는 '늙은 남편 젊은 아내형(老夫小妻型)' 결혼의 문제점을 지적하면서, 현 타이완 정부가 실시하고 있는 결혼 후에 제약을 가함으로써 후속 결혼 이주를 억제하는 처벌 식이 아니라 혼전 현지 교육을 통해 양안 결혼에 대한 정보를 개방함

---

18 1987년 이래 타이완 사회에서는 양안 개방에 대한 규정이 없어 중국과 적대 상태에서 교류 대상으로 변화하는 과도기에 많은 혼란이 존재했었다. 이에 양안 교류 논의를 실정법 조문으로 만든 최초안이 1992년에 제정된 '양안조례'이다. 이 조례는 2009년에 이르기까지 총 12차례 수정되었으며 가장 대폭적인 수정이 가해진 것이 2003년 '양안조례'로, 이 수정안은 중국과의 경제·문화 교류는 대폭 개방하고 양안 결혼은 적극 억제한다는 내용을 담고 있다.

으로써 결혼 여부를 미리 판단할 수 있게끔 개선해야 한다고 제안했다.[19] 양안 결혼의 문제점은 대륙의 여성이 노동, 입국 절차, 국적취득에 대한 정보를 전혀 알지 못하는 상태에서 대륙 배우자가 입국함으로써 쉽게 범죄자로 전락하는 데 있었다. 결혼 이주를 깊이 연구한 자오옌닝(趙彦寧)은 양안 결혼자를 범죄자화하는 관리 방식을 비판하면서, 그 기원이 일제가 식민 시기에 타이완에서 시행했던 '호적' 관리 시스템과 '경찰국'(警政署)을 연동하는 범죄자 관리 방식이라는 것을 밝혀내었다.[20]

이처럼 대륙의 결혼 이주 여성은 탈냉전기에 새롭게 형성된 양안 관계 속에서 타이완 사회의 성원이면서도 성원이 아닌 2등 시민의 위치에 처해 있었으며, 이는 아감벤(Giorgio Agamben)이 말한 "배제인 포함" 영역에 속하는 '벌거벗은 생명'의 무력한 모습과 흡사하다.[21] 아감벤은 예외적인 상황이 정상적인 시스템을 떠받치고 있다는 의미로 "배제인 포함"이라는 창의적 개념을 사용했는데, 시민권[22]자로서 대륙 배우자와 룽민의 삶이 바로 그것이었다. 두 주체는 모두 합법적 존재임에도 불구하고 전사 토지분배증 무효화와 같이 자신을 보호할 수 있는 권리를 행사할 수 없는 무력한 위치에 놓여 있었으며, 이 취약함의 원인은 '이주자'라는 공통된 신분에 있었다. 그러면 이 두 신·구 이

---

19 陳小紅, 「'大陸地區來臺配偶生活適應相關問題'第1次焦點集團座談會會議記錄」, 『大陸配偶來臺生活狀況案例訪視』 添附資料1(行政院大陸委員會委託硏究, 1999), pp.8~9.

20 趙彦寧, 「社福資源分配的戶籍邏輯與國境管理的限制: 有大陸配偶的入出境管控機制談起」, ≪臺灣社會硏究季刊≫, 第59期(2005), pp.61~63.

21 조르조 아감벤, 『호모 사케르』, 박진우 옮김(새물결, 2008), p.43.

22 여기에서 시민권은 'civil right'가 아닌 'citizenship'이라는 광의의 개념이며 '공동체에 참여할 기회'를 의미한다. 이는 사회학자 다렌도르프가 주장한 것으로 시민권에 대해서는 장미경, 「시민권 개념의 의미 확장과 변화: 자유주의 시민권 개념을 넘어서」, ≪한국사회학≫, 35집 6호(2001), 60~63쪽 참조.

주자들은 양안 개방 이후에 타이완 사회에서 어떻게 인식되어왔으며, 그러한 시선에 이들은 또 어떻게 대응해왔는가?

2. 재현과 현실, 그리고 담론 만들기

1) 룽민의 결혼: 그것을 바라보는 '시선'들

1992년 양안 결혼이 합법화된 후 타이완의 미디어에 보도된 양안 결혼 기사가 급증했는데, 종종 상반된 내용이 보도되기도 했다. 룽민이 인생의 황혼기에 대륙 배우자를 맞아 활기 있게 제2의 청춘을 맞았다는 미담 소개와 함께, 타이완의 까다로운 출입국관리로 양안 결혼 당사자가 경제적 어려움과 가족해체로 고통을 받는다는 보도가 실렸다. 그러나 현실 속의 룽민은 이 두 과정을 거의 다 겪는데, 상반된 것 같은 이 내용들이 실은 동일한 이주 제도 속에서 시간이 흐르면서 맞이하는 국면의 차이일 뿐이기 때문이다.

룽민의 양안 결혼에 대한 보도는 여타의 타이완 남성이나 '타이완 비즈니스맨(타이상, 臺商)'이라 불리는 사업가들의 양안 결혼을 제치고 훨씬 빈번하게 미디어의 주목을 받았다. 왜 룽민의 양안 결혼, 아니 룽민의 '결혼'이 타이완 사회에서 국민적인 관심의 대상이 되었는가? 이들의 결혼은 1949년 이후 국민당의 냉전적 대결 구조와 직접적 관련을 갖고 있다. 국민당의 결혼 정책은 룽민의 생애사 구성에 영향을 미쳤고, 미디어에 재현된 룽민의 집단적 이미지 가운데 주요한 것이 '전쟁의 피해자'라는 점인데 아래 어느 룽민 의원 주변의 일상적 풍경은 시사하는 바가 적지 않다.

[이란(宜蘭) 현 내성(內城)에 위치한 룽민 의원이 있는 마을의—인용자] 룽민들은 늘 그래왔던 것처럼 오후 4, 5시 무렵 해가 기울기 시작하면 밥을 짓고 식후에는 거리를 한가롭게 어슬렁거린다. 일찍이 내성에 거주하는 룽민은 모두 몸이 불편해 장기적으로 룽민 의원의 치료를 받아야 하는 사람들로 대부분이 병을 앓고 있어 중풍 아니면 다리가 잘려 앞뒤로 흔들거리거나 절뚝거리고, 팔은 덜렁거렸다. 일몰의 거리에 목발에 의지한 사람들이 시야를 가득 채우는 진'풍경'으로 인하여 내성은 어느새 '장애인 마을'이라 불리게 되었고 길을 걷는 룽민의 걸음걸이가 느리다고 하여 '달팽이 산'이라는 별명이 생겼다.[23]

부상 후유증과 노환을 앓는 상이군인들이 집단적으로 거주하면서 치료를 받는 일상은 전쟁의 후유증을 보여준다. 이와 달리 상대적으로 건강한 룽민들이 모여 사는 집단농장의 풍경을 보면, 농장 주변에 늙고 가난한 룽민 고객을 상대로 이들의 '생리적 욕구'를 해결해주는 기녀촌(妓女戶)에 대한 묘사가 의례적으로 등장한다.[24] 골목 안에 간판을 걸고 공공연하게 영업을 하는 기녀촌은 노룽민이 가정을 가질 수 없기 때문에 해결하지 못하는 성욕을 해소해주는 필수적인 기제로 간주되었기 때문이다. 종종 기녀촌에서 가난한 원주민인 산지(山地)족 부모에 의해 팔려 온 어린 매춘 여성의 몸값을 지불해주고 그녀와 가정을 꾸린 룽민의 사례가 발생하고, 그것이 영화화되기도 했지만,[25] 그러한 결혼은 연령에 맞는 '정상적'인 배우자 선택을 할 수 없는 룽민의 비극을 가중시키는 역할을 할 뿐이었다.

이처럼 타이완 사회에서 노룽민은 개인이 아니라 집단으로 인식되었으며,

23 "殘廢城辛酸榮民", ≪聯合報≫, 1997年 11月 10日, 17面.

24 "溝仔尾", ≪聯合報≫, 1993年 4月 9日, 34面.

25 李祐寧 監督, 〈老莫的第二個春天〉(1984).

가난한 전쟁 피해자로 가정을 꾸릴 여건이 안 되는 독거남의 이미지였다. 그러면 롱민 스스로는 자신이 단신인 사실을 어떻게 받아들였는가?

> 일찍이 사관과 병사는 (금혼령으로 인해—인용자) 결혼을 할 수가 없었고 결혼이 허락되고 난 이후에는 (경제적—인용자) 처우가 너무 열악하고 나이도 많아서 배우자를 고를 수가 없었다. 민국 59년(1970년)에 내가 상위 사령관(上衛主官)이었을 때, 반장들이 결혼 신청을 했는데 상급자들은 부하의 결혼 상대자가 '정상인'인가, 저능인가, 정신이상, 혹은 중증 장애자인가를 확인하기 위해 반드시 직접 만나 보아야 했다. 그러나 부하 군인이 "제 처지에 그런 여자를 얻지 않는다면 어떤 여자와 결혼을 할 수 있겠습니까?"라고 되물었을 때 나는 정말로 대답할 말이 없었다.[26]

롱민들은 정상적인 타이완 여성과 결혼할 처지가 못 된다고 생각했으며, 그 원인이 국민당의 정책에 있다고 간주했다. 1958년에 사병과 장교를 대상으로 시행된 '결혼금지령'은 국민당 국방 정책의 일환으로 1958년 8월 23일, 마오쩌둥이 금문도를 포격한 '8·23 금문도 포격' 사건을 계기로 시행된 법령이며,[27] 급격히 높아진 양안 간의 군사적 긴장으로 국민당은 장교와 사병의 결혼을 금지함으로써 가족으로 인한 군 사기 저하와 병력 유실을 막고자 했다. 그러나 1961년에 금혼령이 폐지된 이후에도 사병들은 결혼을 할 수가 없었다. 직업군인의 월급[28]이 타이완의 보통 노동자의 1/3에도 못 미칠 만큼 적

---

26 "榮民也清算 誰不能出賣?", ≪聯合報≫, 2007年 10月 4日, 23面.

27 마오쩌둥은 1958년에 발생한 유럽 전선의 위기를 약화하기 위해 유럽의 미군 병력을 타이완 해협으로 분산할 목적으로 금문도를 폭격했다.

28 롱민과의 인터뷰에 따르면, 육군 포병의 경우 월 7위안의 급여를 받았으며 공군과 전문

은 데다,[29] 외지 발령이 잦아 소수의 고위급 장교들을 제외하고 배우자를 구할 수가 없었기 때문이다.[30]

전역 후 특별한 기술이 없었던 룽민들은 결혼을 하지 못하고 단신의 하층민이 되었으며, 이런 자신들의 처지를 자조적으로 "맑은 정신으로는 견딜 수 없는 토란(芋仔, 대륙 출신의 외성인을 지칭하는 말) 신세의 비극"[31]이라고 표현했다. 그러나 룽민은 자신이 실향민의 고통을 겪는다고 해서 결코 공개적으로 국민당에 대해 반감을 표하거나 저항적 행위를 하지는 않았다. 드물게 '피해망상증'이라는 제목과 함께 총통 관저 앞에서 분신한 룽민의 사례가 기사화되기도 했으나,[32] 미디어는 이들을 '병자' 혹은 '범법자'로 재현했기 때문에 정권의 정통성의 근간을 흔드는 위협적인 저항으로 인식되지 않았다.

오히려 룽민은 순응적인 모습으로 재현되었다. 임종 직전에 전 재산을 기부하는 룽민의 선행은 친국가·친정부적 이미지를 만들어내는 데 중요한 역할을 했는데, 무연고자인 룽민들이 전 재산을 사회에 기부하고 세상을 뜰 때 이들의 기부 내용이란 예외 없이 정부가 임대해준 초소형 4~7평짜리 국민주택(國宅)에 30~40년 동안을 안 먹고 안 입으며 아껴 모은 돈과 연금이었다.[33] 이

기술병의 경우는 특별수당이 있어서 이들보다 나았다. 그러나 군인이라면 누구나 가난과 위험을 피하기 위해 전역하기를 원했기 때문에 자해 행위를 통해 전역을 신청하는 경우가 흔했으며 병원 측에서도 경우에 따라서 묵인해주었다고 한다.

29 "使老有所終, 殘癱老也有所", ≪聯合報≫, 1994年 2月 26日, 35面.

30 "兩岸聯姻 驗證曠日廢時-等兩年才准登記排隊 老榮民怕等不及", ≪聯合報≫, 1992年 10月 23日, 6面. 미디어의 보도에 따르면, 타이완으로의 퇴각 이후 국민당 군인들의 생활은 몹시 고달파서 하루에 두 끼를 배불리 먹을 수 없어 많은 어린 병사들이 총을 높이 들고 걸을 수가 없었다고 한다. 병력 유지를 위해 전역과 결혼을 금지해 혼기를 넘긴 전역자의 경우 룽자(榮家, 독신 퇴역군인 집단 거주지)로 들어갔고, 여기에 들어가기를 원했으나 자격 미달로 들어가지 못한 전역자들은 전국에 흩어져 각자 생활을 꾸렸다.

31 "殘廢城辛酸榮民", ≪聯合報≫, 1997年 11月 10日, 17面.

32 "總統官邸對面 榮民自焚", ≪聯合報≫, 2010年 2月 6日, 14面.

러한 룽민의 기부는 종종 "그가 비록 타이완을 사랑한다는 말을 입에 달고 살지는 않았으나 그가 한 일은 전적으로 타이완을 사랑하는 행위였다"[34]라는 해설로 마무리되었으며, 이러한 문구는 룽민의 기부를 원주민을 포함한 타이완의 국민이 어떻게 받아들여야 하는가를 염두에 둔 다분히 정치적인 수사에 가깝다고 하겠다.

본래 타이완 사회에서 노룽민은 연고자 없이 타향에서 홀로 노년을 맞으며 눈을 감는 순간까지 대륙의 고향을 그리워하다 세상을 떠나는 인생들로 간주되었다. 그렇기 때문에 외성인인 이들의 기부 행위가 '타이완 사랑'의 한 표현이라는 해설은 다소 억지스러워 보인다 하겠으며, 특히나 1987년 양안 개방 이후에 대륙을 방문한 룽민들의 가장 큰 소원이 형제들과 함께 대륙에 정착하는 것[35]이었음에 비추어 볼 때 더욱 그러하다. 오히려 이러한 수사는 룽민을 포함한 외성인 대륙 출신자들이 갖고 있는 타이완 사회에 대한 강박감을 드러내는 것으로 보인다.

다음의 노룽민과의 인터뷰는 미디어의 '애국' 서사가 왜 필요했는가에 대한 일말의 열쇠를 제공하는데, 1949년 장제스를 따라 타이완으로 온 노룽민인 리(李) 선생(1918년생)은 다음과 같이 장제스를 기억한다.[36]

33 "已捐700萬 老榮民還要捐", ≪聯合報≫, 2009年 2月 1日, 4面.

34 같은 글.

35 "悲.歡.離.合.成功.失敗/兩岸交流十周年 合翁煒勳李明如重溫親情 他們只等返鄉定居", ≪聯合報≫, 1999年 11月 2日, 9面.

36 논문에서 활용된 인터뷰 대상은 양안 결혼 연구자인 자오옌닝 교수와 중화구조총회(中華救助總會, Chinese Association for Relief and Ensuing Services)에서 선정해준 인물들로, 4인의 중년 대륙 배우자와 양안 결혼을 한 1인의 노룽민이다. 인터뷰 일시: 2010년 1월 24일~2월 10일, 총 5회, 장소: 타이베이 시(臺北市). 참고로 중화구조총회는 1949년 이후 해외에 흩어져 있는 중국인들을 타이완으로 받아들이는 역할을 담당한 중국재난동포구조총회(中國災胞救助總會)의 후신으로, 타이완의 양안 결혼에 대한 정책 제안과 조

어렸을 적에 동네 어른들이 공산당에 끌려가는 걸 봤어. 여러 사람들이 죽었지. 젊었을 때 국민당에 들어갔다가 이리로 오게 됐는데, 우리가 여기로 온 뒤로 누가 우리한테 관심이나 가져준 줄 알아? 장공(장제스, 蔣介石)이 직접 우리 사는 데를 찾아와서 안부도 물어주고 명절이면 챙겨주고 그러셨지. 우리를 돌봐주고 찾아와준 분은 장공뿐이야. 장부인(송메이링, 宋美玲)이랑…… 암, 그렇구말구. 그래서 우린 선거 때가 되면 아무리 아파도 가서 꼭 투표를 하지.

타이베이시에서 주로 저소득층이 거주하는 완화취(萬華區)에 살고 있는 폐암 3기 환자인 리 선생이 국민당에 대해 갖고 있는 감정은 부모·자식 사이와 같은 깊은 유대감이었다. 마치 보은이라도 한다는 뉘앙스로 "그래서 선거 때가 되면 우리는 아무리 아파도 가서 꼭 투표를 하지"라고 말하는 대화 속에서 롱민에게 절대적 의미를 지니는 대상은 타이완이라는 국가가 아니라 장제스라는 인물, 즉 국민당임을 알 수 있다.

국민당은 그 자체가 이주 집단이었기 때문에 이주자들을 정권의 기반으로 했으며, 그들이 데리고 온 60만 군대는 가족과 같은 끈끈한 유대감으로 결속되어 있었다. 이들 사이의 유대는 외성인에 대한 원주민의 저항과 반발[국민당이 원주민을 집단학살한 2·28 사건, 미려도(美麗島) 사건 등]에 부딪힐 때마다 더 견고해졌다. 그러므로 전쟁의 피해자이자 경제 건설에 청춘을 바쳤음에도 불구하고 온전한 가정을 이룰 수 없었던 노롱민에 대한 미디어의 재현이 연민 색채를 띠는 것은, 타이완 사회가 그에 대해 품고 있는 '안쓰러움'이 아니라 국민

사, 대민 업무를 총괄하는 사회단체이다.

單○○(女, 국적취득)	1949년생	李○○(女, 국적 미취득)	1953년생
吳○○(女, 국적취득)	1969년생	韓○○(女, 장기 거류)	1954년생
李○○(男, 롱민)	1918년생		

당과 함께 이주한 집단들만이 공유할 수 있는 '부채감'의 표현이다.

2) 국민국가의 경계에서 '가정' 만들기

무릇 권력의 주체인 정치체로서 국가의 욕망은 국민과 영토의 기반 위에서 실현된다. 그렇기 때문에 룽민이 대륙과 유대를 강화하고 고향에 대한 애착을 드러내면 낼수록 타이완 사회는 그로 인해 국민국가의 경계가 허물어질까 우려했으며, 심지어 룽민의 특정 행위에 대해서는 '위험한 타이완 국민'을 만들어낸다고 비난하기도 했다. 1987년부터 대륙의 고향을 방문하기 시작한 룽민들은 종종 대륙에서 '자신의 제사상을 차려줄 핏줄'인 조카를 데려다 타이완의 국민으로 입양(1994년 이후 합법화)[37]시키곤 했는데, 이들의 입양은 단지 대를 잇는 데 그치지 않고 입양과 동시에 룽민의 유산이 피입양자에게 상속되는 것이었기 때문에 타이완 사회의 이슈가 되었다.

조카 입양과 마찬가지로 룽민이 대륙 배우자의 전혼(前婚) 자녀를 자신의 호적에 입적시키는 행위 또한 타이완 국민의 권리를 국외자에게 허용하는 행위로 보도되고는 했다.[38] 민간에서는 대륙 배우자의 전혼 자녀를 '퉈요우핑(拖油瓶, 미끄러지는 기름병을 끌고 들어옴)'이라 불렀는데, 이들에 대한 미디어의 보도는 결코 호의적이지 않았다. 데리고 온 자녀들이 성적·윤리적으로 타락했으며 도덕적 품성에 문제가 많아 청소년 문제의 주범이라고 보도되거나, 아예 노골적으로 전혼 자녀를 양육하는 타이완 남성 배우자의 경제적 부담이 과도

37 타이완 정부는 중국 국민을 타이완 국민으로 받아들이는 입양을 1994년에 승인했으며, 이 법제화는 '양안조례' 반포 이후에 붐처럼 일어났던 룽민들의 입양 요구를 수용한 결과였다.

38 "飄洋過海來臺灣 大陸婦嫁老榮民 子也來過繼", ≪聯合報≫, 2005年 9月 30日, 3面.

하고 부당하다고 평했다.[39]

양안 결혼이 성행하기 이전에 타이완의 원주민(본성인)과 외성인의 갈등은 주로 집권당인 국민당에 대한 정치적 반발에 의해 촉발되었었다. 그러나 양안 결혼이 확산된 이후로 타이완인들은 일상 속에서 중국 대륙에 대한 대항 의식으로 '타이완은 하나'라는 상상을 강화했으며, 그 중심에는 타이완 본성인들의 에스닉 정체성이 놓여 있었다. 국민당 계열의 일간지인 ≪중국시보(中國時報)≫가 민족 상봉과 혈육의 정을 빈번히 보도한 데 반해, 본성인 계열의 일간지인 ≪연합보(聯合報)≫는 양안 결혼 이주 여성과 그 자녀를 타이완의 '국민' 권리를 탈취하거나 타이완의 '부'에 무임승차하려는 자라는 논조의 비판적 태도를 뚜렷이 드러내었다.

그렇다면 노롱민이 돌아가고자 했던 고향 중국 대륙에서 그들은 어떻게 받아들여졌는지 ≪인민일보(人民日報)≫의 기사를 보자.

> 소년 시절 고향을 떠나 늙어서 돌아오네, 산천은 변함이 없는데 흰머리만 늘었구나"라는 말은 고향을 찾은 노병들의 형상 그 자체이다. 고향을 떠난 지 거의 40년 만에 돌아온 노병들은 타이완 사회에서 결코 경제적으로 여유가 있지는 않았으나 타이완이 경제 기적을 이루었다는 자부심을 갖고 있었고 지방정부는 통일전선이라는 (중국 정부의—인용자) 정책에 따라 이들을 대부분 귀빈으로 대우하였다. 또한 이들은 자신들이 준비해온 세 가지 커다란 선물과 소소한 다섯 가지 물건을 고향의 친척과 벗에게 선물할 수 있다는 사실에서 스스로 '금의환향'의 감회를 맛볼 수 있었다. 그러나 타이완에서 오랜 세월 동안 안 먹고 안 쓰고 모은 저축이 이 한 번의 고향 방문으로 바닥나는 경우가 빈번하였다.[40]

---

39 같은 글.

교류 초반기에 대륙의 주민들은 정치적 숙청이 잦고 통제된 사회주의사회에서 살아왔기 때문에 룽민에 대해 다소 경계의 시선을 보냈으나, 이내 룽민을 결코 부유하지는 않지만 선물을 들고 오는 '타이완인'으로 받아들였다. 덩샤오핑이 개방 정책을 선언한 1978년 이래 중국 정부는 타이완을 중국에 대한 투자자로 여기고 각종 법안을 마련했으며, 중국의 TV 드라마에서 1980~1990년대에 중국을 방문한 해외 화교들이 예외 없이 부유한 동포로 재현된 것[41]에서 알 수 있듯 대륙인들은 룽민에게 동포라기보다는 투자자, 혹은 부유한 사람들이라는 면에서 관심을 보였다. 1987년 양안 개방 초기에 중국의 간부들은 정부의 국·공 통일전선 정책에 따라 타이완인을 위한 환영 식사 모임을 주도적으로 마련하는 등 관방이 선도하는 경우가 많았고, 주민들은 룽민을 중국 정부가 허락한 텔레비전, 라디오 등 "세 가지 큰 선물"과 "다섯 가지 소소한 선물"(三大件 五小件), 그리고 훙바오(紅包, 돈봉투)를 들고 오는 손님으로 대했다.[42]

주머니 사정이 넉넉하지 못한 노룽민은 고향을 방문할 때 종종 경제적 부담을 느꼈으며, 조카와 먼 친척들에게서 육친의 정을 느끼기보다는 선물을 기대하는 모습에 낙담하는 경우가 적지 않았다. 그럼에도 1987년 10월에 시작된 대륙 방문의 열기는 관광, 친지 방문, 간접투자 형태로 1989년 천안문 사태가 발생할 때까지 식지 않았으며,[43] 대부분의 룽민은 경제적 부담을 느끼면서도 수차례 고향과 형제를 방문했다. 필자가 인터뷰한 고령의 리 선생 역시

40 韓嘉玲, 「傭人抑或太太? 婦女勞動力的跨境遷移: 大陸新娘在臺灣案例研究」, ≪社會發展季刊≫, 101輯(2003), p.165.

41 〈한 해 또 한 해(一年又一年)〉(1998), 총 21회.

42 "歸鄕路上荊棘多 答客問", ≪聯合報≫, 1987年 10月 15日, 3面.

43 "海峽兩岸 敵乎? 友乎? 開放探親·瀰漫大陸熱 形勢未變·答案不消說", ≪聯合報≫, 1988年 3月 2日, 2面.

1949년 이전에 함께 살았던 아내의 행적을 탐문했는데, 보직이 좋았던 탓에 그는 1987년 개방 이전에 홍콩을 경유해 고향인 안훼이(安徽)를 두세 차례 방문한 적이 있다고 했다. 리 선생의 대륙 배우자인 산(單, 1949년생) 여사는 병중인 남편의 대륙 방문 경험을 대신 이렇게 설명해주었다.

> 우리 리 선생이 얼마나 사랑스러운지 알아요? 이 사람이 롄친종뿌(聯勤總部)[44]에서 회계를 맡았었기 때문에 기회를 만들 수가 있어서 1987년 고향 방문 이전에 이미 홍콩을 거쳐서 고향 안훼이에 갔었대요. '어릴 적 여자친구'를 찾으러, 그것도 두 번씩이나. 이미 리 선생은 타이완에서 결혼을 한 상태였는데, 그래도 찾으러 갔었다니까요.

보직의 고하를 떠나서 룽민에게 대륙을 향한 귀향 욕구는 뿌리 깊었다. 재미 작가 바이셴융(白先勇)은 '왕슝(王雄)'이라는 인물을 통해 룽민의 이러한 심리를 형상화했는데, 그는 단편소설 「핏빛 진달래」에는 퇴역 후에 부잣집의 하인으로 들어간 왕슝이 바닷가에서 시체로 발견되기 전, 타이완의 주인 도련님과 나눈 대화가 나온다. 그는 도련님에게 도련님의 근무지인 진먼다오(金門島)에서는 대륙이 보이느냐고 물으며 자기 고향인 후난성에는 '죽은 시체가 고향을 찾아가는' 이야기가 전해진다는 이야기를 한다. 마치 그 후 자신의 시체가 바다에서 발견될 것을 암시하듯이.[45]

국민국가인 타이완에 살면서 자신을 낳고 기른 '모국' 중국 대륙을 벗어나지 못하는 룽민의 정서는 딜레마 그 자체였다. 고향에 대한 집착은 중국의 남

---

44 중화민국 국방부 산하 기관으로 군대 내 물자와 무기를 담당한다(인용자).

45 白先勇, 「那一片血一般紅的杜鵑花」, 『臺北人』(臺北: 爾雅, 2002), p.142.

성 국민을 입양함으로써 타이완 사회의 부계 혈통 중심으로 승계되는 재산상속권과 부계 혈통을 교란하는 불온한 자라는 비난을 초래했으며, 양안에 걸친 가정을 만듦으로써 '국민'이라는 시선에 의해 감시되는 시놉티콘(Synopticon)에 갇힌 '자기 땅의 이방인'이 되었기 때문이다.

3. 대륙 배우자, 타이완 '국민' 되기

1) 양안 개방과 '전 지구적 돌봄노동'

타이완은 아시아에서 결혼 이주자를 가장 많이 받아들인 나라이다. 머지않아 역사 속으로 사라질 노룽민이 양안 결혼 가정의 16%를 차지하는 것을 제외하면, 양안 결혼의 주요 당사자는 빈곤층 타이완 남성과 '타이상'이라 불리는 부유한 국제적 사업가들이다.[46]

결혼을 통해 이주한 자들의 신분을 어떻게 규정할 것인가에 대해서는 2000년대 이후 한국 사회의 결혼 이주를 분석한 황정미는 혹쉴드(Hochschild)의 '글로벌 케어 체인(global care chain, 전 지구적 돌봄노동)'과 '생존의 여성화'라는 두 개념을 통하여 아시아의 여성 이주자들을 이론적으로 설명한다.[47] 그가 선택한 '글로벌 케어 체인' 개념은 발전국가의 돌봄노동의 위기가 초국가

---

46 양안 교류가 빈번해진 2000년대에 들어 유학, 관광, 온라인 등을 통해 다양한 양안 결혼이 이루어졌으며 날로 증가하는 추세이나, 룽민을 다루는 이 장에서는 2003년 '양안조례' 수정안 전후에 주류를 점했던 양안 결혼자들에 한해 논하기로 한다.

47 황정미, 「'이주의 여성화' 현상과 한국 내 결혼이주에 대한 이론적 고찰」, ≪페미니즘 연구≫, 제9권 2호(2009), 1~4쪽.

적으로 돌봄노동의 분업을 초래한다는 의미이고, '생존의 여성화'는 방출 요인으로서 신자유주의 경제하에서 남성 가장의 생계 부양이 보장되지 않는 빈곤 상황이 여성을 생계 책임자로 만들었다는 것을 가리킨다. 대륙학자 한쟈링(韓嘉玲)의 다음 서술은 여성이 생계 책임자이자 돌봄노동자로 국경을 넘게 되는 과정을 구체적으로 보여준다.

> 거의 90세가 되었어도 눈빛이 초롱하고 신체가 건장한 류씨 아저씨는 항저우에 와서 '스물네 시간 온종일 나를 돌봐 줄 가정 간호사가 필요하다'고 하였는데 한 노병의 소개로 그는 작년에 30대 항저우 여자를 아내로 얻어 자신의 노년의 생활을 보살피게 하였다. …… 항저우에 와서 가정 간호사를 구할 때 그는 매월 타이완 달러 2만 6000위안(한화로 98만 원 내외—인용자)을 지불할 예정인데 반드시 결혼의 형식을 통해야만 타이완으로 올 수 있다고 하였다. 이에 그녀('小娟')는 무엇보다도 마음에 상처를 입었던 곳을 떠나고 싶은 심정과 또 딸에게 물질적으로 여유 있는 환경을 만들어줄 수 있다는 생각에 곧바로 그 제안을 받아들였다.[48]

가정 간호사를 구한다는 룽민의 결혼 요구는 이주 연구자 멜로디 루가 언급한 바와 같이, 전혼 자녀를 둔 대륙 여성이 자신이 룽민을 돌보아주는 대가로 룽민이 자신이 데려온 자녀를 양육하는 결혼 이주의 전형적인 분업 형태에 해당한다.[49] 앞의 사례는 룽민 배우자가 실질적인 부부 관계에 대한 바람보다 돌봄노동자로 배우자를 구하고 있다는 것을 보여주며, 예외적으로 금액까지 명시함으로써 그 점을 더욱 명확히 했다. 이와 같이 돌봄노동은 1992년 이후

---

48 韓嘉玲, 「傭人抑或太太? 婦女勞動力的跨境遷移: 大陸新娘在臺灣案例研究」, p.162.

49 Melody C. W. Lu, *Gender, Marriage, and Migration: Contemporary Marriage between Mainland China and Taiwan*(Netherlands: University of Leiden, 2008), pp.202~212.

합법화된 양안 결혼이 노롱민에게 지니는 실질적 의미였으며 배우자와의 사이에 자녀를 갖는 것은 부차적인 문제였다. 이렇게 해서 맺어진 부부가 "늙은 남편(노병) 젊은 아내형[老夫(老兵)少妻型]" 부부[50]이며, 이 유형의 대륙 배우자는 학계에서 돌봄노동을 수행하는 집단으로 간주된다.[51]

타이완의 이민정책은 중국 여성에게 '인구재생산자' 신분으로 입국하는 것을 허용한다. 이 정책은 타이완의 대외투자 정책 변화와 관련이 있는데, 맥락을 살펴보면 양안 개방 이후인 1994년 타이완은 자국이 중국의 경제권에 흡수될 것을 우려해 타이완을 동남아 해양무역권의 중심으로 한 '남방진출(南進) 프로젝트'를 추진했었다.[52] 그러나 남방에 대한 정부의 인위적인 투자 독려가 기업들에게 호응를 받지 못하자 1999년에 방향을 선회해 "서두름을 경계하고 인내심을 갖는다(戒急用忍)"[53]라는 지침하에 중국 투자를 추진했다. 남방 정책 당시 타이완은 국내의 배우자 부족 문제를 해결하기 위해 베트남 결혼 이주자를 받아들여 타이완 남성의 베트남인 배우자가 급증했으나, 문화적 차이와 고엽제로 인한 기형아 출산으로[54] 혼인의 절반이 실패로 끝나자,[55] 타이완의 남성들은 개방된 대륙의 여성을 배우자로 주목하게 되었다(대륙 배우자가 2009년 전체 결혼 이주 여성의 66.3% 차지).[56]

---

50 韓嘉玲, 「傭人抑或太太? 婦女勞動力的跨境遷移: 大陸新娘在臺灣案例研究」, pp.167~169. 한쟈링은 양안 결혼을 형태별로 '노부소처형(老夫少妻型)', '생아육녀형(生兒育女型)', '유수형(留守型, 가끔씩 방문하는 타이완 비즈니스맨 남편과 사는 중국 여성)', '가결혼진타공(假結婚眞打工)', 이렇게 네 가지로 분류한다.

51 陳小紅, 「'大陸地區來臺配偶生活適應相關問題'第1次焦點集團座談會會議記錄」, pp.8~10.

52 천꽝싱, 『제국의 눈』, 백지운 외 옮김(창비, 2003) 참조.

53 "蔡英文, 兩岸經貿面臨兩項挑戰", ≪聯合報≫, 2001年 3月 23日, 13面.

54 柴松林, 「婚姻移民的現況及其解釋」, p.19.

55 陳小紅, 「'大陸地區來臺配偶生活適應相關問題'第1次焦點集團座談會會議記錄」, p.17.

56 2009년 3월 통계 자료에 따르면 타이완의 전체 결혼 이주 여성 분포는 다음과 같다.

이와 같이 노동자가 아닌 아내, 혹은 '낳는 모성'이 필요했던 타이완 사회의 상황은 이주정책에 드러나 있다. 1992년에 입안된 '양안조례'는 중국 여성이 타이완에 입국하기 위해서는 "결혼 후 2년이 경과하였거나 자녀를 생산하였을 경우"(제17조)라고 명시했으며, 이러한 조건을 갖춘 입국자에게 부여되는 체류 신분이 '친지 방문(探親)' 자격이었다. 이 신분은 여성 이주자들에게 가외 노동은 금지한다는 뜻인데, 만약 노동 금지 조항을 어기고 가정생활에 도움을 얻기 위해 노점상을 비롯해 수입이 있는 노동을 하다 적발될 경우에는 "이주의 목적(결혼)과 부합하지 않는다"라는 이유로 불법체류자가 되어 강제 출국을 당했다.[57] '양안조례'는 대륙 배우자에게 3개월 체류가 가능한 '친지 방문'을 허용했으며 1회 연장해 6개월까지 체류가 가능했고, 만기가 되면 비자 재발급을 위해 출국한 후 재입국할 것을 요구했다. 이러한 입국과 체류 규정이 동남아 출신 배우자들과 동일하게 '결혼과 동시에 입국'하는 것으로 바뀐 것은 2003년에 수정된 '양안조례'에 의해서이며,[58] 이 수정안에 의해 대륙 배우

국적	중국	베트남	인도네시아	타이	필리핀	캄보디아
인원	274,921	81,276	26,195	8,261	6,427	4,392
비율	66.3%	19.5%	6.3%	2.0%	1.5%	1.1%
합계			417,083			

Taiwan International Family Association(TIFA), "Conceptualizing the 'International Families': Reframing the Chinese and Southeast Asian Marriage Immigrants in Taiwan"(2009), 2009 Regional School on Citizenship of Marriage Migrants on Asia, Coorganized by Asian Regional Exchange for New Alternatives & Women Migrants and Rights Center of Korea, p.29. 타이완 내정부(內政部)에 따르면, 2005년 타이완의 남녀 성비는 105:100으로 40만 명의 남성이 배우자 부족을 겪고 있으며 타이완의 신생아의 8명 중 1명이 외국인 국적의 여성에게서 태어난다. TIFA 자료 참조.

57 "三大陸新孃 疼惜被火紋身的小紅", ≪中國時報≫, 1998年 11月 11日, 8面.

58 1992년과 2003년 '양안조례'를 체류 자격과 노동권 여부를 중심으로 정리하면 다음과 같다. 1992년 제정안과 2003년 수정안의 가장 큰 차이는 입국 시 인터뷰와 지문 날인을 하는가

자의 입국 자격은 '친지 방문'에서 '가족 상봉('團聚')'으로 바뀌었고 결혼과 동시에 입국하게 되었다. 또한 노동권도 입국 후 2년이 경과되면 정부의 허가 없이 획득할 수 있도록 완화되었다.

그러나 입국 자격과 노동권이 완화된 2003년 수정안의 실질적 주안점은 입국 심사를 강화한 데 있다. 입국 시 공항 인터뷰를 의무화한 2003년 그해에 대륙 배우자의 수는 전년도 대비 1/3 내외로 급감했는데,[59] 이러한 억제 효과는 이미 예견된 것이었다. 이민 당국이 수정안을 만든 목적이 대륙 배우자가 입국하고 난 후에는 양안 결혼 가정이 극빈층으로 떨어지지 않도록 노동권을 허용하는 대신, 입국 조건을 까다롭게 해서 입국 자체를 억제하고자 했기 때문이다. 노롱민의 양안 결혼은 2004년 대륙 배우자가 급감하기 전까지, 1992

제(수)정 시기	입국 자격	노동권	국적취득 기간/방법
1992년 제정본	결혼 2년 후, 혹은 유자녀 시 '친지 방문(探親)' 자격	입국 후 2년 경과한 뒤인 정주 단계에 가능, 고용주가 '허가증' 신청 시 가능	8년/만기 시 자동 취득
2003년 수정본	결혼 후 즉시, '가족 상봉(團聚)' 자격/입국 인터뷰, 지문 날인 신설	입국 후 2년 경과한 뒤인 '의친(依親) 거류' 단계 가능, 고용주 신청 불필요	8년/선택제

여부이다. 두 규정을 통해 양안 결혼을 억제하고 입국 후에는 노동권을 부여한 것이 2003년 안이다.

59 통계의 출처는 타이완의 이민서(移民署) 홈페이지, http://www.immigration.gov.tw/aspcode/9906/我國人與外籍人士結婚統計.xls 참조(검색일: 2010.7.20).

1998	1999	2000	2001	2002	2003	2004	2005	2006	2007	2008	2009
12,167	17,288	23,297	26,516	28,603	34,685	10,642	14,258	13,964	14,721	12,274	12,796

입국 인터뷰에서 통과하지 못한 비율에 대해서는 타이완의 이민국 홈페이지 자료(http://www.immigration.gov.tw)를 참조할 것. 2003년 첫해의 불통과 비율은 19.68%이었다.

년부터 2003년까지 10년 동안 꾸준히 증가했으며, 다음의 인용문은 그 10년 동안에 결혼한 롱민의 삶이 어떠했는가를 보여준다.

> 병사였을 당시 한 소녀가 나를 보고는 혼수나 어떤 조건도 보지 않고 나에게 시집오겠다고 했었다. 상부에 결혼 신청을 하니까 군인 연령이 28세가 안 되어 법령에 위배된다고 하여 어쩔 수 없이 헤어졌다. 내 나이 '서른다섯 살, 옷이 해져도 기워줄 사람 없는 나이'가 되자 그 제한이 없어졌다. 대륙이 개방되어 가까스로 대륙 처녀(大陸妹)를 뒤늦게 얻었고 얼마 안 있어 아이도 생겼다. 이제 행복한 생활을 할 수 있을 거라 생각했는데 (쿼터제 입국—인용자) 순서를 기다려야 하고 대륙 배우자가 일하는 게 금지되어 있는 데다 여러 가지 가혹하고 비인도적인 제한으로 인해 내가 (중국 대륙과 타이완—인용자) 하늘을 날아서 왔다 갔다 해야 하는 공중인물이 되어 두 곳을 쫓아다니고 있다. 온 식구가 내 쥐꼬리만 한 월급에 의지해 살아야 하는데 정부가 우리같이 생활이 어려운 사람들의 고충을 헤아려주었으면 좋겠다. 바라는 것은 대단한 것이 아니다. 그저 배우자와 그 친구들이 다른 외국 국적의 노동자들처럼 합법적으로 일할 수 있기만을 바랄 뿐이다.[60]

이 진술은 양안 결혼 가정의 가난과 고통이 심화되는 원인이 대륙 배우자가 일자리를 가질 수 없도록 제한하고 체류 조건을 까다롭게 정한 데 있다는 것을 시사한다. 대륙 배우자에 대한 타이완의 이주 정책은 앞서 타오샤오홍이 지적한 바와 같이, 결혼 전에는 전혀 타이완의 국내 상황에 대한 정보를 접할 수 없다가 결혼하고 난 뒤에 비로소 양안 결혼 대륙 여성에게 갖가지 인위적 제약이 가해지며 그 고통이 견디기 어려운 것임을 알게 함으로써 후속 이

---

60 "大陸新娘 老兵淚", ≪聯合報≫, 1998年 11月 21日, 15面.

주를 억제하는 데 초점이 맞추어져 있다. 이주 관련 담당자는 이러한 억제책을 쓰는 이유가 대륙 배우자로 인한 동반 이주(친지 초청)가 야기할 인구 폭증과 타이완 노동시장의 혼란을 방지하기 위해서라고 설명한다.[61]

국가 단위의 인구학적 사고는 개인이 아닌 덩어리로서 인구를 통치 대상으로 인식한다. 양안 결혼 정책이 대륙 배우자를 인구학적인 양적 조절의 대상으로만 인식할 때 그들이 타이완의 인구 상실분을 '보충'하는 것 외에 자신의 친정(원가족)에 대한 의무를 실행하고 자아실현할 기회를 모색하는 것은 허용될 수 없다. 한국의 베트남 결혼 이주자를 연구한 허오영숙은 여성의 결혼 이주는 남성으로 대표되는 노동 이주와 달리, 가시화된 월급 '송금'으로 이루어지지 않는다고 설명한다.[62] 그녀는 결혼 이주자들의 원가족 지원 방식이 송금과 원가족 초청을 통한 노동 기회의 제공 그리고 전자제품 등 물품 보내기라는 세 가지 형태를 띤다고 설명하는데, 이러한 보편적 행위 방식을 고려할 때, 타이완에서 대륙 배우자가 부모와 친지를 초청하는 행위는 결혼 이주 여성들이 자신의 원가정에 대한 도리를 실천하는 보편적인 행위로 받아들여져야 한다.

2) 타이완의 중국 상상: '공포스러운 중국인'

대륙 배우자[63]에 대한 입국 및 체류 규정 전반이 이러했다면 재생산에 기여

---

61 陳小紅, 「'大陸地區來臺配偶生活適應相關問題'第1次焦點集團座談會會議記錄」 참조.

62 허오영숙, 「원가족지원을 둘러싼 협상과 갈등」(성공회대학교 NGO대학원 실천여성학 석사 논문, 2011), - i -.

63 통계 자료에 따르면, 타이완의 국민들은 대륙 배우자에 대해 '가짜 결혼 진짜 매음'이라는 인식을 갖고 있어 베트남 여성보다 대륙 여성을 더 싫어하며 타이완인의 50%가 신이민 여성에 대해 공평하게 대해주어서는 안 된다고 생각한다. 이에 대해서는 柴松林, 「婚姻移民的現況及其解析」, 『婚姻移民: 外籍配偶與大陸配偶問題及對策, 會議手册』(中華救助

하지 않으면서 돌봄노동만을 수행하는 '늙은 남편 젊은 아내형' 결혼을 한 대륙 배우자는 타이완 사회에서 어떻게 인식되는가? 여성의 돌봄노동은 '생산(유급노동)'과 '재생산(출산)'에 포괄되지 않는 노동이라는 점에서 페미니즘의 오랜 숙제인 '무급의 가사 노동'과 직결되어 있다. 그러므로 '늙은 남편 젊은 아내형' 가정에서 대륙 배우자의 '돌봄노동'을 타이완 사회가 어떻게 인식했는가를 고찰하는 것은 여성의 '성별화된 노동'이 어떻게 비가시화되는가를 보여주는 사례가 될 것이다.

앞서 본 바와 같이 1992년부터 2003년까지의 '양안조례'는 대륙 여성의 입국과 체류 자격을 제한함으로써 중국인의 타이완 이주를 억제하는 데 중점을 두었다. 양안 결혼 수가 정점에 달했던 2003년 당시의 양안 결혼을 분석한 중화구조총회(中華救助總會)[64] 자료에 따르면 양안 결혼 가운데 타이완 남성 배우자의 연령이 65세 이상인 경우가 26.2%를 차지하며 월 평균수입이 3만 위안(한화 114만 원 내외) 이하인 경우가 73.32%로,[65] 대륙 배우자에 대한 노동권 제한이 저소득 가정의 빈곤을 가속화하는 역할을 할 가능성이 몹시 높다는 것을 보여준다. 대륙으로부터의 이주 여성이 급증했던 1997~1998년 무렵, 이주 정책으로 인한 양안가정의 '빈곤화'가 사회문제로 대두되자,[66] 타이완 정부는

總會, 2004), p.22 참조. 민진당은 이러한 사회적 감성을 정략적으로 활용해 2004년에 대륙 배우자의 양안 결혼 중개 광고를 전면 금지하고 동남아의 외국적 배우자에 대해서는 허용하는 조치를 취했다. "臺灣全面取締兩岸婚姻仲介廣告", ≪人民日報(海外版)≫, 2004年 8月 2日 참조.

64 1949년 국민당의 타이완 이주 이후에 이들을 따라오지 못하고 동남아 등 세계 각지에 흩어져 있던 중국인들을 찾아내어 타이완으로의 귀환을 도와주던 단체이다.

65 中華救助總會, 『服務在臺大陸配偶活動專輯』(臺北: 中華救助總會, 2004), pp.43~44.

66 대륙 배우자가 노동권과 의료보험 혜택을 받지 못해 가정이 파탄난 대표적인 두 사례는 대륙 배우자에 대한 새로운 정책 입안의 계기가 되었다. 두 사건은 "擺攤賣畵補家用 大陸新孃遭遣返", ≪中國時報≫, 1998年 11月 11日 8面; "三大陸新孃 疼惜被火紋身的小紅", ≪中國時報≫, 1998年 11月 21日, 9面 참조.

1999년에 “거주는 느슨하게, 국적취득은 엄격하게(生活從寬, 身分從嚴)”[67] 관리한다는 방침으로 수정하고 양안 결혼 가정이 극빈층으로 떨어지지 않게 정부 허가 없이 노동할 수 있도록 규정을 개정했다. 그와 동시에 2003년, 입국을 어렵게 하기 위해 ‘공항 인터뷰’ 의무를 2003년 ‘양안조례’ 수정안에 추가했다.[68]

돌봄노동을 수행하는 룽민의 대륙 배우자에게 입국 인터뷰는 넘기 힘든 관문이었다.[69] 타이완 출입국관리국의 위장결혼(paper marriage) 색출 방식은 인터뷰에서 “대륙 배우자가 부부 생활에서의 세세한 부분에 대답하지 못하면 위장 결혼의 혐의가 있는 것으로 간주하여 입국을 거부”[70]하는 것이었다. 관리국 직원은 “진짜 결혼이면 20분 안에 끝이 나지만 어떤 노룽민은 오직 자신을 돌보게 하기 위해 입국시키기 때문에 두 사람이 다 아무런 부부로서의 내용이 없어 마치 각자 다른 일을 보는 것 같은 경우가 있는데 이럴 경우에는 돌려보낸다”[71]라고 했다. 룽민의 배우자는 비공식적으로는 노룽민의 돌봄노동자로 인정되지만 공식적으로는 ‘배우자’ 자격을 인정받아야 했기 때문에 종종 입국이 거부되었다.[72]

입국 거부된 대륙 배우자의 목소리는 확인할 방법이 없으나 그녀들이 수행

---

67 陳小紅, 「‘大陸地區來臺配偶生活適應相關問題’第1次焦點集團座談會會議記錄」, p.144.

68 2003.10.29. 공포안 제10조 1항.

69 “45位榮民 年逾90 娶大陸妻”, ≪聯合報≫, 2003年 10月 17日, 11面. 참고로, 결혼 이주 인구가 가장 급속히 증가한 2003년 시점에 룽민의 결혼 만족도는 만족이 64.5%, 불만이 13.2%를 차지해 상대적으로 만족도가 높았다(“45位榮民 年逾90 娶大陸妻”, ≪聯合報≫, 2003年 10月 17日, 11面).

70 “老病無人顧 榮民寄望大陸妻”, ≪聯合報≫, 2003年 11月 18日, 4面.

71 같은 글.

72 타이완의 이민서 홈페이지에 게시된 연도별 입국자 수 통계는 다음과 같다.

1998	1999	2000	2001	2002	2003	2004	2005	2006	2007	2008	2009
12,167	17,288	23,297	26,516	28,603	34,685	10,642	14,258	13,964	14,721	12,274	12,796

하는 노동의 가치에 대해서는 대륙 배우자의 예기치 않은 입국 거부로 다급해진 롱민들의 불만[73]을 무마하기 위해 보도된 신문 기사에 나타나 있다.

> 사실 다수의 노롱민이 대륙 배우자를 취하는 목적은 대륙 배우자가 와서 자신을 돌봐주기를 바라는 데 있다. 위의(배우자가 강제 출국을 당한—인용자) 와병 중인 노롱민의 한 달 연금은 고작 1만 3000여 위안(한화 50만 원 내외—인용자)으로 이들은 외국인 노동자를 불러 쓰려 해도 쓸 처지가 안 되었기에 이 노롱민은 금년 초에 대륙으로 건너가 결혼을 한 뒤 그곳에서 몇 달 살다가 타이완으로 돌아왔다. 그런데 오자마자 병이 나서 이달 초에 아내에게 입국하라고 하였는데 아내가 그만 강제 출국을 당하고 말았다.[74]

타이완에서 최저 생계비로 생활을 영위하는 남편의 수발을 드는 돌봄노동이 동남아 여성 노동자들조차 기피하는 박하고 고된 일이라는 것을 이 기사는 우회적으로 인정하고 있다. 2004년에 화롄시에서 위장결혼으로 판명된 대륙 배우자가 전체 인터뷰 대상 가운데 25%를 차지했는데,[75] 인터뷰 담당 직원은 "젊거나 외관이 화려하여 매춘업에 종사할 가능성"이 있어 보이는 여성, "동거 사실을 입증하지 못하는" 여성들을 입국 금지했다고 발표했다.[76] 성 산업이나 여타의 노동에 종사하는 '노동 이주'를 할 것으로 보이는 중국 여성을 색출해내는 과정에서 노롱민의 배우자는 위장결혼을 통해 취업하려는 자로 인식되어 되돌아가게 된 것이다.

---

73 "申請陸配來台 老榮民行賄", ≪聯合報≫, 2009年 5月 4日, 2面.

74 "老病無人顧 榮民寄望大陸妻", ≪聯合報≫, 2003年 11月 18日, 4面.

75 "兩邊要錢 花蓮人蛇集團囂張", ≪聯合報≫, 2004年 12月 30日, 4面.

76 "被迫分居陸妻遭留置 老榮民不滿", ≪聯合報≫, 2008年 7月 7日, 2面.

아이러니한 것은 위와 같은 입국 인터뷰가 실시되는 것과 거의 같은 시기인 2002년, 타이페이현에서 노롱민의 대륙 배우자를 대상으로 한 '간호반'을 개설한다는 정책을 발표한 사건이다. 당국은 개설 목적이 "대륙 배우자에게 노인과 병자를 잘 돌보도록 가르쳐서 당사자의 남편을 잘 돌보도록 하는" 데 있다고 설명했는데[77] 이 정책을 입안하게 된 동기에 대하여 롱민 복지 담당 관련자는 이렇게 설명한다. 롱민들은 양안 결혼을 한 후 살림살이가 더 팍팍해져 월수입 50만 원(한화)으로는 살아가기가 어렵다고 호소하는데 정부는 이를 달래기 위해 "국적과 노동권을 얻지 못한 대륙 배우자들에게 집에서 늙고 병든 롱민 남편을 잘 돌보도록"[78] 하고 또 앞으로 대륙 배우자의 취업에 도움이 되도록 하기 위해 간호반 과정을 개설했다고 한다. 양안 결혼이 타이완 사회의 '돌봄노동' 부족을 해결하기 위한 방법임을 정부 스스로 인정한 것이다. 그러나 이 정책과, 입국 인터뷰에서 대륙 배우자가 '동거 사실을 증명'하라는 심사 요건은 상충하는데, 그렇다면 노롱민의 대륙 배우자에 대한 정부의 간호 업무 지원과 대륙 배우자의 '배우자 요건'을 심사하는 타이완의 이율배반적 이주 정책은 어떻게 이해해야 하는 것인가? 그것은 타이완 당국이 일차적으로 롱민의 대륙 배우자가 '배우자'로서의 자격이 미비하다는 점을 빌미로 중국으로부터의 인구 유입을 최대한 억제하고, 일단 입국한 돌봄'노동자'에 대해서는 먼저 그 노동력을 '가정' 안에서 최대한 활용하고 당사자의 '노동권'은 차후에 고려하겠다는 것으로, 극히 자국 중심적이고 남성 중심적인 발상이 아니라 할 수 없다. 이처럼 대륙 배우자의 노동자적 특성에 기대어 자국 내 돌봄 노동 부족을 메꾸고 있음에도 불구하고 타이완 사회는 대륙 배우자들이 수행

77 "榮民大陸配偶看護班 將開辦", ≪聯合報≫, 2002年 4月 11日, 18面.

78 같은 글.

하는 '노동'을 비가시화하기 위해 이들의 성별화된 노동을 '내조'라고 부른다.

원래 타이완에서 '입국 인터뷰'와 '지문 날인' 법안은 미국의 9·11 테러를 계기로 발의되었으며, 불법 입국과 불법체류를 억제함으로써 타이완 사회의 안전을 공고히 하기 위해서 시도되었었다.[79] 그러나 논의는 대륙인'만'을 상대로 한 지문 날인과 인터뷰 규정('양안조례', 제10조 1항)으로 결론이 났고, 이러한 과정은 타이완 사회가 테러를 국제범죄 문제가 아닌 양안 문제로 인식했다는 것을 보여준다.

중국 대륙에 대해 개방을 하면서도 부단히 그 유입을 억제하려는 것이 타이완 정부 양안정책의 기본 노선인데 그것은 정치적 상황에 의해 다소 유동적이다. 여기서 주목해야 할 것은 이러한 정책 실시에 강력한 영향을 미친 '양안결혼의 정치 담론화' 경향이다. 타이완 본성인 가운데서도 타이완의 독립을 주장하는 정당인 '타이롄(臺聯, 타이완 단결연맹)'은 극단적인 타이완 민족주의를 대표한다. 탈중국론을 주장하는 타이롄은 대륙 배우자가 이주해온 뒤 친지 초청 등의 동반 이주로 인해 약간의 시간이 흐르면 곧 '70만 명'에 이를 것이라고 주장하며 타이완의 총통이 이들의 선거권에 의해 좌우되는 상황이 도래할 것이라고 경고한다.[80] 흥미로운 점은 이런 주장을 지렛대로 해서 양안 개방 시작 무렵에 인구학적 관점에서 정부가 환영했던 대륙 배우자의 인구재생산 능력이 탈중국 담론에 이르러 몹시 '위험'한 것으로 재맥락화었다는 점이다. 대륙 배우자와 대화를 나누면서 속내를 드러낸 타이완의 정부 기구 대

---

79 "入境美國卽起 掃描指紋 當場拍照", ≪聯合報≫, 2004年 1月 6日, 14面.

80 張瑄純, 「兩岸婚姻者爭取大陸配偶公民權的網路實踐: 以兩岸公園, 兩岸家庭論壇爲例」(中正大學電訊硏究所碩士論文, 2004), p.90. 타이완 민족주의자들은 대륙 배우자들이 향후 "신분증을 취득한 후 선거에 영향을 미칠 것이다, '섬 안에서 이기지 못하면 대륙에 가서 구원병을 요청할 것이다(大陸搬救兵)'"라고 극단적인 적대 세력으로 이들을 재현했다.

륙위원회[81] 위원의 태도를 보면 다음과 같다.

> 대륙 배우자 10명과 대담하는 종합 프로그램에서 그[대륙위원회 부주임인 류더쉰(劉德勳)—인용자]는 대담 자리에 참석했던(노동권을 요구하던—인용자) 한 대륙 배우자가 자신을 설득하지 못하자, 마지막에는 "집으로 돌아가서 열심히 생산해서 50년 후에는 대만의 총통이 대륙인이 될 것이다"라고 했다고 전하며 그 말에 자신이 충격을 받았다고 하였다.[82]

미디어가 대륙 배우자의 출산력을 '친중국' 성향의 투표 행위와 결부하는 방식은 대륙 배우자를 '중국 상상'과 연계 짓는 것과 동일한 유형의 담론을 생산한다. '하나의 중국'을 주장하는 강국 중국에 대한 타이완인의 두려움을 사회적 약자인 이주 여성에게 투사하고 그것을 중국과 동일시해서 그녀와 연관된 집단(전혼 자녀, 혹은 양안 혼내 자녀 생산)의 증가를 타이완의 '안보' 위협으로 재현하는 방식이 그것이다. 2003년의 수정 '양안조례'에서 신설된 입국 인터뷰와 지문 날인 제도는 이러한 상상적 공포가 대륙 배우자에게 구체적으로 가시화된 사례이다.

1992년에 개방된 양안 결혼은 10년 만에 초기의 인도주의적이고 우호적인 민족 상봉, 가족 만들기 담론에서, 점차 타이완을 위협하고 '타이완 국민'의 권리를 침탈하는 원인으로 내용이 바뀌어갔다. 이러한 위협적 이미지는 노롱민을 젊은 대륙 배우자의 후안무치와 배금주의에 무방비 상태로 노출된 '피해자'로 형상화함으로써 완성되었는데, 다음에 인용한 84세의 롱민과 결혼한 39

81 대륙위원회는 행정부 산하 단체로 1991년에 설립되었으며, 타이완에서 중국 관련 업무를 총괄한다.

82 "大陸人來臺未來將達70萬", ≪聯合報≫, 2002年 8月 21日, 13面.

세의 대륙 배우자에 대한 보도가 전형적인 유형이다.

> 노롱민 아빠는 젊어서는 여러 가지 이유로 결혼을 못하였고 황혼기에 대를 잇기 위하여 40세 차이가 나는 젊은 대륙 여자를 아내로 얻었다. 늙은 남편과 젊은 아내는 싸움이 끊이질 않아 젊은 아내가 사흘에 이틀꼴로 가출을 하여도 노롱민 아빠는 속수무책이었다. 아내는 그에게서 돈을 뜯어낼 궁리만 하는데 도박 빚을 졌다고 하지 않으면 집을 산다고 졸라대서 결국 노롱민이 달라는 돈을 주기는 했으나 도무지 마음이 씁쓸하고 원망스런 마음이 들었다. 집을 산 뒤 명의를 아이들의 생부인 수양아버지로 했기 때문이다.[83]

여기에서 대륙 배우자는 노롱민의 재산을 탈취하는 '사기 행각'의 주체로 보도되었으며, 그녀들이 데리고 온 전혼 내 자녀 역시 불화의 온상이자 소양이 부족한 '골칫거리'로 재현되었다. 이러한 재현은 중국에서 온 '외부자'들이 타이완의 자원을 고갈시키고 '부'를 탈취한다는 타이완인들의 집단적 피해의식을 촉발했으며, 그 갈등은 노롱민의 유산이 누구에게 상속되는가를 둘러싸고 정점에 달했다. 롱민 생전에 왕래가 없다가 사후에 갑자기 나타나 유산 상속을 요구하는 중국 국민에 대해 미디어는 "타이완 정부가 군대 내의 1차 자료를 근거로 철저하게 상속자를 변별하여 유산이 엉뚱하게 상속되는 것을 방지하고 국고로 귀속"[84]해야 한다고 주장했다. 국고로 귀속될 수 있는 롱민의 유산이 '결혼의 진정성'을 갖추지 못한 대륙 배우자에게 편취되거나 대륙 배우자가 데려온 자녀를 부양하는 데 소모되고, 젊은 대륙 배우자보다 일찍 세

---

83 "榮民想收養女公安 民庭不准", ≪聯合報≫, 2002年 6月 9日, 19面.

84 "陸弟表錯孫 繼兄遺產翻案", ≪聯合報≫, 2007年 10月 10日, 1面.

상을 떠서 재산을 대륙 배우자에게 남겨주게 되는 상황이 '타이완 국민'이 보기에 불편한 것으로 재현되어 있다.

배타적이고 차별적인 이러한 시선은 단지 대륙 배우자의 체류와 국적취득 등 제도 영역에 한정되지 않았으며, 종종 그녀들의 결혼 생활을 영위하는 일상에도 영향을 미쳤다. 이에 다음 절에서는 재현의 대상이 아닌 대륙 배우자 스스로가 말하는 결혼 이주자의 삶이 어떠했는지 살펴본다.

4. 대륙 배우자들이 말하는 삶

룽민의 대륙 배우자들의 연령은 40~60대에 걸쳐 있어 이들은 성장기에 중국의 문화대혁명을 경험하고 개혁 개방 이전에 이미 사회생활을 시작한 세대에 속한다. 이들은 국영기업에 근무한 경우가 많았는데 인터뷰 대상에 한정해볼 때, 타이완 국적을 취득한 후에도 국영기업에서 지급하는 소액의 연금을 받고 있는 경우가 대부분이었다(인민폐 1000위안 내외, 한화 16~17만 원 정도). 중·노년에 속하는 이들이 이주하게 된 동기는 황정미가 지적한 바와 같이, '생계의 여성화'로 인한 이주라는 측면이 두드러지지만 대륙 여성의 결혼 이주에는 경제적 요인 이외의 요소도 작용했다.

중국의 시장화 개혁 이후 개혁 과정에서 밀려난 다수의 중국인 여성들 가운데는 이혼 경험을 지닌 자가 많았고, 필자가 인터뷰를 실시한 2000년 이후에 이주한 30대 대륙 배우자를 포함한 총 10명의 대륙 배우자 가운데[85] 초혼

85 김미란, 「타이완의 '대륙 상상'과 양안(兩岸)결혼: 대륙 출신 배우자에 대한 시민권 논의를 중심으로」, ≪중국현대문학≫, 54호(2010)에서 다룬 인터뷰 대상 10인을 지칭한다.

인 경우가 30%에 미치지 못했다. 이 인터뷰이 여성들을 기준으로 볼 때, 롱민의 중년 배우자는 중국의 개혁 개방 시기에 경쟁에서 밀리고 이혼을 경험한 가장인 경우가 많았으며, 광둥성에서 중등학교 교사를 하다가 1997년에 노롱민과 결혼한 리(李) 여사(58세)는 자신의 이주 동기를 다음과 같이 설명했다.

> 시장화되고 나서 전에 학교에서 주던 집을 매입하라고 했는데 집값이 몇 년치 월급을 모아도 살 수 없을 만큼 올랐어요. 솔직히 말해서 타이완에 오지 않고서야 어디 그런 목돈을 만져나 볼 수 있나요? 내가 올 무렵인 1996년에 한 달에 보충수업비까지 합쳐서 500~600위안이었고 담임을 맡으면 60위안을 더 받았는데 본봉은 그 고생을 하고 200위안이었지요. 원래 사람이 살아가는 데는 배만 채워서는 안 되고 발전이 있어야 되는데 그게 없었어요. 교사용 아파트를 3만 위안에 사라고 하는데 어디 꿈이나 꾸겠냐구. 사실 대륙 사람들이 타이완에 와서 버는 것은 생존을 위한 얼마 안 되는 돈이에요. 타이완, 일본, 미국, 한국에서 잘사는 사람들은 큰돈을 벌려고 하지만 말이에요. 그런데 타이완 사람들은 대륙 사람들이 돈 때문에 왔다고 욕을 해. 너무나 편견이 심하지. 대륙에서 온 여자가 남녀관계가 생기면 신문에는 금방 대륙 여자들은 성관계가 문란하다, 대륙에서 온 여자들은 다 그렇다고 도배를 하지요. 그런데 보라구요, 타이완 여자들 중에는 전문적으로 그 짓을 하는 여자들이 있잖아? 저기 롱산사(龍山寺) 근처에 홍등가를 봐요. 대륙에는 절대로 그런 거 없는데 매춘이 아니라 '성노동자'라고 부르더군요. 그런다고 멸시가 없어지나?

경제적 목적으로 결혼 이주를 한 리 여사는 롱민 배우자가 세상을 떠난 뒤에 시가 NT 1000만 위안(한화 4억 내외) 상당의 아파트를 상속받았다. 그런데 상속재산에 대해 남편의 원처 소생 자녀에게서 소송을 당해 재판을 시작했는데, 뜻밖에 자신이 고용했던 타이완인 변호사에게 아파트 사기를 당하고 말았다. 인터뷰 당시에는 타이베이시에서 가난한 사람들이 많이 사는 완화구(萬華區)에 방 하나를 얻어 막 이사를 온 상태였는데, 타이완인 변호사에게 아파트를 사기당한 이유를 묻자 그녀는 다음과 같이 답했다.

답: 정부의 공무원들이 그 사람을 싸고도니까 그렇게 할 수 있었던 거지요.

문: 변호사가 어떻게 그럴 수 있나, 타이완 국민이라고 해도 그랬을까요?

답: 아마 안 그럴 거예요. 아니야, 그래도 그 사람들은 그렇게 할지도 몰라. 다른 타이완 사람들도 나 같은 경우를 겪은 경우가 많다고 타이완 변호사가 그랬으니까. 그 작자들은 먼저 의뢰인이 어떤 사람인가를 파악한 다음에 재산을 자기 걸로 빼돌리는 수법을 쓰고 있거든.

60을 바라보는 나이에 빈털터리가 된 그녀는 처음에 좀처럼 자기 이야기를 하려고 하지 않았으나, 한두 시간이 흐른 뒤, 동석해 있던 산 여사와 대화를 나눈 뒤에 분을 삭이며 또박또박 자기 경험을 이야기하는 데서 전직 교사의 흔적을 느낄 수 있었다. 사회적으로 자신의 권리를 관철할 인맥이 없는 사람은 어느 나라 국적을 갖고 있든 힘 있는 사람에게 당하게 마련이라는 확신을 갖고 있는 그녀는 지치고 또 폐쇄적으로 보였다.

다른 하나의 사례는 모범적으로 양안 결혼 가정을 영위하고 있는 우(吳) 여사로 그녀 역시 중국에서 직장 생활을 했었다. 전직 교사였던 65세 룽민과 결혼한 42세의 그녀는 중화구조총회에서 이주 여성 부대표를 맡아 이주 여성들을 인솔하고 한국의 요양원을 방문해 위문 공연을 펼치기도 했을 만큼 리더십이 풍부하고 거침없는 동북성 출신의 여성이었다. 그녀는 자신이 타이완 배우자와 평화롭게 살 수 있는 이유가 금전적으로 욕심을 내지 않고 남성중심주의 문화에 자신을 적응시켰기 때문이라고 설명한다.

> 중국에서 원래 호텔에서 인력 관리하는 일을 했었어요. 사람들이 날더러 기가 세다고들 했었지만 타이완으로 온 뒤로 난 그에게 뭐든지 양보해요. 쇼핑을 할 때 필요 없는 것을 사도 그 사람이 하자는 대로 다 하고 타이완 남자들의 남성우월주의는 대단해서 절대로 맞서 싸우면 안 되니까 체면을 세워준 뒤 집에 와서 문을 잠그고 얘기해요. 그러면 조금씩 나아지지요. 그런데 대륙에 가니까 날더러 너무나 유순해졌다고 하더라구요. 처음에 남편이 날더러 살림을 맡으라고 했을 때 나는 경제권을 안 받았어요. 서로 지출해야 할 것들을 가계부에 적고, 나는 한 달에 NT 1만 원(한화 38만 원 내외)을 별도로 타서 그 돈만큼은 내 마음대로 쓰지요. 화장품도 사고 나한테 필요한 것도 하고, 그 외 돈에는 일체 손을 안 대요. 아이요? 아이를 낳은 적은 없지만 남편이 낳으라고 했을 때 내가 안 낳겠다고 했어요. 당신 자식을 내 자식으로 생각하고 살겠다고 했거든요.

우 여사는 결혼 이주 여성의 가정생활은 남자를 어떻게 다루느냐에 달렸다고 자신 있게 이야기한다. 중화구조협회에서 발간하는 책자에 모범 사례로 실리기도 한 그녀의 가정생활은 원만해 보였으며 스스로 남편과의 부부애만으로 만족한다고 말했다. 노후 대책에 대해서 묻자, "그 사람이 틀림없이 알아서 생각을 해줄 거라고 믿어요. 서로 금슬이 좋으니까"라고 답했다. 그녀의 경우에는 자녀 출산이나 배우자라는 법적 지위를 이용해서 노후 보장을 할 수도 있는 여건이었으나 스스로 자제해 타이완 배우자의 자녀와 계모가 다투는 상황을 만들지 않으려고 노력했으며 남편의 마음을 얻는 데 만족했다. 그러나 그녀가 "한 번의 결혼에 실패했기 때문에 또다시 실패해서 대륙으로 돌아갈 수는 없어요"라고 말할 때는 다소 결연함이 느껴졌다. 인터뷰하는 동안 필자는 장성한 배우자의 자녀가 있는 재혼 가정에서 충돌하지 않고 가정을 유지하는 방법이라는 것이 남편의 사랑을 믿는 것 외에 달리 선택의 여지가 있을 것인가라는 다소 안타까운 생각이 들었다.

산 여사(62세)는 병든 노롱민 리 선생(93세)을 24시간 시중드는 전형적인 간호형 결혼을 한 경우이다. 휠체어에 의지해야 하는 리 선생을 돌보고 있는 산 여사는 중국에서 국영 공장을 민영화하는 과정에서 남성 간부에게 공장장 자리를 빼앗기고 일자리를 잃어 그 자리를 재판을 통해 되찾기 위해 타이완의 민주주의에 기대를 품고 건너온 다소 특이한 경우이다. 그녀는 '자유 민주주의 국가'인 타이완의 변호사를 통해 중국의 공산당에 맞설 수 있으리라는 기대를 포기하지 않고 변호사 비용 마련을 위해 돈을 모으며 배우자를 돌보고 있었다.

폐암 3기 환자인 남편과 그녀가 거주하는 아파트는 완화취에 있는 방 1칸, 거실 1칸의 10평 남짓한 공간으로 모든 창문이 두꺼운 커튼으로 가려져 있어 전혀 통풍이 되지 않았다. 산 여사가 남편 곁을 떠날 수 없었기 때문에 어쩔 수 없이 기름내가 배어 있는 습한 실내에서 인터뷰를 해야 했는데 그녀는 자신의 고충을 이렇게 설명했다.

> 한번은 야채 사러 잠깐 나간 사이에 빨리 안 온다고 화를 내며 경찰에 신고를 했어요. 감히 나한테 네가 그럴 수 있냐고. 사람은 착한데……. 돌아오니까 경찰이 와 있더라구요. 이 사람은, "내가 나랏일을 봤던 사람인데 네가 감히 나한테 그럴 수 없지"라고 하며 고래고래 소리를 질러댔어요. 그 뒤로 나는 정부에서 지정해준 롱민 병원에 남편을 입원시키지 않고는 한 발짝도 밖에 나가 일 본 적이 없어요. 병이 심해지기 전에는 안 그랬었는데…… 나는 지하철 노선도 몰라요. 정말이지 너무나 사람을 달달 볶아.

퇴역군인의 일상은 국영 주택과 룽민 의원 등 국가에서 정해준 복지시설들을 벗어나지 않아 군복무 시절의 계급 관계가 퇴역 후에도 룽민 간의 위계를 결정짓는 경향이 있었다. 군부대의 회계 책임자라는 고위직에 있었던 리 선생은 아내를 대할 때에도 군대에서 하듯 권위적인 태도로 대했으며 병이 심해질수록 그런 경향이 심해졌다고 한다. 잔여 생명이 6개월로 예측되는 리 선생이 세상을 뜨고 나면 산 여사는 현재 거주하고 있는 남편의 소형 아파트와 그가 수령하던 연금의 반(NT 1만 5000위안, 한화 60만 원 정도)을 탈 수 있다. 타이완의 미디어들이 주목하고 있는 유출될 '국부'의 규모는 그 정도였으며 그것은 산 여사가 10여 년의 생명을 소진하며 일해서 얻어낸 경제적 대가였다.

대륙 배우자들과의 인터뷰는 이주 이전과 이후에 경험하는 사회체제와 문화적 차이로 인한 기대와 낙담을 각양각색의 모습으로 담고 있었다. 인터뷰를 통해 유추할 수 있었던 대륙 배우자들의 공통점은 첫째, 이들의 삶이 가정 안에 고립되어 있다는 점이다. 우 여사의 경우처럼 타이완의 민간 기구에서 활동하지 않는 한, 대륙 배우자 일반은 타이완 남성 배우자의 인적 네트워크와 경제적 주도에 끌려갈 수밖에 없었으며 그로 인한 자기 계발의 '기회 박탈'을 감수해야만 했다. 둘째, 중년의 대륙 배우자는 중국의 시장화 개혁에서 밀려난 자들이기도 하지만 타이완으로 이주를 한 덕분에 대륙에 주택을 마련하는 등, 경제적 안정을 도모한 성공적인 경우도 있었다. 그러나 이러한 축적은 양국 간의 임금 격차와 오랜 기간의 저축으로 인한 성과였으며 타이완의 미디어가 암시하듯 부당하게 큰 재산을 상속('탈취')받아 이룩한 것이 아니었다. 그러나 종종 상속권이 있다 해도 이들의 상속지분은 룽민의 원자녀들과의 법적 쟁탈의 대상이 되어 규정대로 상속받는 것이 용이하지 않았다. 셋째, 양안 결혼자들은 강한 결혼 유지 욕구를 갖고 있었다. 이들은 재혼인 경우가 많았으며 연령을 불문하고 결혼에서 실패하고 고향으로 돌아가는 것을 몹시 수치스럽게 생각해, 이주지에서 자신이 누릴 수 있는 권리를 자제하면서까지 새 가정을 유지하려는 안정 지향적 성향을 보였다. 미디어에서 보도된 투기와 사기, 배금주의적 경향과 현실 속 대륙 배우자의 삶 사이에는 적지 않은 간극이 있었다.

인터뷰를 통해 알게 된 또 하나의 사실은 양안 결혼을 한 대륙 배우자들이 공통적으로 남편 사후에 모두 중국으로 돌아갈 계획을 갖고 있다는 점이다. 중국으로 돌아간다는 것은 이들이 오랜 '노동'을 마치고 친지와 자녀들이 있는 곳으로 귀향하는 것을 의미하므로, 이들이 타이완에서 만든 가정은 룽민이 애써 만들고자 했던 국민국가의 경계 위에 만들어진 가정과는 완전히 다른 것이었으며 이들의 이주가 긴 '노동의 과정'임을 보여주는 것이라 하겠다.

5. 마치며

1992년 이후 타이완 사회에 출현한 노룽민과 대륙 배우자의 결혼은 아시아 지역의 한국, 타이완, 일본에 독특하게 존재하는 결혼 이주와 노동 이주가 결합된 형태이다. 1949년 대륙에서 타이완으로 집단 이주한 노룽민과 중국 대륙 여성 사이의 '늙은 남편 젊은 아내형' 결혼에서 여성은 아내라기보다는 병든 퇴역군인을 돌보는 돌봄노동자에 가깝다.

양안 결혼의 여성 배우자는 타이완과 중국 대륙의 출입국을 관리하는 '양안조례'에 의해 관리되는데, 두 당사자에 대한 미디어의 보도는 양안 관계와 타이완 사회에 고유한 갈등인 원주민과 외성인 간의 갈등과 깊은 관련을 맺고 있었다. 1992년부터 2003년까지 양안 결혼이 급증하던 시기에 룽민은 국가의 성원으로서 한 개인이 누려야 하는 권리보다는 국가주의, 혹은 중국의 '하나의 중국' 원칙에 대응하는 타이완 민족주의에 의해 새로운 이미지를 부여받았는데 이렇게 해서 만들어진 양안 결혼 가정의 노룽민은 타이완 사회에서 상충하는 이미지를 지닌 집단이 되었다. 한편으로는 1950년대 이래 타이완의 경제개발에 염가의 노동력을 제공한 '충성스럽고 헌신적인 집단'이라는 인식이 존재했으며, 동시에 타이완의 '국부를 잠식하는' 가난한 중국 대륙인을 타이완의 '국민' 신분으로 만들어주는 '바람직하지 않은 행위자'가 그것이었다.

특히 후자적 측면은 1987년 양안 개방 이래 룽민들이 대를 잇기 위해 중국 국적의 남아를 입양하면서 촉발되어 대륙 배우자의 전혼 자녀를 입양함으로써 더욱 강화되었다. 룽민 사후에 국고로 귀속될, 무연고자인 노룽민의 유산이 그의 초국적 가정 만들기로 인해 '국부' 유출의 계기가 되었다고 보는 이 관점은 1949년 이주 이후 대륙 출신 병사들이 타이완 사회에서 수행한 역할에 대한 인식이 결여되어 있다는 점에서 문제적이다.

국민당군의 하급직 병사였던 이들은 냉전 시기에 혼인금지령과 박봉으로 인해 결혼을 할 수 없었으며, 혼기를 넘긴 전역 후에는 1950~1960년대 타이완의 도로 건설, 황무지 개간에 국가에 의해 집단적으로 동원됨으로써 '임금노동자'로 전락했다. 군 복무 시기에 국민당이 (돌아갈 수 없는) 대륙의 토지를 병사에게 급여를 대신해 지급한 '전사토지분배증'으로 박봉의 군 복무를 감내하게 했다는 점에서 퇴역 후 이들의 삶은 마땅히 국가의 복지 대상이 되어야 했음에도 불구하고, 늙고 병든 노룽민에 대한 돌봄 지원은 부족했다. 이에 정서적으로 육체적으로 쇠약해진 룽민은 자신을 돌보아줄 값싼 돌봄 노동자를 구하기 위해 국경을 넘는 양안 결혼을 선택하기에 이르렀으며 그 비용은 동남아 출신의 돌봄노동자보다 저렴했다. 둘째로 룽민에게 부여된 '국부를 유출시키는 행위자'라는 부정적 이미지는 점차 영악한 젊은 대륙 배우자의 등장에 의해 사기를 당하고 전혼 자녀까지 부양해야 하는 '약자'라는 이미지를 파생시켰다. 약자 이미지의 형성은 대륙 배우자가 연금 수혜자인 노롱민의 재산을 노린 불순한 동기를 갖고 결혼을 이주의 도구로 택한 '비도덕적 여성'이라는 이미지의 반복에 의해 공고해졌으나, 이 '피해자' 이미지의 근저에는 복지 부족 문제를 결혼 이주 여성의 '비도덕성' 문제로 전치시킨 담론의 허구성이 놓여 있음을 주목해야 할 것이다. 이러한 도덕적 비난은 '글로벌 케어 체인'의 한 고리를 담당하는 대륙 여성이라는 사실을 은폐한다.

대륙 배우자를 '부의 침탈자'로 재현한 담론의 배경에는 탈중국 성향의 타이완 민족주의의 영향이 컸다. 타이완 사회 내부에서 본성인의 독립을 지향하는 토착 세력인 타이완 민족주의는 양안 교류 확대에 부정적 태도를 지니고 있었으며 대륙에 대한 공포감을 노골화해서 대륙 배우자의 가족 초청을 가공할 '인구 압박'의 원인이라고 표현했다. 여타 교류가 확대되는 추세였음에도 중국인의 타이완으로의 인적 이동은 억제되었으며, 그것이 타이완 본성인인 민진당의 집권 시기에 실행된 2003년판 '양안조례'에 입국 인터뷰와 지문 날인 조항 추가로 나타났다. 특히 대륙 배우자만을 대상으로 해서 실시된 입국 인터뷰에서 노롱민의 '아내'들은 실제적인 부부 관계를 증명하는 데 실패해 입국이 거부되고는 했으며, 그 결과 대륙 배우자의 수는 그 전해의 1/3로 감소했다.

돌아보면, 양안 결혼을 합법화한 1992년의 '양안조례' 당시부터 대륙 배우자에 대한 체류 규제는 이들을 쉽게 '불법체류'자로 만들어 강제 출국을 시킬 수 있도록 되어 있었으며, 그런 점에서 대륙 배우자는 '잠재적 범죄자'였다고 생각된다. 그러나 미디어는 배우자의 입국 거부와 강제 출국으로 노롱민이 경제적으로 고통받는 것만을 주목할 뿐, 영토 안에 거주하는 '2등 국민(대륙 여성 배우자)'에게는 무심했다. 양안 간의 경제·사회·문화 교류가 1987년 이후 급속히 증가해 2003년에는 중국 대륙에 대한 타이완의 투자가 세계에서 1위를 차지할 정도로 급증했음에도, 중국에서 타이완으로의 인구 이동은 갈수록 많은 제약이 가해졌다. 점증하는 중국인 이주자는 본성인과 외성인 사이에 존재하던 기존의 갈등에 또 하나의 '민족주의적' 충돌 지점을 형성했으며 그 중심에 대륙 배우자가 놓여 있었다. 그 결과 대륙 배우자와 관련된 담론 및 정책은 '국민'으로서의 대우가 아닌 양안 힘겨루기의 장이 되었으며, 노룽민과 대륙 배우자 양측은 각각의 이유에서 공민의 권리를 요구할 수 없는 '배제 속 포함'인 무력한 존재가 되었다.

글로벌 이주의 한 양상인 대륙 배우자의 타이완으로의 신이주는 냉전 체제의 구축 과정이자 결과물인 룽민이라는 구이주 집단과 40여 년의 세월을 사이에 두고 결혼을 통해 만났다. 탈냉전 시기에 이루어진 이 결합은 타이완 사회 내에서 독특한 풍경과 담론을 만들어내어, '대국 대 소국', '외성인 대 본성인'이라는 기존의 대결 프레임 위에 영웅이자 동정받아야 할 피해자이자 사회 빈곤층인 룽민, 그리고 그 빈곤 집단의 아내이자 타이완 사회를 위협하는 공포스러운 번식력을 지닌 중국인 대륙 배우자라는 스테레오 타입화를 통해 국가 정체성과 젠더 측면에서 차별을 가했고 그것은 이주 정책에 반영되었다. 어려운 국적 획득, 노동권 제한, 지문 날인을 통한 입국 제한 등을 통해 대륙 배우자는 차등 국민이 되었고 양안 결혼을 한 룽민의 가정은 빈곤화했다.

대륙 배우자의 이주 생활이 이처럼 타이완 '국적'의 '남성'에게 맞게 고안된 시스템 속에서 자신을 적응시키는 정서적·육체적 노동 과정이었기 때문에, 여성 이주자들은 생애 마지막 이주(귀향)를 통해 온전한 한 인간의 욕망을 실현할 날을 꿈꾼다.

참고문헌

1장 중국의 여성학 지식 생산과 교육: 30년의 회고, 성찰과 전망

杜芳琴. 2002. 「全球视野中的本土妇女学一中国的经验: 一个未完成的过程」. 『妇女学和妇女史的本土探索 — 社会性别视角和跨学科视野』. 天津: 天津人民出版社.

强海燕, 韓娟. 2008.「大陆高校性别意识教育的演进」. 莫文秀 等 主编. 『妇女研究蓝皮书: 中国妇女教育报告』. 北京: 社会科学出版社.

揭爱花. 2004.「规范性与现实性一浅论课程设置与妇女学学科发展」. ≪妇女研究论丛≫, 5.

金一虹 等 主编. 1998. 『世纪之交的中国妇女与发展』. 南京: 南京大学出版社.

杜芳琴 主编. 2004. ≪社会性别≫, 第一缉. 天津: 天津人民出版社.

杜芳琴. 2002. 『妇女学和妇女史的本土探索 — 社会性别视角和跨学科视野』. 天津: 天津人民出版社.

_____. 2003. 「将社会性别纳入高等教育和学术主流」. ≪妇女研究论丛≫, 第5期.

杜芳琴·王珺. 2008.「三十年妇女／性别研究的学科化」. 莫文秀 等 主编. 『妇女研究蓝皮书: 中国妇女教育报告』. 北京: 社会科学出版社.

杜芳琴·王政 主编. 2004. 『中国历史中的妇女与性别』. 天津: 天津人民出版社.

_____. 2006. ≪社会性别≫, 第三缉. 天津: 天津人民出版社.

杜芳琴·王向贤 主编. 2003. 『妇女与社会性别研究在中国』. 天津: 天津人民出版社.

露丝, 海霍. 1996. 「关于中国妇女参与高等教育的思考」. ≪陕西师范大学学报≫, 3.

刘霓. 2001. 『西方女性学一起源、内涵与发展』. 北京: 社会科学文献出版社.

刘宁·刘晓丽. 2007. 「从妇女研究到性别研究一李小江教授访谈录」. ≪晋阳学刊≫, 6.

李静芝. 2002.12.16. 「中国特色与妇女学」. ≪中国妇女报≫, 第三版, "两性论坛".

玛丽琳. J. 波克塞. 2006.『当妇女提问时』. 余宁平 等 译. 天津: 天津人民出版社.

莫文秀 等 主编. 2008. 『妇女研究蓝皮书: 中国妇女教育报告』. 北京: 社会科学出版社.

潘锦棠. 2002. 「中华女子学院」. ≪妇女学教学本土化一亚洲的经验国际研讨会论文提要≫, 內附資料.

徐午·许平 等 主编. 2000. 『社会性别分析: 贫困与农村发展』. 成都: 四川人民出版社.

孙龙·邓敏. 2002. 「从韦伯到哈贝马斯:合法性问题在社会学视野上的变迁」. ≪社会≫, 2.

孙晓梅. 2001. 『中国妇女学学科与课程建设的理论探讨』. 北京: 中国妇女出版社.

余宁平·杜芳琴 主编. 2003. 『不守规矩的知识』. 天津: 天津人民出版社.

王金玲·韓賀南 主编. 2004.『妇女学教学的本土化:亚洲的经验』. 北京: 當代中国出版社.

王政. 2002.「妇女学的内容与目标」. ≪思想战线≫, 1.

_____. 2004. 「妇女学的全球化与本土化」. 杜芳琴·王政 主编. ≪社会性别≫, 第一辑. 天津: 天津人民出版社.

_____. 2004.『越界 ——跨文化女权实践』. 天津: 天津人民出版社.

魏國英 主编. 2000.『女性学概论』. 北京: 北京大学出版社.
李小江 主编. 2002.『文化、教育与性别—本土经验与学科建设』. 南京: 江苏人民出版社.
李小江. 1988.『女性的出路』. 沈阳: 辽宁人民出版社.
_____. 1988.『夏娃的探索』. 郑州: 河南人民出版社.
_____. 2000.「50年, 我们走到哪里?」. ≪浙江学刊≫, 1期.
_____. 2005.『女性/性别的学述问题』. 济南: 山东人民出版社.
李慧英 主编. 2002.『社会性别和公共政策』. 北京: 當代中国出版社.
郑新容·杜芳琴 主编. 2000.『社会性别与妇女发展』. 西安: 陕西人民教育出版社.
蔡一平 等编. 1999.『赋历史研究以社会性别』. 內部本.
天津师范大学妇女研究中心 主编. 1993.『中国妇女与发展:地位、健康 ˋ就业』. 郑州: 河南人民出版社.
馮媛·杜芳琴 等. 2004.「称谓·理念·策略—中国妇女与社会性别学五人谈」. 杜芳琴 主编. ≪社会性别≫, 第一缉. 天津: 天津人民出版社.
韓賀南. 2003.「"人學"与"知识论"—≪妇女学≫教材中的学科界定」. ≪中华女子学院学报≫, 4.
韓賀南·張健 主编. 2005.『女性学导论』. 北京: 教育科学出版社.
许洁英. 2004.「共同目标, 不同的历程—妇女学教学本土化的两点思考」. 王金玲·韓賀南 主编.『妇女学教学的本土化:亚洲的经验』. 北京: 當代中国出版社.
荒林. 2008.「中美比较的女权主义的现状与未来—密西根大学王政教授访谈录」. ≪文艺研究≫, 7·8.

2장 중국의 아시아 여성 연구 동향: 30년 아시아 여성학계의 학술 교류 성과와 특징

김화선. 1999.「21세기를 향한 동북아 여성 문화의 발전과 비전」. ≪여성연구논총≫, 4월.

杜芳琴. 2002.「在共享與差異中發展亞洲婦女學」, ≪婦女研究論叢≫, 1.
_____. 2005.「理解、比較與分享: 亞洲婦女學的屈起—'亞洲婦女學叢書'述評」. ≪婦女研究論叢≫, 5.
_____. 2006.「妇女学在中国高校: 研究、课程和机制」. ≪云南民族大学学报(哲学社会科学版)≫, 5.
薛寧蘭 編. 1998.「中日近代女子教育比较研究」. 北京师范大学.
_____. 2002.『中日近现代女子学校教育比较研究』. 吉林教育出版社.
_____. 2006.「近代日本女子教育研究」. 南開大學校.
_____. 2007.『美中日三国女子高等教育比较』. 厦门大学出版社.
_____. 2008.『國際視野本土實踐: 亞洲地區性別餘法律研討會論文集』. 北京: 中國社會科學出版社.
伍庆玲. 2004.『现代中东妇女问题[M]』. 昆明: 云南大学出版社.
王俊英. 2003.「关于日本主妇再就业的思考」. ≪日本问题研究≫, 4.
劉伯紅. 1998.「第三届中日女性學研討會」. ≪婦女研究論叢≫, 4, p.51.
尹小平·趙儒煜. 1998.「高齡化與日本女性就業」. ≪外國問題研究≫, 3.
趙芳·鄧智宁. 1999.「日本婦女就業狀況變化與原因分析」. ≪日本學論壇≫, 4.

陈静. 2003.「当代中东妇女发展问题研究」. 西北大学博士学位论文.
_____. 2004.「沙特阿拉伯性别隔離制產生的根源初探」. ≪內蒙古民族大學學報≫, 6, 社會科學版.
_____. 2004.「日本在鼓励生育与促进妇女就业上的政策与措施」. ≪日本学刊≫, 6.
_____. 2005.『戰時體制下的日本婦女團體(1931~1945)』. 吉林大學出版社.

3장 여성운동의 성과와 사회적 실천의 변화: 후기 근대 한국 사회의 일-가정 양립 문제를 중심으로

강이수·신경아·박기남. 2015.『여성과 일』. 동녘.
김혜영. 2012.「기로에 선 가족정책, 어떻게 할 것인가」. ≪한국여성학≫, 28권(3호), 63~94쪽.
바우만, 지그문트(Zygmunt Bauman). 2009.『액체근대』. 이일수 옮김. 강.
배은경. 2016.「젠더 관점과 여성정책 패러다임: 해방 이후 한국 여성정책의 역사에 대한 이론적 검토」. ≪한국여성학≫, 32권(1호), 1~45쪽.
에스핑-안데르센, 요스타(Gosta Esping-Andersen). 2014.『끝나지 않은 혁명: 성 역할의 혁명, 고령화에 대응하는 복지국가의 도전』. 주은선·김영미 옮김. 나눔의 집.
오치아이, 에미코(Emiko Ochiai). 2013.「21세기 초 동아시아의 가족과 젠더 변화의 논리」. 조주현 엮음.『동아시아 여성과 가족 변동』. 계명대학교 출판부.
이주희. 2012.「여성의 평등한 노동권을 위한 고용과 복지의 재구조화: 월스톤크래프트 딜레마의 극복을 위한 대안」. ≪한국여성학≫, 28권(3호), 35~62쪽.
장경섭. 2009.『가족·생애·정치경제: 압축적 근대성의 미시적 기초』. 창비.
조주현. 2010a.「'사회적인 것'의 위기와 페미니스트 정체성의 정치: 린다 제를리의 대안」. ≪사회와 이론≫, 17집(2호), 53~84쪽.
_____. 2010b.「실천이론으로 본 비판사회학과 페미니스트 정치학의 문제」. ≪경제와 사회≫, 통권 88호, 68~93쪽.
_____. 2013.「한국의 신자유주의적 지구화와 여성 주체성의 변화: 실천이론의 관점」. 조주현 엮음.『동아시아 여성과 가족 변동』. 계명대학교 출판부.
_____. 2014.「사회적 실천은 어떻게 변하는가?: 후기근대 사회에서의 정체성의 정치와 아고니즘 정치」.『불안의 시대, 사회학 길을 찾다』, 한국사회학회 2014년도 전기사회학대회 자료집(2014.6.21).
주재선·송치선·박건표. 2015.『2015년 한국의 성인지통계』. 한국여성정책연구원.
통계청.『경제활동인구연보』. 각 연도.
_____.『사회조사』. 각 연도.
_____.『생활시간조사』. 각 연도.
_____.『인구동향조사』. 각 연도.
_____.『인구주택총조사보고서』. 각 연도.

_____. 『인구총조사』. 각 연도.
홍찬숙. 2015. 『개인화: 해방과 위험의 양면성』. 서울대학교출판문화원.

Boling, Patricia. 2015. *The Politics of Work-Family Policies: Comparing Japan, France, Germany and the United States*. Cambridge: Cambridge University Press.

Bowles, S. and H. Gintis. 2013. *A Cooperative Species: Human Reciprocity and Its Evolution*. Chicago: The University of Chicago Press.

Boyd, R. and P. J. Richerson. 1985. *Culture and the Evolutionary Process*. Chicago: The University of Chicago Press.

Chang, Kyung-Sup and Min-Young Song. 2010. "The Stranded Individualizer under Compressed Modernity: South Korean Women in Individualization without Individualism." *British Journal of Sociology*, Vol. 61, No. 3, pp. 539~564.

Connolly, William E. 2002. *Neuropolitics: Thinking, Culture, Speed*. Minneapolis: University of Minnesota Press.

Esping-Andersen, Gosta. 2003. "Women in the New Welfare Equililbrium." *The European Legacy*, Vol. 8, No. 5, pp. 599~610.

Folbre, Nancy. 1993. "Macro, Micro, Choice, and Structure." in P. England(ed.). *Theory on Gender/Feminism on Theory*. New York: Aldine Publishers.

_____. 2008. *Valuing Children: Rethinking the Economics of the Family(The Family and Public Policy)*. Cambridge: Harvard University Press.

Fraser, Nancy. 1994. "After the Family Wage: Gender Equity and the Welfare State." *Political Theory*, Vol. 22, No. 4, pp. 591~618.

Gintis, Herbert. 2007. "A Framework for the Unification of the Behavioral Sciences." *Behavioral and Brain Science*, Vol. 30, No. 1, pp. 1~61.

Gornick, J. C. and M. K. Meyers. 2009. "Institutions that Support Gender Equality in Parenthood and Employment." in J. C. Gornick and M. K. Meyers(eds.). *Gender Equality: Transforming Family Divisions of Labor(The Real Utopias Project, Vol. VI.)*. London: Verso.

Krugman, Paul. 1994. "The Myth of Asia's Miracle." *Foreign Affairs*, Vol. 73, No. 6, pp. 62~78.

Pitkin, Hanna Fenichel. 1998. *The Attack of the Blob: Hannah Arendt's Concept of the Social*. Chicago: The University of Chicago Press.

Steinmetz, George. 1993. *Regulating the Social: The Welfare State and Local Politics in Imperial Germany*. New Jersey: Princeton University Press.

Wright, Eric Olson. 2009. "Forward." in J. C. Gornick and M. K. Meyers(eds.). *Gender Equality: Transforming Family Divisions of Labor(The Real Utopias Project, Vol. VI.)*. London: Verso.

4장 남한의 인구 위기론: 재생산의 위기와 공동체의 미래

대한가족계획협회. 1991. 『가협 30년사』. 대한가족계획협회.

백영경. 2006. 「미래를 위협하는 현재: 시간성을 통해본 재생산의 정치학」. ≪여/성이론≫, 14호, 36~55쪽.

______. 2013. 「사회적 몸으로서의 인구와 지식의 정치: 1960년대 『사상계』 속의 정치적 상상과 자유주의적 통치의 한계」. ≪여성문학연구≫, 29호, 7~36쪽.

소현숙. 1999. 「일제 식민지 시기 조선의 출산 통제 담론 의 연구」. 한양대학교 대학교 석사학위논문.

이미경. 1989. 「한국농촌여성의 피임결정 요인에 관한 사례연구」. 이화여자대학교 대학교 석사학위논문.

이진경. 2003. 「한국 '가족계획사업'의 생체정치학」. ≪문화/과학≫, 통권 제33호, 181~206쪽.

______. 2010. 『역사의 공간』, 휴머니스트.

이태진. 2002. 『의술과 인구, 그리고 농업기술』. 태학사.

작스, 볼프강(Wolfgang Sachs) 외. 2010. 『반자본 발전사전: 자본주의의 세계화 흐름을 뒤집는 19가지 개념』. 이희재 옮김. 아카이브.

조은주. 2012. 『인구, 국가, 개인: 한국 가족계획사업과 통치의 앙상블』. 연세대학교 대학교 박사학위논문.

한국보건사회연구원. 1991. 『인구정책 30년』.

한국원자력연구원. 2002. 『원자력 50년 부흥 50년』.

Anagnost, A. 1997. *National Past-Times: Narrative, representation, and power in modern China*. Durham and London: Duke University Press.

Donzelot, J. 1979. *The Policing of Families*. New York: Pantheon Books.

Foucault, M. 2003. *Abnormal: Lectures at the Collège de France, 1974-75*. New York: Picador.

Horn, D. 1994. *Social Bodies: Science, reproduction and Italian modernity*. Princeton: Princeton University Press.

Paik, Y.-G. 2009. "Technologies of "the Korean Family": Population crisis and the politics of reproduction in contemporary south Korea." Ph.D. Dissertation, Johns Hopkins University.

Rapp, R. and F. Ginsburg. 1995. *Conceiving the New World Order: the Global politics of reproduction*. Berkeley: University of California Press.

Shapin S. and S. Schaffer. 1989. *Leviathan and the Air -Pump: Hobbes, Boyle, and the Experimental Life*. Princeton University Press.

5장 2000년대 중국의 인구정책: '도시권'에 대한 배제, '유동하는 인구'의 재생산

김미란. 2015. 「1920년대 초 중국 『부녀잡지(婦女雜誌)』의 산아제한담론 분석: 서구 인구담론의 '문명론'적 수용방식에 대한 비판적 검토를 중심으로」. 중국현대문학』, 제72권.

루이스 A. 틸리(Tilly, Louise A)·조앤 W. 스콧(Scott, Joan Wallach). 2008. 『여성 노동 가족』. 김영 외 옮김. 후마니타스.

리창핑(李昌平). 「농촌의 위기」. 왕이 외 지음. 『고뇌하는 중국: 현대 중국 지식인의 담론과 중국 현실』. 장영석·안치영 옮김. 도서출판 길.

미셸 푸코(Michel Foucault). 1990. 『성의 역사 1』. 이규현 옮김. 나남.

______. 2014. 「통치성」. 『푸코 효과-통치성에 관한 연구』. 콜린 고든 외 엮음. 심성보 외 옮김. 난장.

미조구치 유조(溝口 雄三). 2004. 『중국의 공과 사』. 정태섭 외 옮김. 신서원.

박명규. 2009. 『국민·인민·시민』. 소화.

왕샤오밍(王曉明). 2006. 「'대시대'가 임박한 중국-문화 연구 선언」. 왕이 외. 『고뇌하는 중국: 현대 중국 지식인의 담론과 중국 현실』. 장영석·안치영 옮김. 도서출판 길.

원톄쥔(溫鐵軍). 2013. 『백년의 급진』. 김진공 옮김. 돌베개.

이민자. 2007. 『중국 호구제도와 인구이동』. 폴리테이아.

조은주. 2012. 『인구와 통치: 한국의 가족계획사업』. 연세대학교대학원 사회학과 박사학위논문.

江立华. 2004. 「城市流动人口计划生育的管理模式: 问题与对策」. 『华中师范大学学报』, 第43卷 3期.

顾宝昌. 2010. 「新時期的中國人口态勢」. 『21世纪中国生育政策论争』. 社会科学文献出版社.

______. 2015. 「实行生育限制的理由已不复存在」. 『人口与社会』, 第31卷 第2期.

霍振武·李建新. 2005. 『中国人口太多还是太老』. 北京: 社会科学文献出版社.

段成荣 外. 2013. 「当前我国流动人口面临的主要问题和对策」. 『人口问题』, 第37卷 第2期.

梁中堂·梅岭. 「我国人口政策的历史和发展」. 『社会科学论坛』, 第9期.

联合国国际人口学会 编著. 1992. 『人口学词典』. 杨魁信·邵 宁 译. 北京: 商务印书馆.

刘芳·马明君. 2014. 「我国失独家庭现状与对策的研究综述」. 『重庆师范大学学报(哲学社会科学版)』, 第2期.

李建新. 1996. 「七、八十年代中国生育政策的演变及其思考」. 『人口学刊』, 第1期.

______. 2009. 『中国人口结构问题』. 北京: 社会科学文献出版社.

马士威. 2009. 『上海流动人口的管理与服务』. 复旦大学國際關係與公共事務學院硕士论文.

武俊青 外. 2008. 「我国流动人口的避孕节育现况」. 『人口与发展』, 第14卷 第1期.

蕃毅 著. 2010. 『中國女工』. 任焰 译. 北京: 九州出版社.

杨菊华. 2013. 「制度歧视与结构排斥北京市青年流动人口职业流动变动研究」. 『南京工业大学学报(社会科学版)』, 第12卷 第3期.

王俊祥·王洪春. 2001. 『中国流民史』. 合肥: 安徽人民出版社.

王震宇. 2002.「農村打工妹的擇偶與性困境」. ≪農家女百事通≫, 總第117期.
王涤. 2015.「"经济新常态"下的计划生育转型发展」.『人口与社会』, 第31卷 第2期.
王鸿博. 2011.『我国计划生育立法原则发展研究』. 吉林: 长春理工大学硕士学位论文.
雨農. 2002.「牛郎織女的難言之恩」. ≪農家女百事通≫, 總第117期.
李玉俊. 2012.『社会管理创新视角下的流动人口生育服务管理研究—以昆明市东川区为例』. 云南大學碩士研究生學位論文.
张鹂·袁长庚. 2014.『城市里的陌生人: 中国流动人口的空间、权力与社会网络的重构』. 南京: 江苏人民出版社.
陈文兴. 2013.「快速城市化进程中的我国户籍制度改革」.『云南行政学院学报』, 第一期.
陈友华. 2010.「关于生育政策若干问题」. 顾宝昌 李建新 主编.『21世纪中国生育政策论争』. 北京: 社会科学文献出版社,
編輯部. 2008.「戶籍制度50年」.『人口研究』, 第32卷 第1期.
何亞福. 2013.『人口危局』. 北京: 中國發展出版社.
洪娜. 2011.『中国计划生育利益导向政策研究』. 华东师范大学社会发展学院人口研究所 博士论文.
黄文政. 2015.「鼓励生育将是逆水行舟」.『人口与社会』, 第31卷 第2期.
≪南方日報≫. 2006.10.17. "免费牌难收婚检失地三水实施免费婚检当日, 仅有两对新人捧场".
_____. 2007.10.16. "高出生率下的产检之忧".
_____. 2007.2.7. "集体户口为何捆住了婚姻自由?".
_____. 2007.7.11. "人性化服务推动宝安区计生工作".
_____. 2008.1.24. "省计生委主任谈人口"四大难题"一年增加一个"百万人口大县"".
_____. 2008.9.26. "人口生育文化与和谐社区的融合样本".
≪北京晨报≫. 2014.1.10. "张艺谋被罚748万余元".
≪人民日報≫. 2007.1.23. "中共中央国务院关于全面加强人口和计划生育工作统筹解决人口问题的决定".
_____. 2007.2.3. "开创统筹解决人口问题的新局面".
≪中國婦女報≫. 2006.12.4. "每年近百万缺陷儿出生".
_____. 2006.6.17. "甘肃一农妇做了绝育手术却领不到独生子女证".
_____. 2014.5.6. "多地"超生儿""黑户"历史或将终结".
_____. 2014.6.17. "等待法律阳光照进"黑户"生活".
_____. 2008.10. 20. "中共中央关于推进农村改革发展若干重大问题的决定".

Stolc, P. E. W. 2008. "Seeking zero growth: Population policy in China and India." *Graduate Journal of Asia-Pacific Studies*, 6.
Xiaogang Wu and Donald J. Treiman. 2004. "The Household Registration System and Social Stratification in China: 1955-1996." *Demography*, Vol. 41, No. 2(May). http://en-ii.demopaedia.org/wiki/Migration

Raphael W. Lam, Xiaoguang Liu and Alfred Schipke. 2015. "China's Labor Market in the New Normal." *IMF WORKING PAPER*. http://media.daum.net/foreign/others/newsview?newsid=20150715024605261 (검색일: 2016.1.20).

小媛媛A. "现在放开计划生育, 已经太晚了!." http://bbs.tianya.cn/post-develop-1982790-1.shtml (검색일: 2015.1.23)

「大陆计划生育与台湾计划生育有什么不同」. 『共和國辭典』. 2012.3.3. 제76기. http://www.doc88.com/p-748821363299.html (검색일: 2015.7.1)

'婚检项目'http://baike.baidu.com/link?url=bOK_SCJo8WwW0KURfWlz05qmYCln4flkRasdxy9OqZzwbinE_DzGQkVr5k1LiESvBglW-uGEasurlFgRa9vWwq (검색일: 2014.12.15)

何亚福. 2009. 「"计划生育"应转变为"家庭计划"」. http://heyafu.blog.sohu.com/111706723.html (검색일: 2015.3.1)

"人口红利的盛世危言." ≪南风窗≫, 2011.8.15. http://www.nfcmag.com/article/3076.html (검색일: 2015.1.20)

'流动人口计划生育工作管理办法' http://www.gov.cn/banshi/2005-08/21/content_25066.htm (검색일: 2015.2.2)

'中共中央关于控制我国人口增长问题致全体共产党员、共青团员的公开信' http://news.xinhuanet.com/ziliao/2005-02/04/content_2547034.htm (검색일: 2015.3.1)

'中共中央关于推进农村改革发展若干重大问题的决定' 중화인민공화국인민정부 홈페이지 http://www.gov.cn/test/2008-10/31/content_1136796.htm (검색일: 2015.2.20)

http://wenku.baidu.com/link?url=LJUtxNM4_Ev-Dj34hX8jlodhDQZ8vXn3O1djJNyYO5PgkhOtUUQbrdiGSTUOjFu6TdsqPz_nP8v3yZsKOAq4zBXyMbEU5A_vbPRyA3DYNFW (검색일: 2015.12.22)

6장 두자녀정책, 비혼 출산과 출산 관념의 변혁

金敏子·金亨锡. 2014. 「韩国的超低生育水平及区域差异」. ≪中国人口科学≫.

杜芳琴. 1988. 『女性观念的衍变』. 郑州:河南人民出版社.

杜维明. 1991. 『儒家思想新论——创造性转换的自我』. 南京: 江苏人民出版社.

刘家强·唐代盛. 2015. 「"普遍两孩"生育政策的调整依据、政策效应和实施策略」. ≪人口研究≫.

刘爽·商成果. 2013. 「北京城乡家庭比一般人养育模式及其特点」. ≪人口与社会≫.

李树茁·姜全保·(美)费尔德曼. 2006. 『性别歧视与人口发展』. 北京: 社会科学文献出版社.

石智雷·杨云彦. 2014. 「符合"单独二孩"政策家庭的生育意愿与生育行为」. ≪人口研究≫.

安东尼 吉登斯著. 2001. 『亲密关系的变革: 现代社会中的性、爱和爱欲』. 陈永国·汪民安译. 北京: 社会科学文献出版社.

约翰·D. 2010.『斯堪的纳维亚福利制度: 成就、危机与展望, [丹麦]戈斯塔·埃斯平-安德森编, 杨刚译.转型中的福利国家——全球经济中的国家调整』. 斯蒂芬斯. 北京: 商务印书馆.
杨菊华. 2015a.「单独二孩政策下流动人口的生育意愿分析」. ≪中国人口科学≫.
_____. 2015b.「中国真的已陷入生育危险了吗?」. ≪人口研究≫.
王向贤. 2014.「社会政策如何构建父职？——对瑞典、美国和中国的比较」. ≪妇女研究论丛≫.
俞可平. 2005.『社群主义』.北京: 中国社会科学出版社.
慈勤英·周冬霞. 2015.「失独家庭政策"去特殊化"探讨——基于媒介失独家庭社会形象建构的反思」. ≪中国人口科学≫.
张丽萍·王广州. 2015.「中国育龄人群二孩生育意愿与生育计划研究」. ≪人口与经济≫.
翟振武·陈佳鞠·李龙. 2015.「中国出生人口的新变化与趋势」. ≪人口研究≫.
赵琳华·吴瑞君·梁翠玲.2014.「大城市"80后"群体生育意愿现状及差异分析」. ≪人口与社会≫.
陈东原. 1990『中国妇女生活史』.上海文艺出版社.
汤梦君. 2013.「中国生育政策的选择: 基于东亚、东南亚地区的经验」. ≪人口研究≫.
彭希哲·李赟·宋靓珺·田烁. 2015.「上海市"单独两孩"生育政策实施的初步评估及展望」. ≪中国人口科学≫.

Sanger, Margaret. 1920. *Woman and the New Race*. (http://www.gutenberg.org/cache/epub/8660/pg8660.html)

7장 중국의 제2차 '싱글 붐' 시기의 '지식청년세대' 여성 연구

顧洪章 主編. 2009.『國知識青年上山下鄉始末』. 北京: 人民文學出版社.
_____. 2009.『中國知識青年上山下鄉大事記』. 北京: 人民文學出版社.
鄧賢. 1993.『中國知青夢』. 北京: 人民文學出版社.
劉曉萌. 1994.「上山下鄉運動知識青年的婚姻問題」. ≪青年研究≫, 第8期.
_____. 1994.「西方學者對[知識青年上山下鄉運動]的硏究」. ≪青年硏究≫, 第3期.
_____. 1994.「中國學者對知識青年上山下鄉運動知識青年的硏究」. ≪青年硏究≫, 第5期.
王江. 1999.「中國知青的昨天. 今天和明天」. ≪中國青年硏究≫, 第6期.
曉劍. 1998.『中國知青秘聞錄』. 北京: 中國青年出版社.
_____. 1998.『中國知青懺悔錄』. 北京: 中國青年出版社.
_____. 1998.『中國知青海外錄』. 北京: 中國青年出版社.

Ge Lunhong. 1999. "The Experience of Women of My Generation in the Countryside during and after the Chinese Revolution." *Asian Journal of Women's Studies*, Vol.5, No.4. Seoul: Ewha Womens University Press.

_____. 2001. "A Girl Goes to Work in the Countryside during the Chinese Cultural Revolution(1966-78)." *Women's History Review*, Vol. 10, No. 1. Oxford: Triangle Journals Ltd.

King, R.(ed.). 1998. "Special Issue - There and Back Again: the Chinese' urban youth generation." *Renditions: a Chinese-English Translation Magazine*. Hong Kong: Chinese University of Hong Kong.

8장 국가정책, 출산 제도와 민간의 윤리: 모옌의 소설 『개구리』를 중심으로

梁中堂. 2014.『中国计划生育政策史论』. 北京: 中国发展出版社.

莫言. 2009.『蛙』. 上海: 上海文艺出版社.

毛泽东. 1999.「同南斯拉夫妇女代表团的谈话」(1956年10月12日).≪毛泽东文集≫, 第7卷, 人民出版社.

彭珮云 主编. 1997.「毛泽东关于人口和计划生育的论述」.『计划生育全书』. 北京: 中国人口出版社.

9장 정권 의지, 민간 윤리와 여성해방: 자오수리의 소설 『멍샹잉 해방』, 『가보 전수』를 중심으로

杰克·贝尔登(美). 1985.「中国震撼世界·赵树理」. 黄修己 编.『赵树理研究资料』. 太原: 北岳文艺出版社.

郭文元. 2003.「赵树理小说中婆媳关系的民间叙事」. ≪河南科技大学学报(社会科学版)≫, 第21卷 第4期.

杜芳琴. 1988.『女性观念的衍变』. 郑州: 河南人民出版社.

茅盾. 1985.「关于「李有才板话」」. 黄修己 编.『赵树理研究资料』. 太原: 北岳文艺出版社.

张秀丽. 2002.「简评陕甘宁边区妇女运动的历史地位」. ≪延安教育学院学报≫, 第1期.

赵树理. 1985.「也算经验」. 黄修己 编.『赵树理研究资料』. 太原: 北岳文艺出版社.

周扬. 1985.「论赵树理的创作」. 黄修己 编.『赵树理研究资料』. 太原: 北岳文艺出版社.

竹可羽. 1950.1.15.〈评「邪不压正」与「传家宝」〉. ≪人民日报≫.

竹内好(日). 1985.「新颖的赵树理文学」. 黄修己 编.『赵树理研究资料』. 北岳文艺出版社.

陈顺馨. 2007.「"恶婆娘"与"好女儿"——赵树理笔下的农村妇女」. 陈顺馨.『中国当代文学的叙述与性别』. 北京: 北京大学出版社.

贺桂梅. 2005.「重新思考文学的"现代性"——以赵树理文学为对象」.『人文学的想象力』. 开封: 河南大学出版社.

10장 자본·노동·여성: 정샤오총의 여성 노동자 주체로서의 사회/문학 이미지의 부상을 논함

潘毅. 2007.『中国女工—新兴打工阶级的形成』. 香港明报出版有限公司.
谢有顺. 2007.「分享生活的苦: 郑小琼的写作及其"铁"的分析」. ≪南方文坛≫.
张清华. 2007.「当生命与语言相遇」. ≪诗刊≫.
郑小琼. 2007.「铁·塑料厂」. ≪人民文学≫.
郑小琼·何言宏. 2008.「打工诗歌并非我的全部」. ≪诗选刊≫.
韩浩月.「谁在维护诗人的尊严」. http://blog.sina.com.cn/hanhaoyue

11장 "공화국의 공업 맏아들": 남성성과 공장·광산 노동자의 노동

賈樟柯. 2009.『24성기: 중국 노동자 인터뷰 기록』. 산둥화보출판사.
具海根. 2007.『한국의 노동자: 계급 형성의 문화와 정치』. 사회과학출판사.
金一虹. 2005.「글로벌 생산라인과 여성 노동자들의 직업건강 및 생육건강」. 李眞主 주필.『工殤者: 농민공의 직업 안전과 건강권 논문집』. 사회과학문헌출판사.
金天翮. 2003.『女界鐘』. 상하이고적출판사.
譚深. 2004.「외래 여공의 안전과 건강」. 孟憲范 주필.『사회전환기의 중국여성』. 중국사회과학출판사.
마이클 부라보이. 2007.『공공사회학』. 사회과학문헌출판사.
潘毅. 2005.「계급적 失語와 發聲—중국의 공순이 연구의 이론적 시각」, ≪개방시대≫.
常凱 외. 1995.『노동관계와 노동자, 노동권: 당대 중국의 노동문제』. 중국노동출판사.
孫立平·王漢生 외. 1994.「개혁 후 중국의 사회구조변화」. ≪중국사회과학≫.
沈原. 2006.「사회적 전환과 노동자 계급의 재형성」. ≪사회학연구≫.
_____. 2007.『시장과 계급 및 사회: 전환기 사회학의 이슈』. 사회과학문헌출판사.
鈴木裕子.「바다를 건넌 여성, "종군위안부", 점령군 "위안부"」. 秋山洋子, 加納實紀代 주필.『전쟁과 성별: 일본의 시각』. 사회과학문헌출판사. 2006.
王向賢. 2004.「제1국제공산당과 제2국제공산당의 여성정책이 국제공산당과 초기 중국공산당에 대한 영향〉」. ≪山西師大學報≫.
于建嶸. 2006.『중국노동자계급의 현주소: 安源實錄』. 明鏡출판사.
劉建軍. 2000.『중국의 單位: 사회 컨트롤 시스템의 재구성 과정과 개인, 조직 및 국가』. 톈진인민출판사.
劉禾. 1998.「텍스트, 비평과 국민국가문학」. 王曉明 주필.『비평 공간의 개척: 20세기 중국문학 연구』. 동방출판센터.
李强. 1993.『당대 중국 사회의 계층 분화와 유동』. 중국경제출판사.

조주현. 2010.「푸코, 신자유주의 그리고 한국의 매니저맘」. 천진사범대학교 사회발전과젠더연구센터에서의 세미나에서 발표 논문(2010.10.16).
朱光磊 외. 1994.『당대 중국사회의 각 계층에 관한 분석: 분화와 새로운 조합』, 톈진인민출판사.
佟新. 2003.「사회구조와 역사사건: 중국 여공의 역사적 운명」. ≪사회학연구≫.
_____. 2006.「이어지는 사회주의 문화전통: 국유기업 노동자의 단체행동에 대한 사례 분석」. ≪사회학연구≫.
馮同慶 외. 1993.『중국의 직공 상황: 내부구조와 상호 관계』. 중국사회과학출판사.

Hartmann, H. 1997. "The Unhappy Marriage of Marxism and Feminism." Linda Nicholson(ed.). *The Second Wave: A Reader in Feminist Theory*. Routledge.
Klubock, T. M. 1996. "Working-Class Masculinity, Middle-Class Morality, and Labor Politics in the Chilean Copper Mines." *Journal of Social History*, Vol.4.
Meyer, S. 2001. "the Degradation of Work Revisited: Workers and Technology in the American Automobile Industry, 1900-2000."
Pun, Ngai. 2005. *Made in China: Subject,PowerandResistanceinaGlobalWorkplace*. Duke University Press.
Walder, A. G. 1986. *Communist Neo-traditionalism Work and Authority in Chinese Industry*. New York : University Press.

12장 한국전쟁 시기 중국의 애국공약운동과 여성의 국민 되기

박두복. 2001.『한국전쟁과 중국』. 백산서당.
우에노 지즈코(上野 千鶴子). 1999.『내셔널리즘과 젠더』. 이선이 옮김. 박종철출판사.
임우경. 2004.『반전통주의 민족서사와 젠더』. 연세대학교 대학원 박사학위논문.

陳忠龍 主編. 2003.『紀念抗美援朝戰爭勝利50周年論文集』. 濟南: 黃河出版社.
華木 編著. 1951.『澎湃新愛國熱潮』. 上海: 群衆聯合出版社.
中南人民出版社 編. 1951.『怎樣訂立和執行愛國公約』. 漢口: 中南人民出版社.
中國人民抗美援朝總會宣傳部 編. 1954.『偉大的抗美援朝運動』. 北京: 人民出版社.
中共北京市委黨史硏究室 編. 1993.『北京市抗美援朝運動資料彙編』. 北京: 知識出版社.
侯松濤. 2005.「抗美援朝運動與民衆社會心態硏究」. ≪中共黨史硏究≫, 弟2期.
胡傳榮. 2000.「國際進步婦女運動與冷戰初期的國際關係—40年代中期至60年代的國際民主婦女聯合會和世界保衛和平運動」. ≪國際觀察≫, 弟4期.
劉寧元. 2006.「20世紀50年代北京婦女界的和平運動」. ≪北京黨史≫, 제2期.
王永華. 2007.「建國初期的愛國公約運動」. ≪黨史博覽≫, 弟4期.

≪新中國婦女≫ 1949年~1953年.

13장 타이완의 젠더화된 신·구 이민과 중국-타이완인 결혼

김미란. 2010. 「타이완의 '대륙상상'과 양안(兩岸)결혼-대륙출신 배우자에 대한 시민권 논의를 중심으로」. ≪중국현대문학≫, 제54호.
김현미. 2006. 「국제결혼의 전 지구적 젠더 정치학-한국 남성과 베트남 여성의 사례를 중심으로」. ≪경제와 사회≫, 통권 제70호.
아감벤, 조르조(Giorgio Agamben). 2008. 『호모 사케르』. 박진우 옮김. 새물결.
장미경. 2001. 「시민권 개념의 의미확장과 변화: 자유주의 시민권 개념을 넘어서」. ≪한국사회학≫, 35집 6호.
천꽝싱(陳光興). 2003. 『제국의 눈』. 백지운 외 옮김. 창비.
타이완의 이민서(移民署) 홈페이지. http://www.immigration.gov.tw/aspcode/9906/我國人與外籍人士結婚統計.xls (검색일: 2010.7.20).
허오영숙. 2011. 「원가족지원을 둘러싼 협상과 갈등」. 성공회대학교 NGO대학원 실천여성학 석사학위논문.
황정미. 2009. 「'이주의 여성화' 현상과 한국 내 결혼이주에 대한 이론적 고찰」. ≪페미니즘연구≫, 제9권 2호.

高格孚. 2004. 『風和日暖- 外省人與國家認同轉變』. 臺北: 允晨文化.
白先勇. 2002. 「那一片血一般紅的杜鵑花」. 『臺北人』. 臺北: 爾雅.
范郁文. 2008. 「榮民成爲農民:退輔會農場的歷史分析(1954-1989)」. 『中央硏究院近代史硏究所集刊』. 第六十期.
柴松林. 2004. 「婚姻移民的現況及其解釋」. 『婚姻移民-外籍配偶與大陸配偶問題及對策-會議手冊』. 臺北: 中華救助總會.
王列耀. 2005. 「跨國婚姻中人權問題之探討:來臺生活「大陸配偶」案例之檢視」. 『國家政策季刊』, 第4卷 第1期.
王列耀. 2005. 『隔海之望- 東南亞華人文學中的「望」與「鄉」』. 北京: 中国社会科学出版社.
林妙玲. 2005. 『探討臺灣媒體中的中國想像-以「大陸配偶」公民權的平面報道爲例』. 國立臺灣大學新聞硏究所碩士論文.
張瑄純. 2004. 『兩岸婚姻者爭取大陸配偶公民權的網路實踐-以兩岸公園, 兩岸家庭論壇爲例』. 嘉義: 中正大學電訊硏究所碩士論文.
鄭一青. 1998. 「誠實記錄族群-胡臺麗」. ≪天下雜誌≫, 1. 1(200期).
趙彦寧. 2005. 「社福資源分配的戶籍邏輯與國境管理的限制:有大陸配偶的入出境管控機制談起」. 『臺灣社會硏究季刊』, 第59期.

中華救助總會. 2004.『服務在臺大陸配偶活動專輯』. 臺北: 中華救助總會.
陳小紅. 1999.「'大陸地區來臺配偶生活適應相關問題'第1次焦點集團座談會會議記錄」.『大陸配偶來臺生活狀況案例訪視』. 添附資料1, 行政院大陸委員會委託研究.
韓嘉玲. 2003.「傭人抑或太太? 婦女勞動力的跨境遷移-大陸新娘在臺灣案例研究」.『社會發展季刊』. 101輯.
洪美娟. 1998.「留住老兵的共同記憶　劉必稼」. ≪天下雜誌≫, 1. 1(200期).
≪聯合報≫. 1987.10.15. "歸鄉路上荊棘多 答客問", 3.
_____. 1988.3.2. "海峽兩岸 敵乎? 友乎? 開放探親·瀰漫大陸熱 形勢未變·答案不消說", 2.
_____. 1988.8.18. "授田證問題不能再拖了!", 11.
_____. 1992.10.23. "兩岸聯姻 驗證曠日廢時-等兩年才准登記排隊 老榮民怕等不及", 6.
_____. 1993.4.9. "溝仔尾", 34.
_____. 1994.1.14. "榮民及義士 副食費提高", 2.
_____. 1994.2.26. "使老有所終, 殘癱老也有所".
_____. 1997.11.10. "殘廢城辛酸榮民", 17.
_____. 1998.11.21. "大陸新娘 老兵淚", 15.
_____. 1998.11.21. "養-老人福利的先鋒", 35.
_____. 1999.11.2. "悲.歡.離.合.成功.失敗/兩岸交流十周年 合翁煒勳李明如重溫親情 他們只等返鄉定居", 9.
_____. 2001.3.23. "蔡英文, 兩岸經貿面臨兩項挑戰", 13.
_____. 2002.4.11. "榮民大陸配偶看護班 將開辦", 18.
_____. 2002.6.9. "榮民想收養女公安 民庭不准", 19.
_____. 2002.8.21. "大陸人來臺未來將達70萬", 13.
_____. 2003.10.17. "45位榮民 年逾90 娶大陸妻", 11.
_____. 2003.11.18. "老病無人顧 榮民寄望大陸妻", 4.
_____. 2004.1.6. "入境美國即起 掃描指紋 當場拍照", 14.
_____. 2004.12.30. "兩邊要錢 花蓮人蛇集團囂張", 4.
_____. 2005.5.25 . "胡台麗、陳耀圻、王墨林、陳映真、張照堂會談-從拓荒者劉必稼到石頭夢", 7.
_____. 2005.9.30. "飄洋過海來臺灣 大陸婦嫁老榮民 子也來過繼", 3.
_____. 2007.10.10. "陸弟表錯孫 繼兄遺產翻案", 1.
_____. 2007.10.4. "榮民也清算 誰不能出賣？", 23.
_____. 2008.7.7. "被迫分居陸妻遭留置 老榮民不滿", 2.
_____. 2009.2.1. "已捐700萬 老榮民還要捐", 4.
_____. 2009.5.4. "申請陸配來台 老榮民行賄", 2.
_____. 2010.2.6. "總統官邸對面 榮民自焚", 14.
≪人民日報≫(海外版). 2004.8.2. "臺灣全面取締兩岸婚姻仲介廣告".
≪中國時報≫. 1998.11.11. "擺攤賣畵補家用 大陸新孃遭遣返", 8.

______. 1998.11.21. “三大陸新孃 疼惜被火紋身的小紅”, 9.

Melody C. W. Lu. 2008. “Gender, Marriage, and Migration-Contemporary Marriage between Mainland China and Taiwan.” Doctoral dissertation, University of Leiden, Netherlands.

Taiwan International Family Association(TIFA). 2009. “Conceptualizing the “International Families”: Reframing the Chinese and Southeast Asian Marriage Immigrants in Taiwan.” 2009 Regional School on Citizenship of Marriage Migrants on Asia. Coorganized by Asian Regional Exchange for New Alternatives & Women Migrants and Rights Center of Korea

찾아보기

지은이

두팡친(杜芳琴)

1983년부터 톈진사범대학에 재직했으며 톈진사범대학의 성별과 사회발전연구센터 주임, 중국부녀연구회(中国妇女研究会) 상무이사와 부회장을 역임했다. 연구 분야는 여성학과 중국 여성 젠더사이며, 주요 저서로 『妇女学与妇女史的本土探索: 社会性别视角和跨学科视野』(2002), 『历史中的妇女与性别』, 『跨界妇女学: 本土的理论与实践』 등이 있다. 퇴직 후에도 활발하게 아시아 여성학 관련 서적을 편집, 출간하고 있다.

최선향

현재 중국의 장강사범학원(長江師範院學) 역사학과 부교수로 재직 중이다. 동북사범대학교에서 역사학 학사 학위를, 옌볜대학교에서 역사학 박사 학위를 받았다. 주요 관심사는 중한 여성사와 조선족 여성 연구이다. 논문으로는 "Lives of Old Women of Korean Nationality in Beijing: A Case of One Dance Team" 외 20편이 있으며, 공동 편저로는 『全球地方化语境下的东亚妇女与社会性别学研究』가 있다.

조주현

현재 계명대학교 여성학과 교수로 재직 중이다. 이화여자대학교 사회학과를 졸업하고 일리노이대학교에서 사회학 박사 학위를 취득했다. 주요 관심사는 페미니스트 이론, 페미니스트 과학기술학, 질적 방법론이며, 주요 저서로는 『여성 정체성의 정치학』, 『성 해방과 성 정치』(공저), 『벌거벗은 생명: 신자유주의 시대의 생명정치와 페미니즘』, 역서로는 『누구의 과학이며 누구의 지식인가』, 편저로는 『동아시아 여성과 가족 변동』 등이 있다.

백영경

현재 한국방송통신대학교 문화교양학과 교수로 재직 중이다. 서울대학교 서양사학과를 졸업하고 미국 존스홉킨스대학에서 문화인류학으로 박사를 받았다. 건강, 의료, 가족, 인구, 장애, 공동체, 생명정치 등의 재생산과 지식이 만나 생겨나는 문제들에 관심이 있다. 공저로 『프랑켄슈타인의 일상: 생명공학시대의 건강과 의료』가 있다. 최근에는 성과 재생산 포럼에서 낙태죄 폐지를 위한 논의 및 실천을 함께 하고 있다.

김미란

현재 성공회대학교 동아시아연구소 HK교수, 대학원 국제문화연구학과 부교수로 재직 중이다. 연세대학교 중문과에서 석·박사를 했고, 중국 칭화대학교, 상하이대학교, 콜롬비아대학 IEAS(동아시아연구소)에서 방문 연구를 했다. 여성의 일-가정 양립, 재생산, 압축적 근대를 겪은 동아시아에서 여성의 삶을 '공'과 '사' 개념을 통해 설명하는 데 관심이 있다. 논문으로 「1920년대 중국의 우생논쟁」,

「중국 1953년 혼인자유 캠페인의 안과 밖」, 「타이완의 젠더화된 新·舊이민과 양안(兩岸)결혼」, 「베트남전쟁과 섹슈얼리티」, 「2000년대 중국의 계획생육: '도시권'에 대한 배제, '유동하는 인구(流動人口)'의 재생산」 등이 있고, 저서로 『현대 중국여성의 삶을 찾아서: 국가·젠더·문화』가 있다.

왕샹셴(王向賢)

현재 톈진사범대학 사회학과 부교수로 재직 중이다. 중국 사회과학원 사회학과를 졸업했고 박사 논문은 「亲密关系中的暴力: 以1015名大学生为例」이다. 연구 영역은 젠더사회학이며 최근 출산과 남성 연구에 특히 관심을 기울이고 있다. 대표 논문으로 「重构"共和国长子"的男性气质」, 「社会政策如何构建父职?: 对瑞典、美国和中国的比较」, 「欧美三国的成功经验: 男性结扎如何成为普遍的自愿选择?」 등이 있고, 대표 저서로 『性别来了: 一位女性研究者的性别观察』이 있다.

거룬훙(葛倫鴻)

톈진사범대학교 외국어학부 교수(1982~2012)로, 문화대혁명 기간 중 감숙성으로 내려가 12년(1966~1978) 동안 노동자 생활을 한 지식청년세대이다. 영국 서식스대학에서 방문학자로 연구한 영문학 연구자로, 주요 논문으로 「『雨中的猫』中人物的二元对立关系」, "The Experience of Women of My Generation in the Countryside during and after the Cultural Revolution" 등이 있다.

장리

2000~2007년에 칭화대학(清华大学) 중문과에서 석사 학위, 북경사범대학문과대학에서 박사 학위를 받았다. 현재 톈진사범대학 문과대학교수로 재직 중이며, 박사 지도교수이다. 주요 연구 분야는 중국의 현대 문학과 문화이다. 박사 논문은 「浮出历史地表之前: 女学生与现代女性写作的发生(1895~1925)」이며, 저서로는 『姐妹镜像: 21世纪以来的女性写作与女性文化』, 『持微火者: 当代文学的二十五张面孔』이 있다.

임우경

현재 성균관대 동아시아학술원 HK교수로 재직 중이다. 연세대 중문과 학사, 동 대학에서 박사 학위를 취득하고 북경대 중문과 박사후를 거쳐 중국 청화대 방문학자, 성공회대 동아시아연구소 HK교수 등을 역임했다. 주요 관심 분야는 동아시아 민족국가와 젠더, 냉전 문화이며, 주요 저서로 『근대 중국의 민족서사와 젠더』, 『한국의 식민지 근대와 여성공간』(공저), 『냉전 아시아의 탄생: 신중국과 한국전쟁』(편저), 『이동하는 아시아: 탈냉전 수교의 문화정치』(편저) 등이 있으며, 역서로 『시인의 죽음』, 『적지지련』 등이 있다.

한울아카데미 2011

한중 여성 트랜스내셔널하게 읽기
지식, 인구, 노동

기획 **성공회대학교 동아시아연구소**
엮은이 **김미란**
펴낸이 **김종수**
펴낸곳 **한울엠플러스(주)**

편집책임 **김경희**
편집 **최은미**

초판 1쇄 인쇄 **2017년 6월 9일**
초판 1쇄 발행 **2017년 6월 15일**

주소 **10881 경기도 파주시 광인사길 153 한울시소빌딩 3층**
전화 **031-955-0655**
팩스 **031-955-0656**
홈페이지 **www.hanulmplus.kr**
등록번호 **제406-2015-000143호**

Printed in Korea.
ISBN 978-89-460-7011-0 93910

* 책값은 겉표지에 표시되어 있습니다.